[redacted]

MAYADA
– Tochter des Irak

Jean Sasson

MAYADA

– Tochter des Irak

Deutsch von Helmut Dierlamm, Hans Freundl,
Norbert Juraschitz und Heinz Tophinke

Weltbild

Originaltitel: *Mayada, Daughter of Iraq*
Originalverlag: Dutton, a member of The Penguin Group Inc., New York

Die Autorin

Jean Sasson, Journalistin und international gefeierte Bestsellerautorin u. a. von *Ich, Prinzessin aus dem Hause Al Saud*, gilt als eine der profundesten Kennerinnen der Lebenswelt arabischer Frauen. Ihre Freundschaft zu Mayada al-Askari gipfelte in der Zusammenarbeit an *Mayada – Tochter des Irak*.

Weltbild Taschenbuch

Für Samira
und die Schattenfrauen
aus Zelle 52

Zum Schutz
von noch lebenden Personen
wurden einige der Namen
und Ortsangaben geändert.

Vorbemerkung der Autorin

Wie ich Mayada kennenlernte

Der Ruf der Ferne hat mich schon immer fasziniert. Deshalb griff ich auch sofort zu, als sich mir die Möglichkeit bot, an einen der exotischsten und gefährlichsten Orte der Welt zu reisen.

Als junge Frau verließ ich 1978 die Vereinigten Staaten, um in einem Krankenhaus der saudi-arabischen Hauptstadt Riad eine Stelle anzutreten. Ich blieb dort bis 1990 und schloss in diesen zwölf Jahren zahlreiche Freundschaften mit saudischen Frauen. Dadurch lernte ich zu verstehen, was es bedeutet, in einer von Männern dominierten Gesellschaft zu leben, in der Frauen kaum vor Akten der Gewalt und Grausamkeit geschützt werden.

Seit jener ersten Reise habe ich den gesamten Nahen Osten kennengelernt – den Libanon, Ägypten, Jordanien, Syrien, Israel, Palästina, die Vereinigten Arabischen Emirate, Irak und Kuwait, und überall habe ich mit Frauen und Kindern gesprochen. Ich habe Kranken- und Waisenhäuser aufgesucht und war Gast auf zahlreichen Partys. Wenn ich daran zurückdenke, wie ich die Menschen dieser Länder kennengelernt habe, so glaube ich, dass sie sich für mich ebenso interessierten wie ich mich für sie.

Mein größter Schmerz war, dass viele der Länder des Nahen Ostens von Not gezeichnet waren. Doch trotz der überall sichtbaren Armut hießen mich die Menschen immer herzlich willkommen und öffneten mir, einer amerikanischen Reisenden, ihre Häuser ebenso bereitwillig wie ihre Herzen.

Nach dem Golfkrieg von 1991 geriet der gesamte Nahe Osten in noch größeren Aufruhr als zuvor, und das galt vor allem für den Irak. Seit diesem Krieg interessierten mich die Iraker ganz besonders, jenes Volk, das Kriege und Sanktionen erdulden musste, die sein eigener Präsident, Saddam Hussein, zu verantworten hatte. Von dieser Neugier getrieben, reiste ich im Sommer 1998 in den Irak.

Als Autorin eines saddamkritischen Buches war mir klar, dass ich auf normalem Wege kein Einreisevisum erhalten würde; deshalb schrieb ich direkt an den irakischen Präsidenten und schickte ihm ein Exemplar meines Buches *The Rape of Kuwait*. In meinem Brief teilte ich ihm mit, dass ich die Invasion Kuwaits missbilligt hätte, dass mir jedoch das Schicksal des unter den Sanktionen leidenden irakischen Volkes Sorge bereite und ich mir ein Bild davon machen wolle, wie die Menschen unter diesen Bedingungen lebten.

Innerhalb von drei Wochen wurde mir telefonisch direkt aus Bagdad mitgeteilt, dass die irakische UN-Mission in New York mir ein Visum ausstellen werde.

Ich packte, und zwar auch Dinge, die man in Kriegs- und Notzeiten braucht – zum Beispiel Dosen mit Lebensmitteln, Taschenlampen und Kerzen –, und brach am Montag, dem 20. Juli 1998, mit Ziel Bagdad auf. Der UN-Sanktionen wegen durften Flugzeuge den Irak nicht direkt anfliegen, deshalb musste ich zunächst in ein Nachbarland einreisen. In Anbetracht der Entfernungen zwischen Bagdad und anderen großen Städten in der Region und der nach wie vor bedrohlichen Unruhen im Norden und Süden des Irak schien Jordanien der geeignetste Ausgangsort, um meine Reise ins Reich Saddams zu beginnen.

Der heutige Staat Jordanien wurde nach dem Ersten Weltkrieg von Großbritannien im Zuge der Aufteilung des Osmanischen Reiches geschaffen. Er hat eine Fläche von knapp 98 000 Quadratkilometern und etwa vier Millionen Einwohner, von denen mehr als die Hälfte Palästinenser sind. Dieses für die Verhältnisse des Nahen Ostens relativ kleine Land ist seit alters her ein Durchgangsgebiet zwischen Syrien und Arabien. Von besonderer Bedeutung war und ist die Route von der syrischen Hauptstadt Damaskus zu der den Muslimen heiligen Stadt Medina in Saudi-Arabien.

Sieben Stunden nach Start des Fluges 6706 der Royal Jordanian Airlines in London kam ich auf dem jordanischen Queen Ali International Airport an, nur 45 Minuten Fahrtzeit von der Hauptstadt Amman entfernt.

Die heruntergekommene Gepäckabfertigung des Flughafens erinnerte mich daran, dass Jordanien von vielen nur als eine Art Umsteigebahnhof betrachtet wird. Dabei ist es ein Land einzigartiger Kontraste und hat vieles zu bieten: von Akaba, dem Ausgangsort der außergewöhnlichen Abenteuer von Lawrence von Arabien, über das Plateau der syrisch-arabischen Wüste, wo seit Jahrhunderten Beduinenstämme ihre Herden weiden, bis zur legendären Felsenstadt Petra mit ihren Grabanlagen aus der Zeit der Nabatäer, die von Nomaden in den roten Fels gehauen wurden.

Nach den rasch erledigten Zollformalitäten verließ ich für eine Weile die Abfertigungshalle und trat ins Freie. Es war noch sehr warm, denn die heiße Julisonne war nur Minuten vor unserer Landung untergegangen.

Zurück in der Halle, beobachtete ich die Menschenmenge, und schon bald fiel mir ein Araber mittleren Alters in abgetragener beiger Hose und blauem Hemd auf, der ein großes Schild mit meinem Namen emporhielt. Er chauffierte mich in einem alten Peugeot 504 zum Inter-Continental Hotel in Amman.

Inzwischen war die Dämmerung hereingebrochen, und die Pflanzen der Wüste hoben sich in scharfem Kontrast vom rötlich gefärbten Himmel ab. Ihrem Brauch folgend, waren viele Jordanier vor die Stadt hinaus gefahren, um auf kleinen Bodenerhebungen ihre farbenprächtigen Teppiche auszubreiten und ein abendliches Picknick zu machen. An Dutzenden kleiner Feuerstellen grillten Frauen Hühnchen am Spieß, Männer schwatzten und gestikulierten mit glimmenden Zigaretten, und dazwischen huschten überall die Schatten von Kindern im Sand hin und her.

Ich kurbelte das Wagenfenster herunter, lauschte dem Knistern der Flammen und den halblauten Stimmen der Menschen und wünschte mir für einen kurzen Augenblick, zu einer dieser Familien zu gehören.

Amman ist eine reizvolle, über sieben Hügel verteilte Stadt. Bald hatten wir das im Herzen des Diplomatenviertels auf einer dieser Erhebungen gelegene Inter-Continental erreicht. Ich hatte dieses Hotel gewählt in der Annahme, es sei ein sicherer Ort mit gutem Essen, von dem aus ich noch einmal Vorräte einkaufen und die tausend Kilometer lange Reise über Land nach Bagdad organisieren konnte.

Die erste Nacht schlief ich wunderbar. Am Morgen traf der jordanische Besitzer der Transportgesellschaft Al-Rahal in einem weißen Mercedes vor dem Inter-Continental ein. Sein Preis für die Hin- und Rückfahrt von Amman nach Bagdad war vierhundert US-Dollar. Die Hälfte war vor der Abfahrt zu bezahlen, der Rest bei Antritt der Rückfahrt in Bagdad. Ich bezahlte also die ersten zweihundert Dollar, und man teilte mir mit, am nächsten Morgen um 5.30 Uhr würde ich von einem Fahrzeug mit Allradantrieb abgeholt; der Fahrer sei ein Jordanier namens Basem.

Die Menschen, die ich an diesem Tag kennenlernte, waren ziemlich konsterniert, wenn ich ihnen mitteilte, dass ich allein in den Irak reisen wollte, und für ihre Reaktion gab es gute Gründe.

Im Sommer 1998 kam es zu starken Spannungen zwischen dem irakischen Präsidenten Saddam Hussein und Richard Butler, dem Chef der Waffeninspektoren der UN. Butler war ein sehr hartnäckiger Mensch, der sich zum Ziel gesetzt hatte, irakische Waffen ausfindig zu machen und zu zerstören. Saddam selbst hatte ihm den Spitznamen »Mad Dog Butler« verpasst. Wenn es jedoch darum ging, die lange gesuchten und bestens versteckten Waffen vor den Inspektoren der UN zu schützen, dann war der Diktator genauso listig und hartnäckig wie sein Kontrahent. Die westlichen Medien strichen natürlich heraus, dass Richard Butler über die mangelnde Bereitschaft des Irak zur Zusammenarbeit sehr aufgebracht war. Viele Menschen in der Region befürchteten, dass sich zwischen dem aggressiven Despoten und seinem zu allem entschlossenen Kontrahenten aus dem Westen eine bedrohliche Situation zusammenbraute. Angesichts der wachsenden Spannungen und Saddams zunehmender Animositäten fasste kaum ein Vertreter der amerikanischen Medien in jenem Sommer eine Reise in den Irak auch nur ins Auge. Die wenigen, die dennoch den Mut dazu aufbrachten, reisten in der Regel getarnt als Mitarbeiter humanitärer Organisationen.

Ich hingegen habe das Wagnis immer gesucht und reise am liebsten allein. Deshalb verabschiedete ich mich zur vereinbarten Stunde mit gespannter Vorfreude von Amman. Ich spürte, dass ein aufregendes Abenteuer begann.

Bald hatten wir die Stadt hinter uns gelassen, durchquerten den Distrikt Zarqa und näherten uns dann der Oase Al-Azraq, die für ihre schlechte Fernstraße bekannt ist – ein schmaler Fahrweg voller Schlaglöcher, der von unzähligen Lastwagen und Bussen befahren wurde und auf dem mich eine erste, heftige Angst befiel. Meine Befürchtungen steigerten sich noch, als ich die vielen ausgebrannten und liegen gebliebenen Fahrzeuge sah, die diese Straße säumten. Sie erschienen mir wie riesige, wilde Tiere, die einen qualvollen Tod gestorben waren.

Stundenlang fuhren Basem und ich durch ein Land, das unendlich monoton war – man hätte meinen können, es sei von Stürmen leer gefegt worden. Wir preschen mit fast hundertdreißig Stundenkilometern vorwärts, doch die flache, graubraune, staubige Landschaft mit ihren kümmerlichen Bäumchen und dornigen Pflanzen nahm kein Ende. Doch dann veränderte sie sich auf geradezu dramatische Weise: Runde, schwarze Lavablöcke kamen ins Blickfeld, die in der Mittagssonne glitzerten. Wenig später waren wir jedoch wieder von monotoner, öder, sandiger Ebene umgeben.

Allmählich näherten wir uns der Grenze zum Irak. Seit den Zeiten des alten Mesopotamien spielt dieses Land in der Nahost-Region eine zentrale Rolle und wurde deshalb häufig erobert und besetzt. Von den Mongolen über die Osmanen bis zu den Briten haben im Laufe der Jahrhunderte zahlreiche fremde Mächte versucht, die Schätze und Schönheiten Mesopotamiens an sich zu reißen. Nach dem Ende des Ersten Weltkriegs schufen die Briten den heutigen Irak, in dem Kurden, Sunniten und Schiiten gegen ihren Willen in einem Staat zusammengewürfelt wurden.

Wir überquerten die Grenze und passierten problemlos die Zollabfertigung, und nun begann mein Herz vor Aufregung höherzuschlagen. Schon bald kam der Euphrat in Sicht. Wir fuhren nun durch die Region Al-Anbar, ein Gebiet, das von irakischen Sunniten dominiert wird, von denen die meisten dem Stamm der Dulami angehören. Diese Menschen stehen treu zu Saddam Hussein. Selbst nach dem sinnlosen Golfkrieg von 1991 wurde Saddam hier noch so herzlich empfangen, dass er auf eine Weise reagierte, die für einen zu Paranoia und Verfolgungswahn neigenden Menschen absolut ungewöhnlich ist: Er schoss das komplette Magazin seiner Pistole in die Luft und trat den Menschen danach demonstrativ wehrlos gegenüber.

Schließlich tauchten über dem flachen Land Palmen und Dächer auf. Wir näherten uns den Außenbezirken von Bagdad. Ich blickte stumm auf die kleinen, beigen Häuser, die mir nach der Ödnis der Wüste erschienen wie die Vorboten einer großen Kultur. Nach elf Stunden Fahrt hatten Basem und ich die Hauptstadt erreicht. Am Horizont zeichneten sich bereits die Kuppeln zahlreicher kleiner Moscheen ab, aus kleinen Querstraßen lugten Häuser mit Balkonen und

Höfen, hier und da standen im Schatten einer Palme ein paar halb vertrocknete violette oder weiße Blumen.

Auf den Gehsteigen drängten sich zahllose Fußgänger und bahnten sich ihren Weg durch die geschäftige Stadt. Die alten, einstmals ruhigen Straßen Bagdads waren ein einziges Chaos, beherrscht von klapprigen Autos mit abgefahrenen Reifen und Bussen, die dicke, schwarze Rußwolken ausstießen. Ich wusste, dass die von der irakischen Regierung zu verantwortenden Kriege und Sanktionen das Land vom Rest der Welt isoliert hatten, deshalb war der Anblick düster blickender Menschen in abgetragener Kleidung keine Überraschung für mich. Immer wenn wir an einer roten Ampel anhielten, studierte ich die Gesichter der Leute in dem Bewusstsein, dass sie alle ein unvorstellbar dramatisches Leben hinter sich hatten: Ein Bürger des Irak, der etwa so alt war wie ich mit meinen fünfzig Jahren, hatte Rebellionen und Revolutionen, die Krönung von Königen, Staatsstreiche, die Entdeckung von Öl in seinem Land, das Versprechen großen nationalen Reichtums, die Zerschlagung des Wohlstands durch brutale Kriege, einen repressiven Polizeistaat und lähmende Sanktionen erlebt und erduldet.

Im schwindenden Licht des Tages ertönte die Stimme des Muezzins, der die Gläubigen zum Abendgebet rief. Ich blickte auf und gewahrte eine kleine Zitadelle am Rand der Straße.

Die tiefe, melodiöse Stimme des Geistlichen kam von der Spitze eines Türmchens. Basem stellte den Wagen vor dem Hotel Al-Raschid ab. Ich war wohlbehalten angekommen.

Der Irak erwies sich von Anfang an als ein faszinierendes Land voller Gegensätze. Obwohl die Menschen unterdrückt wurden, waren sie überraschend offen und freundlich. Die Angestellten des Hotels behandelten mich stets mit vollendeter Höflichkeit; sie brachten mir Fotos von Familienangehörigen und verwöhnten mich mit kleinen Geschenken, von denen ich wusste, dass sie sich solche Dinge kaum leisten konnten. Beamte des Informationsministeriums luden mich zu sich nach Hause zum Essen ein, wo ich ihre Freunde kennenlernte. Die Wachen vor dem Ministerium folgten mir bis zu meinem Wagen und erzählten mir dabei Geschichten über ihre Familien. Als ich die Abteilung einer Klinik für leukämiekranke Kinder besuchte, teilten die anwesenden Eltern mit mir die kleinen Mahlzeiten, die sie mitgebracht hatten. Mein neuer Chauffeur, den die Verwaltung des Hotels Al-Raschid für mich angeheuert hatte, nahm während meines Aufenthalts keine anderen Aufträge an und saß oft Stunden in der Empfangshalle für den Fall, dass ich etwas brauchte. Und nachdem in der ersten Nacht meines Aufenthalts drei unbekannte Männer an meine Tür geklopft hatten, ließ die Leitung des Hotels mein Zimmer rund um die Uhr bewachen.

Doch der schönste Teil meiner Reise stand mir noch bevor. Zwei Tage nach meiner Ankunft in Bagdad lernte ich Mayada al-Askari kennen, eine einzigartige Frau, die mir unvergesslich bleiben wird und die mir im Laufe der Zeit mehr ans Herz gewachsen ist als eine Schwester.

Das Glück, Mayada zu treffen, hatte viel mit meinem Entschluss zu tun, dass ich während meines Aufenthalts in Bagdad nicht einen Mann als Dolmetscher wollte, sondern eine Frau. Nach meinem ersten Tag in der Stadt fragte ich mich, weshalb das Informationsministerium mir nicht jemanden geschickt hatte, denn ich hatte zahlreiche Berichte darüber gelesen, dass sich die Mitarbeiter dieser Behörde den Ausländern geradezu aufdrängten. Am zweiten Tag wurde ich ungeduldig und ließ mich von meinem Fahrer ins Informationsministerium bringen, um einen Dolmetscher anzufordern. Man sagte mir, der Leiter des Pressezentrums des Ministeriums sei ein Mann namens Shakir al-Dulami. Also suchte ich dessen Büro auf und erzählte ihm halb scherzend, ich hätte gehört, dass Ausländer im Irak immer von Aufsehern verfolgt würden, doch niemand scheine zu wissen, dass ich in der Stadt sei. Ob ich etwa nicht wichtig genug sei, um einen Aufseher zu bekommen. Das schien Shakir zu amüsieren, und er erwiderte, wenn ich wolle, könne ich einen Begleiter bekommen.

Da ich mich in erster Linie für die Lage der Frauen interessierte und nach fünf Jahren Aufenthalt im Nahen Osten genau wusste, dass keine arabische Frau in Gegenwart eines Mannes offen mit mir sprechen würde, teilte ich Shakir mit, ich müsse sein freundliches Angebot leider ablehnen. Ich bestand entschieden darauf, dass ich nur eine Frau als Begleitperson akzeptieren würde. Nach einem kurzen, nicht unfreundlichen Wortwechsel erhob Shakir die Hände und zuckte die Achseln – eine arabische Geste des Einlenkens – und erklärte sich einverstanden. Erst später erfuhr ich, dass nach der offiziellen Praxis der Regierung nur Männer als Dolmetscher angestellt wurden.

Am nächsten Morgen wurde mir in Shakirs Büro eine mittelgroße, leicht übergewichtige Irakerin vorgestellt, die ein einfaches, bodenlanges Kleid und ein schwarzes Kopftuch trug. Ihr Gesicht war blass, mit leicht geröteten Wangen und hellgrünen Augen, die erwartungsvoll auf mich gerichtet waren. Wir musterten uns aufmerksam, dann wandte sich ihr Blick kurz Shakir zu und kehrte schließlich zu mir zurück.

Die Frau machte einen netten Eindruck, und ich lächelte ihr vertrauensvoll zu in der Hoffnung, dass sie während meines Aufenthalts im Irak meine ständige Begleiterin werden würde. Sie erwiderte diese Geste mit einem ersten, zaghaften Lächeln. Shakir sah mich prüfend an und sagte: »Jean, das ist Ihre Begleiterin.«

Mit angenehmer Stimme und einem leichten Akzent stellte sie sich vor: »Ich bin Mayada al-Askari.« Später erzählte sie mir, dass das Ministerium sie seit einigen Jahren nicht mehr beschäftigt hätte und die verantwortlichen Männer in der Regel keine Frauen als Dolmetscher anstellten.

Ich war froh, dass ich nicht auf Shakirs Vorschlag eingegangen war, und ich glaube, Mayada erging es ebenso.

Wir wurden rasch Freundinnen. Ich freute mich über Mayadas fließendes Englisch und ihren wunderbaren Humor. Sie war geschieden und hatte zwei Kinder, eine fünfzehnjährige Tochter namens Fay und Ali, einen zwölfjährigen Sohn. Mayada liebte wie ich leidenschaftlich Haustiere und hatte zwei Katzen, von denen die eine gerade Junge bekommen hatte.

Im Verlauf der nächsten Wochen erfuhr ich, dass Mayada die Tochter einer angesehenen Familie des alten Mesopotamien war, jenes Landes, das heute den Namen Irak trägt. Aus guten Gründen war sie auf ihre Herkunft sehr stolz, denn Mesopotamien war über lange Zeiträume ein paradiesisches und ruhmreiches Land gewesen. Große Künstler, Dichter und Gelehrte hatte dieses Land hervorgebracht, und einige seiner frühesten Herrscher hatten die ersten großen Städte der Menschheit erbaut, sie förderten Literatur und Kunst und waren die ersten Könige, die ihren Untertanen Gesetze gaben.

Aber obwohl die mesopotamischen Reformer danach strebten, die Lebensbedingungen der Menschen in ihrem Land zu verbessern, wurden viele dieser weisen Herrscher von Tyrannen entmachtet, die das Land für Generationen in Gewalt und Aufruhr stürzten. Bereits lange vor der Herrschaft Saddam Husseins war Mayadas Land immer wieder Schauplatz von Gewalt und Kriegen. Mesopotamien war vom Beginn der Geschichte der Zivilisation ein begehrtes Land gewesen: Inmitten einer riesigen Wüstenregion war es mit zwei lebenspendenden Flüssen gesegnet, es lag geografisch günstig als Verbindung bedeutender Handelszentren, und es verfügte über großen Reichtum. Von den alten Sumerern über die Mongolen, Timuriden und Perser bis zu den Osmanen wurde das Land wiederholt erobert und ständig von neuen Herrschern regiert.

Um Mayadas Familie zu verstehen, muss man ein wenig über die Herrschaft der Osmanen und ihr Reich wissen, zu dem von 1517 bis 1917 der gesamte Nahe Osten gehörte und der Irak von 1532 bis 1917. Dieses riesige Reich umfasste Kleinasien, den Nahen Osten, Ägypten, Teile Nordafrikas und die gesamte Balkanhalbinsel. In allen Regionen, die sie eroberten, setzten die Osmanen Verbündete als Herrscher ein. Da die Sultane des Osmanischen Reiches dem sunnitischen Islam angehörten, vergaben sie Machtpositionen bevorzugt an Angehörige dieser Glaubensrichtung. Dadurch erlangten die Sunniten, die ursprünglich eine Minderheit gewesen waren, Macht über alle anderen Iraker, auch über die schiitische Mehrheit. Auf diese Weise bereiteten die osmanischen Herrscher in Mayadas Land den Boden für ständige ethnische Konflikte. Doch solange sie an der Macht blieben, schwelte dieser Konflikt meist unter der Oberfläche und führte zumeist nicht zum Ausbruch von Krieg und Chaos. Mit dem Ende des Osmanischen Reiches brachen jedoch bis heute andauernde Feindseligkeiten aus, die maßgeblich zu den instabilen Verhältnissen im Irak beitragen.

Mit der Entscheidung des Sultans, sich im Ersten Weltkrieg auf die Seite des Deutschen Kaiserreiches zu stellen, war das Schicksal des Osmanischen Reiches besiegelt. Sein Zusammenbruch weckte große Hoffnungen, dass die Araber, die unter osmanischer Herrschaft jahrhundertelang unter massiven Verletzungen der Menschenrechte gelitten hatten, in Zukunft freie Staaten etablieren und den Menschen ein Leben in Würde ermöglichen könnten. Aber fatalerweise endete ihre Unterdrückung mit dem Ende der Osmanenherrschaft keineswegs: Frankreich und Großbritannien hatten ihre Armeen bereits in Stellung gebracht, um das entstandene Machtvakuum zu füllen. Die Araber stellten schockiert fest, dass sich ihre neuen, europäischen Eroberer als rechtmäßige Eigentümer aller Ressourcen der Region betrachteten, und so wurde der Kreislauf der Enteignung und Beraubung perpetuiert. Und da die Briten bevorzugt mit der sunnitischen Oberschicht kooperierten, regierte die sunnitische Minderheit weiterhin über die Mehrheit der Schiiten.

Die gewaltigen Veränderungen im Osmanischen Reich wirkten sich dramatisch auf das Leben von Mayadas Großeltern und Eltern aus, denn Mayadas Stammbaum reichte direkt ins Zentrum der osmanischen Paläste zurück. Ihre beiden Großväter waren angesehene Bürger gewesen und hatten miterlebt, wie das Reich nach dem Sieg der Alliierten am Ende des Ersten Weltkrieges zerbrach. In der Hoffnung auf wohlhabende und freie arabische Staaten hatten sich beide Großväter auch bei der Gründung und in den Regierungen der neu formierten arabischen Staaten Syrien und Irak engagiert.

Mayadas Großvater väterlicherseits, Jafar Pascha al-Askari, war ein außergewöhnlicher Mann. Er befehligte das arabische Heer und kämpfte an der Seite von Lawrence von Arabien und Fürst Faisal gegen die Herrschaft der Osmanen. Sati al-Husri, ihr Großvater mütterlicherseits, wurde in der gesamten arabischen Welt als ein Genie und als Vater des arabischen Nationalismus gefeiert. Er war einer der ersten gebildeten Männer, die die Forderung erhoben, dass die arabischen Staaten auch von Arabern regiert werden sollten.

Wie ihre Eltern und Großeltern gehörte auch Mayada der sunnitischen Glaubensrichtung an, die weltweit die Mehrheit der Menschen islamischen Glaubens repräsentiert. Im Irak sind die Sunniten jedoch in der Minderheit, aber sie dominieren politisch. Mayadas Mutter Salwa al-Husri war die Tochter des berühmten Sati al-Husri; ihr Vater Nizar al-Askari war der Sohn des berühmten Freiheitskämpfers und Regierungsbeamten Jafar al-Askari.

Das Domizil von Mayadas Familie war ein beliebtes »politisches Haus«, in dem Besuche und Anrufe internationaler

Persönlichkeiten aus der Politik und verwandten Bereichen zum Alltag gehörten. Die Familie sorgte dafür, dass Mayada ein Leben mit Bildung und Privilegien führen konnte. Als von allen geliebte Tochter und Enkelin erwartete man von ihr, Ärztin oder Künstlerin zu werden und ein kultiviertes Leben zu führen.

Doch die politischen Konflikte im Irak vereitelten alle sorgsam erdachten Karrierepläne für Mayada auf dramatische Weise. Als 1968 die Baath-Partei an die Macht kam, flohen die meisten irakischen Intellektuellen in Nachbarländer. Mayadas Vater lag jedoch schwer krebskrank in einer Klinik; deshalb beschloss die Familie, in Bagdad zu bleiben.

Trotz Saddam Husseins despotischer Regierung, die Jahr für Jahr noch tyrannischer wurde, blieb Mayada im Irak. Sie wurde erwachsen, begann eine Laufbahn als Journalistin, heiratete und gebar zwei Kinder; sie überlebte den Iran-Irak-Krieg, den Golfkrieg und die darauf folgenden Sanktionen.

Mit anderen Worten, sie durchlitt fast alle Phasen der turbulenten Geschichte des modernen Irak. Aber trotz aller Not und allen Elends hielt sie immer an ihrem Glauben fest, dass sie im Irak überleben konnte, dem Land, das sie seit ihrer frühen Kindheit liebte.

Einmal besuchten wir die Kinderstation eines Bagdader Krankenhauses. Das Elend der Kleinen, die sich lustlos mit dem Spielzeug beschäftigten, das ich ihnen mitgebracht hatte, überwältigte mich so sehr, dass ich die Tränen kaum zurückhalten konnte. Als ich glaubte, die Fassung zu verlieren, spürte ich Mayadas tröstende Hand auf meiner Schulter. Sie konnte meine Gefühlsbewegung nicht mit ansehen. Dann kam eine Krankenschwester in den Raum und begann, den kleinen Patienten ohne jegliche Vorbereitung Spritzen zu geben. Der Anblick der schreienden Kinder brachte mich schier zur Verzweiflung. Ich wollte alles tun, um ihre Qualen zu beenden, und so begann ich, zu tanzen und zu singen in der Hoffnung, sie damit von den schmerzenden Nadeln abzulenken. Mein törichtes Verhalten veranlasste ein paar Kinder zu einem gequälten Lächeln und ließ die anwesenden Eltern in schallendes Gelächter ausbrechen, denn meine musischen Talente sind eher bescheiden.

Mayada bat mich, ihr vor das Gebäude zu folgen. Ich war schockiert, als sie mir anvertraute, dass sie Saddam Hussein von ganzem Herzen hasse und dass es ihr großer Traum sei, das Ende seiner Diktatur zu erleben. Sie sprach aus, was wir alle wussten: Saddam war die Hauptursache für das Elend dieser Kinder. Aber er hatte nicht nur die Kriege angezettelt, die zu den Sanktionen geführt hatten; Mayada behauptete, Saddam sei sogar sehr erpicht darauf, die Schuld an der hohen Kindersterblichkeit im Irak auf die Sanktionen zu schieben. Deshalb lasse er Medikamente nicht an Krankenhäuser ausliefern, beispielsweise werde an Leukämiepatienten nur eine Medikation ausgegeben, obwohl diese unbedingt zwei oder drei verschiedene Krebspräparate benötigten. Außerdem sei allgemein bekannt, dass er auf den Straßen leere Babysärge zeigen ließ, um mit solchen Bildern die Welt gegen die Vereinigten Staaten aufzubringen.

Ich befürchtete, dass wir von einem Saddam-Anhänger belauscht werden könnten, und versuchte, sie zu beruhigen, doch sie ließ sich durch meine Worte nicht beeindrucken.

Doch ich hatte inzwischen mit eigenen Augen gesehen, dass Saddam Hussein den Irak zu einem riesigen Gefängnis gemacht hatte. Ich hatte den Eindruck, dass die Menschen ständig fürchteten, wegen eines von staatlicher Seite vermuteten oder auch nur unterstellten Vergehens verhaftet und gefoltert zu werden. Damals schien Saddams Herrschaft jedoch noch von Dauer zu sein, und auch ich hegte wenig Hoffnung, dass die Iraker in naher Zukunft die Freiheit kennenlernen würden. Als ich Mayada fragte, warum sie das Land nicht verlasse und beispielsweise zu ihrer Mutter nach Jordanien gehe, erklärte sie mir, sie wolle ihrem Land gegenüber loyal bleiben, nicht aber gegenüber Saddam, und dass sie in dem Land bleiben müsse, in dem ihr Vater begraben sei. Als Irakerin gehöre sie in dieses Land, auch wenn das Leben hier mit Gefahren verbunden sei.

Mein Besuch in Bagdad neigte sich allzu rasch seinem Ende zu; nach wenigen Wochen musste ich Mayada Auf Wiedersehen sagen.

Am Tag meines Abschieds war ich sehr traurig, doch Mayada wusste ebenso wie ich, dass wir für immer Freundinnen bleiben würden. Nach meiner Ankunft in den Vereinigten Staaten hielten wir unseren innigen Kontakt durch wöchentliche Briefe und Anrufe aufrecht.

Ein Jahr nach unserer ersten Begegnung verschwand Mayada. Ich rief bei ihr zu Hause an, aber ich erreichte niemanden, und meine Briefe blieben unbeantwortet. Doch gerade als mich die Verzweiflung zu überwältigen drohte, rief sie mich aus Bagdad an. Sie erzählte mir, sie sei »eingelocht« worden – mit diesem nur westlichen Ohren verständlichen Ausdruck wollte sie mir mitteilen, dass sie im Gefängnis gewesen sei, ohne dass der mithörende irakische Geheimdienst die Botschaft verstand. Ich hütete mich also, ihr zu diesem Thema Fragen zu stellen, und so erfuhr ich die vollständige Geschichte ihrer Verhaftung und Folterung erst nach ihrer Flucht nach Jordanien.

Auf Mayadas Verhaftung folgte eine Kette von Ereignissen, die mich zum Schreiben dieses Buches veranlassten. 1999 floh sie aus dem Irak. Im Jahr darauf folgte ihre Tochter Fay ihrem Beispiel. 2001 wurden New York und Washington, D.C., Ziel terroristischer Anschläge. Im selben Jahr schickte Präsident George W. Bush amerikanische Streitkräfte in den Krieg gegen den Terrorismus. 2002 kam Bush zu dem Ergebnis, das irakische Volk habe nun lange genug unter dem Regime Saddam Husseins gelitten, und zu Beginn des Jahres 2003 wurde der Diktator gewaltsam durch die Koalitionsstreitkräfte entmachtet. In diesem Jahr beschloss Mayada, der Welt die Wahrheit über das Leben im Irak mitzuteilen, die Wahrheit, so wie sie nur jemand erzählen kann, der dieses Land aus allen Blickwinkeln kennt: von Saddams Palästen bis zu seinen Folterkammern. Nach wochenlangen Diskussionen darüber, ob es möglich sei, dieses Buch zu schreiben, bat mich Mayada, ihre Lebensgeschichte zu Papier zu bringen, und ich erklärte mich einverstanden.

Während der Arbeit an diesem Buch habe ich viele Angehörige Mayadas kennen und schätzen gelernt. All diese herausragenden Männer und Frauen waren bei der Schaffung des modernen Irak von großer Bedeutung, und obwohl diese wunderbaren Menschen schon lange nicht mehr unter uns sind, tröstet mich doch die Tatsache, dass die gesamte Geschichte des heutigen Irak durch Mayada al-Askari weitergegeben wird und dass diese einzigartige Frau es möglich gemacht hat, die Wahrheit über das Leben im Irak der Gegenwart zu schreiben.

Mayadas Familie

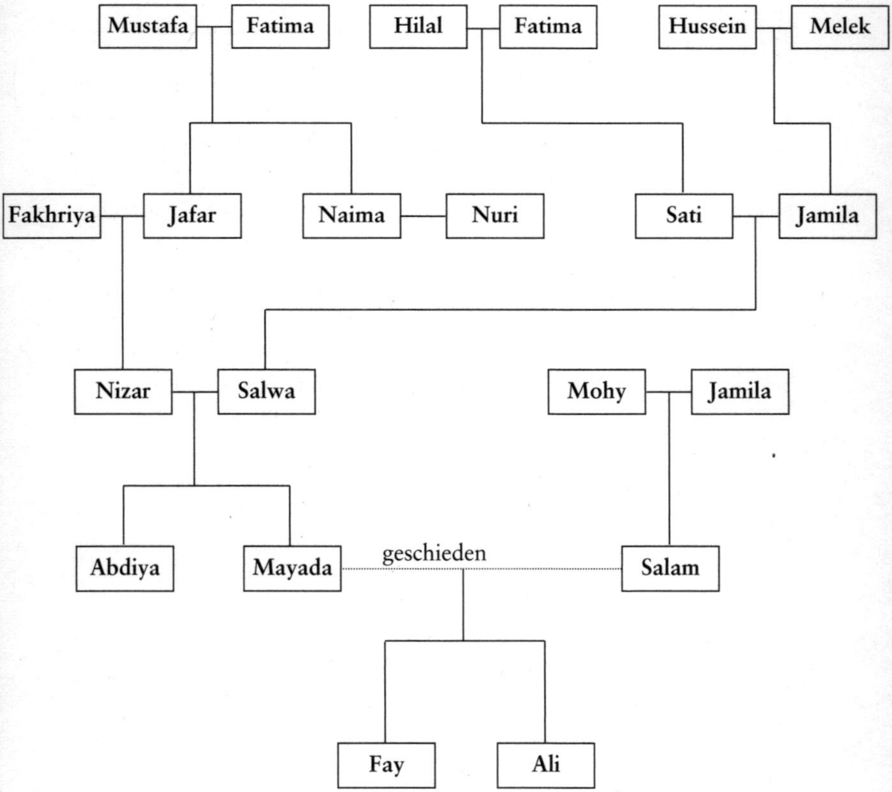

Karte des Irak

Karte des Irak und seiner Nachbarstaaten

Plan des Gefängnisses

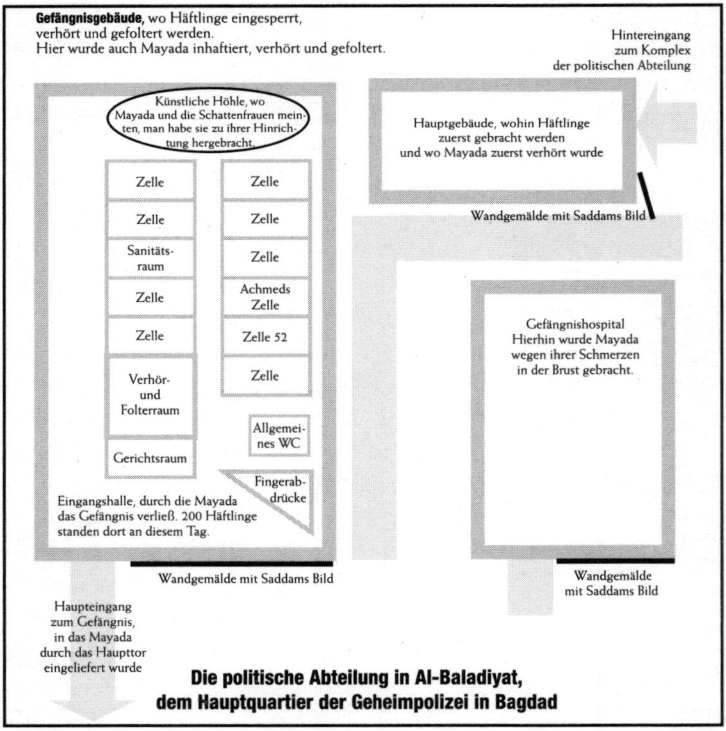

1

Die Schattenfrauen von Zelle 52

Am Morgen des 19. Juli 1999 gegen 8.45 Uhr fuhr Mayada al-Askari so schnell es ging zu ihrem Büro. Die Vormittage waren in ihrem Druck- und Kopierladen immer die arbeitsreichste Zeit, und wegen der großen Zahl an Aufträgen, die am Tag zuvor hereingekommen waren, wusste sie, dass es heute besonders hektisch werden würde. Als sie ihr Geschäft vor einem Jahr eröffnete, hatte sie die besten Drucker gekauft, die man im Irak bekommen konnte; deshalb galt ihr Laden in der Gegend um die Mutanabi-Straße als der beste. Mayada bekam mehr Aufträge, als sie erledigen konnte. Sie nahm viele unterschiedliche Arbeiten an; unter anderem entwarf sie Logos und Firmensignets und schrieb Texte für Milchverpackungen, Schachteln und Flaschen. Aber sie druckte auch ganze Bücher, wenn der Auftraggeber die erforderliche Genehmigung des Informationsministeriums hatte. Und sie führte ihr Geschäft so effektiv, dass viele ähnliche Läden im Distrikt Aufträge von ihr abwickeln ließen und Mayadas Arbeit dann als ihre eigene verkauften.

Ein Blick auf die Uhr zeigte ihr, dass sie spät dran war. Sie beeilte sich, achtete jedoch darauf, dass sie die Geschwindigkeitsbegrenzung nicht überschritt. Der Himmel wurde immer dunkler, er sah fast aus wie an einem nebligen Tag in England.

Der Wind wirbelte heißen Sand durch die Luft, und Böen fegten durch die Straßen. Der Juli war ein unangenehmer Monat im Irak. Am liebsten wäre Mayada der Hitze entflohen und hätte auf den Höhen des Libanon Urlaub gemacht, doch dafür hatte sie nicht genug Geld, und so schob sie diesen Gedanken einfach beiseite. Sie parkte den Wagen in der Nähe ihres Ladens und eilte mit gesenktem Kopf, die Hand zum Schutz vor Wind und Staub vor das Gesicht haltend, auf die Eingangstür zu. Diese war zum Glück nicht mehr verschlossen, denn Mayadas Angestellte waren bereits da. Sie hatte eine Gruppe engagierter Mitarbeiter um sich geschart, und das nicht nur, weil sie höhere Löhne bezahlte als die meisten vergleichbaren Firmen. Das ganze Team zeichnete sich durch großes Wissen aus und war gut ausgebildet, und alle nahmen ihre Arbeit sehr ernst.

Mit einem raschen Blick überflog Mayada den Laden. Hussain, Ahmed und Wissam saßen bereits an ihren Computern. In der kleinen Teeküche im hinteren Teil des Geschäfts war Nahla gerade dabei, Kaffee zu kochen. Als sie Mayada bemerkte, kam sie nach vorne und bot ihr eine Tasse an. Noch ehe Mayada einen Schluck nehmen konnte, kamen Hussain und Shermeen auf sie zu und begannen gleichzeitig, über die Grafikdesign-Projekte, an denen sie gerade arbeiteten, auf Mayada einzureden. Sie wurden jedoch schon bald von einem Kunden unterbrochen, der nur mit Mayada sprechen wollte. Der junge Mann erklärte, er sei ein Student aus Tunesien, und eine andere Druckerei habe ihn hierhergeschickt. Er wollte, dass Mayada einen Fragebogen für ihn übersetzte und gestaltete. Während sie diesen Auftrag mit ihm besprach, öffnete sich erneut die Tür, und drei Männer traten ein. Mayadas Herz blieb stehen. Sie sah auf den ersten Blick, dass diese drei Männer keine Kunden waren.

»Sind Sie Mayada Nizar Jafar Mustafa al-Askari?«, fragte der größte von ihnen. Die Frage erstaunte sie, denn nur wenige Menschen kannten ihren vollen Namen. Insbesondere den Namen »Mustafa« benutzte sie nur selten, obwohl sie ihn mit Stolz trug – ging er doch auf ihren Urgroßvater Mustafa al-Askari zurück, der wie ihr Großvater Jafar ein

Offizier von Rang im ruhmreichen osmanischen Heer gewesen war.

Mayada stand da, wortlos vor Entsetzen, und versuchte, aus den Blicken der Männer zu ergründen, was sie wollten. Einen Augenblick dachte sie daran, zu fliehen oder um sich zu schlagen, aber sie war eine geschiedene, auf sich selbst gestellte Frau. Ihr Vater war tot, und sie hatte auch keinen Mann, der sie beschützen konnte. Sie murmelte nur ein schwaches »Ja«.

»Ich bin Oberstleutnant Muhammed Jassim Rahim«, erklärte der Mann, »und dies sind meine Kollegen. Wir werden dieses Büro jetzt durchsuchen.«

Nun fand sie ihre Stimme wieder und brachte es fertig, eine simple Frage zu stellen: »Was suchen Sie denn?«

Der Oberstleutnant warf ihr nur einen kurzen Blick zu und antwortete dann, wobei ihr jedes Wort vorkam wie eine Kugel, die er auf sie abfeuerte: »Das sagen Sie uns.«

Mayada stand schweigend da und wusste nicht, welche Worte oder Taten sie retten könnten, während die drei Männer begannen, ihr Büro zu verwüsten. Abfallbehälter wurden entleert, die Unterseiten der Stühle untersucht, die Telefone mit Schraubenziehern geöffnet. Dann packten die Männer ihre geliebten Computer und Drucker zusammen. Mayada wusste, dass sie sich nie wieder neue Geräte würde kaufen können, aber sie konnte nichts tun, als mit anzusehen, wie die drei ihr kostbares Equipment in die beiden weißen Toyota Corollas luden, die Fahrzeuge der irakischen Geheimpolizei. In ihrer Hilflosigkeit knüllte sie geistesabwesend die Unterlagen des tunesischen Studenten zusammen, die sie in den Händen hielt, und beobachtete, wie die Männer ihr Lebenswerk und ihre Existenz zerstörten.

Dann wandte sie sich ihren entsetzten Angestellten zu, die sich in einer Ecke zusammendrängten und fast nicht mehr zu atmen wagten. Nahla war kreidebleich, und ihre Lippen zitterten. Der tunesische Student kicherte nervös und rieb sich die Hände. Offensichtlich bedauerte er sich selbst dafür, dass er in diesen Laden gegangen war.

Mayada hatte keinen Zweifel daran, dass als Nächstes sie selbst in einen der beiden ominösen Wagen verfrachtet würde. »Bitte, kann ich meine beiden Kinder anrufen und ihnen sagen, wohin Sie mich bringen?«, bat sie den Oberstleutnant, doch dieser funkelte sie nur düster an und schrie: »Nein!«

Sie versuchte es noch einmal, so freundlich sie konnte: »Bitte. Ich muss meinen Kindern Bescheid sagen. Sie haben niemanden außer mir.«

Doch ihr Flehen ließ den Mann völlig kalt. »Nein!«, wiederholte er nur und schnippte mit den Fingern, und daraufhin nahmen seine Begleiter Mayada zwischen sich und führten sie ab. An der Tür ihres Ladens wandte sie sich noch einmal um und fragte sich, ob sie jemals hierher zurückkehren würde.

Vom Rücksitz des Toyotas aus bemerkte Mayada einen Passanten, der verstohlen einen mitfühlenden Blick auf sie warf und sich dann rasch entfernte.

Während der Wagen durch die geschäftige Stadt raste, spürte Mayada, wie sie vor Angst benommen wurde; sie zwang sich, in den gelb und orange verfärbten Himmel zu blicken, über den Staubschwaden hinwegwirbelten. Der Sandsturm wütete inzwischen über ganz Bagdad. Bei einem Sandsturm kümmerte sie sich normalerweise nur darum, in ihrer Wohnung die Fenster zu schließen und Papier unter die Türen zu schieben. Dann wartete sie, bis sich der Sturm gelegt hatte, und machte sich anschließend daran, den angewehten Sand mit Besen und Eimer zusammenzukehren und in den Garten zu schaffen. Jetzt krampfte sich Mayadas Magen nur schmerzhaft zusammen.

Sie sah aus dem Fenster und beobachtete traurig die vielen zerlumpten Gestalten, an denen sie vorbeifuhren – Iraker, die einmal ein stolzes Volk gewesen waren. Noch vor zwanzig Jahren, als sie eine junge Frau gewesen war, war dieses Land reich und vielversprechend gewesen. Die großen Städte hatten prachtvolle Boulevards mit feinen, internationalen Geschäften, es hatte schöne Wohnungen gegeben, und die Zukunft war voller Verheißungen gewesen. Doch unter der Herrschaft Saddams glitt das ganze Land zunehmend in den Verfall. In den Behörden blühte die Korruption. Die Iraker wurden erniedrigt und mussten in langen Schlangen für erbärmliche Rationen an Mehl, Öl und Zucker anstehen, die auf der Grundlage des Hilfsprogramms »Öl für Lebensmittel« nach der Resolution 661 des UN-Sicherheitsrates im Austausch für Erdölexporte verteilt wurden.

Es waren harte Zeiten für die meisten Iraker. Selbst Mayadas Mutter Salwa al-Askari, eine starke, intelligente Frau, die entschlossen gewesen war, ihrem Land zu helfen, hatte ihren Glauben, dass der Irak sich einmal wieder erholen würde, eines Tages aufgegeben und war ins benachbarte Jordanien übergesiedelt.

In echte Not war Mayada erst 1988 geraten, nachdem sie sich von ihrem Mann Salam hatte scheiden lassen. Im Jahr darauf hatte sie ihre Stelle als Kolumnistin bei einer der großen Zeitungen des Landes aufgegeben und sich mit ihrem Laden selbstständig gemacht. Doch dann wurde der irakische Dinar drastisch abgewertet, und sie verlor alles. Sie suchte sich wieder einen Job, doch inzwischen waren auf dem Arbeitsmarkt kaum noch Stellen zu finden. Nach den Kriegen und bedingt durch die Sanktionen verloren sehr viele Iraker ihre Arbeit.

Aber für Frauen war es noch schwieriger als für Männer, eine neue Beschäftigung zu finden. Eine unausgesprochene Doktrin der Regierung sorgte dafür, dass möglichst viele Männer ihre Arbeit behalten konnten; um Frauen, die keinen Mann hatten, oder um vaterlose Kinder kümmerte sich von staatlicher Seite jedoch niemand.

Da Mayada zwei Kinder durchbringen musste und ihr der totale finanzielle Kollaps drohte, flehte sie zu Gott, er möge ein kleines Wunder geschehen lassen.

Und Gott half ihr. In Amman hatte Michael Simpkin, ein Produzent des britischen Fernsehsenders Channel 4, Mayadas Mutter aufgesucht und sie gebeten, für ihn einen Termin bei Premierminister Tarik Aziz oder Verteidigungsminister Sultan Haschim zu arrangieren. Salwas Einfluss im Irak war nach wie vor bedeutend, und sie hatte noch immer private Telefonnummern hochrangiger Regierungsbeamter des Landes. Mit einigen Anrufen schaffte sie es, mehrere Angehörige der Regierung davon zu überzeugen, dass Michael Simpkin jemand sei, den sie kennenlernen sollten. Dank ihrer Vermittlung konnte der britische Journalist mit Aziz, Haschim und Saad Kassem Hamoudi sprechen, dem Verantwortlichen für internationale Beziehungen in Saddams Regierung.

Aber Salwa bat Simpkin auch, während seines Aufenthalts in Bagdad mit ihrer Tochter Mayada Kontakt aufzunehmen, und so besuchte er sie in ihrer Wohnung am Waziya-Platz und erklärte ihr, er brauche einen Dolmetscher. Nachdem Mayada ihm in fließendem Englisch ihre beruflichen Tätigkeiten als Journalistin dargestellt hatte, engagierte er sie auf der Stelle und vereinbarte mit ihr, sie in US-Dollar zu bezahlen.

Simpkins Fernsehserie *Krieg für den Golf* wurde ein Erfolg, und nachdem der britische Journalist Bagdad verlassen hatte, arbeitete Mayada einen Plan aus, um selbst wieder ins Geschäft zu kommen. Sie hatte ja bereits selbstständig gearbeitet, und damals war ihre Existenz nur durch die prekäre finanzielle Situation des Irak vernichtet worden. Sie selbst hatte sich keine Versäumnisse zuschulden kommen lassen. Also wollte sie es einfach noch einmal probieren.

Nie zuvor in ihrem Leben war sie so froh gewesen wie an

jenem Tag, als sie mit ihren US-Dollars in der Handtasche einen Computerladen betrat, um sechs Rechner und drei Drucker zu kaufen. Sie hatte sich glücklicher gefühlt als an ihrem Hochzeitstag, an dem sie sich in ihrem eleganten weißen Brautkleid zum ersten Mal in ihrem Leben richtig schön vorgekommen war.

Mit den Devisen und mit viel Entschlossenheit startete Mayada eine neue Karriere. Im Lauf der Zeit und nach vielen arbeitsreichen Tagen wurde ihr kleines Unternehmen profitabel genug, dass sie ihre Kinder ohne fremde Hilfe ernähren und in die Schule schicken konnte. Nach diesen Erfolgen glaubte Mayada, sie habe die schlimmsten Zeiten überstanden.

Aber jetzt sagte sie sich, sie hätte es besser wissen müssen. Druckereien, Copyshops und ähnliche Kleinunternehmen betrachtete die allgegenwärtige Baath-Partei zunehmend mit Misstrauen, denn fotokopierte Flugblätter waren ein beliebtes Mittel geworden, um Saddams allmählich schwächelndes Regime zu attackieren. Doch obwohl sie alles daransetzte, keinerlei Anstoß von offizieller Seite zu erregen – Unschuld allein konnte sie auf Dauer nicht vor dem Argwohn der irakischen Regierung schützen.

Als sie sich leicht nach vorne beugte und durch die Frontscheibe des Wagens blickte, erfasste sie eine schreckliche, nie gekannte Angst: Sie befand sich auf dem Weg zur *Darb Al-Sad Mared,* zur »Straße ohne Wiederkehr«.

An der Route, die der Wagen nahm, erkannte sie, dass sie nach Baladiyat gebracht wurde, dem Stadtteil Bagdads, in dem sich das Hauptquartier von Saddams Geheimpolizei befand, das auch als Gefängnis diente.

Mayada hatte diesen Gebäudekomplex noch nie betreten, doch in der Zeit, als er gebaut wurde, war sie auf ihrem Weg zur Arbeit oft daran vorbeigefahren. Nie, nicht einmal in ihren schlimmsten Albträumen, hatte sie jemals befürchtet, hierhergebracht zu werden. Doch nun sollte das Unvorstellbare Wirklichkeit werden, und sie fürchtete, dass sie in Baladiyat der Tod erwartete.

In wenigen Minuten hatte der Wagen das Hauptportal des Gefängniskomplexes erreicht und passierte ein riesiges, grotesk wirkendes schwarzes Tor, das mit zwei in Gold gearbeiteten Wandbildern geschmückt war. Sie zeigten Saddam, den Blick auf das irakische Volk gerichtet, das voller Zuversicht auf Feldern, in Fabriken und Büros arbeitete.

Der Fahrer stoppte vor einem großen Gebäude, das nur knapp unter dem Dach kleine Fenster hatte. Bei seinem Anblick sank Mayada vor Furcht in sich zusammen. Als die beiden anderen Männer sie aus dem Auto zogen, sah sie, dass die dunklen Sandwolken den Himmel schwarz verfärbt hatten. Ihre Furcht packte sie wie ein Schwindel. Sie schloss rasch die Augen, atmete tief durch und ermahnte sich, nicht in Ohnmacht zu fallen. Sobald sie ihre Kräfte wieder gesammelt hatte, zwang sie sich, aufzublicken, und wohin sie auch sah, in jeder Himmelsrichtung prangte Saddam Husseins Konterfei.

Mehr als einmal hatte sich Mayada in Saddams direkter Gegenwart befunden. Einmal war sie ihm sogar so nahe gewesen, dass sie die dunkelgrüne Stammestätowierung an seiner Nasenwurzel erkennen konnte, die er damals noch nicht hatte entfernen lassen.

Überall waren Poster mit Slogans der Baath-Partei zu sehen. »Wer nicht pflanzt, wird nicht essen« war der erste, der ihr ins Auge fiel. Mayada konnte nicht umhin, sich zu fragen, ob sie jemals wieder Hunger verspüren würde. Als sie in das Gebäude gezerrt wurde, richtete sie den Blick zum Himmel und sprach ein Stoßgebet: »Lieber Gott, mach, dass Fay und Ali nichts geschieht und dass ich bald wieder bei ihnen bin.«

Zwei Männer eskortierten sie eine Treppe hinauf. Im Korridor am oberen Ende der Stufen drängten sich ausgemergelte, mitleiderregende Gestalten, Menschen, die blutgetränkte Fetzen am Leib trugen und mit auf den Rücken gefesselten Händen auf dem Boden kauerten. Ihre Gesichter waren von dunklen Schorfen und Blutergüssen entstellt, viele Wunden waren noch offen und bluteten. Die geschundenen Kreaturen blieben stumm, doch Mayada spürte, dass eine Woge aufrichtigen Mitgefühls sie begleitete, als sie den Korridor entlanggezogen und in ein Zimmer geschoben wurde.

Ein übermächtiges Entsetzen packte sie, nur noch stolpernd bewegte sie sich, und sie weinte hemmungslos. Anders als viele arabische Frauen war Mayada nicht an das Regiment eines grausamen Vaters oder anderer Männer gewöhnt. Sie hatte männliche Dominanz oder gar Gewalt niemals erdulden müssen. Ihr Vater Nizar Jafar al-Askari war ein vollendeter Gentleman gewesen. Nie hätte er Söhnen gegenüber Töchtern den Vorzug gegeben, obwohl im Irak ein Mann, der nur von Frauen umgeben ist, meist bedauert wird.

Als Mayada geboren wurde, hatte sich ihr Vater sogar darüber Gedanken gemacht, wie Scottie, der geliebte schottische Terrier, den er in England gekauft hatte, auf die Ankunft des neuen Familienmitgliedes reagieren würde. Er nahm den Hund auf dem Arm mit ins Kinderzimmer, ließ ihn an den Füßen des Babys riechen und erklärte Scottie, mehr dürfe er jetzt noch nicht mit Mayada machen, doch eines Tages werde sie alt genug sein, um mit ihm zu spielen.

Und nun stand Mayada gelähmt vor Entsetzen in einem Zimmer im Bunker von Saddams Geheimpolizei und wünschte sich nichts sehnlicher, als ihren friedfertigen Vater an ihrer Seite zu haben. Noch nie in den dreiundvierzig Jahren ihres Lebens hatte sie sich so einsam gefühlt wie in diesem Augenblick.

Jemand gab ihr von hinten einen so heftigen Stoß, dass

sich die Riemen ihrer Sandalen lösten und sie beinahe der Länge nach auf den Boden geschlagen wäre.

Hinter einem Schreibtisch saß ein Mann und schimpfte in das Telefon. Die Haut seines Gesichts wirkte jugendhaft, doch sein Haar war schneeweiß. Dann knallte er den Hörer auf die Gabel, funkelte Mayada zornig an und schrie: *»Und was wollten Sie mit diesem Verrat erreichen?«*

Bei dem Wort »Verrat« begann Mayada noch heftiger zu weinen; sie wusste, dass eine derartige Anklage im Irak den sicheren Tod bedeutete. »Was meinen Sie denn?«, schluchzte sie und umklammerte krampfhaft ihren Hals.

»Ihr Lumpenpack wagt es, Flugblätter gegen die Regierung zu drucken!«, brüllte der Mann.

Sie konnte diesen Vorwurf nicht begreifen. In ihrer kleinen Druckerei war nie ein Auftrag eingegangen, Flugblätter mit regierungskritischem Inhalt zu drucken, und wenn es so gewesen wäre, hätte sie ihn abgelehnt. Mayada wusste, dass Saddams Geheimpolizei unweigerlich Wind davon bekommen würde und dass es den Tod aller ihrer Angestellten und sogar ihrer Kinder bedeutet hätte. Nur Revolutionäre mit dem festen Vorsatz, Saddam zu stürzen, wagten so etwas. Mayada aber war eine gesetzestreue Bürgerin, die sich aus politischen Querelen immer herausgehalten hatte.

Während sie noch immer wie versteinert dastand, schrie der Weißhaarige: *»Schafft diesen Abschaum von einem Weib fort! Ich werde mich später um sie kümmern!«* Mayada befürchtete das Schlimmste für sich, doch ihre Gedanken wanderten zu Fay und Ali. Im Irak war es nicht ungewöhnlich, dass nach der Verhaftung auch die Kinder des Beschuldigten festgenommen und gefoltert wurden. Deshalb nahm sie all ihren Mut zusammen und fragte den weißhaarigen Mann: »Wohin bringen Sie mich?«

»Ab in die Zelle!«, rief er und sah ihr zornig in die Augen.

Ihre Herkunft gab Mayada den Mut, trotzdem noch eine

Frage zu stellen: »Kann ich bitte einmal telefonieren?« Und dann fügte sie hinzu: »Meine Mutter ist Salwa al-Husri.«

Sie wusste, dass jeder Iraker ihre Familie kannte, doch diese Bemerkung, die leicht als Drohung verstanden werden konnte, machte sie mehr aus Instinkt denn aus Vorsatz.

Der Mann hatte den Fuß gerade angehoben, als sie dies sagte, und verharrte nun steif in dieser Position. Bei jeder anderen Gelegenheit hätte Mayada angesichts dieser lächerlich wirkenden Pose amüsiert gegrinst, doch dies war absolut nicht der Moment für Scherze. In der Verblüffung des Mannes sah sie jedoch einen winzigen Hoffnungsschimmer. Konnte es wirklich sein, dass er nicht wusste, wer sie war? Wenn er tatsächlich so überrascht war, wie es den Anschein hatte, konnte sie vielleicht mit überlegten Worten den Lauf der Dinge noch wenden.

»Früher oder später werden Sie jemandem Rede und Antwort stehen müssen«, sagte sie mit aufkeimender Zuversicht. »Meine Mutter hat viele Verbindungen zu den höchsten Stellen.«

Wie in Zeitlupe setzte er den Fuß wieder auf die Erde, doch es war ihm anzusehen, dass er noch immer überlegte. Dann reichte er ihr wortlos das Telefon.

Mit zitternden Händen nahm sie den Apparat und wählte ihre Privatnummer in der Hoffnung, dass ihre Kinder zu Hause und nicht ebenfalls bereits verhaftet sein würden.

Am anderen Ende der Leitung klingelte und klingelte es, aber niemand hob ab.

Ohne den Mann anzusehen, kämpfte sie gegen ihre Panik an und versuchte es noch einmal – womöglich hatte sie sich in der Aufregung und Verwirrung ja verwählt.

Der Mann stand zunächst mit schief gelegtem Kopf da und beobachtete sie wortlos, doch nach einer Weile entriss er ihr unvermittelt das Telefon. Die Ängste, die sie in den Bombennächten der Kriegsjahre hatte durchstehen müssen, waren nichts im Vergleich zu dem Entsetzen angesichts der

Vorstellung, dass die Geheimpolizei Fay und Ali mitgenommen haben könnte. Doch es gab keine Erlösung von dieser Ungewissheit – der Weißhaarige grinste nur schief und bedeutete ihr mit einer Geste, den Raum zu verlassen.

Noch einmal musste sie die im Korridor kauernden, misshandelten Gefangenen passieren. Sie wappnete sich mit dem Gedanken, dass sie nun eine von ihnen war. Schlimmer war noch, dass niemand außerhalb von Baladiyat wusste, wo sie sich befand.

Die beiden Wachen setzten sich dunkle Sonnenbrillen auf und eskortierten Mayada mit ausdruckslosen Mienen und kleinen Stößen an ihre Schultern, mit denen sie ihr die Richtung wiesen, die Treppe hinab, aus dem Gebäude hinaus und über einen Hof.

Sie hatte dieses neue Operationszentrum noch nie von innen gesehen, deshalb verglich sie es unwillkürlich mit dem alten Hauptquartier der Geheimpolizei, das sie im Verlauf der Achtzigerjahre einige Male aufgesucht hatte. Damals war Dr. Fadil al-Barrak, ein Freund und Mentor ihrer Familie, dessen Leiter gewesen, und es war für Mayada unvorstellbar, dass sich in diesem Ort so schreckliche Szenen abspielten. Soweit sie wusste, war Dr. Fadil, wie sie ihn nannte, für die Sicherheit des Irak verantwortlich – also jemand, der die Menschen vor gefährlichen Oppositionellen oder im Lande operierenden Terroristen beschützte. In der Regel hatte sie ihn im Hauptquartier der Geheimpolizei besucht, um mit ihm über seine Bücher oder über ihre Karriere als Journalistin zu sprechen.

Jetzt fühlte sich Mayada von Schuld überwältigt, weil sie früher aus den Beziehungen ihrer Familie zu Dr. Fadil Vorteile gezogen hatte. Jetzt begriff sie, dass er einer Institution vorgestanden hatte an einem Ort, wo Tausende Iraker zu Tode gefoltert wurden. Jetzt wusste sie, dass sie sich, was das schändliche Tun ihrer Regierung betraf, etwas vorgemacht hatte, und dass sie in ihrer jugendlichen Naivität ihr

Land nicht zu sehen vermocht hatte, wie sie es hätte sehen sollen. Sie verglich längst vergessene Eindrücke aus dem alten Hauptquartier, die nun plötzlich wieder in ihrer Erinnerung auftauchten, mit den Dingen, die sie nun in diesem neuen Komplex sah. Alles war anders, und die neuen Gebäude waren ein Ausdruck dieser Veränderungen.

Als Dr. Fadil noch Chef der Geheimpolizei gewesen war – in seiner Behörde wurde er meist nur »al-Sayid al-Aam« genannt, »Herr General« –, befand sich deren Hauptquartier in Al-Masbah in der Nähe des Al-Sadun-Parks, einer Gegend, die früher von Juden und Christen bewohnt wurde. Die Häuser dort waren im traditionellen Stil Bagdads erbaut; sie hatten verzierte Fensterläden und große Balkone und waren von großzügigen Gärten umgeben, in denen Kinder lachten und spielten.

Eines Morgens waren ohne Vorwarnung Beamte der Regierung dort aufgetaucht und hatten diese schönen alten Häuser beschlagnahmt. Dann war um das ganze Viertel ein hoher Zaun gebaut worden, und das Gebiet wurde in ein Labyrinth aus Gebäuden und Straßen mit versteckten Kammern verwandelt.

Inmitten dieser alten Häuser hatte sich Dr. Fadil, dem die Behörde vollständig unterstand und der sich nur Saddam gegenüber verantworten musste, ein modernes Büro bauen lassen. Das gesamte Erdgeschoss seines Bürogebäudes war eine Garage mit einer Flotte neuer japanischer Autos, die, wie Mayada wusste, ein Geschenk Saddam Husseins waren. In Dr. Fadils Zimmer standen ein riesiger Mahagoni-Schreibtisch, eine Ledercouch, zwei dazu passende Sessel und gläserne Kaffeetischchen. Die Decke bestand aus kleinen Metallplatten im Pop-Art-Stil. Nach Mayadas Meinung war die Einrichtung reichlich bizarr und hätte eher in ein Tanzlokal gepasst. Der riesige Büroraum bot viele moderne Annehmlichkeiten, unter anderem zahlreiche Bildschirme, auf denen Dr. Fadil das gesamte Gefängnis überwachen konnte. Außerdem gab es so luxuriöse Dinge wie Videogeräte, die damals im Irak noch äußerst selten waren, und sogar eine kleine Kinoleinwand. Ab und zu lud Dr. Fadil Freunde ein, um dort mit ihnen die neuesten Hollywood-Filme anzusehen. Außerdem hatte er einen großen Swimmingpool, der an sein Büro angrenzte.

Im Frühjahr 1984 war Dr. Fadil befördert worden und zum irakischen Geheimdienst übergewechselt. Seine neuen Büroräume befanden sich in der Sahat-Al-Nosour-Straße im Stadtteil Al-Mansour. Mayada besuchte ihn ab 1990 mehrmals an seinem neuen Arbeitsplatz, bis Saddam Fadils Verhaftung anordnete. Wäre Dr. Fadil noch der Leiter dieser Behörde, das wusste Mayada, dann wäre sie jetzt in Baladiyat ein willkommener Gast gewesen und nicht eine von Furcht gepeinigte Gefangene.

Ihre beiden Bewacher führten sie in einen Gebäudetrakt aus massivem Beton. Hinter dem Eingang wurde sie in ein rechts vom Korridor gelegenes Büro gebracht. Dort saß an einem runden Schreibtisch ein kleiner, knochiger Mann mit faltigem Gesicht. Sie betrachtete ihn genau. Seine Falten waren offensichtlich nicht Spuren des Alters, sondern der Sorge. Mayada konnte sich nicht erklären, woher sie das wusste, doch sie fühlte, dass dieser Mann nicht durch seine Jahre gealtert war, sondern durch das, was er gesehen hatte.

Er forderte sie unvermittelt auf, ihm ihre Habseligkeiten auszuhändigen, und beobachtete gelassen, was sie vor ihn auf den Schreibtisch legte: einen Ring, ihre Uhr, die Brieftasche mit 20 000 irakischen Dinar (etwa zehn Dollar), ein Heft, in dem sie Termine und andere für ihre Arbeit wichtige Dinge notierte, ein Adressbuch, den gesetzlich vorgeschriebenen Personalausweis, ihre Schlüssel und zuletzt einen Zettel ihrer Tochter Fay, der sie an den Termin für das gemeinsame Mittagessen an diesem Tag erinnern sollte.

Plötzlich tauchte wie aus dem Nichts ein anderer Mann

auf. Er packte sie an der Hand, drückte ihren Daumen auf ein Stempelkissen und dann auf die Liste ihrer Besitztümer, die der faltige Mann inzwischen geschrieben hatte. Kaum war dies geschehen, betrat ein weiterer Wachmann den Raum, und dann führten diese beiden sie zu ihrer Zelle.

Nachdem sie eine doppelte Tür passiert hatten, befanden sie sich in einem langen Gang mit zahlreichen Zellentüren. Vor der dritten Türe rechts blieben die Männer stehen. Der stämmigere der beiden öffnete das schwere Schloss und bedeutete ihr wortlos, hineinzugehen. Dann sah sie es: 52. »Nein!«, schrie sie entsetzt auf. Sie sollte in die Zelle mit der Nummer 52 gesperrt werden. Mayadas Augen begannen zu brennen, und im nächsten Augenblick schmerzte ihr ganzer Körper vom Scheitel bis zu den Zehen. Die Zahl 52 drückte auf ihr Herz wie eine eiserne Faust – 52 war eine Unglückszahl, die ihre Familie seit Generationen verfolgte: Ihr geliebter Vater war im Alter von 52 Jahren gestorben, im Zimmer 52 des Krankenhauses der Nonnen. Der Vater ihres Vaters, Jafar Pascha al-Askari, war mit 52 Jahren ermordet worden. Und nun wurde sie in Zelle 52 gebracht. Mayada war mit einem Mal überzeugt, dass ihre Verhaftung einem Todesurteil gleichkam. Sie *durfte* diese Zelle einfach nicht betreten! Niemand konnte sie dazu zwingen. Sie stand wie angewurzelt da und blickte um sich nach etwas, woran sie sich festklammern konnte.

»Los, rein mit dir!«, befahl einer der Männer.

Mayada konnte kaum sprechen, ihre Worte waren fast unhörbar: »Ich kann nicht. Ich kann nicht.«

Der Aufseher wurde ärgerlich. *»Hinein, hab ich gesagt!«*

Sein Kollege gab ihr einen Stoß, und sie schlug der Länge nach in der Zelle Nummer 52 hin. Im ersten Moment hörte sie, dass hinter ihr krachend die Tür ins Schloss fiel und abgesperrt wurde; dann spürte sie die kühle Zellenwand und den Boden. Sie saß in der Falle. Jetzt erst merkte Mayada, dass sie kaum etwas sehen konnte. Sie stand auf und stellte fest, dass sie sich in einem kleinen, rechteckigen Raum befand. An der Decke brannte ein kaltes, spärliches Licht, und um sie herum schienen Schatten zu tanzen, die sie erst einmal so sehr verwirrten, dass sie in ein lautes Schluchzen ausbrach. Erst auf den zweiten Blick merkte sie, dass die Schatten Frauen waren, und nun trat eine dieser Frauen auf sie zu und fragte mitfühlend: »Warum bist du denn hier?«

Dann wartete sie geduldig, bis sich Mayada ein wenig gesammelt hatte. Endlich wollte sie antworten, doch sie brachte keinen Ton hervor. Hilflos hob und senkte sie nur die Arme und versuchte sich vorzustellen, was diese Frauen wohl über sie dachten. In ihrer Angst meinte sie, sie könnten womöglich die Aufseher rufen und sie in ein Irrenhaus bringen lassen. Um dieses Schicksal abzuwenden, wollte sie sich unbedingt mitteilen, doch erst jetzt merkte sie, dass ihr Mund völlig ausgetrocknet war, weil sie seit ihrer Verhaftung am Morgen keinen Schluck mehr getrunken hatte. Sie blinzelte und versuchte, ihre Augen an das fahle Licht zu gewöhnen, das ihre Verwirrung noch vergrößerte. Wenigstens wusste sie inzwischen, dass die »Schatten« Gefangene waren wie sie, und sie meinte, in dieser kleinen Zelle mehr als ein Dutzend Schatten zu erahnen. Auf sonderbare Weise war die Anwesenheit dieser »Schattenfrauen« ein Trost für sie.

Dass sie die Gefangene Nummer achtzehn in einer für acht Personen gebauten Zelle war, erfuhr sie erst später. Jetzt, als sie sich in dem überfüllten Raum umsah, glaubte sie, eher eine von achtzig Insassinnen zu sein und nicht von achtzehn. Ausgerechnet an der Wand der Zelle, die in Richtung der Kaaba in Mekka wies, war die Kloschüssel platziert. Hier hätte der Ort für die täglichen Gebete sein müssen. Für Muslime kam dies der vorsätzlichen Verhöhnung ihres Glaubens gleich.

Islamische Architekten achten immer darauf, den Abstand zwischen dem Ort für die Notdurft und dem Ort für das Gebet möglichst groß zu halten.

Ein entsetzlicher Gestank lenkte Mayada ohnehin vom bloßen Gedanken an ein Gebet ab. Nicht einmal in den schlimmsten Kriegstagen, als Retter verbrannte Körper geborgen hatten, die tagelang unter Ruinen verschüttet gewesen waren, hatte sie einen derartigen Gestank ertragen müssen. Er war so erstickend, dass sie meinte, der ganze Zellenboden müsse mit Erbrochenem bedeckt sein. Überzeugt, dass sie in Haufen und Lachen von Kot stehen müsse, hob sie die Füße und betrachtete die Sohlen ihrer Sandalen. Sie waren sauber. Vorsichtig sog sie durch die Nase ein wenig Luft ein. Der Geruch von Linsen, die in der Gefängnisküche gekocht wurden, drang durch die Ritzen der Zelle und mischte sich mit dem Mief ungewaschener Körper und dem Ammoniakgestank aus der Toilette. Bevor Mayada ihre Aufmerksamkeit der Frau zuwandte, die sie angesprochen hatte, blickte sie sich noch einmal in der ganzen Zelle um. An den Wänden waren rote, graue und schwarze Graffiti zu sehen; einen Augenblick hoffte sie, dass die rote Farbe kein Blut war. Durch ein winziges, vergittertes Fenster oben an der Rückwand fiel ein schwacher Schimmer des fernen Tages in den Raum. An den beiden Seitenwänden entlang liefen eiserne Bänke, die vermutlich als Schlafstellen dienten.

Jetzt trat die Frau mit der sympathischen Stimme näher und legte Mayada eine Hand auf die Schulter. »Weshalb bist du hier, mein Täubchen?«, fragte sie noch einmal.

Mayada betrachtete das Gesicht der Frau. Sie war schön. Ihre Haut war sehr hell, auf ihrer Nase waren sogar ein paar Sommersprossen zu sehen, und ihre Augen waren grün und sehr lebhaft.

»Ich heiße Samara«, fuhr die schöne Frau fort. »Weshalb haben sie dich hierhergebracht?«

Einige Schattenfrauen traten nun auch auf Mayada zu,

um ihre Antwort zu hören. Ihre Gesichter verrieten Mitgefühl.

Mayada sah in die Gesichter und teilte den Frauen den offiziellen Grund ihrer Verhaftung mit. »Der weißhaarige Mann sagte, in meinem Geschäft sei etwas gedruckt worden, das gegen die Regierung gerichtet ist«, erklärte sie, »aber das ist nicht wahr. Ich habe nichts dergleichen gedruckt.«

Als sie ihre eigenen Worte hörte, meinte Mayada, sie müsse den Verstand verlieren. Vor ihrem inneren Auge standen plötzlich die Gesichter ihrer Kinder. Sie wollte mit Fay zum Mittagessen gehen und sie dann zum Zahnarzt begleiten. Ali musste zum Friseur, danach wollten sie einkaufen gehen. Jetzt brachte sie der Gedanke, dass Fays Zahn sich entzünden könnte, fast zur Verzweiflung.

Vor zwei Tagen erst hatten sie Fays sechzehnten Geburtstag gefeiert. Um ihre Tochter glücklich zu machen, hatte Mayada dafür mehr Geld ausgegeben, als sie sich eigentlich leisten konnte. Sie hatte eine Party im Club Alwiya organisiert, einem bekannten Lokal in Bagdad. Schon ihre Eltern und Großeltern hatten das Lokal immer gern besucht, und nun sollte es eine große Freude werden, wieder einmal dort einen Geburtstag zu feiern. Außerdem war ihre Wahl eine kleine Geste, die auf die Geschichte und Tradition der Familie hinwies.

Doch nun war mit ihrer Verhaftung das Leben all ihrer Angehörigen auf eine Weise in Gefahr geraten, die sie noch gestern für unmöglich gehalten hätte. Mayada konnte die quälende Sorge nicht mehr unterdrücken. »Meine Kinder!«, schrie sie auf. »Sie haben niemand, der sich um sie kümmert!«

Samara ergriff ihre Hand. »Du musst jetzt alles vergessen, was du hinter dir gelassen hast«, sagte sie bestimmt. »Du musst jetzt nur an dich denken und daran, wie du dich retten kannst, oder du wirst verrückt.«

Mayada war nicht in der Lage, normal zu denken, und sie wusste, dass nichts sie davon abhalten konnte, sich um ihre Kinder zu sorgen. Aber etwas sagte ihr, sie solle erst einmal tief durchatmen und zuhören. Samara konnte ihr helfen, die Haft zu überleben. Sie nickte, doch die Tränen flossen weiter über ihre Wangen, und sie schauderte, als sie bemerkte, dass alle Frauen außer Samara bleich und hoffnungslos aussahen.

Samara ignorierte Mayadas Tränen einfach. »Hast du Hunger?«, fragte sie und fuhr, ohne eine Antwort abzuwarten, gleich fort: »Wir teilen das, was wir haben, mit dir.« Offenbar war die schöne Frau auch ein sehr praktisch denkender Mensch.

»Nein, danke schön, nein«, erwiderte Mayada. Der bloße Gedanke an Essen verursachte ihr Übelkeit.

Aber Samara meinte es nur gut mit ihr. »Du musst stark bleiben«, insistierte sie. »Mit den Verhören wollen sie nicht nur unseren Geist brechen, sondern auch unsere Knochen.«

Als sie Mayadas entsetzte Miene bemerkte, legte sie ihr beruhigend eine Hand auf den Rücken. »Unterdrücke die Gedanken an deine Kinder jetzt erst mal. Bestimmt gibt es draußen jemanden, der sich um sie kümmern wird. Bis du hier herauskommst, denkst du nur an dich. Bald werden sie uns ein wenig Linsen oder Reis bringen, und wenn du jetzt nichts essen willst, hebe ich dir einen Teller auf. Aber einen Rat gebe ich dir noch.« Sie neigte sich an Mayadas Ohr und flüsterte: »Iss nie die Auberginen! Vor einem Monat haben sie uns Auberginensuppe gegeben. Wir bekamen alle eine Vergiftung und wanden uns tagelang vor Schmerzen auf dem Boden. Später hörten wir, dass viele Gefangene daran gestorben sind, aber in dieser Zelle haben zum Glück alle überlebt.«

Der Gedanke ließ Mayada vor Angst erzittern. Doch in diesem Augenblick hörte sie, zuerst ganz leise, dann lauter werdend, eine wunderschöne Stimme durch die Betonwände des Gefängnisses dringen – ein Mann zitierte aus der Sure 36 des Korans. Die Muslime glauben, dass jedem, der diese Verse spricht, die Gnade eines Wunsches gewährt wird. »Wie gnädig mein Herr mir vergeben und mich zu einem der Hochgeehrten gemacht hat!«, sang die schöne Stimme.

Zusammen mit den anderen Schattenfrauen lehnte Mayada den Kopf gegen die Zellenwand, und sie lauschten den vertrauten Versen.

Die Stimme fuhr fort mit den tröstenden Worten: »Wahrlich, die Bewohner des Himmels sollen an jenem Tage Freude finden an einer Beschäftigung. Sie und ihre Gefährten werden in angenehmem Schatten sein, hingelehnt auf erhöhten Sitzen.«

Eine hochgewachsene Frau mit großen, braunen Augen murmelte: »Sie werden diesen armen Teufel umbringen, wenn er nicht aufhört.«

»Roula, bete für ihn«, sagte Samara mit einem Blick auf sie.

Die außergewöhnliche Schönheit dieser Stimme hatte Mayada neugierig gemacht. »Wer ist das?«, wollte sie wissen.

»Das ist ein junger Mann namens Ahmed«, erklärte ihr Samara, »ein Schiit, der verhaftet wurde, weil er ein Wahabit ist.«

Die strenge Lehre der Wahabiten entstand in Saudi-Arabien. Die irakische Regierung hatte diese als gefährlich und radikal eingestufte islamische Gruppe verboten.

Eine dritte Schattenfrau saß auf einer Metallpritsche und kämmte ihr langes, rotes Haar. »Ahmed ist jetzt seit sechs Monaten hier«, fügte sie hinzu. »Jeden Abend zitiert er Suren aus dem Koran. Jeden Abend holen sie ihn heraus und prügeln ihn. Seine Schreie erschüttern die Wände unserer Zelle, aber sobald sie ihn zurückbringen, singt er wieder die Worte des Propheten. Er ist ein unglaublicher Starrkopf.«

»Stimmt, Wafae«, bemerkte Samara, »und er rezitiert sogar Suren, während sie ihn schlagen. Er ist unerschütterlich.«

Inzwischen war Mayada so erschöpft, dass sie sich nicht mehr auf den Beinen halten konnte. Langsam ließ sie sich zu Boden gleiten und blieb zusammengekauert auf dem kalten Zement sitzen wie jene verwirrten Bettler an den Straßenecken in Bagdad.

Die anderen Schattenfrauen umringten sie; dann legten drei oder vier sie vorsichtig auf eine der beiden Eisenpritschen, als sei sie ein hilfloses Baby, und deckten sie mit einem schwarzen Baumwollumhang zu.

Die Iraker erkennen den gesellschaftlichen Status eines anderen Menschen ihres Landes intuitiv, und diese Fähigkeit ist auch in einer Gefängniszelle vorhanden. Trotz ihrer Müdigkeit bekam Mayada mit, wie eine der Schattenfrauen, die als Rasha angesprochen wurde, flüsterte: »Dieser Abend könnte uns Glück bringen. Mit einer Frau aus einer so vornehmen Familie in der Zelle bringen sie uns in Zukunft vielleicht eine größere Essensration.«

Mayada lag stumm und niedergeschlagen da, während die Schattenfrauen ihr leise Fragen stellten. Sie wollte nicht unfreundlich sein, doch sie fand einfach nicht die Kraft, ihnen zu antworten.

Nach einer Weile setzte sich Samara neben sie auf den Boden und begann, ihre Geschichte zu erzählen. »Ich bin Schiitin. Und ich bin stolz darauf, trotz der Schwierigkeiten, die wir Schiiten bei allen offiziellen Stellen des Irak gewärtigen müssen.

Meine Familie erzählte mir, dass ich als neugeborenes Kind ungewöhnlich schön war. Mein Großvater väterlicherseits hat mich vom ersten Augenblick an bevorzugt. Er bat meinen Vater, mir seinen Namen zu geben. Meine Eltern waren einverstanden, weil sie mehr Kinder hatten, als sie ernähren konnten.« Samara lächelte. »Außerdem war ich nur eine von mehreren Töchtern und wurde nicht so geschätzt wie meine Brüder. Deshalb wurden meine offiziellen irakischen Ausweispapiere auf den Namen meines Großvaters ausgestellt und nicht auf den meines Vaters.« Stolz fügte sie hinzu: »Als ich aufwuchs, kannten mich alle in unserer Gegend, weil viele meinten, ich sei sehr schön.«

Mayada nickte verständnisvoll. Die Menschen im Irak schätzen nichts höher als Schönheit, und diese Schattenfrau war einfach hinreißend schön.

»Als ich in die Pubertät kam, hielten viele Männer bei meinem Großvater um meine Hand an. Deshalb wurde ich schon früh mit dem besten Mann der Gegend verheiratet. Ich kannte ihn schon seit meiner Kindheit. Er war mir ein guter Mann, und obwohl wir arm waren, hatten wir keine Sorgen, bis der Iran-Irak-Krieg begann. Du weißt ja, dass die Schiiten von der Regierung keinerlei Vergünstigungen bekamen, aber trotzdem erwartete man von unseren Männern, dass sie die Uniform mit größter Begeisterung anzogen.«

Sie wandte den Blick ihrer grünen Augen Mayada zu. »Mein Mann zog pflichtschuldig in den Krieg wie jeder andere im Dorf. Ich war froh, dass er ein paarmal im Jahr nach Hause kommen durfte, aber fast jedes Mal, wenn er kam, wurde ich schwanger.« Sie zog die Augenbrauen zusammen. »Einige Tage nach der Geburt meines dritten Kindes erhielt ich die Nachricht, dass mein junger Ehemann in einer bedeutenden Schlacht gefallen sei. Ob die Schlacht nun bedeutend war oder nicht – für mich zählte nur, dass mein Mann tot war. Ich war nun eine junge Witwe mit zwei kleinen Söhnen und einer Tochter, die ich ernähren musste. Meine Sorgen raubten mir den Schlaf.

Einige Wochen nach dem Tod meines Mannes brachte die Regierung einen Sarg, in dem angeblich sein Leichnam lag. Einer der Beamten sagte, wir dürften den Sarg nicht öffnen. Wir dachten, er wolle uns einen schrecklichen Anblick ersparen, weil mein Mann vielleicht sehr verstümmelt worden war. Ich wollte meinen Mann nicht sehen. Ich hatte Angst, iranische Granaten könnten ihn so entstellt haben, dass ich seinen Anblick nicht ertragen würde. Aber ein Bruder meines Mannes bestand darauf, den Sarg zu öffnen.« Samara wandte den Kopf und starrte Mayada an. »Und als die Brüder meines Mannes sich der Anordnung der Regierung widersetzten und den Sarg öffneten – was glaubst du, was sie darin fanden?«

Mayada schüttelte den Kopf und fragte: »Was haben sie denn gefunden?«

»Der Sarg war voller Erde!«

»Erde?«

Samara presste die Lippen zusammen. »Ja«, sagte sie dann, »Erde! Kannst du dir das vorstellen?«

»Was hast du dann gemacht?«

»Tja, was konnten wir schon tun?«, entgegnete Samara bitter. »Wenn wir uns beschwert hätten, wären wir wegen Ungehorsams verhaftet worden! Die Familie hielt eine Trauerfeier ab, und alle weinten«, fuhr sie fort. »Aber wir konnten nie aufhören zu trauern, ständig haben wir uns gefragt, ob mein Mann wirklich tot ist oder ob die Iraner ihn gefangen genommen haben und er noch immer in einer Zelle dahinvegetiert. Die Wahrheit über sein Schicksal ist bis zum heutigen Tag nicht ans Licht gekommen.«

Die Erinnerungen erzürnten Samara. »Das ist der Irak, das ist unser Land!«, fauchte sie.

Mayada saß stumm und reglos da, von einer unsäglichen Traurigkeit überwältigt.

»Bald nach der Begräbnisfeier kam wieder einer, der mich heiraten wollte. Ich hatte noch einmal Glück. Mein zweiter Mann war ein kluger Mensch, und er war nett zu meinen armen, vaterlosen Kindern.«

Mayada betrachtete Samara nachdenklich. Für die meisten arabischen Witwen mit Kindern war es sehr schwer, einen

Mann zu finden, der die Verantwortung für ihre Kinder übernahm. Doch diese Frau war von so makelloser Schönheit, dass viele Männer sie gerne geheiratet hätten, dessen war Mayada sich sicher.

»Wir hatten nur ein Problem. Meinem zweiten Mann passte es nicht, dass ich den Namen meines Großvaters trug und nicht den meines Vaters. Er meinte, dies sei ein Zeichen dafür, dass sich der Vater seiner Tochter schäme. Also ließ ich meine Papiere ändern, damit er zufrieden war, und zwar genau nach amtlicher Vorschrift.«

Einen Augenblick lang stand Sorge in Samaras Zügen, doch dann lächelte sie und strich Mayada sanft über den Arm. »Du weißt ja, nach dem Iran-Irak-Krieg und dem Golfkrieg und den UN-Sanktionen war es unmöglich, Arbeit zu finden, auch für meinen Mann. 1997 waren wir dann so verzweifelt, dass wir uns entschlossen, die Kinder bei der Familie meines ersten Mannes zu lassen und nach Jordanien zu gehen. Wir hatten von anderen Paaren gehört, die das getan hatten. Also kauften wir billig Zigaretten ein und verkauften sie für gutes Geld in der Al-Hashimi-Straße im Zentrum von Amman. Wir haben ganz gut verdient mit diesen Zigaretten. Wir konnten davon einigermaßen leben und sogar ein bißchen Geld an unsere Familien im Irak schicken. Aber wir waren dumm. Wir waren so sehr damit beschäftigt, Geld zu verdienen und alle zu unterstützen, dass wir uns nicht um unsere Papiere kümmerten. So kam es, dass wir länger blieben, als unsere Visa erlaubten, und in Jordanien festsaßen. Wir wussten nicht, was wir tun sollten. Aber nach dem traurigen Tod König Husseins von Jordanien im Februar 1999 begnadigte sein Sohn und Nachfolger Abdullah gnädig alle Iraker, die keine gültigen Papiere hatten. Weil wir Gesetz und Ordnung achten wollten, beschlossen wir, in den Irak zu reisen und unsere Pässe stempeln zu lassen. Nach einem Besuch bei unseren Familien wollten wir dann wieder nach Amman zurückkehren.« Samaras Stimme wurde wehmütig. »In Amman gefiel es uns. Ich fühlte mich dort frei wie ein Vogel.«

Sie seufzte tief. »Also reisten wir in den Irak. Ich erinnere mich an diese Reise noch, als wäre es gestern gewesen, obwohl seither so vieles passiert ist. Ich erinnere mich, dass mein Mann und ich an diesem Tag besonders glücklich waren. Wir waren erleichtert, dass unsere Dokumente in Ordnung waren, und wir wussten, dass wir bald unsere Lieben sehen würden. Wir hatten sie fast zwei Jahre lang nicht gesehen, weißt du. Seine und meine Familie wollten wir zu einem besonders guten Essen mit Fisch und Reis einladen. Aber unsere Träume gingen nicht in Erfüllung. In dem Augenblick, als wir irakischen Boden betraten, wurden wir aufgefordert, zur Seite zu treten. Wir erschraken und bekamen Angst. Wir wurden verhaftet und ins Gefängnis gesteckt, obwohl wir unsere Unschuld beteuerten. Sie brachten uns in eine Gemeinschaftszelle im Hauptquartier der Geheimpolizei in Al-Ramadi, gleich in der Nähe der jordanisch-irakischen Grenze. Sechs Wochen lang. Ich wurde während unseres Aufenthalts in Al-Ramadi nicht gefoltert. Aber meinen armen Mann haben sie jeden Tag verprügelt. Nach zwei Wochen wurde er sogar noch schlimmer gefoltert. Sie zogen ihn an den auf den Rücken gebundenen Armen zur Decke hoch. Manchmal brachten sie ihn bewusstlos in die Zelle zurück. Ich hatte nichts, um ihm zu helfen. Kein Wasser. Nichts. Ich weiß noch, dass ich ihm ins Gesicht spuckte, um ihn wiederzubeleben.«

Samara blickte Mayada unverwandt in die Augen. »Das habe ich wirklich getan. Ich habe in das Gesicht meines armen Mannes gespuckt. Aber aus Liebe, nicht aus Hass.« Sie hob den Kopf und schaute zur Decke. »Wir hätten alles getan, um seine Folter zu beenden. Aber wie hätten wir sie denn beenden können, wir wussten doch nicht einmal, wessen wir beschuldigt wurden? Seltsamerweise wussten das nicht einmal die Aufseher. Als mein Mann sie fragte, was er eigentlich getan habe, sagten sie, sie hätten keine Ahnung. Sie wussten lediglich, dass von oben der Befehl gekommen war, uns zu verhaften. Aber es war kein Grund dafür genannt worden, nicht einmal ihnen.

Ich habe wirklich geglaubt, sie würden meinen Mann zu Tode prügeln. Aber gerade, als ich dachte, das ist sein Ende, brachten sie uns hierher nach Baladiyat. Und dann kam ein anderer großer Schock – sie trennten uns. Ich habe meinen Mann seit März nicht mehr gesehen.« Sie zählte es an den Fingern ab. »Vier Monate. Vier Monate sind es jetzt schon. Ich weiß nicht, ob er lebt oder tot ist. Und soweit ich weiß, ist niemandem aus unseren Familien bekannt, wo wir sind. Wahrscheinlich glauben sie alle, dass wir tot sind. Vielleicht hat ihnen die Regierung auch ein paar mit Erde gefüllte Särge geschickt und behauptet, darin lägen unsere Leichen.« Sie beugte sich zu Mayada und flüsterte: »Aber während meines ersten Verhörs hier in Baladiyat habe ich endlich herausgekriegt, warum wir eigentlich verhaftet wurden!«

Samara nahm eine Tasse mit Wasser, die ihr Wafae anbot, die Schattenfrau mit den langen, roten Haaren, und hielt sie an Mayadas Lippen.

Mayada lehnte ab. »Nein, nein. Wirklich. Ich kann jetzt nichts trinken. Später.«

Samara runzelte die Stirn und nahm selbst einen Schluck, ehe sie mit ihrer Geschichte fortfuhr. »Als ich zum Verhör gebracht wurde, dachte ich, vielleicht haben die Beamten der Regierung entdeckt, dass wir uns gar nichts haben zuschulden kommen lassen. Der Offizier, der mich befragte, war so geschniegelt und höflich – ganz anders als die Kerle in dem Gefängnis an der Grenze. Er hat mir sogar angeboten, mich zu setzen und mit ihm Tee zu trinken. Er behandelte mich, als sei ich die Dame des Hauses und er der Diener!«

Nach einer kurzen Unterbrechung fuhr sie fort: »Dann

hat er mich gefragt: ›Möchtest du Ohrringe haben oder lieber Pantalons?‹

Ich begann, mich ein wenig zu entkrampfen. Seine Höflichkeit gab mir das Gefühl, dass er mir für alles, was ich durchgemacht hatte, ein Geschenk der Regierung präsentieren würde. Nur die Frage nach den Pantalons kam mir irgendwie komisch vor. Ich sagte, dort, wo ich zu Hause sei, würden die Frauen keine Männerhosen tragen, aber Ohrringe hätte ich schon gerne. Die hätte ich ja in Bagdad zu Geld machen und davon Geschenke für meine Kinder kaufen können.

Er wirkte ganz entspannt, lehnte an seinem Schreibtisch und stand dann mit einem Lächeln im Gesicht auf. Ich dachte, jetzt geht er die Ohrringe holen. Mein Herz schlug heftig vor Erwartung, als er sagte: ›Unser geschätzter Gast möchte Ohrringe, also holen wir die Ohrringe.‹

Ich saß da wie eine Idiotin, mit einem breiten Lächeln, aber das verging mir im nächsten Augenblick. Der Mann rief nämlich nach seinen Assistenten, und sie banden mich an dem Stuhl fest. Stell dir vor, wie ich erschrak, als sie mir dann Drähte an die Ohren klebten, die mit einer großen Batterie verbunden waren! Bevor ich etwas sagen konnte, hatte der ›höfliche Mann‹ auch schon den Strom aufgedreht, und dann stand er da und lachte aus vollem Hals über meine Schmerzen und mein Entsetzen. Und diese Schmerzen waren viel schlimmer als die bei einer Geburt. Jedes Mal, wenn sie ein wenig nachließen, drehte er wieder an dem Schalter. Plötzlich hörte er auf, und ich dachte, jetzt hat die Qual ein Ende, aber dann sagte er, seiner Meinung nach brauchten meine Füße auch noch eine kleine Behandlung.«

Samara hielt einen Fuß hoch, und Mayada dachte, so schöne, zarte Füße habe sie noch nie gesehen. Doch als Samara ihn zur Seite drehte, stockte Mayada der Atem: Die Sohle war mit tiefen Narben übersät.

»Die Pantalons, von denen er gesprochen hatte, waren

die nächste Überraschung«, fuhr Samara fort. »Ich war völlig verstört und hoffte, dass dieser hölzerne Geschmack in meinem Mund endlich nachlassen würde, aber nun kam einer seiner Assistenten mit einer Art großen, schwarzen Hose, die sie mir über die Beine streiften. Dann legten sie mich auf einen Tisch. Wegen der Pantalons konnte ich meine Füße und Beine nicht mehr bewegen. Sie banden mir die Füße zusammen, und nun fing der ›Vornehme‹ an, mit einem speziellen Stock auf die Fußsohlen zu schlagen. Dabei fand ich endlich heraus, was sie mir vorhielten. Er schrie nämlich immer wieder: ›Weshalb hast du deinen Namen gewechselt? Warum hast du deine Papiere verändert? Für wen spionierst du? Ist es Israel? Ist es der Iran?‹«

Samara überraschte Mayada mit einem Lächeln, bevor sie weitererzählte: »Ich musste wochenlang im Bett liegen wie ein Baby und konnte nicht einmal zur Toilette humpeln. Durch die Schläge löste sich die Haut von meinen Fußsohlen. Dann bekam ich eine schlimme Infektion und dachte, ich würde sterben. Aber langsam erholte ich mich, und jetzt kann ich wieder laufen. Nach diesem ersten Tag haben sie mich täglich geholt. Manchmal fragen sie nur. Aber an anderen Tagen schlagen sie mich auf den Rücken, dann wieder auf die Füße, und manchmal bekomme ich auch Elektroschocks. Sie fragen immer dasselbe, und ich antworte immer dasselbe.«

Samara beugte den Kopf über die angezogenen Knie. »Ich habe es ihnen tausendmal gesagt, immer wieder. Ich bin eine einfache Frau. Das Schicksal hat mir einen Großvater geschenkt, der mich abgöttisch liebte. Dieser Großvater wollte, dass ich seinen Namen trage. Mein zweiter Ehemann bat mich, wieder den Namen meines Vaters anzunehmen. Und nur aus diesem Grund habe ich meine Papiere ändern lassen. Das ist meine ganze Geschichte.«

Ihr Gesicht legte sich in Falten. »Sie haben mir gesagt, ich muss hierbleiben, bis ich gestehe, dass ich eine Spionin bin, aber ich habe nichts zu gestehen. Ich bin kein Spion, und wenn sie mir auch noch so oft Elektroschocks geben oder mich schlagen, ich werde das nie gestehen, weil es einfach nicht stimmt.«

Samara befand sich in einer ausweglosen Lage. Die Folterknechte würden nicht aufhören, bis sie gestand, für Israel oder den Iran spioniert zu haben, und nach diesem »Geständnis« erwartete sie der Tod, gleichgültig, ob ihre Aussage der Wahrheit entsprach oder nicht.

»Aber letzte Woche hatte ich Glück«, fuhr sie fort, »mein Folterknecht wurde in ein anderes Gefängnis versetzt, nach Basra, und sein Nachfolger hier ist nicht so schnell mit dem Stock oder den Elektroschocks bei der Hand. Darüber kannst du dich freuen, denn der erste war so grausam und hasserfüllt – ich glaube, wenn den die giftigste aller Schlangen gebissen hätte, dann wäre die Schlange gestorben und nicht er!«

In diesem Moment spürte Mayada einen heftigen Schmerz im Arm, der sich in die Brust fortsetzte. Es war das erste Mal, dass sie einen solch pulsierenden Schmerz fühlte, doch sie wusste, dass dies ein Symptom eines Herzinfarkts war. Im nächsten Moment wurden ihre Finger taub. Sie streckte die Hand nach Samara aus und sagte: »Ich glaube, ich bekomme einen Herzanfall. Kannst du bitte einen Arzt holen?«

Samara sprang auf, packte einen leeren eisernen Topf und rannte zur Zellentür. »Wir brauchen Hilfe!«, schrie sie und hämmerte mit dem Topf gegen die Metalltür.

Nach einer Weile wurde der kleine Sehschlitz geöffnet, und jemand fragte: »Was ist los?«

»Ich glaube, die Neue hat einen Herzinfarkt!«, rief Samara aufgeregt.

Plötzlich fiel Mayada ein, dass die Schattenfrauen nicht einmal ihren Namen kannten. Sie versuchte, sich auf die Ellbogen zu stützen, um sie auf sich aufmerksam zu machen. Sie wollte ihnen etwas über sich erzählen. Wenn sie starb, wollte sie wenigstens die Hoffnung haben, dass eine von ihnen, die vielleicht freikam, ihren Kindern berichten konnte, wie ihre arme Mutter diese Erde verlassen hatte. »Bitte, bitte, hört mir zu«, begann sie. »Ich heiße Mayada al-Askari, ich wohne am Wazihiya-Platz, und meine Telefonnummer ist 425-7956. Falls ich sterbe oder falls ich nicht mehr hier herauskomme, bitte sorgt dafür, dass jemand meine Tochter Fay anruft und ihr Bescheid sagt.«

Eine der Schattenfrauen suchte ein Stückchen verkohltes Holz, das sie extra für diesen Zweck aufbewahrten. Samara nahm es ihr aus der Hand und forderte Mayada auf: »Sag das bitte noch einmal.« Mit der Holzkohle schrieb sie ihre Angaben an die Wand und versuchte dann, Mayada zu trösten: »Mach dir keine Sorgen. Du kehrst zu deinen Kindern zurück. Aber falls es aus irgendeinem Grunde nicht der Fall sein sollte, wird die Erste von uns, die hier herauskommt, deinen Kindern Bescheid geben.«

Der Mann war wieder verschwunden, ohne zu sagen, was er tun würde. Mayada dachte entmutigt, man würde sie jetzt einfach sterben lassen. Doch nach einigen Minuten kamen zwei Aufseher, die wohl gerade beim Essen gestört worden waren. Der eine kaute noch, der andere versuchte, mit den Fingern Essensreste zwischen den Zähnen herauszuholen. »Und, wo ist die Simulantin?«, fragte der Erste mürrisch.

»Das ist kein Scherz«, erwiderte Samara und deutete auf Mayada. »Diese Frau hat einen Herzanfall.«

Der Mann schnaubte verärgert, baute sich vor Mayada auf und starrte sie an. Dann bohrte er ihr mit einem Finger in die Brust, als könne er damit feststellen, was ihr fehlte, und forderte sie barsch auf, mit ihm zu kommen. Samara und eine zweite Schattenfrau halfen Mayada auf die Beine und begleiteten sie vorsichtig zur Tür.

Das Krankenhaus befand sich gleich im nächsten Gebäude, doch Mayada musste ihr Tempo den stärker werdenden Schmerzen in der Brust anpassen. Einer der Männer jammerte, dass nun sein Essen kalt werde. Der andere schimpfte, weil sie so langsam ging, und fragte sie spöttisch, wieso eine junge Frau wie sie dahinschlurfe wie ein altes Weib. Da sie ohnehin zu sterben glaubte, hielt sie nicht mehr an sich und sagte zu den beiden, sie sollten sich schämen, so mit einem schwer kranken Menschen umzuspringen. Als Antwort schlug der eine ihr ins Gesicht, der andere schrie sie grob an.

Endlich erreichten sie das Krankenhaus. Es wirkte von außen schön und modern, doch innen war es schmutzig und ungepflegt. Die beiden Aufseher brachten sie in ein Untersuchungszimmer. Dort angekommen, sagte der eine: »Ich versuche mal, Dr. Hadi Hamid zu finden«, und ging hinaus. Der andere blieb an der Tür stehen und ließ Mayada nicht aus den Augen.

Kurz darauf kam der erste Aufseher mit einem Mann im weißen Arztkittel zurück, der gebeugt ging und nur auf seine Füße zu schauen schien. Zunächst glaubte Mayada, er sei ein älterer Herr, doch als er sie anblickte, stellte sie fest, dass er ein junger, gut aussehender Mann war. Noch mehr verblüffte sie seine Bemerkung, dass er ihre Situation sehr bedauere. Er bat sie höflich, sich auf den Untersuchungstisch zu setzen, und maß ihren Blutdruck. Seine dunklen, freundlichen Augen verrieten Besorgnis, als er ihr sagte, was sie ohnehin bereits wusste: Ihr Blutdruck war gefährlich hoch. Mayada versuchte, seine Miene zu deuten, vergaß dabei jedoch nicht, dass ihre bisher gemachten Erfahrungen im Gefängnis sie leicht zu einer allzu vereinfachten Betrachtungsweise der menschlichen Natur verführen konnten. Viele Iraker wurden gezwungen, der Baath-Partei beizutreten, und diese Leute mussten häufig gegen ihren Willen in staatlichen Stellen arbeiten, in denen die Arbeit für einen mitfühlenden Menschen eine Qual war. Solch ein Schicksal schien auch diesen Arzt ereilt zu haben.

Mayada merkte, dass sie mit diesem Gedanken recht hatte, als der junge Arzt mit einem Blick über die Schulter feststellte, dass die beiden Aufseher gegangen waren. »Sie haben nichts, was nicht mit Ihrer Entlassung heilen würde«, versicherte er ihr mit leiser Stimme, »doch da Ihr Schicksal nicht in meiner Hand liegt, kann ich Ihnen nur ein paar Tabletten geben. Ich denke, dass sie Ihnen helfen werden.« Er holte aus einer Schublade ein Päckchen und reichte es ihr. »Legen Sie eine Tablette unter die Zunge, und lassen Sie sie zergehen. Wiederholen Sie das immer, wenn Sie Schmerzen in der Brust bekommen. Wenn es sich vermeiden lässt, sollten Sie jedoch in zwei bis drei Tagen nicht mehr als eine Tablette nehmen, denn dieses Medikament kann starke Kopfschmerzen verursachen.«

Sie hatte bereits eine Tablette im Mund und nickte dankbar. Der Arzt setzte sich an seinen Schreibtisch und dokumentierte die Untersuchung.

Während sich die Tablette auflöste, sah sich Mayada in dem Zimmer um. Der Untersuchungstisch war mit schwarzem Plastik abgedeckt, und darauf hatte sich von dem Sandsturm am Morgen eine Staubschicht gesammelt. Die fürsorgliche Art des Arztes hatte sie auf eine Idee gebracht, und dieser Staub konnte ihr vielleicht helfen, diese Idee in die Tat umzusetzen. Sie ging das Risiko ein und schrieb mit dem Finger die Telefonnummer des Großvaters ihrer Kinder in den Staub. Er hatte sich auch nach der Scheidung noch um Fay, Ali und ihr Wohlergehen gekümmert. »Bitte, Dr. Hamid«, bat sie dann den Arzt, »bitte rufen Sie diese Nummer an und sagen Sie, dass Mayada nach Baladiyat gebracht wurde. Und sagen Sie, sie sollen meine Mutter Salwa in Amman verständigen. Sie weiß, was zu tun ist.« Sie blickte den jungen Arzt flehentlich an.

Dr. Hamids Miene verriet seinen inneren Zwiespalt – in ihm kämpfte der Verstand, der ihn vor den schlimmen Konsequenzen einer Entdeckung warnte, gegen das Herz, das erschüttert war von der Verzweiflung, deren Zeuge er wurde. Mayada beobachtete atemlos, wie er auf die Nummer schaute, die sie in den Staub gemalt hatte, und dabei die Lippen bewegte. Er prägt sie sich ein!, dachte sie beglückt. Der junge Mann warf einen erneuten Blick über die Schulter und wischte dann mit einem Tuch den Staub von dem schwarzen Plastik. Er ließ sich nicht anmerken, ob sein Verstand oder sein Herz obsiegt hatte. Doch Mayada wusste, mochte er nun anrufen oder nicht, dass er sich jedenfalls wünschte, er hätte den Mut, es zu tun. Man durfte schließlich nicht vergessen, dass dies eine schlimme Zeit für sie beide – und für alle Iraker – war und dass auch dieser anständige Mann zu Tode gefoltert werden würde, wenn er die Gesetze der Baath-Partei nicht blindlings befolgte.

Sie wollte ihn gerade fragen, ob sie auf seine Menschlichkeit zählen dürfe, da traten die beiden Aufseher ein und bestanden darauf, sie sofort wieder in die Zelle zurückzubringen. Mayada erstarrte; sie befürchtete, Dr. Hamid könne furchtsam und so um seine eigene Familie besorgt sein, dass er den Männern Mayadas Hilferuf verraten werde. Doch der Arzt sagte lediglich: »Es wird Ihnen bald besser gehen, gehen Sie jetzt, und versuchen Sie, ein wenig zu schlafen.« Diese Worte gaben ihr die Hoffnung, dass er den Anruf, der vielleicht ihr Leben rettete, wagen würde.

Obwohl sie darum bat, wegen ihrer Schmerzen langsamer gehen zu dürfen, brachten die Männer sie im Eiltempo zurück. Das schnelle Laufen ließ ihr Herz heftig pochen, doch bei der Ankunft in Zelle 52 spürte sie zu ihrer eigenen Überraschung eine Art Erleichterung.

Samara eilte an ihre Seite und half ihr, sich wieder auf die Pritsche zu legen. Einige Schattenfrauen scharten sich um sie, um sie zu beruhigen. Sie bekam eine gefaltete Decke als Kopfkissen, eine zweite, auf der sie liegen konnte, und mit einer dritten wurde sie zugedeckt. Während Mayada im Krankenhaus gewesen war, hatten die Frauen ihr Abendessen bekommen. Samara hatte ihr wie versprochen einen Teller aufgehoben, doch Mayada konnte noch immer nichts essen.

Die Frauen begannen, aus ihrem Leben zu erzählen. Rasha, so erfuhr Mayada, war eine Schiitin aus dem Süden. Eine andere, Safana, war Kurdin, eine dritte, deren Namen Mayada nicht verstanden hatte, war eine Sunnitin aus Bagdad. Sie forderten Mayada auf, ihnen alles mitzuteilen, was sie außerhalb der Zelle gesehen hatte. Mayada seufzte schwer und bat um Verständnis dafür, dass sie noch nicht richtig sprechen könne; morgen werde sie gerne alle ihre Fragen beantworten.

Eine der Schattenfrauen stellte ihr schließlich die Frage, auf die Mayada schon wartete, seit sie ihren Familiennamen genannt hatte: »Sag uns nur, bist du verwandt mit dem großen Jafar Pascha al-Askari?«

Bevor sie zu einer Antwort bereit war, hielt Mayada kurz inne und überlegte, ob sie ihre Herkunft verleugnen sollte. Wenn die Leute erfuhren, welcher erlauchten Familie sie entstammte, meinten viele nämlich oft, sie halte sich für besser als andere Menschen, was absolut nicht stimmte. Manche wurden dann plötzlich und ohne jeden Grund feindselig, und wieder andere fingen an, sie mit peinlicher Ehrfurcht zu behandeln, als gehöre sie einer königlichen Familie an. Doch als sie in die liebevollen Augen dieser einfachen Frauen blickte, war sich Mayada sicher, dass sie hier nichts dergleichen zu befürchten hatte. »Ja«, antwortete sie mit einem matten Lächeln, »Jafar Pascha war mein Großvater, der Vater meines Vaters, Nizar al-Askari.«

Die Schattenfrau strich sanft über Mayadas Wange. »Mein Großvater hat deinen Großvater einmal getroffen, als er in den Süden kam und für König Faisal I. Stimmen sammelte. Er hat immer gesagt, dass Jafar al-Askari ein großer Iraker sei. Oft hörte ich ihn auch sagen: ›Wenn noch mehr

Männer wie Jafar Pascha am Leben wären, dann hätten wir Iraker diesen Albtraum vermeiden können.‹«

Als hätten diese Worte ihre Stimmen gelöst, begannen die anderen Schattenfrauen nun, Erinnerungen an eine Zeit auszutauschen, in der die Iraker noch an eine bessere Zukunft geglaubt hatten. Mayada hörte, wie noch einige andere sagten, Jafar Pascha habe auch für ihre Familien Gutes getan. Und Samara blickte lächelnd auf Mayada nieder und erklärte: »Wir werden dieses großen Mannes dadurch gedenken, dass wir uns gut um seine Enkelin kümmern.«

2

Die vier schwarzen Türen

Es hat im Lauf der Geschichte immer wieder große Männer gegeben, die im Zusammenhang mit bedeutenden Ereignissen oder Zeiten auftraten. Im Irak zum Beispiel waren dies während und nach dem Ersten Weltkrieg Jafar al-Askari, Nuri al-Said, König Faisal I., Lawrence von Arabien und Sati al-Husri. Drei dieser Männer waren eng mit Mayada verwandt, und sie kannte deren Lebensgeschichte so gut wie ihre eigene.

Mit dem Ende des Krieges im Jahre 1918 gingen auch vierhundert Jahre osmanischer Herrschaft zu Ende. Es gab keine Regierung, und das irakische Volk hoffte auf die Chance eines Neuanfangs. Die Regierungen Großbritanniens und Frankreichs, die den Irakern geholfen hatten, das Osmanische Reich zu besiegen, versprachen Freiheit für alle Araber. Von diesem Traum beflügelt, riskierten Jafar, Nuri, Lawrence von Arabien und Faisal viele Male ihr Leben. Doch keiner von ihnen war so mutig wie Mayadas Großvater Jafar al-Askari.

Vielleicht war es eine Laune des Schicksals, dass Jafar al-Askari zu der Zeit geboren wurde, in der das Osmanische Reich zugrunde ging. Er kam am 13. Juni 1885 auf die Welt; seine Eltern Mustafa und Fatima lebten in Bagdad, wo der Vater Militärgouverneur des Irak und Generalstabschef der Vierten Armee war.

Mit seinem kastanienbraunen Haar, den braunen, goldblitzenden Augen und einer Gelehrigkeit, mit der er sich als militärischer Stratege sowie in Sprachen und in der Politik hervortun sollte, war Jafar die Freude und der Stolz seines Vaters. Als Sohn eines ranghohen Militärs erhielt er die bestmögliche Erziehung und Ausbildung, und da sein Vater Soldat war, wurde auch Jafar auf den Beruf des Soldaten vorbereitet. Doch dann ereilte ihn sein Schicksal. Eines Tages bemerkte Mustafa ein rotes Mal an seiner Schulter, ein Zeichen, das die Türken »Löwenpranke« nennen. Ob es sich dabei um ein Krebsgeschwür handelte oder vielleicht sogar um Milzbrand, ist unklar, doch Mustafa siechte dahin und starb einen qualvollen Tod.

Jafar trauerte sehr um seinen Vater, doch er beendete seine Ausbildung. An der Militärakademie lernte er Nuri al-Said kennen, der sein bester und treuer Freund wurde. Die beiden Männer standen sich so nahe, dass sie beschlossen, jeweils eine Schwester des anderen zu heiraten: Nuri ehelichte Jafars jüngere Schwester Naima und Jafar Nuris Schwester Fakhriya.

Bei Ausbruch des Ersten Weltkrieges stand Jafar auf der Seite der Osmanen und Deutschen und wurde als General hoch dekoriert. Die Briten erkannten jedoch seine einzigartigen Fähigkeiten und forderten ihn auf, die Seiten zu wechseln und für sie zu kämpfen. Dieses Ansinnen lehnte er ab, bis Sultan Mohammed Resat mehrere Freunde Jafars hinrichten ließ. Seine Empörung darüber sowie die wiederholte Aufforderung T. E. Lawrence' (Lawrence von Arabien) und Fürst Faisals I., des späteren Königs von Syrien und Irak, veranlassten ihn, in die arabische Armee einzutreten. Während des Krieges wurden Jafar und Fürst Faisal gute Freunde. Jafar al-Askari stieg zum Kommandeur der regulären arabischen Streitkräfte auf. Als einziger Teilnehmer des Ersten Weltkrieges wurde er sowohl von den Deutschen als auch den Briten mit den höchsten militärischen Ehren ausgezeichnet.

Als die Briten nach dem Krieg den Irak besetzten, sahen sie sich mit dem schwierigen Problem konfrontiert, dass irakische Stammesführer immer wieder ihre Soldaten angriffen. Um die Iraker zu beschwichtigen, etablierten sie eine

Monarchie, mit deren Hilfe sie das Land indirekt regierten. Nach langen Diskussionen und mit der Ermutigung britischer Repräsentanten im Irak beschloss Winston Churchill, Fürst Faisal, dessen Vater in Mekka und Medina regierte, zum neuen König ausrufen zu lassen, obwohl dieser noch nie einen Fuß auf den Boden des Irak gesetzt hatte.

Als Faisal im Irak eintraf, um die Regierung zu übernehmen, standen seine Freunde und ehemaligen Kommandeure der Armee, Jafar al-Askari und Nuri al-Said, bereit, um ihm zu dienen. Am Ufer des Tigris versammelten sich Hunderte von Engländern und Irakern zu Faisals Krönung. Die Proklamation wurde auf Arabisch verlesen; in dem Dokument hieß es, die Wahl des Volkes sei auf Faisal gefallen, doch danach spielte zur Entrüstung der anwesenden Iraker eine Kapelle die englische Nationalhymne.

Jafar wurde Verteidigungsminister, Nuri der Generalstabschef der Streitkräfte. Die drei Männer hatten vom ersten Tag an zahllose Kämpfe durchzustehen, doch dank ihrer großen Entschlossenheit konnten sie das Land zusammenhalten. 1933 wurde jedoch König Faisal nach nur zwölfjähriger Regierungszeit schwer herzkrank. Er musste zur Erholung in die Schweiz und starb dort mit nur 48 Jahren. Fürst Ghazi, sein einziger Sohn, wurde als Ghazi I. der neue König.

Jafar hatte einige Jahre in London gelebt, doch 1934 bat ihn sein Freund und Schwager Nuri, der inzwischen irakischer Premierminister geworden war, zurückzukehren und ihn bei der Regierung des Landes zu unterstützen. Nuri hatte im Irak so viele Feinde, dass er die Stärke, die Jafar repräsentierte, an seiner Seite brauchte. Jafar liebte England; er sagte gerne, dort brauche er nur einen Spazierstock, während man im Irak dauernd bewaffnet sein müsse. Doch die Lage im Irak wurde immer chaotischer; deshalb erklärte sich Jafar schließlich einverstanden und übernahm erneut den Posten des Verteidigungsministers.

Zwei Jahre später, im Oktober 1936, ordnete Jafar eine Reihe routinemäßiger Manöver an. Und nun erlebte er eine böse Überraschung: General Bakir Sidqi, der Kommandeur der Zweiten Armeedivision, den Jafar für einen Freund gehalten hatte, führte einen Putsch aus, den ersten, den der Staat Irak erlebte.

Drei Flugzeuge warfen Bomben ab; eine landete, ohne Schaden anzurichten, im Tigris, doch die beiden anderen trafen das Innenministerium und das Gebäude des Ministerrats, und eine weitere fiel auf das Hauptgebäude der Post.

Jafar wollte den Marsch der Streitkräfte auf Bagdad stoppen. Der britische Botschafter Sir Clark Keer war zugegen, als Jafar die entsprechende Erklärung abgab; er schrieb später, Jafars Haltung sei Ausdruck größter Tapferkeit gewesen, ein Heldenmut, zu dem kein anderes Mitglied der Regierung fähig gewesen sei. König Ghazi I. sorgte sich um Jafars Sicherheit, doch dieser erklärte lediglich, es sei seine Pflicht, König und Land zu beschützen. Während Jafar seine Vorbereitungen zum Abmarsch traf, hatte König Ghazi eine böse Vorahnung. Er rannte aus dem Palast, um Jafar aufzuhalten, doch es war zu spät – er war bereits aufgebrochen.

Jafar konnte nicht ahnen, dass sein Freund Sidqi fünf seiner Begleiter aufgefordert hatte, ihn zu ermorden. Die ersten vier protestierten und wollten einen so ehrenhaften Mann wie Jafar al-Askari nicht töten; der letzte aber, ein gewisser Hauptmann Jameel, der Jafar nie kennengelernt hatte, war bereit, den Mord auszuführen.

Einige von Sidqis Männern erwarteten Jafar außerhalb von Bagdad und teilten ihm mit, sie würden ihn zu Sidqi eskortieren. Man bat ihn, auf dem Vordersitz des Wagens Platz zu nehmen. Schon bald erkannte er, dass etwas nicht stimmte. Er wandte sich zu den hinter ihm sitzenden Männern um und erklärte: »Ich nehme an, dass Sie mich töten werden. Davor fürchte ich mich nicht; der Tod ist das natürliche Ende eines jeden Menschenlebens. Aber ich sage Ihnen, wenn Sie Ihren Plan ausführen, dann werden Sie für alles Leid verantwortlich gemacht werden, das Sie über dieses Land bringen werden. Es werden Ströme von Blut fließen.«

Als der Wagen in Sidqis Lager anhielt und Jafar ausstieg, wurde er von Hauptmann Jameel hinterrücks erschossen. Er konnte sich nur noch kurz umdrehen und aufschreien, dann war er tot. Bakir Sidqi verpflichtete seine Männer durch einen Eid zur Verschwiegenheit.

Das Land versank im Chaos. Jafars Persönlichkeit hatte die Regierung zusammengehalten, doch nun marschierte Sidqi in Bagdad ein und zwang König Ghazi, eine neue Regierung zu bilden.

Die arabische Welt war über Jafar al-Askaris Tod entsetzt. Und dessen Prophezeiung, im Irak würden Ströme von Blut fließen, wurde nun traurige Wahrheit. Schon bald wurde Sidqi von Offizieren, die loyal zu Jafar standen, ermordet. Die königliche Familie blieb zwar an der Macht, doch die Regierungen wechselten nun häufig, und ein Militärputsch folgte dem nächsten.

1958 lud die Königsfamilie Mayadas Eltern ein, sie vor der Hochzeit von König Faisal II. auf einen Urlaub zu begleiten. Mayadas Mutter Salwa bestand darauf, dass ihre Tochter, die bei der Hochzeit eines der Blumenmädchen sein sollte, für diesen Anlass ein Kleid von Dior bekommen solle.

Mayada war damals erst drei Jahre alt. Ihre Mutter hatte bei einem Geschäft von Dior in Genf eine Anprobe arrangiert. Während ihres Aufenthalts in Europa erfuhr die Familie, dass General Abdul Karim Kassem, ein Offizier der Armee, Befehl gegeben hatte, den Königspalast zu umstellen. Per Lautsprecher wurde die königliche Familie aufgefordert, das Gebäude zu verlassen. Es war erst 7.45

Uhr am Morgen, doch schon bald öffnete sich die Küchentür an der Rückseite des Palasts, und der König, seine Angehörigen und die Diener kamen heraus. Die Offiziere riefen ihnen zu, sie sollten sich in dem kleinen Garten an der Seite des Gebäudes bei einem riesigen Maulbeerbaum aufstellen. Der König war noch sehr jung und begriff nicht, was vor sich ging; er salutierte immer wieder vor den Offizieren.

Ein Hauptmann namens al-Obousi schoss dem König eine Kugel in den Kopf, und daraufhin eröffneten die Soldaten das Feuer. Nach dem Massaker wurden die Leichname der königlichen Familie auf einen Lastwagen geladen, und ein rasender Mob begann, den Palast zu plündern.

Als der Lastwagen das Portal des Palastes passierte, sprang ein Mann auf das Fahrzeug auf und stach in die Leichen, um sicherzustellen, dass wirklich alle tot waren. Dann wurde der Lkw von einem Militär-Jeep gestoppt, dessen Besatzung die Leichname des jungen Königs und des Regenten an sich nahm. Eine Menschenmenge hatte sich versammelt, und um die erhitzten Gemüter zu beruhigen, warf ihr der Fahrer den Leichnam des Regenten vor. Der Mob entkleidete ihn, schleifte ihn durch Bagdad und hängte ihn schließlich an einem Balkon des Hotels Al-Karhk auf. Dann wurden der Leiche die Hände, Arme, Füße, Beine und die Genitalien abgeschnitten und der Mund geöffnet. Der Torso wurde vor dem Verteidigungsministerium aufgehängt. Dort schnitt ein junger Mann dem Torso noch den Bauch auf, einige andere hängten sich die Eingeweide um den Hals und tanzten in den Straßen. Zuletzt wurde der geschändete Leichnam mit Benzin übergossen und verbrannt; die verkohlten Reste warf der Pöbel in den Fluss.

Der junge König wurde ins Al-Raschid-Militärkrankenhaus gebracht und von den Ärzten für tot erklärt. Sein Leichnam wurde vorübergehend auf dem Gelände des

Krankenhauses bestattet, um zu verhindern, dass er ebenso verstümmelt wurde wie der des Regenten. Auch einige andere Angehörige der Familie fanden dort ihre letzte Ruhestätte.

Premierminister Nuri al-Said, der Onkel von Mayadas Vater, war geflohen. Er hatte von dem Massaker gehört und wusste, dass er nichts mehr tun konnte, außer sich selbst zu retten. Nuri war inzwischen ein alter Mann, doch der Pöbel wollte auch seine Leiche sehen. Eine Nachbarin, Umm Abdul Amir al-Estarabadi, drängte ihn, zu den Ummara-Stämmen zu fliehen. Nuri verkleidete sich als Frau, aber als er auf seiner Flucht einmal eine Pause einlegte, sah unglücklicherweise jemand unter Nuris Abaja, dem typischen Umhang der Araberinnen, seine Männerschuhe hervorschauen und schöpfte Verdacht.

Der Premierminister wurde gefangen genommen und an einem Auto hängend durch Bagdad geschleift. Dann ließ man seine Leiche einfach auf der Straße liegen, und zahlreiche Autobesitzer machten sich einen Spaß daraus, immer wieder über den Toten zu fahren; einige Menschen schnitten ihm einzelne Finger ab. Eine Frau aus einer bekannten Familie Bagdads brüstete sich später auf Partys gern damit, dass sie einen Finger Nuris herumzeigte, den sie in einem silbernen Zigarettenetui bei sich trug. Nach dem Putsch und den Morden brach die Ordnung in der Stadt völlig zusammen.

Als Nuris Angehörige von seiner Ermordung erfuhren, wollte sein Sohn Sabah den Leichnam einfordern und ihn würdig bestatten. Aber auch Sabah wurde getötet und durch die Straßen geschleift.

Wie Jafar es vorhergesagt hatte, folgte ein Staatsstreich dem anderen, was letztendlich zum Aufstieg der Baath-Partei unter der Führung von Ahmed Hassan al-Bakr und Saddam Hussein führte. Ihre Ziele waren eine sozialistische und säkulare Regierung im Irak, die panarabische Einheit und die Abschaffung jeglicher Fremdherrschaft in allen arabischen Ländern.

Die Baath-Partei kam schon 1963 im Irak durch putschende Offiziere an die Macht, doch sie wurde noch im selben Jahr wieder gestürzt. 1968 kehrte sie dann gestärkt und unter Führung Saddam Husseins wieder an die Macht zurück.

Für Mayada war die Partei ein nicht enden wollender Albtraum und die Wurzel unzähliger Probleme des Irak.

Jene erste Nacht im Gefängnis empfand sie als die längste Nacht ihres Lebens. Mit weit offenen Augen lag sie da, dachte an ihre Familie, an Fay und Ali, und sie hatte ein schlechtes Gewissen, weil sie nach den Warnungen ihrer Mutter den Irak nicht verlassen hatte. Im Geiste verfolgte sie die Geschichte des Irak unter Saddam zurück und erkannte, dass die Stärke des Diktators die Iraker zwar dazu bewog, nicht gegen ihn aufzubegehren, er aber zugleich vier schwarze Türen konstruierte, um seine Schändlichkeit zu verbergen.

1980 war Saddam seit einem Jahr Präsident, und viele Iraker glaubten noch an seine Größe. Doch schon damals schmiedete er Pläne für den ersten der beiden Kriege, die den Irak ruinieren sollten.

An einem friedlichen Tag im September, Bagdad genoss noch die Kühle des jungen Morgens, saßen Mayada und ihr Ehemann im Haus ihrer Mutter beim Frühstück. Mayada beobachtete Salam und dachte darüber nach, wie er wohl im Alter aussehen würde. Sie hoffte, dass sie nicht mehr mit ihm zusammen sein würde, wenn sich sein schwarzes Haar grau färbte und er immer dicker wurde, weil er so gerne Eier, Toast, Milch und Zucker aß. Schon in den Flitterwochen hatte sie erkannt, dass es ein Fehler gewesen war, seinen Heiratsantrag anzunehmen. Nun spielte sie immer wieder mit dem Gedanken, ihn zu verlassen, doch im Nahen Osten gehen zumindest die Frauen mit dem Thema Scheidung sehr behutsam um. Deshalb hatte sie sich wenigstens vorläufig damit abgefunden, eine von vielen Millionen Frauen zu sein, die ohne zu klagen eine Ehe ohne Liebe führen.

Doch Mayada hatte einen weiteren Grund, betrübt zu sein. Salam war vor kurzem zur Armee eingezogen worden. Er saß ihr in seiner Uniform gegenüber, zupfte an den Ärmeln und zog am Schritt seiner Hose, die erst einmal gewaschen und noch steif und unbequem war. Er war zwar wie ein Soldat gekleidet, doch Mayada konnte mit diesem Mann die Vorstellung von Gewalt nicht verbinden. Während ihr diese Gedanken durch den Kopf gingen, wurde das Haus ihrer Mutter von einem lauten, pfeifenden Geräusch erschüttert, dem donnernde Detonationen folgten. Geschirr klapperte, Lichter flackerten, und die drei hübschen Finken ihrer Mutter flatterten aufgeregt in ihrem Käfig umher. »Salam, sind das israelische Flugzeuge?«, fragte sie erschrocken.

Salam war verblüfft und wirkte ängstlich, auf seiner Stirn sammelten sich kleine Schweißperlen. »Nein. Nein. Das kann gar nicht sein.« Seine heisere Stimme war ungewöhnlich hoch.

Mayadas Herz schlug schneller; sie erwartete das durchdringende Geheul von Sirenen, doch alles blieb still. Salam schaltete das Radio ein, aber das Programm war nicht unterbrochen worden. Damals arbeitete Mayada bei der in Bagdad erscheinenden Zeitung *Al-Jumhuriya*, und so beschloss sie, dort anzurufen. Doch als sie nach dem Hörer greifen wollte, klingelte das Telefon. Der Anrufer war Dr. Fadil al-Barrak, ein Bekannter der Familie. Er war der Chef der Geheimpolizei, der Mann, der nur Saddam Hussein verantwortlich war, wie jedermann wusste. Dass ein freundlicher Herr wie Dr. Fadil eine Spitzenposition im Bereich der inneren Sicherheit bekleidete, war ungewöhnlich, doch Saddam hatte die Geheimdienste bald nach der Festigung seiner

Macht komplett neu besetzt. Er hatte verkündet, ein unwissender Mensch sei weniger vertrauenswürdig als ein intelligenter, und mit dieser Maxime hatte er einige hochgebildete Iraker in hohe Ämter berufen. Dr. Fadil hatte einen ungewöhnlichen Einfluss im Irak; ihm unterstanden zahlreiche Sicherheitseinrichtungen einschließlich der Überwachung der inneren Sicherheit sowie islamischer Bewegungen, der Abteilungen für militärische Überläufer, für wirtschaftliche Sicherheit, für oppositionelle Gruppen und für die Bekämpfung des Drogenhandels.

Nur wenige Iraker konnten sich bei einem Menschen Gehör verschaffen, der eine so hohe Position im Staat innehatte, doch darüber dachte Mayada damals kaum nach, denn ihre Eltern und Großeltern waren immer mit bedeutenden Führungspersönlichkeiten in Kontakt gestanden.

Dr. Fadils Beziehung zu den al-Askaris war außergewöhnlich. Er war zwar im Lauf der Zeit ein Freund der Familie geworden, doch eigentlich hatte Mayadas Mutter Salwa ihn nie dazu ermuntert. Dr. Fadil war Schriftsteller gewesen und hatte die Familie ursprünglich aufgesucht, um Einblick in das Werk von Mayadas berühmtem Großvater Sati al-Husri zu bekommen. Der Familie war das ganz normal erschienen, da Satis Bücher und Schriften über den arabischen Nationalismus und arabische Bildungsprogramme oft und von zahlreichen arabischen Schriftstellern als Quellen herangezogen wurden. Doch mit der Zeit war Dr. Fadil häufiger ins Haus der Familie gekommen.

An jenem schicksalhaften Tag ließ Dr. Fadil seine gewöhnlichen Höflichkeiten jedoch schroff beiseite. »Dient Salam in Bagdad?«, fragte er unvermittelt.

Mayada war angesichts seiner Besorgnis bezüglich der Sicherheit ihres Mannes ein wenig überrascht. Immerhin hatte Dr. Fadil keinen Hehl aus seiner Abneigung gegen ihre Ehe mit Salam gemacht, weil dieser aus einer bekannten Familie des Landadels stammte. Sein Vater hatte bis 1960

Sklaven besessen, und ein revolutionärer Baathist wie Dr. Fadil ging ehemaligen Sklavenhaltern ganz bewusst aus dem Weg. Doch an seiner engen Beziehung zu ihrer Familie änderte Mayadas Ehe mit Salam nichts; zur Hochzeit hatte er ihr sogar ein teures Schmuckstück geschenkt.

»Nein, er ist in Al-Mahaweel stationiert, im Süden«, antwortete Mayada. Sie spürte, dass etwas Ungewöhnliches in der Luft lag, und fragte Dr. Fadil, ob etwas geschehen sei.

»Jetzt führt dein Poster-Held Krieg gegen uns«, flüsterte er ominös ins Telefon. Sie wusste sofort, was er damit meinte. Die Flugzeuge hatten also nichts mit internen irakischen Reibereien zu tun, sondern mit der wachsenden Spannung zwischen Iran und Irak. Trotz des großen Ernstes des Augenblicks hätte sie über seine Erwähnung ihres »Poster-Helden« fast laut gelacht, denn nun begriff sie auch, weshalb ein dummer Vorfall, der eigentlich keinerlei Bedeutung hatte, diesen Mann, der sich als loyaler Freund ihrer Familie betrachtete, so verärgert hatte.

Dieser Vorfall hatte sich in ihrer Verlobungszeit ereignet und stand in direktem Zusammenhang mit einer Studentenversammlung an der Al-Mustansiriya-Universität in Bagdad im Jahre 1979. Dabei kam es zu mehreren Bombenexplosionen, bei denen zwei Studenten starben und viele weitere verletzt wurden. Eine Woche darauf wurde ein riesiger Protestmarsch von der Universität zum Bab Al-Muaadam-Friedhof veranstaltet, wo die Studenten beerdigt worden waren. Der Demonstrationszug bewegte sich durch die Stadt und sogar durch die Hauptstraße, in deren Nähe Mayadas Mutter wohnte. Zwei Minister der Regierung führten ihn an; deshalb wurde er von zahlreichen Polizeiautos begleitet, und Angehörige der Geheimpolizei und der Geheimdienste durchstreiften die umliegenden Viertel. Als die Demonstration das Haus ihrer Mutter passierte, explodierten zwei Handgranaten in der Menge. In dem Haus neben Salwas Haus war das iranische Konsulat untergebracht; deshalb nahm die irakische Geheimpolizei sofort an, die Handgranaten seien von dort geworfen worden.

Mayadas Elternhaus hatte eine sehr schöne Veranda und große Balkone. Der zu ihrem Schlafzimmer gehörende reichte bis über den Garten, und von hier aus war das Konsulat einsehbar. Die Sicherheitskräfte mussten durch ihr Schlafzimmer laufen, um auf den Balkon zu gelangen; von dort wollten sie in die Wohnung des iranischen Konsuls schießen.

Einige Wochen zuvor hatte Mayada ein Foto von Ayatollah Khomeini ausgeschnitten und den finster blickenden Geistlichen mit dem schwarzen Turban auf einen Hintergrund mit farbenfrohen Fuchsien aufgeklebt. Als die Geheimpolizei ihr Zimmer betrat und das Bild des Feindes an der Wand sah, waren die Beamten so verblüfft, dass sie ihre Verfolgung gefährlicher Aufwiegler vergaßen und stattdessen erst einmal diesen angeblichen Verrat ihren Vorgesetzten meldeten. Den Iranern blieb an jenem Tag ein Kugelhagel erspart, weil eine junge Frau namens Mayada al-Askari ein Poster des schiitischen Geistlichen Khomeini an ihrer Wand hängen hatte – ein Tatbestand, den die herrschende sunnitische Minderheit als Verrat betrachtete. Doch Mayada war zu jung und zu vertrauensselig, als dass sie geglaubt hätte, sie könne deswegen ernsthafte Schwierigkeiten bekommen.

Als Dr. Fadil von diesem Vorfall erfuhr, rief er sie an. Sein sonst freundlicher Ton wurde kühl, als er ihr mitteilte, er würde am Abend um 10.00 Uhr vorbeikommen, und sie solle doch bitte nicht ihre kostbare Schmuckschatulle überall herumstehen lassen, damit jeder sie sehen könne.

Diese Anspielung verstand sie sofort, denn wenn man im Irak jemanden verächtlich machen will, sagt man über ihn das Gegenteil dessen, was man wirklich denkt; wenn Dr. Fadil Khomeini also als »Schmuckschatulle« bezeichnete, bedeutete dies, dass er in Wirklichkeit seinen Feind herabsetzte.

Dr. Fadil stand zu seinem Wort. Pünktlich um 10.00 Uhr war er da, und obwohl seine Gesichtszüge nichts verrieten, zeichnete sich sein Benehmen doch durch eine auffallende Kälte aus. Er postierte sich in voller Größe vor Mayada und blickte auf sie hinab. Sie bemerkte zum ersten Mal, dass sein linkes Auge kleiner war als das rechte. Und zum ersten Mal hatte sie das Gefühl, dass Dr. Fadil gar nicht der liebenswürdige Mann war, der zu sein er sonst immer vorgab. Bevor er Mayadas Mutter um ein Glas Scotch bat, presste er erst einmal für einen langen Moment die Lippen zusammen; danach nahm er einen kräftigen Schluck und wandte sich dann wieder Mayada zu.

Ein Mann, der Saddam so nahestand, verfügte in der hierarchischen Regierung des Irak über große Macht; er hätte Mayada zertreten können wie ein Insekt. Doch nach dem Scotch entspannte er sich ein wenig und begann, ihr einen schulmeisterlichen Vortrag über ihre Nachbarn, die Iraner, zu halten. Während er nach den passenden Worten suchte, drehte er immer wieder das Glas zwischen den Händen. »Du hättest Khomeini sehen sollen, als er aus dem Iran deportiert wurde. Er hatte nichts, und wir öffneten ihm unser Land. Er lebte viele Jahre lang als willkommener Flüchtling im Irak, aber als Saddam ihn bat, sich vor den Schiiten gegen den Schah auszusprechen, der doch nichts anderes wollte, als unsere Regierung zu stürzen, weigerte er sich.« Der meist so gütig wirkende Dr. Fadil überraschte Mayada und Salwa mit einem plötzlichen Wutanfall. *»Der Mann ist nichts weiter als ein Perser, ein Stück Scheiße!«* Sichtlich bemüht, sich wieder zu fassen, räusperte er sich und senkte die Stimme. »Hinter seiner bigotten Fassade konspiriert er nach wie vor mit den Imperialisten.«

Mayada war damals noch sehr naiv und konnte sich nicht vorstellen, dass ihr etwas Schlimmes zustoßen könne. Sie musste sich das Lachen verkneifen, aber gleichzeitig spürte sie, dass Dr. Fadil keineswegs zu scherzen beliebte. Die halb gesenkten Lider konnten den Zorn in seinem Blick nicht verbergen, und seine dunkle Haut hatte sich vor Wut gerötet. Mayada fand jedoch trotzdem den Mut zu sagen: »Ich dachte, die Baath-Partei will die Demokratie, und wenn das so ist, warum kann ich dann nicht ein Bild meines Feindes aufhängen? Ich sollte das Recht haben, in meinem Schlafzimmer jedes Bild aufzuhängen, das mir gefällt.«

Dr. Fadil seufzte tief, und sie bemerkte, dass er noch ernster wurde; deshalb versuchte sie, die Situation mit beschwichtigenden Worten ein wenig zu entspannen. »Was mir ins Auge stach, war lediglich der Kontrast der pinkfarbenen Blumen mit dem schwarzen Turban.« Sie lachte. »Ja, die Farben waren es, und nicht dieser Ayatollah!«

Ihre unbedachten Worte brachten Dr. Fadil in Rage. Unverzüglich hielt er ihr einen Vortrag über ihren Mangel an Loyalität gegenüber der arabischen Sache und über die Notwendigkeit des Kampfes gegen die persischen Bestien. Doch nun schaltete sich Mayadas Mutter ein; sie war eine kluge Frau und konnte mit Männern umgehen. Nachdem sie Dr. Fadil noch einen Whisky nachgeschenkt hatte, sagte sie: »Es ist gut, dass Sie hier sind, um meine Tochter anzuleiten. Sie hat keinen Vater, wie Sie wissen.«

Bei diesen Worten brandete in Mayada eine Woge des Zorns gegen ihre Mutter auf. Sie konnte den Gedanken, dass irgendein anderer Mann sich womöglich als Ersatz für ihren Vater Nizar al-Askari betrachtete, nicht ertragen.

Mayada hatte ihren Vater leidenschaftlich geliebt. Der 2. März 1974, der Tag, an dem er nach einem langen Krebsleiden verschied, war der traurigste Tag ihres Lebens. Noch immer konnte sie nur mit schwerem Herzen an ihren Vater denken, und jedes Mal, wenn sie die Erinnerung an sein Leiden überfiel, wurde sie von einer Trauer überwältigt, die sich in ihrem ganzen Körper ausbreitete. Doch nun gedachte sie der sanften, männlichen Herzlichkeit ihres Vaters für jene drei Frauen, die er am meisten geliebt hatte: seine Frau Salwa und seine beiden Töchter Mayada und Abdiya. Bei seinem letzten Gespräch mit den Mädchen hatte ihn das Wissen um seinen baldigen Tod und die Tatsache, dass er seine Töchter ohne seinen väterlichen Schutz würde zurücklassen müssen, zur Verzweiflung gebracht. Zitternd hatte er Salwa erklärt, Mayada müsse unbedingt Medizin an der Amerikanischen Universität in Beirut studieren, das dafür nötige Geld habe er bei einer libanesischen Bank hinterlegt, und Abdiya solle dem Beispiel ihrer Schwester folgen. Dabei hatte er seine jüngere Tochter angesehen, sie sein »Kätzchen« genannt und betont, ihr wichtigstes Lebensziel solle eine gute Ausbildung sein. Dass er darauf so großen Wert legte, war verständlich, war er doch selbst ein hochgebildeter Mann. Er hatte an der amerikanischen Universität in Beirut Wirtschaftswissenschaften studiert und später am King's College in Cambridge bei dem berühmten Ökonomen John Maynard Keynes Vorlesungen gehört.

Während ihr die Worte ihrer Mutter noch in den Ohren klangen, verspürte Mayada einen regelrechten Hass auf Dr. Fadil in sich aufsteigen, einen Hass, weil dieser Mann lebte, während ihr geliebter Vater hatte sterben müssen. Es half nichts zu wissen, dass solche Gedanken Sünde waren, weil nur Gott eine solche Entscheidung treffen konnte. Sie beobachtete, wie ihre Mutter den Mann mit wohlgewählten Worten beschwichtigte, und dachte dabei, dass ein Mensch seine Skrupellosigkeit nicht auf Dauer kaschieren konnte. Zum ersten Mal regte sich in ihr der Verdacht, dass Dr. Fadils Charakter eine unbarmherzige Seite hatte, die ihr und ihrer Mutter bis dahin verborgen geblieben war. Und sie überlegte, wie andere Iraker auf seinen Namen und auf die Tatsache, dass sie ihn kannte, in der Vergangenheit reagiert hatten: Manche hatten den Blick abgewandt und sich auf einmal an längst vergessene Aufgaben erinnert, die dringend zu erledigen seien, während andere sie plötzlich mit einem Respekt behandelten, den sie gar nicht verdient hatte, und sie im nächsten Atemzug baten, ihnen doch zu helfen, diesen Job oder jenes Stück Land zu bekommen.

Sie wollte ihn fragen, weshalb die Iraker auf seinen Namen mit offensichtlicher Beklommenheit reagierten, doch ihre Mutter zwickte ihr verstohlen in den Arm und warf ihr einen durchdringenden Blick zu.

Dr. Fadil schien der Gedanke, der Enkelin des legendären Sati al-Husri einen Gefallen zu erweisen, zu gefallen. Jedenfalls lächelte er und ließ sich noch einen Scotch eingießen. Dann scherzte er mit Mayadas Mutter über die Dummheit von Kindern. Bevor er das Haus verließ, erinnerte er Mayada daran, dass die Entdeckung ihres Poster-Helden sie und ihre ganze Familie für längere Zeit hätte ins Gefängnis bringen können. Als er um Mitternacht endlich gegangen war, räumte Mayada widerstrebend ein, dass ihre Mutter knifflige Situationen souverän meisterte.

Und ebenjener Dr. Fadil, der Mann, der sich an diesen Vorfall noch immer erinnerte, war es, der ihr nun mitteilte, dass Iran und Irak gegeneinander Krieg führten. Er sagte ihr, iranische Flugzeuge seien in den irakischen Luftraum eingedrungen und über Bagdad geflogen; allerdings hätten irakische Helden sie bereits wieder über die Grenze zurückgeworfen.

Sie legte den Hörer auf und teilte Salam mit, was sie in Erfahrung gebracht hatte. Dann beobachtete sie ihn, wie er das ganze Haus nach Dingen absuchte, die er mit an die Front nehmen wollte. Dabei spürte sie, dass ihr sein Tod in der Schlacht nicht viel bedeuten würde, doch gleichzeitig verurteilte sie sich scharf für diesen Gedanken. Sie wollte zwar nicht mit Salam verheiratet sein, aber den Tod wollte sie ihm auch nicht wünschen.

Im Allgemeinen akzeptieren die Frauen des Nahen Ostens die Regeln der Ehe und der Kindererziehung fraglos. Auch

Mayada war diesbezüglich keine Ausnahme. Im Alter von dreiundzwanzig Jahren hatte sie bereits mehrmals an eine Ehe gedacht.

Und als eines Tages ein attraktiver, schüchterner Mann namens Salam al-Haimous ihr Büro betrat, um eine Anzeige entwerfen zu lassen, war ihr Interesse sofort geweckt. Als er Mayada erkannte, erwähnte er, dass er ihr Nachbar sei. Fasziniert von seinem hübschen Gesicht fragte sie sich, weshalb er ihr nie aufgefallen war. Doch von jenem Tag an passte sie besser auf. Als sie das nächste Mal nach Hause kam, erwartete Salam sie, um sie zu begrüßen.

Trotz Salwas anfänglicher Zweifel erhielten Mayada und Salam letztlich den Segen beider Eltern. Sofort nach der Hochzeitsfeier verließ das frisch getraute Paar Bagdad und unternahm eine ausgedehnte Reise nach Europa. Mayada hatte schon von Kindheit an viel von der Welt gesehen, Salam hingegen hatte den Irak bis dahin noch nie verlassen. Gleich in der ersten Stunde an Bord des Flugzeugs stellte er klar, dass er als arabischer Scheich darauf bestehe, dass seine Frau ihr Wissen vor anderen verberge. »Ich bin der Mann«, erklärte er mit einem sarkastischen Grinsen, »und ich werde alle Dinge regeln!«

In Italien wollte Salam besonders gern mit der Eisenbahn fahren. Mayada liebte es, Museen zu besuchen. Salam ging gern ins Spielcasino, Mayada bevorzugte die Bibliotheken.

Sie bereisten ein Land nach dem anderen, und dabei wurde immer deutlicher, dass sie nicht zusammenpassten.

In Spanien stellte Mayada fest, dass Salam den Namen des weltberühmten Malers Picasso nicht kannte; er hatte ihn für ein Gericht gehalten. Nun war ihr endgültig klar, dass die Hochzeit mit diesem Mann der größte Fehler ihres Lebens gewesen war.

Den Gedanken, Salam könne im Krieg fallen, fürchtete sie aber trotz alledem.

Dieser Morgen im September war der Beginn einer Jahre

währenden Zeit schlimmer Verluste. Der Krieg zwischen Saddam und Khomeini brachte 1,5 Millionen Männern, Frauen und Kindern den Tod.

Eigentlich hatte der Konflikt zwischen den beiden Staaten bereits begonnen, als Mayada noch ein Kind war. In ihrer Jugend war Khomeini ein eigenwilliger, aber noch völlig unbekannter Geistlicher gewesen. Da er glaubte, die der Welt zugewandte Regierung des Schahs von Persien werde das religiöse Leben der schiitischen Gesellschaft zerstören, hielt er sich mit seiner Kritik an dem Staatsoberhaupt nicht zurück. Deshalb verbannte ihn der Schah ins Exil. Khomeini floh in den Irak und lebte fünfzehn Jahre lang in An-Najaf, der heiligen Stadt der Schiiten. Von dort schürte er Aufstände gegen jeden Herrscher, der nicht gläubig die Lehren des schiitischen Islam befolgte – auch gegen das Regime seines Gastlandes, das von Saddam Hussein geführt wurde. Im Nahen Osten gehen Könige und Diktatoren mit geistlichen Führern vorsichtig um, denn viele Muslime sind bereit, für solche Männer ihr Leben zu opfern.

Ein Jahr bevor in jenem September die Bomben fielen, hatte der Schah Saddam gebeten, Khomeini aus dem Irak auszuweisen. Als Gegenleistung erklärte er sich bereit, die schiitische Bevölkerung des Irak nicht mehr mit Waffen zu versorgen. Dieses Versprechen kam dem neuen irakischen Diktator gerade recht, gehörte er doch der sunnitischen Minderheit des Landes an. Er misstraute der schiitischen Mehrheit und betrachtete diese Forderung des Schahs als eine einfache Maßnahme, um seine Herrschaft zu festigen. Außerdem war er auf Khomeini bereits wütend, weil dieser sich geweigert hatte, den Schah in Saddams Namen zu kritisieren. Und so verwies er den aufmüpfigen Ayatolla einfach des Landes. Im Jahr darauf, als Khomeini aus dem Exil in Paris nach Teheran zurückkehrte und im Iran die Regierung übernahm, zeigte sich, dass er tatsächlich ein ernst zu nehmender Feind Saddams war. Die Spannungen zwischen beiden Staaten wuchsen. Als die irakischen Schiiten eine Gruppe mit dem Namen *»al-Da'wah al Islamiyah«* (»Ruf des Islam«) gründeten, die Aufstände initiieren und im Irak auf eine fundamentalistische Regierung nach iranischem Vorbild hinarbeiten sollte, begann Saddam, gegen die irakischen Schiiten vorzugehen. Er ließ die Bevölkerung ganzer Dörfer verhaften und verurteilte zahlreiche namhafte Führer der Schiiten zum Tod. Die *al-Da'wah* reagierte mit einem Mordversuch an Außenminister Tarik Aziz.

Den alte Konflikt zwischen Khomeini und dem Schah hatte auch die Animositäten zwischen den Regierungen des Iran und Irak verschärft. Da sich Saddam von dem neuen und zunehmend aggressiven Feind an seinen Grenze bedroht fühlte, hielt er einen militärischen Angriff für gerechtfertigt und lehnte das 1975 mit dem Iran getroffene Abkommen von Algier ab; darin war dem Iran die Souveränität über den Schatt el-Arab zugestanden worden, eine enge Wasserstraße und der einzige Zugang des Irak zum Persischen Golf. Die beiden Länder stritten über die Rechte auf diese Wasserstraße bereits seit Jahrhunderten. Saddam rührte also letztlich an eine uralte Wunde.

Nach blutigen Jahren kam der Krieg endlich zum Stillstand, und die beiden Staaten akzeptierten am 20. August 1988 die Resolution Nr. 598 des UN-Sicherheitsrates, welche eine sofortige Waffenruhe forderte. Die Iraker waren über das Ende dieses erschreckend blutigen Krieges so erleichtert, dass sie mehr als einen Monat lang auf den Straßen feierten und tanzten.

Das Land war noch damit beschäftigt, seine zerstörte Infrastruktur wieder aufzubauen, als sich eine zweite schwarze Tür öffnete und Saddam seine Truppen in die Wüste schickte, um Kuwait, den kleinen Nachbarn des Irak im Süden, zu besetzen. Diese Invasion erregte den Zorn der westlichen Welt und stürzte die Iraker in einen neuerlichen Krieg, der Mayada glauben machte, ihre Landsleute würden bald in einem Strom aus Blut ertrinken. Dieser zweite Krieg war nur kurz, und die meisten Bomben der westlichen Alliierten trafen militärische Ziele und schlugen nur selten in Wohngebiete ein. Aber kaum war der Krieg vorüber, brachen an allen Ecken und Enden des Landes neue Konflikte aus: Im Süden erhoben sich die Schiiten und im Norden die Kurden.

Mayada wusste nicht, was als Nächstes passieren würde. Ihre Ehe endete mit der Scheidung, und nun war sie inmitten von Krieg und Chaos allein für die beiden Kinder verantwortlich. Sie machte sich auf Straßenkämpfe in Bagdad gefasst und beeilte sich, Vorräte an Brot, Eiern und Wasser anzulegen. Doch zu ihrem Erstaunen verließen die Soldaten der Alliierten das Land wieder, ohne Bagdad zu besetzen. Es folgte eine kurze Periode idyllischer Ruhe, die nach den Schrecken zweier Kriege innerhalb von nur zehn Jahren so seltsam wie wunderbar anmutete.

Doch schon bald wich die Ruhe der Verzweiflung, denn hinter einer dritten schwarzen Tür lauerten bereits die UN-Sanktionen. Für Mayada waren die Sanktionen fast ebenso schrecklich wie der Krieg. Die tägliche Mühsal, erschwingliche Lebensmittel aufzutreiben, um ihre heranwachsenden Kinder ernähren zu können, war die zermürbendste Aufgabe ihres Lebens. Kein Schmerz ist schlimmer als der einer Mutter, die in die Gesichter ihrer hungrigen Kinder blicken muss und ihnen nichts zu essen geben kann. Mayada war so verzweifelt, dass sie sogar Familienerbstücke verkaufte, etwa die Schmucksteine in der Medaille ihrer türkischen Großmutter Melek, die dieser vom Sultan persönlich zum Geschenk gemacht worden waren. Daneben verscherbelte sie alte Landkarten und Bücher weit unter Wert.

Doch es gab noch eine vierte schwarze Tür, die sich öffnen sollte – eine, die Mayada wie einen größer werdenden Schatten seit Saddams Machtergreifung vorausgeahnt hatte. Verborgen hinter dem endlos scheinenden Kreislauf von Krieg und Gewalt lauerte der Sicherheitsapparat der Baath-Partei, den Saddam seit 1968 stetig weiter ausgebaut hatte. Damals war Mayada erst dreizehn Jahre alt gewesen. Der Polizeistaat war quasi mit ihr gewachsen und ausgereift. Alle Iraker, die in Baladiyat oder in einem anderen Gefängnis gelandet waren, wurden gefoltert. Beim bloßen Gedanken an Saddams Schergen wurde von Millionen Menschen geflüstert: »Allah Yostur – Gott schütze und behüte uns.«

In der dunklen Zelle verfluchte sich Mayada nun dafür, dass sie sich immer in Sicherheit gewiegt hatte. Die meisten Iraker lebten in der Angst, eines Vergehens beschuldigt zu werden, das sie gar nicht begangen hatten, und zwar ohne eine Chance zu bekommen, ihre Unschuld zu beweisen.

In jener ersten Nacht in Baladiyat erkannte Mayada, was es bedeutete, im Irak zu leben, und sie schwor sich, wenn sie lebend aus dem Gefängnis herauskäme, würde sie keine Minute versäumen und mit ihren Kindern außer Landes gehen. Sie wollte alles hinter sich lassen und nie mehr zurückkehren, selbst wenn sie in Amman auf der Straße Zigaretten verkaufen musste, wie es Samara getan hatte.

Die anderen Frauen schliefen alle. Mayada hörte draußen auf dem Flur Schritte und Stimmen. Zellentüren wurden geöffnet und geschlossen. Als die Stimmen lauter wurden, kam ihr der Gedanke, im Gefängnis sei womöglich ein Feuer ausgebrochen, und sie erwartete, dass gleich Rauch durch die kleine Öffnung der Zellentür dringen würde. Zum vierten Mal in nur zwölf Stunden befürchtete sie, dass ihre Zeit auf Erden zu Ende gehe. Sie konnte jedoch kein Anzeichen eines Brandes erkennen. Doch als sie sich gerade beruhigt hatte, hörte sie einen Schrei, der ihr das Blut in den Adern gefrieren ließ. Dem ersten Schrei folgten ein zweiter und ein dritter, und nun stützte sie sich auf die Ellbogen auf.

Samara hatte ihre Unruhe bemerkt. »Mach dir keine Sorgen. Nachts kommt immer die neue Schicht der Folterknechte.« In diesem Moment hallte wieder ein herzzerreißender Aufschrei durch das Gefängnis.

Samara drückte eine Hand auf Mayadas Gesicht. »Ich weiß, das ist grauenvoll«, sagte sie, »aber versuche zu schlafen. Du weißt nicht, was der morgige Tag bringt, aber du bist besser darauf vorbereitet, wenn du ausgeruht bist.«

Doch Mayada konnte nicht schlafen, sie lag den Rest der Nacht wach. Sogar im Gefängnis gab es einen Muezzin, und als der Morgen anbrach, hörten sie die vertrauten Worte, mit denen er zum Gebet rief und allen Gläubigen Trost spendete: »Gott ist groß! Ich bezeuge, dass es keinen Gott gibt außer Gott! Ich bezeuge, dass Mohammed der Prophet Gottes ist! Kommt zum Gebet! Kommt zum Heil! Gott ist groß! Es gibt keinen Gott außer Gott!«

Mayada setzte sich auf ihrer Pritsche auf und versuchte vergebens, den Gestank aus der Toilette zu ignorieren. Den Blick nach Mekka gewandt betete sie zu Allah, er möge ihr helfen und sie so schnell wie möglich aus Baladiyat befreien.

Sie hatte ihre Gebete kaum beendet, als das Frühstück gebracht wurde. Aufmerksam beobachtete sie, wie die Frauen sich an der Zellentür anstellten und kleine Portionen Linsen und Brot sowie Tee und Wasser in Empfang nahmen. »Ich bringe dir einen Teller mit«, sagte Samara.

Mayada erwiderte, sie könne nichts essen, bat Samara jedoch, einen Löffel Zucker für sie zu ergattern. Samara ließ sich trotzdem einen zweiten Teller Linsen mit einer Scheibe Brot geben. Sie hoffte wohl, Mayada werde doch noch eine kleine Portion essen.

Nach dem Frühstück benutzten die anderen siebzehn Frauen nacheinander die einzige Toilette. Ihr Schamgefühl verbot Mayada, ihre Notdurft zu verrichten, und sie dachte, dass es ein guter Nebeneffekt ihres Fastens sei, die Toilette nicht benutzen zu müssen. Sie saß still auf ihrer Schlafstelle und schaute zu, wie die Frauen hastig in der Zelle herumliefen, als hätten sie einen geschäftigen Tag vor sich. Ab und zu blieb eine stehen und lächelte der neuen Zellengenossin zu, als wollte sie ihr Mut machen.

Plötzlich wurde die kleine Öffnung in der Tür aufgeschoben, und eine raue Stimme brüllte in die Zelle: »Mayada Nizar Jafar Mustafa al-Askari!«

Ihre Knie wurden vor Angst so weich, dass sie nicht aufstehen konnte, doch Samara drehte sich zu ihr um und flüsterte aufgeregt: »Das ist ein Wunder! Sonst holen sie eine neue Gefangene niemals am ersten Tag. Sie lassen einen immer erst zwei oder drei Wochen in dieser Hölle schmoren, bevor sie einen zum ersten Verhör holen!«

Mayada dachte an alles andere als ein Wunder, doch Samara wollte sie trösten. »So früh am Morgen foltern sie nie! Nie! Die verhören dich nur, mehr nicht, du wirst schon sehen.«

Mayada fühlte sich schwer wie Blei. Samara musste ihr beim Aufstehen helfen und sie ein Stück zur Tür begleiten.

Einer der Männer vor der Tür verband ihr die Augen, was sie an den Rand der Hysterie brachte, doch sie schluckte tapfer einige Male und dachte an Samaras Worte, dass am Morgen nicht gefoltert würde. Nach der schlaflosen Nacht und mit leerem Magen schlotterten ihr die Knie. Beim Gehen stieß sie immer wieder an die Wand des Korridors, und dann packte sie jemand von hinten an den Schultern und half ihr, gerade weiterzulaufen. Schließlich verlor ein Aufseher die Geduld, riss ihr die Augenbinde herunter und polterte, sie solle gefälligst weiter- und in dieses Zimmer hineingehen. Einer der Männer war klein und dick, mit Fingern, die gar nicht zu seiner Figur passten. Sie waren lang und knochig, und er schnippte laut und gab Mayada damit das Zeichen, einzutreten.

Der Raum hatte die Größe eines kleinen Auditoriums. Darin saßen hinter einem langen Schreibtisch drei Männer in Uniform, alle mit Schnurrbärten, dunklem Haar und kaum zu unterscheidenden Gesichtszügen. Mayada musste an sich halten, um nicht zu fragen, ob sie vielleicht verwandt seien. Sie spürte sofort, dass der mittlere, der sie arrogant musterte, der Chef der drei sein musste, und ihr Gefühl wurde bestätigt, als er seinem Kollegen zur Rechten befahl, eine neue Seite aufzuschlagen. Dann wies er sie an, sich zu setzen. »Wie heißt du?«, fragte er, als wüsste er nicht, wen er zum Verhör hatte kommen lassen.

Mayada wurde von einem panischen Schrecken erfasst. Musste sie sich ohne einen Rechtsbeistand und ohne Kenntnis der Anklage vor einem Gericht verantworten? Dennoch sagte sie tapfer, ihr Name sei Mayada Nizar Jafar al-Askari, aber während der Schriftführer zu notieren begann, schrie der mittlere der drei Männer: *»In Mutanabi und in Al-Battawiyeen ist sie als Umm Ali bekannt!«* Mutanabi und Al-Battawiyeen waren die beiden Stadtviertel Bagdads, in denen sich die meisten Druckereien befanden. Dass er wusste, dass sie Alis Mutter war, überraschte sie nicht, doch dass er den Namen ihres geliebten Sohnes hier erwähnte, bereitete ihr Sorge.

Plötzlich begann er so laut zu brüllen, dass Mayada zusammenfuhr. »Schreib, dass sie eine Sunnitin ist, die sich für Schiiten einsetzt!« Und mit einem wütenden Blick auf sie zischte er dann: »Du hättest schon vor zwei Jahren zu uns kommen sollen, aber Dr. A. al-Hadithi hat dich geschont, bloß weil dein Urgroßvater für den Irak eine Ehre war!«

Mayada wusste, dass Dr. A. al-Hadithi eine wichtige Funktion in der Regierung bekleidete und dass seine Abschlussarbeit an der Universität sich mit den Erziehungsmethoden befasste, die ihr Urgroßvater Sati al-Husri entwickelt hatte.

»Was natürlich schade war«, fuhr der Mann mit einem schadenfrohen Grinsen fort, »weil wir uns doch schon darauf gefreut hatten, die Nichte des Bastards Nuri al-Said zu verhören!«

Mayada versuchte ruhig zu bleiben. Es wunderte sie nicht, dass er den Onkel ihres Vaters ins Spiel brachte. Sie hatte oft zu hören bekommen, wie beliebt ihr Großvater Jafar bei fast allen Irakern seiner Zeit gewesen war. Sein Ansehen war so groß, dass es schwer war, jemanden zu finden, der auch nur ein geringschätziges Wort über ihn zu sagen wusste. Doch Nuri war ein harter, pragmatischer Führer gewesen, der tat, was er meinte, für die Sicherheit des neu gegründeten Staates Irak tun zu müssen. Er hatte sich während seiner langen Jahre als Premierminister viele Feinde geschaffen.

Als der mittlere der drei Männer dem Schriftführer etwas ins Ohr flüsterte, nutzte Mayada diesen Augenblick, um sich kurz in dem Raum umzusehen, doch das bereute sie augenblicklich. Die Wände waren blutverschmiert. Sie bemerkte Stühle mit Fesseln an den Armlehnen und Tische, auf denen verschiedene Folterwerkzeuge lagen. Sie sah Elektrokabel für Batterieladegeräte und einen Apparat, der aussah wie ein Bogen ohne Pfeile. Doch am schrecklichsten waren die unterschiedlichen Haken, die von der Decke baumelten. Als sie auf den Boden darunter blickte, entdeckte sie Lachen aus frischem Blut, vermutlich von Foltersitzungen in der letzten Nacht.

Jetzt schrie ihr Ankläger eine Frage nach der anderen heraus. *»Hast du Computer zu Hause? Hast du Flugblätter gedruckt, mit denen die Absetzung unseres Präsidenten gefordert wurde? Hast du Aufrührer angestellt, die diese Drecksarbeit für dich erledigen?«*

»Nein, nein!«, antwortete sie immer wieder außer Atem und versuchte dann zu erklären: »Meine Firma macht Grafikdesign, und die Leute, die für mich arbeiten, sind sehr gut ausgebildete Computer-Fachkräfte. Sie würden doch mit illegalen Aktivitäten nicht ihr Leben riskieren.«

Nun wechselte der Mann abrupt das Thema und brachte Mayada damit völlig durcheinander. Mit gesenkter Stimme begann er, ihr Fragen über ihre Mutter zu stellen; er wollte wissen, wo Salwa lebte, welchen Posten sie zuletzt in der Regierung bekleidet hatte, ob sie vorhabe, in den Irak zurückzukehren und ihre Fähigkeiten zum Wohle des Landes einzusetzen, ob Mayada kürzlich mit ihr gesprochen habe, und, wenn ja, wie es der jordanischen Königsfamilie gehe?

Mayada stotterte, als sie antwortete. »Meine Mutter war Generaldirektorin der Forschungsabteilung des Büros für Internationale Beziehungen, bevor sie in Ruhestand ging, uns ist bekannt, dass sie jetzt in Amman lebt. Ich weiß nicht, wann sie mich im Irak besuchen wird, aber ich rufe sie gerne an und frage sie, wenn Sie das möchten.«

Der Anführer lachte laut. »Du bist so schlau wie der Onkel deines Vaters, das sehe ich schon. An Schlauheit war Nuri bis zu seinem letzten Tag all seinen Gegnern überlegen. Aber seine feige Verkleidung als Frau konnte ihm das Leben auch nicht retten!« Dann forderte er sie ohne eine Pause erneut auf, alle illegalen Informationen auf ihren Computern preiszugeben.

»Ich versichere Ihnen, dass auf meinen Computern keine illegalen Dokumente gespeichert sind«, erwiderte Mayada.

Er blickte sie mit schweren Augenlidern an. » Das ist richtig. Wir haben deine Computer und Disketten bereits überprüft und nichts gefunden.«

Sie hatte gewusst, dass ihre Dateien nur normale Auftragsarbeiten enthielten, aber trotzdem waren diese Worte für sie wie die Befreiung von einer tonnenschweren Bürde, eine Erleichterung, die kostbarer war als der kostbarste Diamant. Zum ersten Mal, seit sie in diesem Raum war, spürte Mayada einen Hoffnungsschimmer, dass sie am Leben bleiben würde. »Wann werde ich entlassen?«, fragte sie kühn.

Er lachte. »Entlassen? Wer sagt denn, dass du entlassen wirst?« Wie benebelt starrte sie auf den Mann. Von einem Augenblick zum nächsten spürte sie wieder nur noch Verzweiflung.

»Aber du kannst von Glück reden«, fuhr er fort, »dass unser geliebter Führer Saddam uns Befehl gegeben hat, gegenüber Frauen keine Gewalt anzuwenden. Diese Order erreichte uns heute Morgen, und sie hat dich gerettet.«

Der dritte Mann, der bislang keinen Ton gesprochen hatte, setzte sich plötzlich steif in seinem Stuhl auf. Seine Stimme klang zunächst enttäuscht und dann entrüstet über diese neue Information. Mayada erkannte, dass er sehr zornig war; deshalb glaubte sie, er könne nur der oberste Folterknecht sein, der sicherlich schon begierig darauf wartete, die verschiedenen Methoden und Folterwerkzeuge anzuwenden. Er verlor die Beherrschung und schrie sie an: »*Ich werde dich schon bald in heißem Fett in der Pfanne braten!*« Diese Drohung ist im Irak üblich, wenn man jemandem sagen will, man werde ihn langsam zu Tode martern.

Der Fragensteller warf ihm einen zornigen Blick zu, und für einen Augenblick dachte sie, die beiden würden nun beginnen, sich über das Schicksal ihrer Gefangenen in die Haare zu geraten, doch der dritte Mann brach plötzlich das Verhör ab.

»Geh in deine Zelle zurück«, befahl der Mann in der Mitte. »Wir sind mit dir noch nicht fertig. Morgen holen wir dich wieder!«

Jetzt fühlte sie sich tapfer genug, um seine Entschlossenheit zu prüfen. »Wenn Sie nichts Illegales gefunden haben, weshalb bin ich dann hier?«

»Vielleicht wurde etwas übersehen.«

Mayada ließ nicht locker. »Ich habe Kinder, die ich allein versorgen muss. Sie brauchen ihre Mutter; ich muss nach Hause und mich um sie kümmern.«

Der Mann rutschte auf seinem Stuhl hin und her, blickte ihr direkt in die Augen und erwiderte dann boshaft: »Deine Familie hat keine Macht mehr. Jafar ist tot. Nuri ist tot. Sati ist tot. Nizar ist tot. Salwa hat dich verlassen. Du hast hier niemanden mehr, der dich schützen könnte!«

Das Wissen, dass er damit recht hatte, ließ Mayada verstummen. Seit Saddams Aufstieg zur Macht war es ohne weiteres denkbar, dass ihre Ankläger belastende Daten in ihre Computer eingaben und sie als Beweise gegen sie benutzten. Diese Leute würden dann allmählich in der Hierarchie der Folterknechte aufsteigen, denn schließlich hatten sie erfolgreich ermittelt. Und wer konnte ihr schon helfen? Mayada hatte niemanden, an den sie sich wenden konnte, das musste sie sich eingestehen.

Präsident Saddam selbst kam ihr schließlich in den Sinn. Sie überlegte, was er wohl sagen würde, wenn sie ihn in seinem Palast anrufen und ihn um ihre Entlassung aus dem Gefängnis Baladiyat bitten würde. Mayada hatte Saddam fünf- oder sechsmal getroffen und war von ihm sogar für einige ihrer Arbeiten geehrt und ausgezeichnet worden. Man hatte sie sogar eigens dafür auserkoren, für sein ganz persönliches Lesevergnügen die Weissagungen des Nostradamus zu übersetzen. Saddam hatte sich für dieses Buch sehr interessiert, weil er glaubte, eine weltpolitisch bedeutende Persönlichkeit zu sein und als solche in den Weissagungen des Astrologen erwähnt zu werden. Mehrmals hatte sie auch das Leben anderer gerettet, indem sie Saddam persönlich um Gnade gebeten hatte. Doch sie verwarf den Gedanken an einen solchen Anruf rasch wieder, denn der Block, in dem sie die Telefonnummer notiert hatte, befand sich an einem geheimen Ort in ihrer Wohnung. Und selbst wenn sie die Nummer bei sich gehabt hätte, wäre ihr Anruf vermutlich nicht entgegengenommen worden, denn sie hatte mit ihm nicht mehr gesprochen, seit Dr. Fadil wegen Verrats angeklagt und hingerichtet worden war.

Einen Augenblick lang beobachtete sie die drei Männer, die ihr gegenübersaßen, und fragte sich, was sie wohl sagen würden, wenn sie wüssten, dass sie Saddam Husseins private Telefonnummer hatte. Doch andererseits war ihr klar, dass sie nicht zum Freundeskreis seiner Familie gehörte und er sich nicht die Mühe machen würde, sich für sie einzusetzen. Sie dachte auch daran, dass er Dr. Fadil zwanzig Jahre lang vertraut hatte, doch als Fadil dann verleumdet worden war, hatte Saddam ihn sofort exekutieren lassen.

»Geh!«, schrie sie der Mann in der Mitte jetzt an. *»Geh mir aus den Augen!«* Mayada blickte ihn für einen kurzen Augenblick aufmerksam an und war versucht, ihn zu fragen, warum er eine Frau hasste, die er gar nicht kannte, doch sie hatte nicht den Mut dazu. Sie seufzte nur tief und schritt dann langsam aus dem Zimmer, denn es war ihr wichtig, ihre Angst vor diesen Männern zu verbergen.

Vor der Tür warteten dieselben Aufseher auf sie, die sie hergebracht hatten. Einer von ihnen hatte den Kopf an die Wand gelehnt und schien zu dösen. Sie räusperte sich leise, um die beiden auf sich aufmerksam zu machen. Als sie auf den Koridor hinaustrat, bemerkte sie, dass der nächste Gefangene bereits vor der Tür wartete. Er war völlig abgemagert und kauerte auf dem Boden, doch als er Mayada aus dem Zimmer kommen sah, stand er auf. Sein Gesicht war bis zur Unkenntlichkeit von Blutergüssen entstellt, und die Augen waren die traurigsten, die sie je gesehen hatte. Ein Aufseher stieß ihn grob auf die Tür zu. Er fluchte und befahl dem Mann, sich gefälligst zu bewegen, obwohl ersichtlich war, dass der Arme kaum mehr die Kraft hatte, sich auf den Beinen zu halten. Mayada tauschte einen Blick mit ihm. Sie hatte das untrügliche Gefühl, dass dieser Mann heute seine letzte Stunde erleben würde, doch sie lächelte ihm zu in der Hoffnung, die Zuwendung einer Frau werde ihn vielleicht ein wenig trösten. Offenbar verstand er ihre Absicht, denn er wagte es, sie anzusprechen: »Kontaktieren Sie bitte meine Familie. Ich bin Professor …« Ein harter Schlag mitten ins Gesicht brachte ihn zum Schweigen. Er drohte das Gleichgewicht zu verlieren, doch die beiden Aufseher packten ihn an den Oberarmen und schleiften ihn wie einen Sack Kartoffeln in das Verhörzimmer.

In der Zelle herrschte Aufregung. Soeben waren zwei neue Gefangene angekommen. Als Mayada die Nachricht erfuhr, suchte sie nach den beiden neuen Gesichtern, doch Samara drängelte sie zu ihrer Schlafstelle und fragte sie nach allen Einzelheiten des Verhörs. »Du musst uns alles ganz genau erzählen!«, forderte sie voller Ungeduld.

Als Mayada mit ihrem Bericht geendet hatte, sprang Samara auf und pries Allah. »Unsere Mayada hat drei Wunder erlebt«, erklärte sie überschwänglich. »Ich bin jetzt schon seit vier Monaten in Baladiyat, aber so etwas habe ich noch nie gehört!«

Mayada lächelte. Die schöne Samara konnte so theatralisch sein. Jetzt stützte sie eine Hand in die Hüfte, und mit der anderen gestikulierend fuhr sie fort: »Dies sind die drei Wunder: Erstens: Mayada musste schon am ersten Tag nach ihrer Verhaftung zum Verhör. Wie wir alle wissen, passiert das sonst nie. Diese grausamen Männer lassen einen neuen Gefangenen immer erst tagelang in der Zelle sitzen und leiden. Nummer zwei: Mayada wurde nicht körperlich misshandelt. Auch das geschieht normalerweise nie. Sie foltern viel zu gerne. Nummer drei: Es wurden keine konkreten Fragen gestellt. Sie haben sogar zugegeben, dass sie auf Mayadas Computern nichts finden konnten.«

Samara klatschte in die Hände. »Drei Wunder! Das bedeutet, unsere Mayada wird nicht lange in Zelle 52 bleiben.« Sie strahlte geradezu. »Denkt alle an die Botschaften, die ihr euren Familien zukommen lassen wollt. Mayada wird bald entlassen!« Und an Mayada gewandt fügte sie hinzu: »Du wirst unsere Brieftaube sein. In Baladiyat sind freigekommene Gefangene die einzige Möglichkeit, Nachrichten zu verschicken.«

Samaras Überschwang und Begeisterung ließen in Mayada eine kleine Hoffnung aufschimmern, dass ihr Aufenthalt in Baladiyat tatsächlich nur von kurzer Dauer sein würde.

Aber als sich ihre Stimmung durch den Gedanken, Fay und Ali vielleicht bald wiederzusehen, besserte, hörten die Frauen die schweren Stiefel von Männern den Korridor entlangpoltern und eine Stimme rufen: »Sein Herz ist stehen geblieben!« Mayada spähte durch den Schlitz unter der Tür. Im Koridor lag der Professor auf dem Boden. Der Gedanke, dass er seinen Namen nicht mehr hatte sagen können und sie seine Familie nicht würde benachrichtigen können, erfüllte sie mit großer Trauer. Sie drehte sich zu Samara um. »Wieso sind sie wütend, dass er tot ist?«, fragte sie. »Sie haben ihn schließlich umgebracht!«

Samara zuckte die Schultern. »Aus manchen Gefangenen wollen sie bestimmte Informationen herauspressen. Sie sind sehr geschickt darin, ihre Opfer immer knapp am Leben zu halten. Das ist für sie ein Spiel: Sie quälen einen Gefangenen immer bis kurz vor dem letzten Atemzug und holen ihn dann ins Leben zurück. Wenn einer bei diesem Spiel stirbt, dann ist das ein Betriebsunfall.«

Der jämmerliche Tod des Professors verwandelte Mayadas Vorfreude in verzweifelte Trauer. Stumm kehrte sie zu ihrer Schlafstelle zurück. Sie war erst einen Tag im Gefängnis, aber sie hatte das Gefühl, als sei sie schon Jahre hier.

Die Unterhaltung der anderen Schattenfrauen, die in der viel zu kleinen Zelle zusammengepfercht waren, steigerte sich zu einem lauten Crescendo. Der Gestank aus der Toilette setzte sich in Mayadas Kleidung, ihren Haaren und ihrer Haut fest. Obwohl der Tag kaum begonnen hatte, fühlte sie sich entsetzlich müde. Sie schloss die Augen. Von der Kraft ihrer Erinnerungen angezogen, dachte sie an den Vater ihrer Mutter, ihren Großvater Sati, der wie viele andere ihrer Vorfahren in der arabischen Welt zu einer Legende geworden war. Sie fragte sich, was ihr Jido Sati, wie sie ihn nannte, sagen würde, wenn er wüsste, dass seine geliebte Enkelin im berüchtigten Gefängnis Baladiyat eingesperrt war.

3

Jido Sati

Als Mayada still auf ihrer harten Metallpritsche lag, dachte sie daran, wie ihr Großvater mütterlicherseits immer die Hände hinter dem Rücken verschränkte, wenn er in seinem Büro auf und ab ging oder im Garten umherwanderte. Sie hatte ihn Jido Sati genannt und erinnerte sich nun daran, wie er einen Zeigefinger auf seiner Stirn ruhen ließ, wenn er an seinem Schreibtisch saß und über gewichtigen Problemen grübelte. Die Papiere in seinem großen Büro waren stets fein säuberlich geordnet gewesen, obwohl es von Büchern und Notizen schier überquoll. Wie gern hatte sie ihm zugesehen, wenn er systematisch Schreibzeug und spezielle Füllfederhalter zusammenstellte, weil er sich auf eine Reise vorbereitete.

Mayada schloss die Augen in Baladiyat und schlug sie in Beit Meri wieder auf, jenem friedlichen Bergdorf im Libanon, wo Jido Sati mit seiner Familie immer in seinem Sommerhaus die Ferien verbracht hatte. Sie flog zurück ins Jahr 1962 und lebte wieder mit ihren Eltern und ihrer jüngeren Schwester in Beirut. Sie war ein junges Mädchen, und der entsetzliche Bürgerkrieg im Libanon lag noch in weiter Ferne.

Es war ein besonderer Sommertag. Sie war sieben Jahre alt, und Jido Sati war ein Greis von zweiundachtzig Jahren, der jedoch zwanzig Jahre jünger aussah und auch gesundheitlich noch in wesentlich besserer Verfassung war, als es sein hohes Alter vermuten ließ.

Jido Sati galt als Wecker der Familie, denn er stand morgens immer als Erster auf, genau um 6.30 Uhr. An diesem Tag trat er in das Zimmer, in dem Mayada mit ihrer Schwester Abdiya schlief. Als Jido Sati sah, dass Mayada mit den Augen blinzelte und ihn erkannt hatte, lud er sie flüsternd ein, mit ihm zu frühstücken. Geschmeichelt darüber, dass er sie ausgewählt hatte, stieg Mayada leise aus dem Bett und schlüpfte in den kleinen, glänzenden Morgenmantel, den ihr Vater in einem Fachgeschäft für Kinderkleidung in Genf für sie gekauft hatte.

In dem feinen Seidengewand kam sich Mayada genauso vornehm und kultiviert vor wie ihre mondäne Mutter Salwa, wenn diese in einem Ballkleid zu einem glanzvollen gesellschaftlichen Ereignis ging. Mit diesem Bild vor Augen schwebte Mayada majestätisch in die Küche und ließ dabei den Seidenmantel über den Boden schleifen. Sie lachte glücklich, als Jido Sati ihren Stuhl herauszog und ihr damit bedeutete, dass die kleine Prinzessin Platz nehmen und ihm beim Frühstück Gesellschaft leisten solle. Schließlich war sie schon ein großes Mädchen und stolz darauf, dass sie ihren Orangensaft trinken konnte, ohne zu schlürfen, und die Eier und den Toast stets artig hinunterschluckte, bevor sie sprach. Jido Sati hatte zum Frühstück Toast, Käse und Tee zubereitet und brachte Themen zur Sprache, von denen er wusste, dass sie Mayada interessierten, wie etwa ihre Bücher oder ihre Zeichen- und Malarbeiten. Er versprach Mayada, ihr eines Tages eine Reise in eine Stadt ihrer Wahl zu schenken, in der es großartige Gebäude und Kunstwerke zu besichtigen gab.

Nach dem Frühstück traten sie auf den Balkon, um die Aussicht zu genießen. Mayada beobachtete jedoch mehr Jido Satis Gesicht als die Landschaft und schaute in seine weit auseinanderstehenden, hellbraunen Augen, die sie so gütig anblickten. Sie hatte einmal gehört, wie eine Frau gesagt hatte, Jido Sati sei zwar kein körperlich attraktiver Mann, aber das würde niemandem auffallen, weil sein bewundernswerter Verstand, seine Klugheit und seine Umgangsformen ihn mit einer Aura von Strenge und Ehrwürdigkeit umgaben. Sie hörte aufmerksam zu, als Jido Sati ihr eine kleine Lektion in Geschichte gab. Er erzählte ihr, dass das kleine Dorf Beit Meri seit den Zeiten der Phönizier bewohnt sei und dass es hier wundervolle Ruinen aus der römischen und byzantinischen Epoche gebe, und er meinte, Mayada sei nun alt genug, um sie zu besichtigen. Er versprach ihr, diese Ruinen im Laufe der Ferien zu besuchen. Beit Meri war siebzehn Kilometer vom Stadtzentrum Beiruts entfernt und lag 800 Meter über Meereshöhe, und vom vorderen Balkon in Jido Satis Sommerhaus hatte man bei gutem Wetter einen herrlichen Blick auf Beirut. Von der kleinen Terrasse auf der rückwärtigen Seite der Villa aus gab es einen ähnlich wunderbaren Ausblick auf das tief eingeschnittene Tal Hanr al-Jamani.

Es war ein kühler Morgen, obwohl die Sonne schon über den Bergkuppen stand, und Mayada blieb still stehen, als Jido Sati auf die Stadt Beirut hinabschaute, die sich in das Mittelmeer vorschob. Er hob Mayada hoch, um ihr die großen Jachten zu zeigen, die im Hafen vor Anker lagen und wohlhabenden Scheichs aus verschiedenen Ölstaaten gehörten. Sati erzählte ihr, dass er schon auf einigen dieser Schiffe zu geschäftlichen Besprechungen gewesen sei. Irgendwann, so versprach er ihr, werde er mit der Familie eine kleine Ausfahrt machen. Mayada bewunderte die Jachten und wusste, dass auch sie eines Tages auf dem blauen Meer dahinsegeln würde, denn Jido Sati hielt seine Versprechen. Dann suchte sie mit den Augen nach dem Dach ihres Hauses in Beirut, konnte es aber nicht finden im Gewirr der bunten Dächer, die sich in der Stadt aneinanderreihten.

Jido Sati legte großen Wert auf Morgenspaziergänge, und nachdem sie ihre Blicke über die wundervolle Landschaft hatten schweifen lassen, rief er nach Mayadas Amme, einer assyrischen Christin namens Anna. Er bat sie, seine Enkelin für einen kleinen Spaziergang anzukleiden. Mayada erinnerte sich, wie geschmeidig das lange, blauschwarze Haar ihrer

Amme durch ihre schmalen Finger geglitten war, als Anna ihr ein einfaches blaues Hemd über den Kopf streifte. Sie setzte sich und schaute in Annas schöne grüne Augen, die von den längsten schwarzen Wimpern umrahmt wurden, die sie je gesehen hatte, während die Frau Mayadas kleine Füße in bequeme Wanderschuhe steckte. Nachdem sie nun gerüstet war, eilte Mayada fröhlich hinter Jido Sati her. Er trat aus dem Haus und stieg über die Stufen zu der kurvenreichen Straße hinab, die sie nach Broummana führen würde, ein unweit gelegenes Dorf, das für seine netten Cafés, Läden und Restaurants bekannt war.

Jido Sati und Mayada gingen an einer Reihe bunter Blumenbeete vorüber, und als sie sich hinabbeugte, um eine voll erblühte gelbe Blume zu pflücken, erinnerte ihr Großvater sie behutsam, dass es sich nicht gehörte, auch nur die kleinste Blume zu pflücken, ohne den Eigentümer des Gartens um Erlaubnis gefragt zu haben. Aber gleich versicherte er ihr, sie brauche nicht betrübt zu sein, er werde ihr in Broummana einen schönen bunten Blumenstrauß kaufen, den sie dann mit Abdiya teilen könne. Außerdem schlug er vor, die beiden Mädchen könnten ein schönes Gesteck für den Esstisch zusammenstellen.

Widerstrebend zog Mayada ihre ausgestreckte Hand zurück und dachte an ein Gespräch zwischen ihren Eltern. Ihre Mutter hatte gesagt, ihr Vater Sati sei der am höchsten geachtete Mann im gesamten Nahen Osten, weil er in seinem ganzen Leben noch nie gelogen habe. Sein unbeirrbares Festhalten an den Prinzipien des arabischen Nationalismus habe ihm eine so starke Verehrung durch die Araber eingetragen, dass die Briten seinen Einfluss fürchteten. Die britischen Behörden hatten seinen Pass eingezogen und ihn zusammen mit seiner Frau und seinen Kindern aus dem Irak ausgewiesen und ihm verboten, jemals in das Land zurückzukehren, das er liebte. Daraufhin hatten alle arabischen Führer ihm Asyl und die jeweilige Staatsbürgerschaft angeboten, doch er hatte höflich abgelehnt; er erklärte, Araber sollten ungehindert von einem arabischen Land in ein anderes reisen können. Auch ohne Pass wurde Jido Sati in jedem arabischen Staat, der nicht von den Briten kontrolliert wurde, herzlich willkommen geheißen.

Obwohl Mayada die schöne, duftende Blume nicht hatte pflücken dürfen, genoss sie den Spaziergang außerordentlich. Die Straße war von libanesischen Zedern gesäumt, die angenehmen Schatten spendeten, wenngleich der Weg ein wenig zu steil war für Mayadas kurze Beine. Als Sati bemerkte, dass seine Enkelin nur mühsam mit ihm Schritt halten konnte, verlangsamte er sein Tempo und nutzte die Gelegenheit, um sie nach ihren Lieblingsfächern in der Schule zu fragen.

Mayada war ein sehr eigenwilliges Mädchen. Vor einigen Jahren hatte Jido Sati ihren Eltern empfohlen, sie in den deutschen Kindergarten und danach in die deutsche Schule in Beirut zu schicken, wo man ihr bessere Manieren beibringen werde, und die Eltern hatten seinen Rat befolgt. Die Lehrer waren zwar sehr streng gewesen, aber die Disziplin hatte ihr gutgetan.

Mayada war überrascht, dass ihr Großvater so gut vertraut schien mit der Schule und ihren Unterrichtsfächern, und sie begann sich zu fragen, ob er vielleicht einmal unbemerkt ihre Klasse besucht hatte. Sie gab einen entzückten Ausruf von sich, als er ihr erzählte, dass er sehr beeindruckt sei von ihren Zeichnungen und ihr deshalb ein kleines Sortiment von Pinseln und Farben gekauft habe und dass er hoffe, sie werde später eine richtige Ausbildung auf diesem Gebiet absolvieren. Mayada war so begeistert über diese Aussichten, dass sie am liebsten sofort umgekehrt und in die Villa zurückgelaufen wäre, um mit diesen Pinseln ihre ersten meisterhaften Striche auf einer Leinwand auszuführen. Doch ihr Großvater lachte und erklärte, es sei wichtig für einen Künstler, zuerst seine Entwürfe zu ordnen und sein

Konzept zu durchdenken, bevor er sich in die Arbeit stürze. Er sagte, er werde ihr zwei Wochen Zeit geben, ihr Werk zu planen, vorzubereiten und auszuführen, und erst dann solle sie es ihm zeigen.

Ihr Großvater hielt wie immer Wort, und zwei Wochen später organisierte er gewissenhaft eine Ausstellung mit Mayadas Kunst. Erwachsene und Schulkameraden kamen, um ihre Arbeiten zu betrachten, und viele Leute sagten, Mayada werde einmal eine weltberühmte Künstlerin werden. Aber Jido Sati ermahnte sie, in Bezug auf ihre Leistungen stets bescheiden zu bleiben, und erinnerte sie daran, dass es nur darauf ankam, dass sie selbst mit ihrer Arbeit zufrieden war.

Sieben Jahre später, als sie knapp vierzehn Jahre alt war, starb Jido Sati. Als ihre Mutter kurz darauf die wichtigen Papiere des Verstorbenen durchsah, war Mayada zu Tränen gerührt, als sie entdeckte, dass er in einem Karton neben seinen wertvollsten Dokumenten ihre kindlichen Zeichnungen aufgehoben hatte.

Mayada besaß noch immer die Erinnerung an diesen wunderbaren Sommermorgen in Beit Meri, und sie empfand Stolz, an diesem Tag Jido Satis einzige Begleitung gewesen zu sein. Jedes Mal, wenn sie an einem Haus vorbeikamen oder Leuten auf der Straße begegneten, verbeugten sich die Nachbarn oder die anderen Dorfbewohner und grüßten ehrfürchtig. Mayada war nicht überrascht von diesen Reaktionen, denn so war es schon immer gewesen, solange sie denken konnte.

Nachdem sich die Briten aus dem Irak zurückgezogen hatten, baten die Iraker Sati al-Husri, wieder nach Hause zu kommen. Bei seiner Rückkehr nach Bagdad waren die Straßen voll mit jubelnden, Plakate schwenkenden Bewunderern, und im ganzen Land wurde gefeiert. Jedes Mal, wenn Sati al-Husri später nach Bagdad kam, um seine Tochter Salwa zu besuchen, wurde ein Fest veranstaltet, und in ihrem Haus am Ufer des Tigris gaben sich von morgens bis spätabends Besucher die Klinke in die Hand, die alle dem »Vater des arabischen Nationalismus« ihre Ehrerbietung bezeigen wollten.

Mayada hatte nur einen Tag nach ihrem Großvater Geburtstag. Ihre Mutter hatte es darauf angelegt, dass ihr erstes Kind am Geburtstag ihres Vaters auf die Welt kommen sollte. Mayadas Eltern hielten sich in Beirut auf, als ihre Mutter entbinden sollte, und Salwa war so darauf erpicht, am Geburtstag ihres Vaters zu gebären, dass sie selbst die Wehen einzuleiten versuchte, indem sie mit ihrem Ehemann lange Spaziergänge durch Beirut machte. Viele Jahre später erfuhr Mayada von ihrem Vater, dass Salwa ihn gezwungen hatte, die gesamte Bliss-Straße entlangzumarschieren, die in der Nähe der amerikanischen Universität in Beirut lag, bis zu Uncle Sam's Snack Bar, und dann zurück zur Sadat-Straße und nach Ain al-Miraisa. Doch trotz aller Anstrengungen kam ihre Tochter erst am darauf folgenden Tag zur Welt.

Diese besondere Verbindung zwischen ihren Geburtstagen war nur ein Aspekt der tiefen Beziehung zwischen Jido Sati und Mayada. Jido Sati hatte immer eine außergewöhnlich enge Beziehung zu seiner Enkelin gehabt, und seit Mayada denken konnte, hatte sie aus dieser Vertrautheit Kraft geschöpft, denn er war ihr einziger Großvater. Ihr Großvater väterlicherseits, Jafar Pascha al-Askari, war 19 Jahre vor der Geburt Mayadas ermordet worden. Obwohl die Geschichten über Jafar Pascha sehr interessant und aufregend waren und ihr Vater Nizar, den sie innig liebte, die Erinnerung an seinen Vater stets wachhielt, konnten diese Erzählungen einen Großvater wie Sati nicht ersetzen, den Mayada als einen Menschen in Fleisch und Blut vor sich sah und der sich intensiv für alle Einzelheiten ihres jungen Lebens interessierte.

Als Mayadas Großvater Sati al-Husri 1882 geboren

wurde, stand die arabische Region vor durchgreifenden Wandlungen. Sultan Abdul Hamid II. herrschte über das ausgedehnte Osmanische Reich, das seit fast sechs Jahrhunderten bestand. Doch der Zerfall des Reiches war unabwendbar: Die Völker auf dem Balkan entdeckten ihre nationale Identität und lösten sich von den Osmanen, um ihre eigenen Staaten zu gründen. Zugleich bedrängte Russland das Osmanische Reich von Osten her, und die Engländer schickten Truppen nach Ägypten, um ihre Interessensphären zu wahren.

Satis Vater Hilal gehörte zu den wichtigsten Beratern des Sultans und war hochgebildet. Er hatte an der Al-Azhar-Universität, der berühmten islamischen Universität in Ägypten, studiert und war zur Zeit von Satis Geburt Oberster Richter und Vorsitzender des Berufungsgerichts im Jemen. Hilal al-Husris Familienstammbaum reichte zurück bis zu al-Hassan bin Ali Bin Abi Talib, dem Enkel des Propheten Mohammed. Diese direkte Verbindung mit der Familie des Propheten war an der Al-Azhar-Universität im 16. Jahrhundert bestätigt worden.

Sati wurde in der Stadt Lahaj im Jemen geboren, wo sein Vater sein Amt ausübte. Von Geburt an hatte Sati ein enges Verhältnis zu seiner Mutter, doch sein Vater bereitete ihm Kummer, weil er häufig neue Ehefrauen in sein Haus brachte.

Immer wenn wieder eine Hochzeit bevorstand, schmiedete er Rachepläne. Er wollte heimlich mit Wasser gefüllte Eimer auf den Balkon schleppen, dort warten, bis die neue Braut unten vorüberging, und ihr dann das Wasser über den Kopf schütten. Seine Mutter war eine gottesfürchtige Frau und beschwor ihren Sohn, diesen Unfug zu unterlassen. Sie versicherte ihm, dass Allah für sie im Himmel schönere Dinge bereithalten werde und dass man irdischen Demütigungen mit Würde und Anmut begegnen müsse.

Satis jugendlicher Tatendrang und seine Wissbegier erwiesen sich indes als so stark, dass sein Vater ihn früher in die Schule schickte als die meisten anderen Kinder. Als er fünf Jahre alt war, erklärte eines Tages sein Mathematiklehrer der Klasse, wie man ein bestimmtes Problem in fünf komplexen Schritten löste. Da sagte Sati, man könne das Problem auch mit zwei einfachen Schritten lösen. Der Lehrer war verärgert und befahl dem vorlauten Kind, an die Tafel zu kommen, weil er hoffte, der Junge werde sich blamieren und von den anderen ausgelacht werden. Doch zur Verblüffung des Lehrers skizzierte Sati rasch seinen zweistufigen Lösungsvorschlag. Sati war so begabt, dass er mehrmals zwei Abschlüsse im selben Schuljahr ablegte. Er schloss mit Bestnoten die höhere Schule ab, und zwar als Jüngster im gesamten Osmanischen Reich. Im Alter von 13 Jahren wurde er bereits in die Königliche Shahany-Schule in Istanbul aufgenommen, eine der exklusivsten Bildungseinrichtungen des Reiches, wo er nach wenigen Jahren seinen Abschluss in den politischen Wissenschaften machte. Zu dieser Zeit war sein Ruf bereits bis zum Sultan gedrungen. Nach seinem Studium wurde er zum Gouverneur von Bayna im Gebiet des späteren Jugoslawien ernannt, und man übertrug ihm dort auch die Aufsicht über das Schulwesen.

Die Zeit, die er fern von Istanbul verbrachte, war für Sati die geistig fruchtbarste und inspirierendste Phase seines beruflichen Werdegangs. Er reiste in die europäischen Nachbarländer und durchstreifte die Buchhandlungen. Er besuchte die Bibliotheken von Rom und Paris und nahm an zahlreichen Konferenzen zu Bildungsfragen teil. Er schloss Freundschaften mit berühmten europäischen Professoren und Lehrern und sog deren Theorien in sich auf. Satis größtes Interesse galt dem Studium der nationalen Charakterzüge und Eigenheiten anderer Völker, denn er hielt es für unerlässlich, dass die arabischen Nationalisten solche Eigenschaften bei der Bildung ihrer eigenen Regierungen und Institutionen berücksichtigten.

Im Jahr 1908 kehrte Sati als 26-Jähriger nach Istanbul zurück, gewandt und welterfahren, doch betrübt darüber, dass er den Zerfall des Osmanischen Reiches miterleben musste. Als sich Sultan Jafar in den letzten Jahren des untergehenden Reiches um eine gewisse politische Stabilisierung bemühte, half Sati mit, das Bildungswesen zu verbessern und zu reformieren. Diese Aufgabe erledigte er so bravourös, dass Präsident Mustafa Kemal Atatürk, der Begründer der modernen Türkei, später mehrmals sagte: »Mein einziges Bestreben besteht darin, die Türkei genauso exzellent zu regieren, wie Sati al-Husri seine Schulen verwaltete!«

Durch seine Erfahrungen mit seinen zahlreichen Stiefmüttern konnte Sati dem Gedanken an eine frühe Heirat nichts abgewinnen. Er konzentrierte sich allein auf seine Arbeit; seine einzige Zerstreuung bestand im Besuch von Opern und Symphoniekonzerten. Doch sein Beruf als Lehrer führte ihn schließlich zur Liebe, wenngleich auf verschlungenen Pfaden. Sati war Leiter der Yeni Mektebi (Neue Schule) in Istanbul und hatte große Schwierigkeiten, Lehrer zu finden, die fließend Englisch, Französisch und Deutsch sprachen. Eines Tages erzählte ihm Jalal Hussain, einer seiner engsten Freunde, dass seine Schwester Jamila sehr gebildet sei. Jamila lebte in großem Wohlstand, doch sie sei ihres Luxuslebens überdrüssig geworden. Jalal glaubte, Jamila wäre ideal geeignet als Lehrerin im neuen Schulsystem seines fortschrittlich gesinnten Freundes Sati al-Husri.

Sati verliebte sich bereits bei ihrer erster Begegnung in Jamila Hussain Pascha und warb beharrlich um diese außergewöhnliche Frau, bis sie schließlich einwilligte, ihn zu heiraten. Dass Sati eine schöne Türkin heiratete, deren Vater Marineminister und deren Mutter eine Sultana (Prinzessin) war, und die Hochzeit am Hof des Sultans stattfand, überraschte alle, die ihn kannten.

Jamila Hussain Pascha war das einzige Mädchen in einer

Familie mit sechs Kindern und galt als Lieblingskind ihres Vaters, Hussain Husni Porsun, der aus dem Kosovo stammte, das damals zum Osmanischen Reich gehörte. Er brachte es zum Admiral in der osmanischen Marine und stieg schließlich zum Marineminister und Befehlshaber der gesamten osmanischen Flotte auf. Jamilas Mutter Melek war eine Osmanin und als Cousine des Sultans mütterlicherseits Mitglied der Herrscherfamilie. Melek galt als große Schönheit, mit einer Haut, die so weiß war, dass sie vor den Strahlen der Sonne geschützt werden musste, und mit grünen Augen, die so funkelten, dass sie angeblich Blitze schleuderten, wenn sie wütend war. Ein Leben in Luxus und Reichtum hatte Melek arrogant gemacht. Während einer schrecklichen Hungersnot beharrte sie darauf, dass die sechs Pferde für ihre weiße Kutsche weiterhin das beste Futter bekamen, während auf den Straßen die Armen verhungerten. Sie ließ diese Pferde sogar durch die Menge der Hungernden tänzeln, die vor den Mauern des Palastes um Essen bettelten. Sie war dafür bekannt, dass sie Geldscheine verbrannte, weil sie sich an dem erstaunten Gesichtsausdruck der Menschen weiden wollte, die ihr dabei zuschauten, und ihre Residenz war mit mehr als 70 Schlafzimmern so unsinnig luxuriös, dass sie nach ihrem Tod in ein Hotel umgewandelt wurde.

Jamila hatte Glück, denn ihr Vater war nicht nur ein gebildeter Mann, sondern er kümmerte sich auch um sie und legte großen Wert darauf, dass sie ebenfalls eine Ausbildung erhielt wie seine Söhne. Doch in der osmanischen Welt waren die Hochschulen für Mädchen weitgehend verschlossen, daher sorgte er dafür, dass Jamila in den Vereinigten Staaten studieren konnte. Als sich diese aufregende Nachricht im Palast verbreitete und der Sultan davon erfuhr, zitierte er Hussain zu sich und erklärte ihm, dass er es missbillige, wenn Mädchen studierten. Weiter führte der Herrscher aus, man brauche sich nur Hussains Ehefrau Melek anzusehen, um zu erkennen, dass die Unabhängigkeit der Frau nur Kummer und Sorgen für die Männer in der Familie mit sich bringe.

Hussain wusste nicht, was er erwidern sollte, denn ihm war bekannt, dass der Sultan und Melek sich nicht leiden konnten. Man hatte ihm auch erzählt, dass der Sultan jeden Morgen nach dem Aufstehen als Erstes fragte: »Welche Schandtat hat Melek letzte Nacht wieder verübt?«

Nachdem der Sultan bekundet hatte, dass Jamila das Land nicht verlassen sollte, um zu studieren, musste Hussain seinem Wunsch entsprechen oder mit der Todesstrafe rechnen. Doch er engagierte heimlich Lehrer und Tutoren, und seine geliebte Jamila wurde zu Hause unterrichtet. Sie eignete sich eine fundierte Bildung an, lernte, mehrere Sprachen fließend zu sprechen, und erwarb gute Kenntnisse in Soziologie, Physiologie und Psychologie. Mayada wusste, dass ihre Bildung der Hauptgrund war für die Zuneigung, die Sati für Jamila empfand, denn er war ein Mann von so überragender Brillanz, dass eine ungebildete Frau wohl kaum seine Aufmerksamkeit erregt und gewiss nicht seine Liebe gewonnen hätte.

Jamila erkannte, dass Sati al-Husri anders war als die anderen, sie erwiderte seinen Respekt und seine Liebe, die beiden heirateten und hatten zwei Kinder: eine Tochter, Mayadas Mutter Salwa, und einen Sohn, Mayadas Onkel Khaldun.

Als einzige Tochter erbte Jamila den Besitz ihrer Mutter, den sie an ihre Tochter Salwa weitergab, welche diese Kostbarkeiten ebenfalls ihren Töchtern vermachte. Mayada erbte einige wertvolle Einzelstücke und besitzt noch immer die »Auszeichnung der Vollkommenheit«, die Melek vom Sultan als Geschenk erhalten hatte. In diesem Dokument mit dem Siegel des Sultans wurde festgelegt, dass Melek bei Vollendung ihres 18. Lebensjahres mehrere Ländereien übertragen werden sollten. Neben dem Dokument erhielt sie eine Schärpe sowie Medaillen, die mit Diamanten, Perlen, Rubinen, Saphiren und Smaragden besetzt waren. Mayada hatte einen der großen Diamanten und das Dokument geerbt, aber 1996 sah sie sich gezwungen, den Diamanten zu verkaufen, weil sie aufgrund der Wirtschaftssanktionen gegen den Irak Schwierigkeiten hatte, ihre Kinder zu ernähren. Doch das seltene osmanische Dokument behielt sie und hoffte, es eines Tages an ihre eigene Tochter Fay weitergeben zu können.

Die Auflösung des Osmanischen Reiches führte zu einem radikalen Bruch mit den Traditionen und der überlieferten Lebensweise, aber sie bereitete auch den Boden für neue Ideen, die von Männern wie Sati al-Husri propagiert wurden. Sati war eine solch imponierende Persönlichkeit, dass Könige seinen Rat suchten und ihm einflussreiche Ämter übertrugen.

Mayada wurde aus ihren Erinnerungen an ihren Großvater gerissen, als sie eine Frau weinen hörte. Sie brauchte einige Minuten, um sich an das fluoreszierende Licht zu gewöhnen, aber als sie sich die Augen rieb und herauszufinden versuchte, woher das Weinen kam, sah sie, dass es die jüngere der beiden Frauen war, die an diesem Tag in die Zelle gebracht worden waren.

Unterdessen hatten sich weitere Schattenfrauen um die junge Frau versammelt, die Aliya hieß. Sie war so sehr in ihrem Schmerz gefangen, dass nichts, was die anderen Frauen taten oder sagten, ihr Trost zu spenden vermochte. Als Aliya heftig zu schluchzen begann, nahm Samara ihr Gesicht in die Hände und flüsterte ihr ins Ohr: »Du musst dich zusammenreißen, Liebste. Die Aufseher werden deinem Weinen nachspüren wie Jagdhunde der Spur eines Hasen.« Dann fügte sie hinzu: »Möchtest du, dass sie dich mitnehmen, um sich mit dir zu vergnügen?«

Mayada fröstelte bei Samaras Worten, aber sie halfen, die Tränen zum Versiegen zu bringen.

Als Mayada vor einigen Stunden in die Zelle zurückkehrte, war sie noch zu sehr mit ihrer eigenen Situation beschäftigt gewesen, um sich mit den beiden neuen Häftlingen zu befassen. Doch jetzt setzte sie sich auf und musterte Aliya aufmerksam. Aliya war mit einem Bündel angekommen, das für eine längere Belagerung gedacht schien. Sie hatte Decken, Kissen, Kleider zum Wechseln, einen Koran sowie weitere islamische Gebetsbücher dabei und sogar ein wenig Lebensmittel, was man selten sah in den Gefängnismauern von Baladiyat.

Bisher hatte Mayada geglaubt, Samara wäre die schönste Frau in dieser Zelle, doch Aliya übertraf sie mit ihrer hochgewachsenen, schlanken Gestalt und ihrem anmutigen Gesicht. Am auffälligsten waren ihre ungewöhnlich großen und ausdrucksstarken dunklen Augen.

Aliya setzte sich mit gekreuzten Beinen auf den Boden, und die übrigen Schattenfrauen nahmen neben ihr Platz. Mayada gesellte sich zu ihnen, aber sie war es nicht gewohnt, im Schneidersitz auf dem Boden zu hocken, denn ihre Mutter hatte stets darauf beharrt, dass nur niedere Bedienstete eine solche Sitzhaltung einnahmen. Sie hatte ihrer Tochter beigebracht, auf Stühlen oder Sofas zu sitzen und die Beine gerade zu halten.

Daher überraschte es Mayada nicht, dass ihre Beine nach kurzer Zeit taub wurden, und sie begann sie zu bewegen. Aliya sah sie interessiert an und fragte: »Bist du neu hier?«

Mayada erwiderte: »Nein, ich bin einen Tag vor dir verhaftet worden.«

Aliya senkte den Kopf. »Ich bin seit zwei Jahren in Haft«, sagte sie. »Man hat mir mitgeteilt, dass ich mit einer Strafe von fünfzehn Jahren rechnen muss.«

Mayada verstand nun, weshalb Aliya so verzweifelt war, denn sie selbst konnte kaum den Gedanken ertragen, noch einen weiteren Tag und eine Nacht in Baladiyat festgehalten zu werden. Falls man auch ihr eröffnen sollte, dass sie die nächsten fünfzehn Jahre eingesperrt sein würde, wollte sie ihrem Leben selbst ein Ende setzen, sie wollte sich mit den Zähnen die Adern aufreißen, obwohl Selbstmord im Islam als schwere Sünde gilt.

Aliya hatte eine angenehme, tiefe Stimme. »Ich komme aus dem Süden, aus dem Bezirk Basra. Mein Ehemann ist Ingenieur, aber er ist seit Jahren arbeitslos. Nach der Geburt unseres ersten Kindes hat er aus Sorge um unsere Zukunft Basra verlassen und ist nach Jordanien gegangen, um dort zu arbeiten. In seinem Beruf konnte er nichts finden, aber schließlich geschah doch noch ein Wunder, und er bekam eine Stelle als Bäcker.

Nach zwei Jahren hatte er genug gespart, um sich ein Zimmer in Amman zu mieten, und nachdem er den Raum mit einem Bett, einem Tisch, einem kleinen Kühlschrank und einer Kochplatte ausgestattet hatte, ließ er mich und unsere kleine Tochter Suzan nachkommen. Er sagte, er habe uns so sehr vermisst, dass er sich nicht mehr richtig auf seine Arbeit konzentrieren konnte. Er erzählte, er habe mehr als ein Dutzend Brotlaibe verbrannt aus Kummer darüber, dass seine Tochter ohne ihn aufwachsen musste. Er fürchtete, dass er eines Tages in seiner Verzweiflung die Bäckerei niederbrennen könnte; deshalb, setzte er sich mit meinem Bruder in Verbindung. Er ist General in der irakischen Armee. Ich weiß, es ist unüblich, dass ein Schiit zum General aufsteigt, aber ihm wurden keine wichtigen Kommandos zugeteilt, und er bekam auch keine Gehaltserhöhungen wie die Sunniten.

Mein Mann bat meinen Bruder, unsere Ausreisepapiere vorzubereiten. Das tat er auch. Mein Bruder ist ein großzügiger Mensch, und er bezahlte auch unsere Passsteuer in Höhe von 700 000 irakischen Dinar (350 Dollar) und gab mir 100 000 Dinar (50 Dollar) für die Reise. Er erklärte sich sogar bereit, mich zu begleiten und die Aufgabe des *mahram* zu übernehmen.«

Nach dem Krieg, in dem so viele Ehemänner und Väter ihr Leben gelassen hatten, verschlechterte sich die wirtschaftliche Lage im Irak aufgrund der Sanktionen stark. Viele Frauen gingen nach Jordanien und arbeiteten dort als Prostituierte, um ihre hungrigen Kinder zu versorgen. Als Saddam herausfand, dass irakische Frauen ihr Land entehrten, indem sie ihren Körper verkauften, ordnete er an, dass Frauen künftig nur noch in Begleitung eines *mahram* reisen durften. Das konnte der Ehemann sein oder ein anderer männlicher Verwandter, den eine Muslimin nicht heiraten darf, beispielweise ihr Vater, Bruder, Onkel, Neffe, Stiefvater, Schwiegervater oder Schwiegersohn.

Aliya setzte ihre Geschichte fort. »Beim irakischen Zoll in Traibil mussten wir die Pässe zum Stempeln abgeben, aber kurz darauf wurde ich aufgefordert, mit meiner Tochter und meinem Bruder aus der Reisegruppe herauszutreten. Dann brach die Hölle los, denn plötzlich begannen Geheimpolizisten mit den Fäusten auf meinen Bruder einzuschlagen. Er wurde ohnmächtig, als einer der Männer ihm mit einem Elektroschocker einen Stromstoß verpasste. Meine dreijährige Tochter begann vor Angst zu schreien. Die anderen Reisenden waren ebenfalls entsetzt und rückten von uns ab. Um an der Zollstation wieder für Ruhe zu sorgen, führten uns die Beamten schließlich in ein kleines Büro. Sie brüllten herum und wollten wissen, woher ich meinen Pass habe. Ich brachte vor Schreck kein Wort heraus, aber, Allah sei Dank, mein Bruder war mittlerweile wieder zu sich gekommen und versicherte den Männern, dass er das Dokument bei einem angesehenen Passbüro in Basra beantragt hätte. Als er den Pass abgeholt habe, sei alles in Ordnung gewesen.

Der schreckliche Mann mit dem Elektroschocker behauptete, dass ich mit einem gestohlenen Pass reiste. Er war so wütend, dass er mir und meinem Bruder einen Stromstoß verpasste.

Die Männer glaubten uns nicht, dass wir unschuldig

waren, und brachten uns ins Internierungslager Al-Ramadi. Dort wurden wir drei Wochen lang festgehalten. In dieser Zeit wurden wir weder verhört noch gefoltert. Fast schien es, als hätte man uns vergessen. Schließlich aber wurde mein Bruder ohne Erklärung freigelassen, aber er konnte mir in keiner Weise helfen, weil der Pass auf mich ausgestellt war. Sechs Monate blieb ich in diesem Lager. Meine Tochter war zusammen mit mir eingesperrt. Das arme Mädchen wurde auch mit mir in den Verhörraum geschleppt. Die Kleine musste zusehen, wie ich geschlagen wurde.« Aliyas Gesicht verzerrte sich vor Kummer. »Meine Schreie zu unterdrücken, wenn ich gefoltert wurde, war das Schwerste, was ich je in meinem Leben getan habe. Sie schlugen mich, aber ich biss mir auf die Zunge, bis sie blutete. Ich wollte meinem Kind das schreckliche Erlebnis ersparen, seine Mutter vor Schmerzen schreien zu hören. Einer der besonders hinterhältigen Aufseher fesselte mein Kind einmal an einen Tisch und quälte mich mit der Drohung, Suzan zu foltern. Dann banden sie mich an einem Stuhl fest und prügelten die kleine Suzan. Meine Kleine kreischte, bis sich ihr Bauchnabel nach außen stülpte, doch als sie sahen, was sie angerichtet hatten, lachten sie nur höhnisch.

Ich hatte noch nie ein Kind gesehen, bei dem sich der Bauchnabel nach außen stülpte. Ich bat um einen Arzt, aber sie lehnten natürlich ab. In meiner Not wickelte ich mein Kopftuch um Suzans Bauch. Ich dachte, ihr Nabel würde sich wieder zurückbilden, aber das war nicht der Fall. Doch das Schlimmste sollte erst noch kommen. Bei einer Folterung drohten zwei Männer, mich *und* Suzan zu vergewaltigen. Allah sei Dank, sie haben mein Kind verschont.«

Aliya machte eine Pause, deutete zu einer Schattenfrau, die allein in einer Ecke saß, und sagte: »Rasha war in den schlimmsten Stunden bei mir.«

Mayada und die übrigen Häftlinge wandten sich um und sahen Rasha an.

Mayada kam es seltsam vor, dass gerade diese Frau nicht sonderlich viel Anteil zu nehmen schien an Aliyas Schicksal.

Aliya wartete darauf, dass Rasha ihre Geschichte bestätigte, aber diese starrte Aliya nur an, dann wandte sie sich wieder ihrem Gebetsteppich zu und schüttelte ihn aus.

Aliya seufzte und sagte: »Die arme Rasha ist genauso unschuldig wie ich. Wir kannten uns früher nicht. Aber jetzt sind wir auf eine Weise verbunden, die wir uns nie hätten vorstellen können.« Dann fragte sie, an Rasha gewandt: »Darf ich auch deine Geschichte erzählen, Rasha?«

Rasha gab nur ein dumpfes, ächzendes Geräusch von sich, was Aliya als Zustimmung wertete.

»Eines Tages saß ich in meiner Zelle und hielt die kleine Suzan in den Armen, als die Tür mit einem Ruck aufgestoßen wurde«, begann Aliya. »Ich kauerte mich zusammen, denn ich glaubte, sie würden mich abholen, um mich wieder zu schlagen. Doch stattdessen wurde eine Frau in die Zelle geworfen, die sie fast zu Tode gefoltert hatten. Ihr Gesicht war von tiefen Schnitten entstellt, und ihr Schädel wies schwere Verletzungen auf. Blut quoll aus einem Loch in ihrem Kopf, das vermutlich durch einen elektrischen Bohrer verursacht worden war. Drei ihrer Fingernägel waren ausgerissen, und auf ihren Beinen waren so viele Zigaretten ausgedrückt worden, dass sich ein intensiver Geruch von verbranntem Fleisch in der Zelle ausbreitete. Diese Frau war Rasha.

Alle Häftlinge in der Zelle kümmerten sich um sie, um ihr das Leben zu retten. Sie wäre zwei- oder dreimal fast gestorben, bis es schließlich einer der Frauen gelang, die Aufseher zu überreden, sie in ein Krankenhaus zu bringen. Aber schon am nächsten Tag wurde sie in die Zelle zurückgebracht, mehr tot als lebendig, und wir mussten unser ganzes pflegerisches Können aufwenden, um sie wieder ins Leben zurückzuholen.

Nach drei Tagen erlangte Rasha das Bewusstsein wieder.

Von dem Augenblick an, als sie die Augen aufschlug, vergrößerte sich unser Elend.

Ihr müsst wissen, dass mein Pass, den man mir in Traibil abgenommen hatte, in Wirklichkeit Rashas Pass war. Rasha hatte ihn im Jahr davor als verloren gemeldet. Am selben Tag war sie eingesperrt worden, und die Geheimpolizei, die glaubte, sie sei einem gefährlichen Spionagering auf die Spur gekommen, wollte uns nun dazu bringen, gegeneinander auszusagen.«

Aliya schüttelte traurig den Kopf. »Die Verhöre wurden noch brutaler. Jeden Tag wurden wir getrennt in die Mangel genommen. Anschließend verhörten sie uns gemeinsam. Unsere Folterer rissen Rasha die Fingernägel heraus und wollten von ihr wissen, wem sie ihren Pass verkauft hatte. Dann drückten sie brennende Zigaretten auf meinen nackten Beinen aus. Ich sollte gestehen, dass ich mit Rasha einem Spionagering angehörte. Weil diese Beschuldigungen völlig aus der Luft gegriffen waren, konnten wir ihnen auch keine Namen nennen. Dass wir immer wieder unsere Unschuld beteuerten, machte sie nur noch wütender und brutaler.«

Zum Beweis, wie sehr sie gelitten hatte, zog Aliya den Ärmel ihres Kleides hinter den Ellbogen zurück und hob ihren Rock bis zu den Knien. Mehrere Schattenfrauen rissen entsetzt die Augen auf. Aliyas Arme und Beine waren mit tiefen Wunden übersät. Die schlimmsten Narben jedoch, sagte sie, zögen sich über ihren Bauch, die Hüften und das Gesäß.

Mayada begriff entsetzt, dass Aliyas Folterer sie nackt ausgezogen hatten, um sie zu demütigen, während sie ihr Schmerzen zufügten, und sie überlegte, ob Aliya wohl vergewaltigt worden war, aber sie stellte diese Frage nicht, denn eine muslimische Frau würde niemals zugeben, dass sie auf diese Weise entehrt worden ist.

Aliya setzte ihre Erzählung fort. »Aus unerfindlichen Gründen wurden Rasha und ich von einem Gefängnis in ein anderes gebracht. Der schrecklichste Kerker war in meiner Heimatstadt Basra. So nahe an zu Hause zu sein, aber doch nicht nach Hause gehen zu können war für mich das Schlimmste. Ich wusste, dass meine Familie nur ein paar Straßen von dem Gefängnis entfernt wohnte, in dem ich dahinvegetierte.« Tränen liefen Aliya über die Wangen, aber sie erzählte weiter: »Während wir in Basra eingesperrt waren, gab es in der Stadt eine kleine Demonstration, bei der die Menschen den Sturz Saddams forderten. Die Regierung behauptete sofort, dass es sich um einen Aufstand handle, und ließ unzählige Menschen verhaften und deren Häuser niederreißen. Ganze Familien kamen ins Gefängnis. Männer, Frauen und Kinder wurden in völlig überfüllten Zellen zusammengepfercht. Viele Menschen starben an Hunger oder Krankheiten. Ich musste mit ansehen, wie in meiner Zelle mehrere Kinder wegen Flüssigkeitsmangel langsam zugrunde gingen. Ich versuchte Suzan zu schützen, indem ich ihr kleines Gesicht mit meinem Kopftuch bedeckte, aber man kann unmöglich ein Kind in diesem Alter dazu bringen, dass es Tag und Nacht in den Armen seiner Mutter liegt. Suzan holte sich eine schlimme Infektion. Eines Tages begann sie zu husten. Dann floss Schleim aus ihrer Nase. Ihre Augen verkrusteten sich. Schließlich heulte meine Kleine ununterbrochen. Ihr Husten wurde immer schlimmer, und bald reagierte sie nicht mehr auf meine Stimme. Ich fürchtete, sie würde bald sterben.

Trotz der Erkrankung meiner Tochter wurde ich weiterhin zur Folter abgeholt. Andere Frauen in der Zelle passten auf Suzan auf, wenn ich abgeholt wurde. Zum ersten Mal spürte ich die Schläge der Folterknechte nicht mehr. Ich wollte nur, dass es schnell vorbeiging und ich wieder zu meiner Kleinen zurückkehren konnte. Einmal, als sie mich in den Folterraum schleppten, rief ich: ›Schlagt mich, schlagt mich schnell!‹, was die Folterer ziemlich verblüffte. Das war das einzige Mal, dass einer dieser Männer die Peitsche sinken ließ und mich in die Zelle zurückschickte. Ich war wie besessen. Ich konnte nur noch an meine Tochter denken.

Allah sei es gedankt, dass Suzan überlebte. Im folgenden Jahr verbesserten sich unsere Lebensumstände ein wenig, denn mein Bruder lernte einen von Saddams Leibwächtern kennen. Dieser Mann verschaffte meinem Bruder Informationen darüber, wo wir festgehalten wurden. Nachdem er drei Monate lang verschiedene Leute mit Geld bestochen hatte, erhielt mein Bruder schließlich die Erlaubnis, uns zu besuchen.« Aliya deutete mit einer Hand auf ihre Habseligkeiten. »Er brachte mir Kleider, einen Gebetsteppich, Decken und Lebensmittel. Man erlaubte ihm sogar, die kleine Suzan aus dem Gefängnis mitzunehmen, und heute lebt sie bei meinem Bruder und seiner Frau. Ich werde zwar nie vergessen, wie entsetzlich meine Kleine schrie, als mein Bruder sie aus meinen Armen nahm und mit ihr wegging, aber es ist ein großer Segen, dass sie jetzt in Sicherheit ist.«

Aliya begann wieder zu weinen, und Samara klopfte ihr auf den Rücken, während sie Aliyas Geschichte zu Ende brachte. »Unsere Aliya ist eine gebildete Frau, eine gelernte Biochemikerin. Sie hat mehrere Prüfungen absolviert. Sie durfte nicht an öffentlichen Schulen unterrichten, weil sie kein Mitglied der Baath-Partei war; deshalb hat sie Privatunterricht gegeben.«

Aliyas Schluchzen nahm zu. »Mein Ehemann ist Ingenieur. Er arbeitet als Bäcker. Ich bin Lehrerin. Und jetzt verfaule ich in diesem Kerker. Meine Tochter wird eine erwachsene Frau sein, wenn ich herauskomme. Und dabei bin ich vollkommen unschuldig.«

Alle Insassinnen der Zelle sahen Aliya mitfühlend an. Durch die Wand konnten sie hören, wie der fromme junge Wahabit nebenan mit seinen lauten Gebeten anhob. Doch plötzlich ging sein Beten in Schreien über.

Mayada war mittlerweile so nervös, dass sie aufsprang, Samaras Arm umklammerte und rief: »Sie bringen ihn um! Sie bringen ihn um!«

Samara erwiderte mit leiser Stimme: »Nein. Aber was sie

mit ihm tun, ist schlimmer als der Tod, vor allem für einen frommen Muslim.«

Mayada verstand nicht, was sie meinte, bis sie hörte, wie die Männer Ahmed auf den Gang hinauszerrten, wo sie absichtlich vor dem Eingang zur Zelle der Frauen stehen blieben. Dann vergewaltigten sie Ahmed abwechselnd. Mayada war entsetzt. Die brutale Vergewaltigung dauerte ungefähr eine Stunde, dann hörte Mayada, wie einer der Aufseher lachte und zu Ahmed sagte: »Entspann dich. Du bist jetzt die Frau von drei Männern und musst uns allen zu Willen sein.«

4

Saddam Hussein

Mayada war noch immer wie betäubt von Ahmeds Schreien. Sie saß schweigend an ihrem Platz und beobachtete, wie die Schattenfrauen nacheinander von Aliya wegrückten. Aliya hockte still auf dem Boden, obwohl Samara sie gebeten hatte, ihre Habseligkeiten aufzuräumen, die überall in der kleinen Zelle verstreut waren. Aliya starrte auf ihre Hände hinab und verkrampfte sie in ihrem Schoß. Mayada überlegte, ob sie an ihre Tochter dachte und daran, dass sie wohl niemals mehr die Gelegenheit haben würde, ihr Kind in den Armen zu halten und zu beschützen, weil Suzan wahrscheinlich schon eine erwachsene Frau und Mutter sein würde, wenn Aliya aus Baladiyat entlassen werden würde.

Einen kurzen Augenblick lang beneidete Mayada Rasha darum, dass sie sich von den anderen Insassinnen absonderte. Wenn sie sich für die Schicksale der übrigen Schattenfrauen öffnete, dann würden sie deren Sorgen zusätzlich belasten.

Als ihr diese Gedanken durch den Kopf gingen, erkannte Mayada, dass sie sich für immer mit diesen Schattenfrauen verbunden fühlen würde, denn sie hatte schnell eine tiefe Zuneigung zu allen entwickelt. Da brachte ihr Samara zu ihrer Überraschung einen kleinen Eimer Wasser, damit sie sich das Gesicht und die Hände waschen konnte. Mayada spürte, wie sich ihre düstere Stimmung ein wenig aufhellte. Sie wusste zwar, dass Gefangene keine scharfen Gegenstände besitzen durften, aber sie hatte schon herausgefunden, dass Samara sehr findig und geschickt war, und fragte sie daher, ob es irgendwo einen Handspiegel gebe.

Samara sah zu den anderen Schattenfrauen, dann nickte sie, drehte sich um und suchte in ihren Habseligkeiten, die sie in eine raue Militärdecke gewickelt hatte. Samara murmelte zufrieden und präsentierte einen zerbrochenen Spiegel, den sie begeistert hin- und herschwenkte. Sie sagte mit flüsternder Stimme: »Vor ungefähr einer Woche war eine schöne junge Frau hier in unserer Zelle. Ein Aufseher interessierte sich besonders für sie. Er steckte ihr diesen Spiegel zu und versprach ihr, sie würde ihn nicht mit den übrigen Insassinnen teilen müssen. Als der Aufseher nach Basra versetzt wurde, sorgte er dafür, dass sie dorthin verlegt wurde. Den Spiegel hat sie hiergelassen.«

Mayada dachte darüber nach, welch hohen Preis diese bedauernswerte Frau für die kleinen Vergünstigungen vonseiten des Aufsehers bezahlen musste, verdrängte aber diesen Gedanken gleich wieder. Sie wusste, dass in irakischen Gefängnissen Vergewaltigung eine Form der Bestrafung für männliche wie für weibliche Gefangene war, aber sehr attraktive Frauen wurden von besonders vielen Männern vergewaltigt. Zum ersten Mal in ihrem Leben war Mayada froh, dass sie keine Schönheit war.

Sie seufzte traurig, nahm den Spiegel von Samara entgegen und schaute hinein. Bei dem Anblick zuckte sie zusammen. Ungläubig drehte sie den Spiegel mehrmals hin und her, sah sich die blechverkleidete Rückseite an und dann die Vorderseite, bevor sie den Mut fand, ein zweites Mal ihr Spiegelbild zu betrachten. Ja, die Fremde in diesem Spiegel war zweifellos die älteste Tochter von Nizar und Salwa und die Mutter von Fay und Ali.

Mayada berührte ihr Gesicht mit den Fingerspitzen. Es waren erst vierundzwanzig Stunden seit ihrer Verhaftung vergangen, aber schon war ihre Haut erschlafft, und tiefe Ringe lagen unter ihren Augen.

Während sie sich im Spiegel betrachtete, bekam Mayada mit, wie eine Schattenfrau rief, dass im Irak sogar Hunde besser behandelt würden als Gefangene, und dann hörte sie sich selbst sagen: »Zweifellos werden Hunde besser behandelt als wir, aber nicht Mukhtar, der Dobermann des Präsidenten!«

Einige Frauen waren damit beschäftigt, ihre Sachen aufzuräumen, flochten sich die Haare oder richteten ihre Kopftücher, aber bei Mayadas Worten unterbrachen alle bis auf Aliya ihre Tätigkeiten und sahen sie an.

In gespielt fröhlichem Ton sagte Samara: »Mayada, was redest du denn für einen Unsinn?«

Ungläubig fragte Roula, die besonders strenggläubige Gefangene in Zelle 52: »Ein Hund namens Mukhtar?«

Roulas Erstaunen war verständlich, denn Mukhtar bedeutet »der Erwählte« und ist einer der vielen Namen, mit denen Allah im Koran den Propheten Mohammed bezeichnet. Einen Hund Mukhtar zu nennen ist eine unerhörte Beleidigung des Propheten.

Ohne über die Folgen nachzudenken, die ein Gespräch über Saddam Hussein haben konnte, begann Mayada den Schattenfrauen zu erzählen, was sie wusste. »Ja«, sagte sie, »das stimmt. Früher, als Saddam noch Zuneigung zu Sajida, der Mutter seiner Kinder, empfand, schenkte er ihr einen jungen Dobermann namens Mukhtar. Saddam persönlich hat diesen lästerlichen Namen ausgesucht. Ich habe den Hund gesehen, nachdem Saddam ihn zum Tode verurteilt hatte«, erklärte Mayada. »Glaubt mir, auch wenn ihr doppelt so lange in diesem Kerker sitzen müsstet, ihr würdet nicht so leiden müssen wie dieser Hund.«

Samara warnte: »Pass auf, was du sagt, Mayada. Wenn sie uns belauschen«, sagte sie und neigte ihren Kopf zur Metalltür, »werden sie dir die Zunge herausschneiden und dich verbluten lassen.«

Jeder Iraker wusste, dass Kritik am Präsidenten oder einem Mitglied seiner Familie mit dem Abschneiden der Zunge bestraft wurde, bevor der Betreffende hingerichtet wurde. Samaras Besorgnis war mehr als berechtigt. Mayada ging von der Tür weg und zur hinteren Wand der Zelle. Dort setzte sie sich auf den Boden und senkte ihre Stimme zu einem Flüstern. Die Schattenfrauen waren neugierig auf ihre Geschichte und versammelten sich zum zweiten Mal an diesem Vormittag in einem Kreis um sie.

Mayada redete leise weiter. »Das geschah 1979, zu Beginn von Saddams Herrschaft. Sajida und Saddam hassten sich noch nicht, und in seiner neuen politischen Stellung machte er sich Sorgen wegen ihrer Sicherheit und der Sicherheit der Kinder. Saddam kaufte Sajida einen jungen Dobermann, nannte ihn Mukhtar – nur Allah weiß, warum – und ließ ihn ausbilden, sodass er auf den einfachen Befehl ›Mukhtar, voran!‹ Menschen angriff. Als Sajida eines Tages aus dem Swimmingpool stieg und nach ihrem Badetuch griff, stand der Hund am Rande des Pools und beobachtete sie. Sajida ist eine grausame Frau, die ihre Bediensteten schlecht behandelt und kein Verständnis hat für das Verhalten von Tieren. Sie wollte nicht, dass sich der Hund in ihrer Nähe aufhielt, wedelte mit ihrem Badetuch herum und rief gedankenlos: ›Mukhtar, voran!‹

Gegenüber ihrem Arzt, der damals auch meine Familie behandelte, gab Sajida später zu, dass ihr Befehl den Hund verwirrt hatte. Mukhtar sah sich suchend um, und nachdem er keinen anderen Menschen entdeckte, ging er auf sie los. Schnell rollte Sajida ihr Tuch zusammen und wehrte den Hund damit ab, aber mittlerweile hatten ihre Leibwächter ihre Schreie gehört, kamen herbeigelaufen und zerrten Mukhtar weg. Deshalb blieb sie unverletzt.«

Eine junge, unverheiratete Schattenfrau namens Sara stieß einen kurzen Schrei aus und legte sich eine Hand auf den Mund.

Mayada lächelte die junge Frau an, bevor sie den Rest der bizarren Geschichte erzählte. »Als Saddam von dem Zwischenfall erfuhr, war er so wütend auf den Hund, dass er eine kleine Gerichtsverhandlung aufführen ließ. Man erzählte mir, dass er sich hinter seinen Schreibtisch setzte, während der Hund vor ihm saß und von einem seiner Leibwächter an der Kette gehalten wurde. Saddam war Richter und Geschworenenjury zugleich und verurteilte Mukhtar zum Tode durch Verhungern und Verdursten, obwohl der Hund genau das getan hatte, was man ihm beigebracht hatte. Bevor der Hund weggebracht wurde, verpasste ihm Saddam mit einem Elektroschocker noch drei oder vier Stromschläge.

Schlimmer jedoch war, dass Saddam den Hund nicht einfach nur töten ließ. Er sagte, der Angriff auf ein Mitglied der Herrscherfamilie sei ein so schweres Verbrechen, dass es einen langsamen, qualvollen Tod rechtfertige, und ordnete an, dass Mukhtar so lange wie möglich leiden solle. Saddam befahl seinen Leibwächtern, den Hund an einen Metallpfosten anzuketten, der neben dem Pool in den Boden geschlagen wurde. Die Leibwächter erzählten später, Saddam habe gemeint, es sei doch irgendwie komisch, dass dieser Hund nur ein paar Fußbreit neben einem Swimmingpool voller Wasser verdurstete.

Der arme Hund wurde so fest an den Pfahl angekettet, dass sein Hals fast unmittelbar am Pfosten anlag, sodass er sich weder hinsetzen noch niederlegen konnte, und dort blieb er tagelang, immer in der prallen Sonne, während Saddam ihn beobachtete und sich über sein klägliches Heulen amüsierte.

Ein- oder zweimal am Tag versetzten ihm Saddam oder sein Sohn Udai, der noch grausamer ist als sein Vater, Stromschläge mit einem Elektroschocker.

Alle Bewohner dieses Palastes hatten ein Herz aus Stein, abgesehen von der jüngsten Tochter Hala, aber der Hund litt so elend, dass selbst Sajida den Anblick bald nicht mehr ertragen konnte. Aber natürlich traute sich niemand, sich für den Hund einzusetzen.«

Mayada machte eine kurze Pause und beendete ihre traurige Geschichte. »Als der Arzt das nächste Mal in den Palast kam, um Sajida wegen eines anderen gesundheitlichen Problems zu behandeln, sah er, wie Mukhtar langsam zugrunde ging, und fragte einen der Wächter, was hier los sei. Als dieser ihm erklärte, Saddam habe den Hund zum Tode verurteilt, nahm der Arzt seinen ganzen Mut zusammen, ging in den Palast zurück und sagte zu Saddam, er brauche einen Wachhund für sein Haus. Er bat darum, diesen Hund mitnehmen zu dürfen. Saddam, der in diesem Augenblick gedanklich offenbar mit anderen Dingen beschäftigt war, zuckte gleichgültig mit den Schultern und sagte, er könne den Hund haben. Einer der Wächter half dem Arzt, den Hund von der Kette zu befreien. Der Arzt erzählte mir, dass er im Laufe seines Berufslebens schon die schrecklichsten Leiden gesehen habe, doch er habe mit den Tränen kämpfen müssen, als er sah, in welch erbarmungswürdigem Zustand sich Mukhtar befand. Weil sich der Hund immer wieder losreißen wollte, hatte sich die Kette tief in sein Fleisch gegraben. Der Arzt erzählte, er habe den Hund schon für tot gehalten, aber als er mit den Händen Wasser aus dem Pool holte und es ihm über den Kopf laufen ließ, habe das Tier ein Augenlid bewegt. Er hob Mukhtar hoch, trug ihn zu seinem Wagen und brachte ihn zu sich nach Hause, wo er den Dobermann gesund pflegte.

Als ich ungefähr ein Jahr später den Arzt in seinem Haus in Mossul besuchte, war ich überglücklich, als ich den Hund fröhlich umherlaufen sah. Der Arzt erzählte mir, dass der Dobermann, der jetzt einen passenderen Namen hatte, ein ausgezeichneter Familienhund sei.« Mayada lachte. »Ich habe sogar ein Foto des Hundes, das zusammen mit Bildern meiner Angehörigen im Wohnzimmer steht.«

Die Schattenfrauen schwiegen. Obwohl sie alle unter der Willkür von Saddams Schergen litten, hoffte doch jede von ihnen, dass Saddam, würde er die genaueren Umstände ihrer Schicksale erfahren, eingreifen und für ihre Freilassung sorgen würde. Aber nach dieser Geschichte wurde ihnen klar, dass ihr Präsident ein Geisteskranker und vermutlich auch verantwortlich war für all die Grausamkeiten, die in Baladiyat und den übrigen Gefängnissen des Irak verübt wurden.

Eine kleine Frau mit pechschwarzen Haaren und blauen Augen, die Eman hieß, sprach an diesem Tag erstmals Mayada an. Sie wagte es nicht, eine Frage wegen Saddam zu stellen, wollte jedoch wissen, wie der Arzt hieß, der Mukhtar gerettet hatte.

»Das sollte ich lieber nicht sagen. Er gehört noch immer zu Saddams Ärzten.«

Eman nickte verständnisvoll. Jeder Iraker, der nicht in dem riesigen Geheimdienstapparat des Regimes beschäftigt war, bemühte sich, seine Mitmenschen auf die einzige ihm mögliche Art zu schützen, nämlich indem er ihre Anonymität wahrte.

Die Frauen schreckten hoch, als sie einen Mann schreien hörten. Er flehte um Gnade, während er über den Gang geschleift wurde. Als er an der Zelle der Frauen vorüberkam, gelang es ihm, sich kurz aus den Händen der Aufseher zu befreien. Die Frauen hörten, wie er gegen die Metalltür torkelte und dann mit den Fäusten wild dagegenhämmerte, um hineingelassen zu werden, als könne er so den Schergen entkommen.

Doch die Aufseher packten ihn, und aus den Geräuschen konnten die Frauen erschließen, dass sein Gesicht und sein Körper mit Faustschlägen bearbeitet wurden. Unter Flüchen und weiteren Schlägen brachten die Aufseher schließlich den wimmernden Gefangenen weg.

Mayada warf einen kurzen Blick zu Samara, dann stellte sie die Frage, weshalb an diesem Morgen so viele Leute gefoltert würden, denn Samara hatte ihr erzählt, dass es morgens in der Regel keine Folterungen gäbe.

Samaras Gesicht lief rot an, dann zuckte sie mit den Schultern und hob ihre weißen Hände. »Manchmal machen sie eben eine Ausnahme.«

Mayada empfand eine plötzliche Zuneigung zu ihr, denn sie wusste jetzt, dass Samara sie angelogen hatte, um ihr die Angst zu nehmen.

Samara nickte. »Aber es stimmt, am meisten foltern sie abends und in der Nacht.«

Roula murmelte zustimmend.

Sie lauschten schweigend auf die Schreie, die langsam verklangen, dann sagte Iman, eine Schattenfrau mit dicken Brillengläsern: »Bis jetzt hielt ich es nicht für möglich, dass Sajida so grausam sein kann. Sie tat mir leid, als sich Saddam die jüngere Samira Shabendar als Zweitfrau nahm, und ich begann sie wirklich zu mögen.«

Samara seufzte. »Iman, jetzt weißt du, dass du dein Mitleid vergeudet hast.«

Iman nickte zustimmend. »Ich hatte ein falsches Bild von ihr.«

Mayada wollte, dass alle die volle Wahrheit über Saddams Familie erfuhren. »Sie ist nicht nur grausam, sie ist auch dumm. Sie kann froh sein, dass sich Saddam nicht von ihr hat scheiden lassen«, flüsterte Mayada. »Saddam hasst sie, und sie hasst Saddam. Das Einzige, was sie noch verbindet, sind ihre Kinder, und obwohl sie noch formell verheiratet sind, sehen sie sich nur noch selten.«

Samara fragte: »Wirklich?«

»Was ich euch erzählt habe, stimmt alles.«

»Sag uns die ganze Wahrheit über diese Frau«, bat Iman.

Eine der jüngeren Schattenfrauen, die Mura hieß, fragte aufgeregt: »Hast du Saddam persönlich kennengelernt?«

Mayada gab keine Antwort, aber Samara lachte kurz, blies sich in die Hände und sagte: »Natürlich hat sie ihn kennengelernt.«

Sogar Aliya begann nun aufmerksam zuzuhören und

rückte näher an den Kreis heran. Sie sah Mayada an und fragte: »Kannst du uns etwas über ihn erzählen?«

Mayada nickte, ohne zu zögern. Ja, sie würde reden. In den vergangenen vierundzwanzig Stunden hatte sich alles verändert, sie hatte ihre übliche Zurückhaltung aufgegeben, die sie bisher daran gehindert hatte, zu enthüllen, was sie über Saddam, seine Familie und seinen inneren Machtzirkel wusste. Seit ihrer Verhaftung hatte sie sich radikal verändert. Sie bedauerte es jetzt, dass ihr Publikum hier so klein war. Die ganze Welt sollte erfahren, was sie über Saddam Hussein wusste.

»Sprich leise«, ermahnte Samara sie abermals.

»Ich werde euch alles erzählen, von Anfang an«, sagte Mayada und lächelte Samara an. »Und ich werde flüstern.«

Samara war verständlicherweise nervös. »Wir müssen aufpassen. Wenn die Tür aufgeht, werde ich so tun, als würde ich über mein Lieblingsessen reden.« Sie deutete zu einer älteren Frau mit blonden Haaren, die Mayada noch nicht kannte. »Anwar, du streitest dann mit mir und sagst, ich wüsste nicht, was ein gutes Essen ist. Und ihr Übrigen fangt an, durcheinanderzureden, sodass man nichts versteht.« Sie sah Mayada an und grinste breit. »Diese Kerle sollen glauben, wir sind nur ein Haufen dummer Weiber.«

Anwar lachte und akzeptierte bereitwillig ihre Rolle, dann richteten sich die Blicke aller Frauen erwartungsvoll auf Mayada.

Mayada erzählte, dass ihre Mutter Saddam 1969 kennengelernt hatte, nur ein Jahr nach dem unpopulären Militärputsch der Baath-Partei, durch den Ahmed Hassan al-Bakr Staatspräsident wurde. Sie erinnerte die Frauen daran, dass die Baath-Partei ursprünglich keine Unterstützung bei den irakischen Intellektuellen fand und dass ihre Eltern niemals der Partei beitraten. Als die Baathisten die Macht übernahmen, herrschte im Irak große politische Unsicherheit, und viele Beamte der früheren Regierung warteten darauf, dass die neuen Herrscher ihr wahres Gesicht zeigten, bevor sie sich entschieden, ob sie im Irak bleiben oder in ein arabisches Nachbarland fliehen wollten.

»Meine Eltern waren zu einer kleinen Party in eine ausländische Botschaft eingeladen, und weil es Sommer war, wurde das Buffet im Garten serviert. Mein Vater Nizar unterhielt sich mit einem ausländischen Botschafter, und meine Mutter plauschte mit der Frau des libanesischen Botschafters, während sie am Buffet ihren Teller füllte. Es war üblich bei solchen gesellschaftlichen Anlässen, dass sich die Frauen über bevorstehende Feste oder Feierlichkeiten unterhielten, während die Männer über politische Fragen diskutierten, obwohl diesmal alle ein wenig vorsichtiger waren als sonst, denn in Bagdad hatte sich herumgesprochen, dass die Führer der Baath-Partei keinerlei Kritik duldeten. Mein Vater erzählte mir, dass die Baathisten politische Diskussionen und Streitgespräche unterbinden wollten, diese harmlose Form der Unterhaltung in der arabischen Welt, in der die Männer gern stundenlang in einem Kaffeehaus sitzen und über die Regierung herziehen.

Im Garten standen viele runde Tische, die mit weißen Tüchern gedeckt und mit Blumengebinden geschmückt waren. Die Libanesin schlug meiner Mutter vor, sich irgendwo einen Sitzplatz zu suchen, und als sie einen Tisch entdeckten, an dem noch zwei Stühle frei waren, gingen sie dorthin. An diesem Tisch saßen bereits zwei Männer, die beide aßen. Später beschrieb mir meine Mutter einen der beiden Männer, der noch recht jung war, gut aussah, sehr langsam aß und, wie sie sagte, hervorragende Tischmanieren hatte. Das war ihr besonders aufgefallen, weil sich die meisten irakischen Männer bei Tisch sehr ungezwungen benehmen.

Meine Mutter erzählte, dass der junge Mann aufblickte, sie anlächelte und Hallo sagte, jedoch ohne sich vorzustellen. Später erinnerte sie sich, dass der Mann tiefschwarze Augen hatte, die sehr groß und rund waren und in denen ein ungewöhnliches Funkeln stand, das sie aus irgendeinem Grund an die Augen eines Tieres erinnerte.

Meine Mutter unterhielt sich weiter mit der Libanesin, bis nach einer Weile die Frau des kuwaitischen Botschafters an ihrem Tisch vorüberging, sie am Arm berührte und sich herabbeugte, um ihr zuzuflüstern: ›Ich wusste gar nicht, dass Sie ihn kennen. Rufen Sie mich morgen an, und erzählen Sie mir alles.‹

Da meine Mutter nicht wusste, von wem die Kuwaiterin sprach, erwiderte sie nichts und aß weiter. Einige Minuten später wandte sich der junge Mann mit den großen Augen an sie und fragte: ›Wie geht es Ihnen, Ustatha (Professorin) Salwa?‹

Meine Mutter antwortete, es gehe ihr gut, und fragte auch ihn nach seinem Befinden. ›Nun, es ist eine schwere Last‹, antwortete er rätselhaft.

Meine Mutter erzählte, sie habe keine Ahnung gehabt, auf welche Last er anspielte. Sie nahm jedoch an, es habe etwas mit den Problemen einer großen Familie oder eines Unternehmens zu tun. Dann machte er einige Bemerkungen über ihren Vater, denen sie aber keine große Bedeutung beimaß, denn ähnliche Sätze hatte sie schon von vielen anderen Irakern gehört. ›Ich bin ein großer Bewunderer von Sati al-Husri‹, sagte der Mann. ›Als ich ein armer Jurastudent in Kairo war, habe ich Ihren Vater jeden Freitag besucht. Ich stellte ihm viele Fragen, und dieser große Mann hat mich nie abgewiesen und wurde auch nie meiner Fragen überdrüssig.‹ Meine Mutter dankte ihm und bemühte sich, gegen ihre Trauer anzukämpfen, die sie in diesem Augenblick wieder befiel – ihr Vater Sati war im vergangenen Jahr gestorben, nur vier Monate bevor die Baath-Partei an die Macht kam. Sein Tod hatte eine große Leere in ihrem Herzen hinterlassen. Sie wollte den jungen Mann nach seinem Namen fragen, hielt dies aber für unhöflich, da er offenbar annahm, dass sie ihn kannte, und deshalb schwieg sie. Der

Mann sprach weiter über ihren Vater. ›Ich habe immer gesagt, Sati al-Husri könnte der reichste Mann im ganzen Mittleren Osten sein, wenn er für alle Bücher, die er geschrieben hat, nur ein paar Dinar verlangt hätte, doch anstatt Geld mit seinen Büchern zu verdienen, hat er die Herzen von Millionen gewonnen.‹ Es war allgemein bekannt, dass Satis Bücher in allen arabischen Schulen verwendet wurden und dass er auf Tantiemen verzichtet hatte mit der Begründung, Wissen sei vergleichbar der Luft zum Atmen und müsse daher kostenlos sein. Deshalb hatte er den Schulen erlaubt, seine Bücher in beliebigen Stückzahlen nachzudrucken, ohne dass sie dafür etwas bezahlen mussten. Er nahm zwar Autorenhonorare für Bücher an, die über traditionelle Vertriebswege, wie etwa Buchhandlungen, verkauft wurden, aber für Bücher, die zu Lehrzwecken eingesetzt wurden, wollte er kein Geld.

Meine Mutter wurde nun allmählich verlegen und glaubte, der Mann habe geschäftliche Probleme. Da mein Vater ihm dabei vielleicht einen Rat geben konnte, wie sie glaubte, lud sie den jungen Mann ein, sie zusammen mit seiner Ehefrau zu Hause zu besuchen, und sagte, mein Vater könne ihm möglicherweise behilflich sein.

Mutter erzählte, dass die Augen des jungen Mannes sofort glücklich aufleuchteten, bevor er die Lider senkte und lächelte. Als sie später erfuhr, dass sie mit Saddam Hussein gesprochen hatte, dem zweiten Mann im Revolutionären Kommandorat, wurde ihr klar, dass er erst in diesem Augenblick begriffen hatte, dass sie den Mann nicht kannte, der dieses hohe Amt im Staat innehatte.«

Mehrere Schattenfrauen kicherten, denn es fiel ihnen schwer, sich vorzustellen, in welch gehobenen Kreisen Mayada verkehrt hatte. Sie konnten auch nicht begreifen, dass eine Frau so selbstbewusst sein konnte und die führenden Repräsentanten der Baath-Partei als gewöhnliche Menschen betrachtete oder dass sie vollkommen unbeeindruckt war von der Anwesenheit des Vizepräsidenten des Revolutionären Kommandorates.

Gewiss hatte es Saddam am Anfang vorgezogen, das Licht der Öffentlichkeit weitgehend zu meiden. Die Baathisten kamen erstmals 1963 an die Macht, verloren sie aber bald wieder, und als sie 1968 zurückkehrten, nahmen sie die meisten Menschen nicht sonderlich ernst und glaubten, es würde sich um ein ähnlich kurzes Intermezzo handeln wie beim ersten Mal.

Doch alle unterschätzten Saddam Hussein.

Saddam war zum Zeitpunkt der zweiten Machtübernahme der Baathisten zwar erst 31 Jahre alt, hatte aber aus den Fehlern von 1963 gelernt und war klug genug, sich im Hintergrund zu halten, bis die Macht der Partei gefestigt war. Heute weiß jeder Iraker, dass er sich mit dem Geheimdienst seine Machtbasis schuf. Von Anfang an hatte der Mukhabarat, der Terror- und Einschüchterungsapparat der Regierung, Saddam unterstanden, und obwohl er der alleinige Architekt des Terrors war und auch persönlich viele Iraker ermordete, unternahm er große Anstrengungen, vor der Öffentlichkeit den kultivierten Menschen mit feinen Manieren zu mimen.

Mayada erzählte den Frauen, dass ihre erste Begegnung mit Saddam am einschneidendsten und schmerzlichsten Wendepunkt ihres Lebens stattgefunden habe und dass sie deshalb die Erinnerung daran bis jetzt aus ihrem Gedächtnis zu verbannen versucht habe.

»Mein Vater starb 1974 an Darmkrebs, und vor der Beerdigung erhielten wir einen Telefonanruf von Saddam Hussein, der damals noch immer Vizepräsident des Revolutionären Kommandorates war. Er bekundete uns sein Beileid und sagte, er hoffe, zur Trauerzeremonie erscheinen zu können.«

Wenn eine irakische Familie um einen Verstorbenen trauert, bleiben die Türen ihres Hauses sieben Tage lang unverschlossen. Besucher kommen und gehen, ohne zu läuten oder anzuklopfen, und im Laufe dieses Tages kam ein Abgesandter vom Präsidentenpalast ins Haus von Mayadas Mutter und überbrachte einen Brief von Saddam.

»Als meine Mutter den Umschlag öffnete, sah sie, dass sich darin 3000 Dinar (rund 10 000 Dollar) befanden. Mit diesem Geld hätte man ein Haus kaufen können, aber wir besaßen ja bereits eines. Mutter wollte, dass wir Saddam anriefen, um uns zu bedanken, aber ich erinnerte sie daran, dass man im Irak nicht auf diese Weise auf ein Geschenk reagiert. Man bedankt sich nicht mit Worten, sondern ebenfalls mit einem Geschenk oder einer anderen Gegenleistung. Dennoch beharrte Mutter darauf, dass es ungezogen wäre, sich bei Saddam nicht für seine Großmut zu bedanken. Sie sagte, es kümmere sie nicht, was ein Iraker für angemessen halte oder nicht. Meine Mutter fühlte sich ebenso wie ihr Vater Sati als arabische Nationalistin und sagte immer, sie sei weder Irakerin, Syrerin oder Libanesin, sondern schlicht Araberin. Sie wollte vollendet höflich sein, auch wenn ich in diesem Fall ein anderes Vorgehen für angemessen hielt.

Da meine Mutter keine Söhne hatte, übernahm ich als älteste Tochter die Aufgabe, die Familie zu repräsentieren. Ich wollte aber diesen Anruf nicht machen. Von klein auf war ich von meinem Vater beeinflusst worden. Er mochte die Baathisten nicht und ich daher auch nicht. Viele meiner Schulfreundinnen waren Parteimitglieder, ich jedoch bin der Partei nie beigetreten. Wie wir alle wissen, durften nur Parteimitglieder an einer Universität studieren, aber für die Kinder und Enkel von Sati al-Husri wurde eine Ausnahme gemacht. Und obwohl wir keine Baathisten waren, erhielten wir in vielen Dingen eine bevorzugte Behandlung.

Ich wollte einfach nicht mit Saddam Hussein reden, einem Mann, dem mein Vater misstraute. Aber gegen meine Mutter konnte man sich nur schwer durchsetzen, und daher musste ich ihren Wunsch erfüllen. Ich war erst achtzehn

Jahre alt, aber dennoch rief ich den Vizepräsidenten unter seiner direkten Nummer an. Mir fiel auf, dass er eine leicht näselnde Stimme hatte, aber er war außerordentlich höflich. Ich wollte das Telefonat so schnell wie möglich hinter mich bringen, daher dankte ich ihm für seine freundliche Großzügigkeit und wartete darauf, dass er sich verabschiedete. Er sagte, es tue ihm sehr leid, dass er nicht zur Trauerzeremonie hatte kommen können, und er bat meine Angehörigen, ihm dies zu verzeihen. Er war so höflich und taktvoll, dass er mich tatsächlich einwickelte«, gestand Mayada den Schattenfrauen. »Ich schäme mich, es zu sagen, aber als ich den Hörer auflegte, war ich eine Anhängerin von Saddam Hussein.«

Samara und mehrere Frauen nickten verständnisvoll. Zu Beginn seiner Herrschaft hatten viele Iraker Saddam Hussein unterstützt. Er hatte ehrgeizige Pläne zur Entwicklung des Landes und setzte rasch Maßnahmen durch, die das Leben der meisten Iraker verbesserten. Er war beeinflusst von Satis Vorstellung, dass alle Iraker Zugang zu Bildungseinrichtungen haben sollten, er ließ in jedem Dorf eine Schule bauen und bildete Tutoren für die Erwachsenen aus. Dann befasste er sich mit dem Gesundheitswesen und ließ Krankenhäuser und Kliniken errichten. Innerhalb weniger Jahre öffnete er alle Berufszweige auch für Frauen und schuf damit die Voraussetzungen für eine weitgehende Gleichberechtigung der Frau, von der in den anderen arabischen Staaten keine Rede sein konnte. Für kurze Zeit hatte es den Anschein, als würde es im Irak tatsächlich vorwärtsgehen. Aber natürlich hatte sich Saddam stets sorgfältig bemüht, seine Pläne zur Errichtung einer allmächtigen Geheimpolizei zu verschleiern, sodass die meisten Menschen nicht ahnen konnten, welcher Albtraum sie erwartete.

Meine Mutter galt als die modebewussteste Frau im ganzen Irak und reiste häufig zu den Präsentationen von Modeschöpfern nach Paris, wo sie sich mit Modellen der neuesten Herbst- oder Frühjahrskollektionen eindeckte. Das war Saddam bekannt, und so erhielt meine Mutter kurz nach der Dinnerparty aus dem Palast einen Katalog für Herrenmode, zusammen mit einer Notiz von Saddam, der sie bat, den Katalog durchzusehen und jene Anzüge oder Kleidungsstücke zu markieren, die ihr für einen Mann in seiner Position angemessen erschienen.

Wer Saddam kannte, wusste, dass er gute Kleidung liebte; er wechselte seine Designeranzüge bis zu fünfmal am Tag. Meine Mutter sagte, ihr imponiere dieser arme Dorfjunge, der sich nun ein Modehaus kaufen könne, wenn er es wünschte. Also blätterte sie den Katalog durch, sah sich die Anzüge an, die Saddam offensichtlich bevorzugte, und stellte dabei erstaunt fest, dass es ihm vor allem jene Seidenjacketts angetan zu haben schienen, die von Croupiers in Spielcasinos getragen werden und die aus naheliegenden Gründen keine Taschen haben. Meine Mutter hatte immer Umgang mit Politikern und hochgestellten Persönlichkeiten gepflegt und erklärte Saddam daher unverblümt, dass seine Vorliebe unpassend sei und er niemals Seidenanzüge ohne Taschen kaufen solle. Nachdem sie für Saddam eine kurze Notiz über diese geschmacklosen Seidenjacketts verfasst hatte, kreuzte sie im Katalog einige Anzüge an und ließ ihn vom Chauffeur der Familie in den Palast zurückbringen. Später, wenn Saddam bei Regierungsgeschäften im Fernsehen gezeigt wurde, sahen Mutter und ich, dass er Anzüge trug, die sie ihm empfohlen hatte.«

Die Schattenfrauen waren verblüfft und drängten Mayada, noch mehr zu erzählen.

»Im Jahr 1980 hatte meine Mutter den Vorsitz in einem Komitee, das einen repräsentativen Bildband über den Irak zusammenstellen sollte. Dabei handelte es sich um eine sehr teure Produktion mit durchgehend farbigen Bildern, und als das Buch fertig war, erhielt Saddam, der 1979 nach dem Rücktritt al-Bakrs Präsident geworden war, ein Vorab-

Exemplar aus dem Büro meiner Mutter. Er war sehr erfreut über das Buch und lud meine Mutter ein, ihn zusammen mit meiner Schwester und mir in seinem Amtssitz zu besuchen. Da Abdiya vor kurzem geheiratet hatte und nun in Tunis lebte, begleitete nur ich meine Mutter.

Als wir am Palast ankamen, wurden wir sofort in Saddams Büro geleitet. Der Krieg gegen den Iran hatte noch nicht begonnen, daher war Saddam nicht in Uniform. Er trug einen weißen Anzug mit einem schwarzen Hemd und einer weißen Krawatte. Meine Mutter stieß mich mit dem Ellbogen in die Seite. Ich hätte beinahe laut gelacht, als ich sie anschaute und sah, dass sie entsetzt die Augen verdrehte, weil der Präsident des Irak in diesem Aufzug aussah wie ein Imitator des berüchtigten Mafia-Gangsters Al Capone. Später sagte meine Mutter, Saddam Hussein gehöre zu jenen Männern, denen man nicht erlauben dürfe, ihre Garderobe selbst zusammenzustellen. Doch dieses Problem erledigte sich bald von selbst, denn als der Krieg gegen den Iran anfing, sah man Saddam nur noch in Uniform. Meine Mutter meinte einmal, das sei das einzig Gute an diesem schrecklichen Krieg.

Im Juni 1981 schrieb ich für meine Wochenendkolumne in der Zeitung *Al-Jumhuriya*, die den Titel »Itlalat« (Überblick) trug, einen Artikel, in dem ich unseren Begriff der Zeit mit der Zeit von Allah verglich, die unendlich ist, und bezog mich dabei auch auf die Theorie Albert Einsteins, die eine Endlichkeit der Zeit möglich erscheinen lässt. In dem Artikel schrieb ich auch, ich wünschte, der Tag hätte 48 Stunden anstatt nur 24. In der Zeitung wurde mein Artikel sehr gelobt, aber dann erhielt ich einen unerwarteten Anruf von meiner Mutter. Sie bat mich, schnell nach Hause zu kommen. Es habe jemand vom Palast angerufen, der Anrufer werde sich in Kürze wieder melden. Als ich den Hörer auflegte, hatte ich ein mulmiges Gefühl. Mich beschlich die Angst, der Artikel könnte dem Präsidenten missfallen haben, der nach Beginn des Krieges zunehmend reizbarer wurde. Wenige Minuten nachdem ich zu Hause angekommen war, läutete das Telefon. Der Anrufer war ein höflicher Mann namens Amjed, der sich als Saddams Privatsekretär vorstellte. Er teilte mir mit, der Präsident wünsche mich am folgenden Tag um 17.00 Uhr zu sehen. Ich solle nach Al-Qasr al-Jumhouri kommen, in den Republikanischen Palast in Karadda am Tigris.

Meine Besorgnis wuchs, und ich dachte, ich würde es nicht aushalten, die ganze Nacht im Ungewissen darüber zu sein, weshalb ich zu Saddam bestellt worden war, daher fragte ich den Sekretär geradeheraus, ob irgend etwas nicht in Ordnung sei. Amjed kicherte und antwortete: ›Nein, nein, es ist alles gut, liebe Schwester, der Präsident hat Sie wegen Ihrer Arbeit zu sich bestellt.‹

Seine Worte beruhigten mich, und ich rief Sahib Hussain al-Samawi an, den zuständigen Redakteur bei der Zeitung, und erzählte ihm, was geschehen war. Natürlich reagierte auch er aufgeregt und sagte, ich solle sofort am nächsten Tag zu ihm ins Büro kommen, wenn ich den Palast verlassen hätte, und ihm Bericht erstatten. Ich war damals verheiratet, aber meine Ehe war nicht glücklich. Mein Mann Salam war jedoch über diese Neuigkeit erfreut und bot mir an, sich in seiner Kaserne um einen Urlaubsschein zu bemühen und mich zum Präsidenten zu begleiten. Sein Kommandeur gab ihm wegen dieser Einladung sogar den ganzen Tag frei. Am nächsten Tag kam er gegen 11.30 Uhr nach Hause, nahm ein Bad, zog sich um und versicherte mir, er werde mich um 16.00 Uhr zum Palast bringen.

Salam hatte mehrere Freundinnen, und als er um 16.30 Uhr noch immer nicht zu Hause war, wusste ich, dass er mich wieder einmal versetzen würde. Ich musste nun schnell ein Taxi finden, das mich zum Palast brachte, denn meine Mutter hatte geglaubt, ich könne mich auf Salam verlassen, und hatte sich von unserem Chauffeur mit unserem Wagen zu einer Veranstaltung fahren lassen. Ziemlich gehetzt und zerzaust erreichte ich den Palast fünf Minuten vor meinem Termin, aber ich konnte mich noch kurz zurechtmachen. Ich wurde von einem Sekretär von einem großen Raum in den nächsten geführt, bis wir schließlich in einen riesigen Salon gelangten, in dem bereits viele andere Iraker auf ihre Audienz bei Saddam warteten. Trotz des Krieges war in diesem Palast alles im Überfluss vorhanden. Den Gästen wurden Obstsäfte und verschiedene Softdrinks gereicht, die in großen Kristallgläsern serviert wurden. Jedes Glas kostete vermutlich mehr, als die meisten Iraker pro Woche verdienten. Nach einigen Minuten wurden wir alle in einen weiteren großen Raum geleitet, in dem auf einem Tisch ein riesiges Buffet mit allen erdenklichen Köstlichkeiten aufgebaut war. In der Mitte des Tisches stand eine gehäuft volle Schale mit bestem Beluga-Kaviar, aber die meisten der Anwesenden waren arme Iraker, die noch nie Kaviar gesehen hatten und sich weigerten, diese glänzenden schwarzen Fischeier zu probieren, auch nachdem ich ihnen versichert hatte, dass es sich um etwas Essbares handelte, um eine Speise, die zudem sehr teuer wäre und überall in der Welt als Delikatesse geschätzt würde. Auf einem Nebentisch waren Obstsorten aller Art, auch Ananas, Mangofrüchte und Kirschen angerichtet.

Ich war zu nervös, um etwas zu essen, doch die übrigen Anwesenden ließen es sich schmecken. Eine Dame mit hellrot gefärbten Haaren kam auf mich zu. Sie versuchte, sich mit mir anzufreunden, und erzählte mir, dass sie sich sehr freue, Saddam persönlich kennenzulernen, denn sie habe ihm einen Brief geschrieben, in dem es um eine Erbschaft ging, die man ihr vorenthalten habe, und sie sei zuversichtlich, dass sie zu ihrem Recht kommen werde. Sie deutete an, dass sie der Präsident auch als Mann durchaus anspreche, doch das machte mich misstrauisch, und ich begab mich in den gegenüberliegenden Teil des Raums, wo ich mit einer älteren Frau ins Gespräch zu kommen versuchte. Aber die bedauernswerte Frau war so nervös, dass sie mir kaum ihren Namen nennen konnte, und ihre Hände zitterten so stark, dass sie den Fruchtsaft in ihrem Glas auf den Perserteppich verschüttete. Daher entfernte ich mich auch von ihr.

Nach dem Essen wurden wir zurück in den Salon geführt, wo man uns Tee servierte. Wir saßen da und warteten, und ich dachte schon, man hätte uns vergessen, da betrat ein Mann in Militäruniform den Raum und rief meinen Namen. Als ich hinausging, glaubte ich neidische Blicke in meinem Rücken zu spüren. Ich wurde in einen weiteren Salon geführt, der kleiner war als der erste, aber noch prunkvoller eingerichtet. Bald hörte ich lauten Lärm, Uniformierte liefen umher, und ich begriff, dass Saddam angekommen war. Nach ungefähr einer Stunde kam ein Uniformierter in das Zimmer und forderte mich auf, ihm zu folgen. Ich war mittlerweile schon ein wenig erschöpft, aber ich folgte ihm unverzüglich. Er führte mich in einen anderen Raum, in dem ein großer Holzschreibtisch stand. Vor dem Schreibtisch waren blau gepolsterte Stühle aufgestellt, in deren Holz goldene Blattmuster eingeprägt waren.

Der Mann schüttelte mir die Hand, beglückwünschte mich und erklärte mir dann, wie ich mich gegenüber dem Präsidenten verhalten solle. Streng wies er mich an, dass ich nicht als Erste sprechen und auch nicht meine Hand zur Begrüßung vorstrecken, sondern nur entsprechend reagieren dürfe, wenn er mir seine Hand anbot.

Ich war überrascht, denn als ich Saddam das letzte Mal gesehen hatte, war er sehr zugänglich und bescheiden gewesen. Ich kam zu dem Schluss, dass er nun allmählich ein neues Gesicht zeigte.«

Samara lachte und flüsterte: »Vielleicht war das sein wahres Gesicht und das alte nur eine Täuschung.«

Mayada nickte zustimmend, bevor sie ihre Geschichte fortsetzte. »Ein Adjutant öffnete zwei große Holztüren zu einem anderen Raum. Saddam saß hinter einem Schreibtisch. Er trug eine große Brille, die ich noch nie an ihm gesehen hatte, und seine Uniform, hatte sich aber äußerlich nicht sehr verändert, seit ich ihm das letzte Mal begegnet war. Er war ein Mann mit dunklem Teint und lockigen Haaren und einem schweren Schnauzbart und hatte noch die kleine, hellgrüne Tätowierung unter der Nase, die er einige Jahre später entfernen ließ.

Saddam überraschte mich dadurch, dass er mich anlächelte und mir eine Hand entgegenstreckte, die ich ergriff, so wie es mir der Protokollbeamte erklärt hatte. Dann fragte er: ›Wie geht es unserer kreativen Autorin?‹ Ich antwortete, wie es im Irak Brauch ist, und sagte, solange er wohlauf und stark sei, würden auch alle Iraker wohlauf und stark sein. Daraufhin erkundigte er sich nach dem Befinden der Leute bei der Zeitung, und ich berichtete ihm, dass sie alle mich gebeten hätten, ihm ihre Liebe und ihren Respekt zu übermitteln. Er lächelte breit und sagte: ›Ich habe Ihren Artikel über die Zeit gelesen. Er war hervorragend. Sie machen Ihrem Großvater Sati al-Husri wirklich alle Ehre. Er hätte sich bestimmt gefreut.‹ Dann berührte er mich leicht an der Schulter und sagte: ›Ich möchte, dass Sie mir versprechen, was immer auch geschieht, dass Sie sich bei Ihrer Arbeit stets von den Ideen unserer großen Revolution leiten lassen. Schreiben Sie, was Ihre Redlichkeit Ihnen gebietet, und Sie sind auf dem richtigen Weg.‹

Ich dankte ihm für seine freundlichen Worte. Dann fragte er mich, ob ich ein Auto hätte, was ich bejahte, und er wollte wissen, ob ich mit meinem Haus zufrieden sei. Ich bejahte auch diese Frage. Er wirkte amüsiert und sagte: ›Sie sind Salwas Tochter. Sie brauchen nichts und niemanden.‹ Mir erschien diese Bemerkung seltsam, aber als ich eine Weile darüber nachdachte und auch darüber, wie er sie ausgesprochen hatte, begriff ich, dass er mir ein Kompliment machen wollte, denn mein Großvater Sati hatte seine Tochter zu einer starken Frau mit einer eigenen Meinung erzogen und hatte dafür gesorgt, dass sie eine qualifizierte Ausbildung erhielt, die ihr Unabhängigkeit verlieh – was bei irakischen Frauen sehr selten ist.

Dann rief Saddam jemanden an, und ein Fotograf kam ins Zimmer und machte einige Aufnahmen. Saddam überraschte mich, als er mich auf die Stirn küsste und sagte, ich solle weiterhin daran arbeiten, mich als würdige Enkelin des großen Sati al-Husri zu erweisen. Zum Schluss meinte er: ›Allein der Gedanke an Ihren Großvater Sati al-Husri und an all das, wofür er stand, erfüllt mich mit Stolz darauf, ein Araber zu sein.‹ Dann reichte er mir ein letztes Mal die Hand und geleitete mich zur Tür. Als ich in den Nachbarraum kam, übergab mir der Mann namens Amjed einen Umschlag und zwei Etuis aus Leder. Er sagte, es stehe ein Wagen bereit, der mich zu jedem beliebigen Ziel bringen würde. Ich sagte ihm, er solle mich zum Büro von *Al-Jumhuriya* fahren, wo ich meinen Chef Sahib Hussain al-Samawi treffen wollte, um ihm wie versprochen Bericht zu erstatten.

Sahib war begeistert über das Treffen und über Saddams Lob. Er erwog, meinen Artikel am nächsten Tag ein zweites Mal in der Zeitung zu bringen. Es werde bereits ein Kommentar geschrieben über Saddams Interesse an meiner Arbeit und über die Bewunderung, die er für diesen Artikel über die Zeit bekundet hatte.

Als ich nach Hause kam und den Umschlag öffnete, sah ich, dass er wieder genau 3000 Dinar enthielt. In den beiden Lederetuis befanden sich Uhren. Eine war eine teure Patek-Phillipe-Uhr mit Diamanten auf weißem Gold, in die Saddams Name eingraviert war; die andere war eine Golduhr des Fabrikats Omega mit Saddams Porträt auf dem Zifferblatt. Ich entschloss mich, meiner Mutter eine kleine Freude zu machen. Als sie nach Hause kam, trug ich beide Uhren an den Handgelenken. Meine Mutter bekam einen Lachanfall. Ich benutzte beide Uhren abwechselnd einige Wochen, dann legte ich sie in eine Schublade, denn ich ertrug es nicht mehr, alle paar Minuten Saddams Gesicht oder seinen Namen zu sehen. Einige Tage später erschien ein Abgesandter des Palastes bei der Zeitung und überreichte mir eine ledergebundene Mappe mit goldener Einfassung; sie enthielt zwei Fotos von Saddam und mir. Sahib ließ eines davon für das Büro einrahmen und stellte es auf seinen Schreibtisch. Meine Mutter ließ das andere rahmen und fand dafür einen Platz auf einem Bücherregal im Wohnzimmer.«

Mayada machte eine Pause und schaute in die Gesichter ihrer Mitgefangenen. Die Frauen sahen sie an und wollten weitere Geschichten hören. Samara sagte, sie dürfe nicht aufhören und müsse ihnen alle ihre Treffen mit Saddam in allen Einzelheiten schildern.

Mayada lachte und sagte, sie werde vom Flüstern bald heiser werden, erklärte sich aber bereit, ihnen noch einige wichtige Dinge zu erzählen über zwei oder drei weitere Begegnungen.

»Im Jahr 1982«, fuhr sie fort, »schrieb ich für die Zeitschrift *Fonoun* einen Essay mit dem Titel ›Die wundervolle Stille‹, der vom Krieg handelte, im Grunde aber die romantische Geschichte einer Frau war, die einem Mann sagte, sie brauche keine Worte, um ihre Gefühle auszudrücken, denn ihre Liebe sei wie große Poesie. Muhammed al-Jazaeri, der Chefredakteur dieser Zeitschrift, rief mich noch am Tag des Erscheinens an. Aufgeregt teilte er mir mit, dass der Informationsminister Latiff Nusaif Jassim mir einen Brief mit einer großen Summe überreichen und einen Fernsehapparat schenken wolle. Ich solle am nächsten Tag um 10.00 Uhr im Ministerium erscheinen.

In dieser Nacht habe ich kein Auge zugetan«, sagte Mayada. »Ich war erstaunt, dass dieser gefühlvolle Text Saddams Interesse gefunden hatte.«

»Warum warst du überrascht?«, fragte Iman. »Jeder Iraker weiß, dass Saddam ein romantischer Mensch ist.«

»Das stimmt«, bestätigte Aliya. »Mein Bruder, der General, kennt einen seiner Leibwächter, und dieser Mann hat erzählt, dass Saddam gern Geschichten liest, in denen es um die Liebe einer schönen Frau zu einem tapferen Krieger geht. Wahrscheinlich hat er sich selbst in diesem Artikel gesehen.«

»Mag sein«, gab Mayada zu. »Wie auch immer, am nächsten Vormittag fand ich mich um 10.00 Uhr im Informationsministerium ein: Der Minister war außerordentlich freundlich und sagte: ›Ihnen gelingt es stets, Abu Udai (Vater von Udai, das heißt Saddam; A.d.Ü.), unseren großen Führer, Allah möge ihn beschützen, durch Ihre Texte zu erfreuen.‹ Minister Jassim betonte, dass er die Worte des Präsidenten exakt wiedergebe und dass dieser ihn beauftragt habe, mir auszurichten, es sei für ihn wie eine erfrischende Brise, meine Texte zu lesen, während er mit seiner nationalen Pflicht (dem Krieg gegen den Iran) beschäftigt sei. Der Präsident bedauere, mir diese Auszeichnung nicht persönlich überreichen zu können, denn er befinde sich an der Front, um die Helden des Irak zu befehligen.«

Mayada behielt den Rest der Geschichte für sich, denn sie hatte für sie ein betrübliches Ende genommen. In der folgenden Woche war der Artikel ein zweites Mal gedruckt worden, und zwar mit einem Hinweis auf die Auszeichnung durch Saddam. Mayada wurde als Autorin genannt und mit einem Foto vorgestellt. Darauf erhielt sie haufenweise Briefe von Frontsoldaten. Einer dieser Briefe, den sie nie vergaß, war nicht unterzeichnet. Der Anonymus gestand ihr, dass er sich bisher immer auf ihre Artikel gefreut habe, nun aber sehr enttäuscht sei und sie künftig nicht mehr lesen werde, da er jetzt wisse, dass sie »zu ihnen« gehöre. Er meinte wohl, zu Saddams Gefolgsleuten. Anschließend beklagte er, dass sie nur schreibe, was man ihr auftrage. Mayada war durch diesen Brief tief verletzt, denn sie wusste, dass ihr noch nie jemand vorgegeben hatte, was sie schreiben solle. Sie verfasste keine politischen Kommentare, die freilich immer auf der Parteilinie sein mussten, sie schrieb einfach nur, was sie über das Leben und die Liebe dachte, und so hatte auch Saddam an ihren Texten Gefallen gefunden. Sie erzählte weiter: »Meine dritte Auszeichnung erhielt ich 1983, nachdem ich von einer längeren Reise in den Sudan zurückgekehrt war, die ich im Auftrag der Regierung unternommen hatte. Ich verfasste einen Artikel mit dem Titel ›Die vertikalen Strahlen der Sonne‹, in dem ich über die große Hitze im Sudan und über die Armut des Landes schrieb.

Abermals erhielt ich aus dem Informationsministerium die Nachricht, dass mir der Präsident eine Auszeichnung verleihen wolle und dass ich mich am nächsten Tag um 16.45 Uhr im Präsidentenpalast einfinden solle.

Wir hatten zwar schon Ende November, aber es war noch recht warm. Als ich beim Palast ankam, sah ich erstaunt, dass es dort von Menschen wimmelte, und ich dachte zuerst, hier würde ein Markt abgehalten oder eine andere Volksvergnügung stattfinden. Aber als ich mir die Leute genauer anschaute, bemerkte ich, dass keine Fröhlichkeit in den Gesichtern stand – im Gegenteil, alle sahen ziemlich bedrückt aus. Die Frauen waren schwarz gekleidet, zum Zeichen der Trauer um ihre Söhne und Ehemänner, die an der Front als Märtyrer gestorben waren. Mir kam es vor, als wirke der Palast genauso schäbig wie die armen Iraker, die sich davor auf dem Rasen drängten, und dann fiel mir wieder ein, dass mittlerweile alle Erlöse aus dem Ölexport für den Krieg verwendet wurden, sodass mich dies eigentlich nicht hätte überraschen sollen.

Plötzlich begriff ich, dass all diese Leute gekommen waren, um Geld in Empfang zu nehmen. Aus den Nachrichten wusste ich, dass jede Witwe oder jede Familie, die einen Sohn verloren hatte, vom Staat 5000 Dinar (15 000 Dollar) erhielt. Dieses Geld war als *Diyya* gedacht, als Entschädigung für den Tod eines Familienangehörigen. Ich wusste, wie es ablief. Saddam würde alle diese Leute empfangen, in Gruppen von jeweils fünf Personen. Jeder Betroffene würde Saddam einen Brief überreichen, in dem dargestellt wurde, wo der Vater oder der Sohn gefallen war. Saddam würde diese Briefe lesen und dann darauf notieren, wie viel Geld die jeweilige Person erhalten solle. Anschließend würden sich die Leute mit ihren Briefen zum Schatzamt des Palastes begeben, wo ihnen der Betrag ausgezahlt werden würde.

Doch bald ging der Regierung das Geld für diese Entschädigungszahlungen aus, denn es gab einfach zu viele Gefallene. Später erfuhr ich, dass die saudische und die kuwaitische Regierung dem Irak zu Hilfe kamen und ihm finanzielle Mittel für diese Zahlungen zur Verfügung stellten. Der Iran war mittlerweile zu einer gefürchteten Macht in der Region herangewachsen, und die Herrscherfamilien von Kuwait und Saudi-Arabien unterstützten den Irak, weil er den Iran in seine Schranken wies.

Als ich in den Palast kam, führte mich der Sekretär in das Büro von Hussain Kamil, der damals noch ein rangniedriger Offizier war, aber später Raghad, die älteste Tochter Saddams, heiraten und zu einem der wichtigsten Vertrauten Saddams aufsteigen sollte. Doch Kamils Karriere fand ihr Ende, als Udai, Saddams ältester Sohn, eifersüchtig darauf wurde, dass Kamil aus verschiedenen Regierungsprojekten enorme Geldsummen abzweigte und auf seine Privatkonten fließen ließ. Udai wurde zum erbitterten Feind seines Schwagers. Da Kamil wusste, dass Udai, der allgemein als wahnsinnig galt, ihn eines Tages umbringen würde, floh er nach Jordanien und demütigte Saddam dadurch, dass er den Feinden des Irak verriet, was er über die irakischen Waffenprogramme wusste. Saddam überredete ihn, in den Irak zurückzukehren. Er schwor mit der Hand auf dem Koran, dass er dem Vater seiner Enkel kein Haar krümmen werde.

Kamil kehrte törichterweise zurück und war natürlich wenige Tage später ein toter Mann.

Doch als ich ihn kennenlernte, war Kamil noch ein ganz normaler Mensch. Ich muss gestehen, ich empfand von Anfang an eine Abneigung gegenüber Hussain«, sagte Mayada, begann zu lachen und legte sich schnell eine Hand auf den Mund. »Es hatte nichts damit zu tun, dass er ein ziemlich unattraktiver Mann war, klein und mit einer langen, krummen Nase, die seinen buschigen Schnauzbart überschattete. Er stieß mich ab, als ich ihm in die Augen sah, denn ich erkannte sofort, dass er seine gesamte Umgebung, auch mich, nur verachtete.

Doch er widmete sich aufmerksam seinen Pflichten. Außer mir waren noch ein Dichter und ein Musiker eingeladen worden, die ebenfalls Auszeichnungen erhalten sollten.

Beide waren recht außergewöhnlich. Der Musiker war ein großer Mann mit dunklem Teint, dessen Augen fröhlich blitzten. Er hatte ein populäres patriotisches Lied geschrieben, das sehr mitreißend war, und Saddam hatte angeordnet, dass es in allen Einheiten der Armee gespielt werden sollte. Im Text hieß es: ›O mein Heimatland, deine Erde ist wie mein *Kafour* (getrocknete Eukalyptusblätter, die Muslime über dem Leichentuch eines Verstorbenen verstreuen, bevor er bestattet wird).‹ Erinnert ihr euch an dieses Lied?«, fragte Mayada. Mehrere Schattenfrauen nickten, und Samara legte den Kopf leicht schief, als sie ein paar Töne vor sich hin summte.

»Der Dichter war das genaue Gegenteil des Musikers, ein kleiner, dürrer Mann mit gelblicher Haut. Er hatte ein Gedicht geschrieben, in dem Saddams Größe gerühmt wurde und das die Verehrung ausdrückte, welche die Iraker ihrem Präsidenten entgegenbringen.

Nach kurzer Zeit führte man uns in einen anderen Raum, und ich wurde zu Saddam gerufen. Die beiden Männer waren mittlerweile schon so nervös und aufgeregt wegen des bevorstehenden Treffens, dass der Musiker aufsprang und sein Lied sang und der Dichter seine Verse aufsagte.«

Samara musste lachen, und Mayada lachte ebenfalls.

»Ich war froh, dass ich von den beiden wegkam. Aber auch auf dem langen Weg über den Gang konnte ich ihre Stimmen noch hören.«

Nun lachten auch die übrigen Schattenfrauen.

Mayada sammelte sich und setzte ihre Erzählung fort. »Dieses Treffen war anders als alle vorhergehenden. Saddam wirkte ziemlich bedrückt. Ich begriff auch, warum er so niedergeschlagen war. Der Krieg gegen den Iran entwickelte sich zur Katastrophe. Saddam hatte Khomeini unterschätzt. Mich schaudert noch immer, wenn ich daran denke, dass Khomeini Jugendliche in Minenfelder jagen ließ, um sie für die vorrückenden Truppen zu räumen. Wie sollte der Irak einen solchen Gegner besiegen?

Saddam beglückwünschte mich zu meiner Arbeit und sagte, er sei erfreut darüber, dass ich so frei meine Gedanken äußere. Von einer Enkelin Sati al-Husris, fuhr er fort, habe er auch nichts anderes erwartet. Er sprach schneller, als er mir erklärte, dass er ungeachtet dessen, was andere dächten, in der Literatur und im Journalismus eine gewisse Vielfalt der Meinungen für nötig halte. Und genau diese würde ich den Menschen bieten. Er erklärte, dass ihm meine Arbeit sehr zusage und dass er den Journalismus keinesfalls in eine Uniform stecken wolle. Unvergesslich bleibt mir seine Bemerkung, das irakische Volk müsse auch noch an andere Dinge denken als an den Krieg. Schließlich fügte er noch hinzu, dass die Liebe einer treuen Frau ein Traum sei, den wohl jeder Mann träume.

Nun, ich war so verblüfft über seine offenen Worte, dass ich kaum etwas herausbrachte. Da lächelte er und sagte: ›Machen wir ein Foto.‹

Ich hatte das Gefühl, dass er an diesem Tag seine Termine möglichst schnell hinter sich bringen wollte, daher sagte ich, dass ich bereits ein Bild mit Seiner Exzellenz besitze. Ich wolle angesichts des Krieges nicht zu viel von seiner kostbaren Zeit beanspruchen. Da lachte er zum ersten Mal und meinte: ›Dann legen wir eben ein Album an, und wenn Sie weiterhin so talentiert schreiben, werden Sie eines Tages ein großes Fotoalbum haben.‹

Nach den Aufnahmen fragte er mich, ob ich etwas Besonderes benötige, das er mir schenken könne. Er war nun so gut gelaunt, dass ich mit meinem innigsten Wunsch herausplatzte. Ich sagte ihm, dass ich mich danach sehnte, mit meiner Tochter Fay nach London zu reisen und meine Mutter zu besuchen. Sie erholte sich dort von einer Operation. Er fragte, ob ich auch Salam mitnehmen wolle, aber ich erwiderte, dass mein Ehemann an der Front kämpfe und ich ihn nicht davon abhalten wolle, seine vaterländische Pflicht zu erfüllen. Und dann« – Mayada schnippte mit den Fingern – »sagte Saddam einfach, meine Bitte sei gewährt. Das war eine der größten Überraschungen, die ich erlebt habe. Wie wir alle wissen, dürfen Iraker in Kriegszeiten das Land nicht verlassen, außer sie reisen im Auftrag der Regierung. Ich stand sprachlos da, während er seinen Sekretär hereinrief und ihn anwies, Flugtickets für mich und meine Tochter zu besorgen. Wir würden nach London fliegen. Dann überraschte mich Saddam ein weiteres Mal, als er anordnete, dass ich außerdem ein Reisegeld von 5250 Dinar (16 000 Dollar) erhalten solle. Nie werde ich den Gesichtsausdruck des Sekretärs vergessen. Schließlich gehörte ich nicht zum innersten Machtzirkel, und der Sekretär konnte es nicht fassen, dass für mich eine solche Ausnahme gemacht wurde.

Mag sein, dass meine Texte Saddam gefielen, aber ich wusste doch, dass meine Verbindung zu Sati der Hauptgrund dafür war, dass ich so privilegiert war. Als ich den Palast verließ, dachte ich darüber nach, wie der Respekt und die Bewunderung, die mein Großvater Jido Sati bei allen

Irakern erlangt hatte, auch bei Saddam, nun mein eigenes Leben auf so erfreuliche Weise beeinflussten. Ich dankte Jido Sati und hoffte, dass er mich hörte.

Seit dieser Zeit verfolgte Saddam meine Veröffentlichungen, wie ich erfuhr. Im Jahr 1984 rief die irakische Nachrichtenagentur meine Mutter in London an, als sie zusammen mit mir auf einer Rundreise durch England war, und teilte ihr mit, dass die Artikel ihrer Tochter von Präsident Saddam Hussein als die besten journalistischen Arbeiten des Jahres 1983 ausgezeichnet worden seien. Es überraschte mich, dass gerade jene Artikel, die von Wahrsagern handelten, Saddam am besten gefallen hatten. Aber wir machten zu dieser Zeit die schlimmste Kriegsphase durch, und Wahrsager hatten im Irak einen enormen Zulauf. Die Leute suchten einfach auf unorthodoxen Wegen nach Lösungen für die Krise. Ich hatte auch einen Artikel über Parapsychologie geschrieben. Dieser war im Rahmen eines Projekts entstanden, das nur für Saddam bestimmt war und von der Direktion für die Überwachung von Veröffentlichungen organisiert worden war, einer Abteilung des Informationsministeriums, die in Wirklichkeit jedoch eine eigenständige Behörde war.

Eines Tages erhielt ich vom Palast telefonisch die Nachricht, dass Saddam mich über den Fortgang dieser Studien befragen wolle. Ich begab mich zum Palast und hoffte, dass der Präsident guter Laune war. Aber wegen der fatalen Lage an der Front wirkte Saddam wieder bedrückt. Er kam schnell zur Sache und erklärte mir, dass er stark an einem Phänomen namens ASW oder Außersinnliche Wahrnehmung interessiert sei, und bat mich, für ihn Nachforschungen über solche Phänomene anzustellen. Dann fügte er noch hinzu, dass die Russen auf diesem Gebiet hervorragende Arbeit leisteten.

Ich engagierte mich stark für dieses Projekt und stellte meine Ergebnisse dem Komitee vor. Aber ich hörte nichts mehr von Saddam und vergaß die Sache schließlich. Dann erhielt ich 1986 eine Nachricht vom Journalistenverband. Man teilte mir mit, Präsident Saddam sei von meiner Forschungsarbeit so beeindruckt gewesen, dass er mir zwei Grundstücke geschenkt habe. Sie lägen im Stadtteil Saydiya in Bagdad. Das war das letzte Mal, dass ich eine persönliche Nachricht von Saddam erhielt.«

Samara wollte gern noch mehr hören und fragte: »Und was war mit Saddams Ehefrau? Du hast versprochen, uns mehr über sie zu erzählen.«

Mayada nickte, aber bevor sie fortfahren konnte, riss ein Aufseher die Zellentür auf. Der Mann hatte ein hässliches Grinsen auf dem Gesicht und rief Samara heraus. Sie brach sogleich in Tränen aus, weil sie wusste, dass sie wieder gefoltert werden würde.

Nachdem Samara den Raum verlassen hatte, war den Frauen nicht mehr nach Unterhaltung zumute. Mayada stand vom Boden auf und setzte sich auf ihre Pritsche, auch die übrigen Schattenfrauen kehrten zu ihren Plätzen zurück. Sie warteten schweigend, denn sie wussten, wenn Samara zurückkam, würde sie ihre Hilfe benötigen. Zu wissen, was jetzt gerade mit Samara geschah, war so deprimierend, dass Mayada in tiefe Verzweiflung fiel. Einige Stunden später ging die Tür wieder auf, und Samara wurde in die Zelle gestoßen, wo sie zuerst umherstolperte und dann auf dem Boden zusammensackte. Mayada sah, dass sie aus der Nase und den Ohren blutete und ihre Arme mit Brandwunden von Zigaretten übersät waren.

Tränen liefen Mayada über die Wangen, als sie sich hinabbeugte und mithalf, Samara auf die Beine zu stellen. Unverhofft kam ihr das Gesicht ihres Vaters in den Sinn. Ihr Vater hatte ihr beigebracht, sanft zu sein, und hatte immer gesagt, wenn sie anderen kein Leid zufüge, werde auch ihr niemand ein Leid antun, aber als sie da auf Samara hinabschaute, wusste sie, dass ihr Vater unrecht gehabt hatte.

5

Saddams Gemahlin – »Lady Sajida«

Zwei oder drei Schattenfrauen versuchten, Samara hochzuheben, konnten sie jedoch nicht halten, sodass sie wieder zu Boden glitt. Auch Mayada wollte helfen, doch zu ihrer Überraschung trübte sich ihre Sehkraft, und Samaras Arm schien sich zuerst zu entfernen und klein zu werden, dann wieder anzuschwellen und in die Nähe zu rücken. Verwirrt stützte sich Mayada an der Wand der Zelle ab und blieb sitzen. Sie konnte zwar den kühlen Beton an Gesicht und Körper spüren, aber sie wurde von einer fast vollständigen Dunkelheit umfangen, und die Schattenfrauen kamen ihr vor wie nebelhafte Gestalten oder Rauchschwaden, die sich jederzeit rasch auflösen könnten.

Ihre Sehkraft ließ immer mehr nach. Mayada musste sich eng an die Mauer schmiegen. Dabei bemerkte sie, dass der Beton Risse und Einkerbungen aufwies, dünne Rillen, die von Fingernägeln herrührten. Bestürzt zuckte sie zurück. Diese Zeichen stammten von anderen Menschen, zu Tode verängstigten Irakern, die dieser Hölle entkommen wollten. Mayada legte ihre Finger in die Rillen und entdeckte zu ihrem Entsetzen, dass sie perfekt hineinpassten. Sie wollte schreien und weglaufen, doch es ging nicht. Sie war eine Gefangene in einer winzigen Zelle mit anderen Frauen. Kraftlos sank sie zu Boden, versuchte jedoch, sich wieder zu fassen, als sie hörte, wie die anderen Frauen sich bemühten, Samara zu helfen.

Erinnerungen an ein längst vergessenes Ereignis verdrängten allmählich die unerträgliche Gegenwart. Eines Tages im Jahre 1982 hatte Dr. Fadil einen kurzen Besuch in Mayadas Elternhaus gemacht, um zwei Bücher zurückzubringen, die er sich aus der umfangreichen Bibliothek ihrer Mutter ausgeliehen hatte. Bald nachdem er wieder gegangen war, klingelte jemand an der Haustür. Da ihre Mutter im Garten hinter dem Haus saß und ein Buch las, öffnete Mayada und stellte überrascht fest, dass es Umm Sami war, eine Frau aus der Nachbarschaft.

Umm Samis Familie wohnte zwar nicht weit entfernt, aber Mayada und ihre Mutter kannten sie nicht sonderlich gut. In letzter Zeit hatten sie jedoch öfter über Umm Sami gesprochen, denn als sie diese Frau das erste Mal gesehen hatten, war sie übergewichtig gewesen. Doch innerhalb von einigen Wochen hatte sie beträchtlich abgenommen und war nun ausgesprochen mager. Fast noch auffälliger war allerdings, dass Umm Sami öfter im Garten auf und ab ging und dabei immer wieder an ihren Haaren und ihrer Kleidung riss, was nur bedeuten konnte, dass sie trauerte. Tatsächlich hatte Mayada sie, erst eine Woche bevor sie an der Haustür klingelte, gefragt, ob in ihrer Familie jemand gestorben sei. Doch Umm Sami hatte ihr nur mit einer Geste bedeutet, sie allein zu lassen, und Mayada hatte sich höflich zurückgezogen. Nun hoffte sie, den Grund für die Tränen der Frau zu erfahren.

Zunächst stand Umm Sami stumm und zögernd an der Schwelle. »War das Dr. Fadil, den ich gerade gesehen habe?«, fragte sie dann unvermittelt. »Der Chef der Geheimpolizei?«

Mayada nickte. Sie wusste sehr wohl, dass jedermann im Irak Dr. Fadil aus der Zeitung oder dem Fernsehen kannte. Etwas Schreckliches muss Umm Sami oder ihrer Familie zugestoßen sein, dachte sie bei sich. »Ja, das war Dr. Fadil«, bestätigte sie.

Umm Sami warf sich an Mayadas Hals und schluchzte. »Ich muss wissen, was mit meinen Söhnen passiert ist. Ich habe zwei Söhne, Zwillinge, sie sind erst vierzehn Jahre alt und heißen Omar und Hassan. Sie sind zum Markt gegangen, um einen neuen Fußball zu kaufen, und nicht mehr zurückgekommen!«

Mayada führte Umm Sami behutsam in das Wohnzimmer. »Kommen Sie«, sagte sie beruhigend, »kommen Sie herein, und setzen Sie sich.«

Umm Sami wollte nicht aufhören zu weinen. »Wir haben ganz Bagdad abgesucht. Wir waren in allen Krankenhäusern und Polizeistationen und auf allen Friedhöfen. Wir haben nichts gefunden. Nichts. Nichts! Meine wunderbaren Söhne sind verschwunden.«

Mayada beeilte sich, Umm Sami ein Glas Wasser einzuschenken, und setzte sich dann zu ihrer verzweifelten Nachbarin. Mitfühlend beobachtete sie ihre leidvolle Miene, die hängenden Schultern und die unkontrolliert zitternden Hände der Frau. Im Hintergrund lief der Fernseher, aber Mayada schaltete ihn nicht aus.

Umm Sami nahm einen Schluck Wasser und stellte das Glas vorsichtig auf dem runden Tischchen neben sich ab. Dann räusperte sie sich und erzählte weiter. »Heute Morgen erhielt mein Mann einen anonymen Anruf. Der Mann behauptete, er sei von der Geheimpolizei verhaftet worden und mit unseren Söhnen in einer Zelle gewesen. Er sagte, unsere Jungen hätten ihm unsere Telefonnummer gegeben. Soweit er sich ihre Geschichte hatte merken können, waren sie die Straße entlanggegangen und plötzlich von zwei Männern angegriffen und geschlagen worden, die behaupteten, unsere Jungen hätten sie angestarrt. Sie waren vom Mukhabarat.« Sie blickte verwirrt auf Mayada. »Angestarrt? Seit wann ist es denn ein Verbrechen, jemanden anzustarren?«

Mayada legte die Hände in den Schoß. »Erzählen Sie weiter.«

Umm Sami schlug sich mit beiden Händen auf die Wangen und schrie jämmerlich auf. »Meine Söhne sind doch noch Kinder! Sie gehen noch zur Schule! Und sie haben nie irgendetwas angestellt!«

Mayada spürte eine leichte Übelkeit, als sie daran dachte, wie nett Omar und Hassan auf der Straße Fußball gespielt hatten. Die beiden waren hübsch und höflich und hatten immer viel gelacht. Wenn sie hörten, dass Mayada ihren Wagen startete, um in die Straße einzufahren, hatten sie ihr Fußballspiel immer sofort unterbrochen. Und diese Kinder waren jetzt im Gefängnis? Für das »Verbrechen«, jemanden angestarrt zu haben? Ein solches Verbrechen, dessen war sie sich sicher, gab es einfach nicht.

»Was kann ich tun?«, murmelte sie.

Umm Sami berührte Mayadas Wange. Ihr Blick war vage und unschlüssig. »Ich weiß, dass Dr. Fadil helfen kann. Bitte, rufen Sie ihn für mich an. Bitten Sie ihn, mir zu helfen, dass ich meine Jungen wiederbekomme.« Sie begann, sich mit ihrem langen, bleichen Zeigefinger ans Kinn zu klopfen. »Ich weiß, dass sie im Gefängnis sind. Dieser Anrufer hat sie perfekt beschrieben – groß, schlank, braunes Haar, jeder mit einem kleinen braunen Muttermal auf der Wange ... Wie viele Zwillinge soll es in Bagdad geben, auf die diese Beschreibung passt?« Ihre Stimme war zärtlich geworden, doch jetzt wurde sie wieder drängend. »Der Anrufer sagte, sie würden gefoltert. Gefoltert! Ich muss meine Söhne dort herausholen ...« Erneut begann Umm Sami, sich ins Gesicht zu schlagen, bis Mayada ihre Hand ergriff und festhielt.

Mayada wusste, dass es am klügsten war, nichts zu unternehmen, doch sie konnte Umm Samis Kummer nicht ignorieren. Diese arme Frau litt so sehr, dass sie ihr einfach helfen musste. »Ich werde Dr. Fadil anrufen«, versprach sie kühn. »Morgen. Ich werde ihn bitten, herauszufinden, wo Ihre Söhne sind. Wenn sie im Gefängnis sind und er sie ausfindig machen kann, wird er dafür sorgen, dass sie freigelassen werden.«

Umm Sami sprang auf und küsste Mayada mehrmals auf beide Wangen. »Ich wusste, dass Sie mir helfen würden!«, sagte sie überschwänglich.

In diesem Augenblick wurden die beiden Frauen auf eine laute Musik aus dem Fernseher aufmerksam. Die Abendnachrichten begannen. Auf dem Bildschirm war das lächelnde Gesicht eines Mannes zu sehen, dahinter Bilder von Soldaten und explodierende Feuerwerkskörper. Der Mann sang das Lied zum Lobpreis Saddams, das jeden Abend vor den Nachrichten erklang:

»O Saddam, unser Sieger;
O Saddam, unser Geliebter;
Du trägst das Erwachen der Nation
In deinem Blick …
O Saddam, alles ist gut
An dir …
Allah, Allah, wir sind glücklich;
Saddam erleuchtet unser Leben …«

Dann war Saddam Hussein im Bild. Zuerst sah man, wie er Schulmädchen mit weißen Kleidern und dunklen Locken die Köpfe tätschelte, danach, wie er von einem Balkon aus seinen jubelnden Anhängern zuwinkte. Schließlich erschien der Nachrichtensprecher wieder, und auch er fuhr fort, Saddams Größe zu preisen.

Mayada und Umm Sami starrten auf den Fernseher und sahen sich dann gegenseitig an. Keine von beiden sagte, was sie dachte, doch Mayada spürte, dass Umm Sami Saddam für einen Verbrecher hielt.

Die Iraker hatten im Laufe der Jahre durch zahlreiche Staatsstreiche immer wieder zwischen Hoffnung und Verzweiflung geschwankt, was dazu geführt hatte, dass die einfachen Bürger den Bezug zu ihrer Regierung mehr und mehr verloren hatten. Als 1968 die Baath-Partei die Macht ergriff, hofften die Menschen, dass nicht wieder nur ein Tyrann durch einen neuen ersetzt werden würde. Und zunächst hatte Saddam sich auch allgemein beliebt gemacht.

Doch nun zeigte er allmählich sein wahres Gesicht, und die Iraker begannen zu ahnen, was hinter der Maske verborgen gewesen war.

Umm Sami wankte zur Tür, ihr Versuch eines Lächelns geriet zur Grimasse. »Ich habe meinem Mann gesagt, Sie würden mir bestimmt helfen«, sagte sie. »Ich wusste, dass Sie mir helfen würden.«

Am nächsten Morgen wachte Mayada früh auf. Sie ging eine Stunde früher als gewöhnlich zur Arbeit, damit sie Dr. Fadil in seinem Büro anrufen und ihm Umm Samis Problem schildern konnte.

Er war zunächst freundlich, wurde jedoch zunehmend ärgerlich und hielt ihr schließlich in einem kalten, gefühllosen Ton entgegen: »Mayada, mir wäre es lieb, wenn du dich um deine eigenen Angelegenheiten kümmern würdest.«

Doch Mayada blieb hartnäckig. »In diesem Fall kann ich das nicht«, erklärte sie. »Umm Sami wird vor Kummer noch verrückt. Diese Jungen sind erst vierzehn Jahre alt. Ich kenne sie persönlich und weiß, dass sie einfach nur unschuldige Kinder sind. Und ich weiß, dass Sie die Macht haben, ihnen zu helfen. Bitte.«

Dr. Fadil schwieg. Mayada sah ihn vor sich, wie er überlegte, was er tun könne. Schließlich sagte er: »Sag Umm Sami, sie soll im Hauptquartier der Polizei im Al-Sadun-Park vorsprechen. Morgen um 10.00 Uhr.« Dann setzte er nach: »Mayada, bitte lass das nicht zur Gewohnheit werden. Vielleicht sind diese Jungen Mörder oder Schmuggler. In den Augen ihrer Mütter sind alle Jungen unschuldig, das weißt du doch.«

Mayada legte wortlos den Hörer auf und beeilte sich, Umm Sami die wunderbare Nachricht zu überbringen: Dr. Fadil wollte helfen, ihre Söhne zu suchen.

Einige Tage vergingen, und Mayada wartete noch immer auf eine gute Nachricht zum Schicksal der Jungen. Als Dr. Fadil einmal kurz vorbeikam, um Salwa einige Fragen zu einem von Satis Büchern zu stellen, ergriff Mayada die Gelegenheit, ihn nach dem »Verbrechen des Anstarrens« zu fragen. Doch er fuhr sie nur mit eisiger Stimme an: »Glaubst du, dass Verbrecher die Wahrheit sagen?« Rasch fügte er hinzu: »Ich diskutiere berufliche Dinge nicht gern außerhalb meines Büros.« Dann fragte er nach Mayadas Mutter, wandte sich von Mayada ab und beschäftigte sich mit einigen Büchern von Sati, die auf einem Tisch lagen. Sein abweisendes Verhalten entmutigte Mayada, sie wagte es nicht, ihm weitere Fragen zu stellen. Sie war wegen seines Mangels an Menschlichkeit so enttäuscht, dass sie das Zimmer verließ, so rasch es der Anstand erlaubte.

Allein in ihrem Schlafzimmer, stellte sie sich den glücklichen Augenblick vor, wenn Umm Sami mit ihren Söhnen in der Tür stehen würde. Bald würden Omar und Hassan wieder auf der Straße Fußball spielen, und sie würde ihnen auf dem Weg zur Arbeit zuwinken. Der Gedanke, dass die Zwillinge gerettet würden, gab ihr so viel Energie, dass sie beschloss, an dem Tag, an dem die Jungen nach Hause kamen, für sie einen Kuchen zu backen, damit sie mit ihren Kameraden eine kleine Party feiern konnten.

Da sie nach mehreren Tagen noch immer nichts gehört hatte und ungeduldig darauf wartete, dass die Jungen endlich wieder nach Hause kamen, besuchte sie schließlich die Eltern. Umm Sami öffnete, und als sie Mayadas erwartungsvolle Miene bemerkte, gab sie ihr sofort mit einer Geste zu verstehen, dass es gefährlich sei, im Haus zu sprechen, und forderte sie auf, ihr in den Garten zu folgen. Dabei fiel Mayada auf, dass sich Umm Sami sehr gehen ließ: Ihre Kleidung war voller Falten und sah aus, als hätte sie darin geschlafen, das Haar war in Unordnung, und die Schuhe waren alt und nicht geputzt.

Mit einem Seufzer betrachtete Mayada die Pracht des Gartens. Es war Frühling; Bäume und Büsche standen in voller Blüte und verströmten einen wunderbaren Duft. Mayada strich die weißen Blüten eines tief hängenden Asts ab und beobachtete, wie die Blütenblätter auf den schmalen, gewundenen Weg schwebten.

Als sie die hinterste Ecke des Gartens erreicht hatten, sah sich Umm Sami ängstlich um, bevor sie im Flüsterton mit Mayada zu sprechen begann. »Ich habe außer den Zwillingen noch zwei Söhne. Sie sind verheiratet und wohnen in eigenen Häusern. Man hat ihnen gedroht, dass ich mit niemandem darüber sprechen darf – nicht einmal mit Ihnen, mit jemandem, der Dr. Fadil kennt.«

Angespannt und schweigend stand Mayada neben Umm Sami und wünschte sich, diesen Besuch nie gemacht zu haben. Sie musste sich zwingen, hierzubleiben und nicht einfach nach Hause in die Stille ihres Schlafzimmers zu fliehen. Nichts wäre ihr in diesem Moment lieber gewesen, als sich mit einem Buch in eine gemütliche Ecke zu verkriechen und die böse Welt um sie herum einfach zu vergessen. Doch sie fuhr sich mit der Zunge über die Lippen und hörte aufmerksam zu.

»Ich ging zur Polizeistation, wie es mir befohlen worden war«, begann Umm Sami. »Draußen vor dem Tor warteten Hunderte von Menschen, aber unsere Namen standen auf einer Liste, und so durften wir hineingehen. Die Wachen behandelten uns mit widerwilligem Respekt, denn Dr. Fadil hatte in unserem Fall interveniert. Wir wurden in ein quadratisches Zimmer gebracht, an dessen Ende eine Tür in einen riesigen Kühlraum führte. Er war groß genug, um darin Dutzende von Leichen aufzubewahren. Ich bekam einen Schock, denn ich hatte natürlich geglaubt, ich würde meine Söhne in einer Zelle finden und sie mit nach Hause nehmen können. Aber dann bekamen wir eine Liste mit Namen, die auch an der Wand vor dem Kühlraum hing, und da revoltierte mein Magen. Sie sagten uns, wir sollten auf der Liste nach den Namen unserer Jungen suchen. Also suchten wir, aber sie standen nicht darauf. Dann führten sie uns zu einem anderen Raum, wo es entsetzlich stank. Ich musste den Mund mit meiner Abaja bedecken und mich zwingen, hineinzugehen. In diesem Raum lagen sehr viele Leichen, aber ich sah meine Söhne sofort. So wie sie im Leben immer zusammen gewesen waren, so waren sie es auch im Tod. Auch an diesem grässlichen Ort lagen sie Seite an Seite.« Ihre Lippen zitterten, doch ihr Redefluss war nicht mehr zu bremsen. »Meine wunderbaren Söhne waren entsetzlich gefoltert worden. Schwarzes Blut bedeckte ihre Gesichter und ihre Hände und Füße. Und sie hatten viele Brandmale.

Ich schrie, aber ein Aufseher stieß mich barsch zurück und befahl: ›*Du da! Hör auf zu schreien!*‹

Ich musste mir die Abaja in den Mund stopfen, um nicht in Raserei zu verfallen.

Während mein Mann unsere Söhne identifizierte, sah ich mich in dem Raum um. Ich konnte einfach nicht anders. War dies der Ort, an dem meine Kinder ihren letzten Atemzug getan hatten? Ich sah Dinge, die keine Mutter jemals sehen sollte. Ich sah einen jungen Mann, auf dessen Brust der Abdruck eines Bügeleisens eingebrannt war. Einen zweiten jungen Mann, dessen Brust von unten bis oben geöffnet war. Ich sah einen dritten jungen Mann, dem sie die Beine abgehackt hatten, und einen vierten, dem man die Augen aus den Höhlen gedrückt hatte, die Augäpfel lagen auf seinem Gesicht.

Sie sagten uns, wir hätten Glück gehabt. Glück! Können Sie sich das vorstellen? Sie sagten, es sei ein Sonderbefehl gekommen, deshalb dürften wir die Leichen unserer Söhne mitnehmen. Dr. Fadil hatte dafür gesorgt. Sie weigerten sich, uns zu sagen, warum unsere Jungen verhaftet worden waren, aber ich musste sie fragen, ob Anstarren seit neuestem mit dem Tode bestraft würde. Sie sagten, ich solle den Mund halten, und dann bekamen wir den Befehl, unsere Kinder still und ohne Aufheben zu beerdigen und mit niemandem darüber zureden, wie sie gestorben sind.«

Umm Sami klammerte sich an Mayada. »Ohne Ihre Hilfe würde ich noch immer suchen. Ich danke Ihnen.« Sie blickte sich um und beobachtete die Schatten im Garten, als hege sie den Verdacht, hinter einem der duftenden Bäume könne sich ein Scherge des Mukhabarat versteckt halten und lauschen, und sagte schließlich hitzig: »Verlassen Sie den Irak, wenn Sie es können! Sie haben sogar meine unschuldigen Söhne ermordet, hier ist kein Mensch mehr sicher.«

Mayada umarmte Umm Sami wortlos und machte sich dann auf den Heimweg. Die Vorstellung, dass diese zwei netten Jungen umgebracht worden waren, nahm sie so mit, dass die wunderbaren blühenden Bäume, die ihre Stimmung anfangs beschwingt hatten, sie nun bedrückten. Sie kamen ihr mit einem Mal vor wie bedrohliche Säulen mit schweren Blättern, und sie hielten die läuternden Strahlen der Sonne ab. Die Luft war wie verpestet von übermächtigem Kummer, und der Weg, den sie entlangeilte, schien vom düstersten Ort der Erde wegzuführen.

Umm Samis traurige Geschichte hatte Mayada so sehr betrübt, dass sie mit niemandem darüber sprach, nicht einmal mit ihrer Mutter.

Bald darauf verkauften Umm Sami und ihr Mann ihr Haus und zogen fort. Deshalb hatte Mayada die bedrückende Erinnerung an diesen Tag nicht mehr verfolgt – bis die Erinnerung in der kalten Zelle zurückkehrte.

Dieser Erinnerung folgten noch andere, und die bisher unverbundenen Szenen verschmolzen nun zu einem grauenerregenden Bild von Scharen unschuldig verhafteter und ermordeter Menschen.

Auch weinende Gesichter kamen ihr wieder in den Sinn. Sahar Sirri, Mayadas Klassenkameradin, hatte 1970 geweint. Sie entstammte einer prominenten irakischen Familie. Ihr Vater, General Mithat al-Haj Sirri, war ein hoher Offizier der Armee und ein beliebter Kommandeur. Doch Saddam, der unter Präsident al-Bakr schon damals der heimliche

Herrscher des Landes war, hielt Sirri für eine Bedrohung seiner Macht und ließ ihn verhaften und foltern. Sahars Vater musste im Fernsehen »bekennen«, dass er für Israel spioniert hatte, obwohl jedermann wusste, dass dies erstunken und erlogen war. Aber er war tagelang an den Händen aufgehängt und geschlagen worden, und dann hatte man ihm »Wahrheitsdrogen« injiziert. Nach seinem »Geständnis« wurde er zum Tode durch den Strang verurteilt. So verlor Mayadas Freundin Sahar ihren Vater. Nach der Hinrichtung wurde Sahars ganze Familie verfolgt; alle Angehörigen bekamen Reiseverbot und wurden gelegentlich verhaftet und verhört. Sahar wurde manchmal sogar aus dem Klassenzimmer zum Verhör abgeholt. Meist kam sie dann mit roten, verweinten Augen in die Schule zurück. Ein Kollege Mayadas bei der Zeitung hatte ihr einmal im Vertrauen mitgeteilt, dass Saddams Sicherheitskräfte für jede Verhaftung mit Bargeld belohnt würden und dass sie in der Parteihierarchie aufstiegen, wenn sie beim Foltern besonderen Eifer zeigten. Und dieselben Männer, die für jede Verhaftung Geld bekamen, kassierten dann auch bei den Angehörigen des Opfers ab – für das Versprechen, dass der Gefangene sanfter behandelt werden würde. Arme irakische Familien verkauften ihre Häuser und Autos und gingen bankrott in der Hoffnung, dass sie einem verhafteten Angehörigen die Folter ersparen oder ihn gar retten könnten. Der Kollege berichtete auch, dass Eltern Haus und Wagen verkauft hatten, um ihrem unschuldigen Sohn eine fünfzehnjährige Haftstrafe zu ersparen. Das Urteil war nach Zahlung dieses Lösegelds auf acht Jahre Gefängnis reduziert worden.

Mayada betrachtete die Gesichter der Frauen, die mit ihr die überfüllte, schmutzige Zelle teilten. Vom ersten Tag ihrer Haft an war sie besonders entsetzt darüber gewesen, mit welcher Lust die Aufseher unschuldige Frauen drangsalierten. Konnte der Wunsch nach Geld und Karriere allein den Eifer und die Grausamkeit der Folterer erklären? Das war kaum vorstellbar. Doch Mayada konnte keinen klaren Gedanken fassen, denn die vielen Stimmen der Schattenfrauen, die alle auf einmal durcheinanderredeten im Versuch, Samara zu helfen, verwirrten sie zu sehr. Sie blickte über eine Frau hinweg zu Samara, die sich auf die Seite gelegt und die Beine an die Brust gezogen hatte. Mayada schob sich etwas näher an sie heran und beobachtete Samaras Gesicht. Die Augen waren geschlossen, das feine, jetzt aber angeschwollene Gesicht war schmerzhaft verzerrt. Der Mund war geöffnet, und sie atmete schwer. Mayada dachte, wahrscheinlich würde Samara in Baladiyat sterben, umringt von Frauen, die bis vor einigen Monaten noch gar nichts von ihrer Existenz gewusst hatten. Bei dem Gedanken an den guten Charakter dieser Frau fragte sie sich, wie jemand ein so liebenswürdiges und wunderschönes Geschöpf, dessen Herz vor Güte überströmte, so entsetzlich zurichten konnte.

Die Frauen waren alle um Samara geschart. Gemeinsam versuchten sie nun, die schwer Gefolterte an Schultern, Rücken und Hüften hochzuheben und vorsichtig zu ihrer Schlafstelle zu tragen. Samara wimmerte leise, als sie auf der Pritsche sanft niedergelegt wurde.

Eine Frau namens Dr. Sabah, von der Mayada nur wusste, dass sie Ingenieurin war, eilte zu dem einzigen Waschbecken in der Zelle und hielt ihren langen, blauen Rock unter das fließende Wasser, um damit Samaras Stirn und Lippen zu befeuchten. Ihre leise Stimme wollte nicht zu dem aufmunternden Blick passen, mit dem sie Samara ansah und fragte: »*Habibti,* meine Liebe, versuch nachzudenken, glaubst du, dass du innere Verletzungen hast?«

Doch die arme Samara wimmerte nur, sie konnte nicht antworten.

Mayada wollte Samara helfen, wusste aber nicht, was sie tun sollte. Vorsichtig streichelte sie die Wange der Gefolterten. Es tat ihr weh, ihre Freundin so von Schmerzen gepeinigt und in einem solch elenden Zustand zu sehen. »Samara«, flüsterte sie den Tränen nahe, »Samara …«

Dr. Sabah schüttelte besorgt den Kopf. »Dieses arme Mädchen ist schon zu oft gefoltert worden«, flüsterte sie Mayada zu, »häufiger als wir anderen alle zusammen.« Sie hielt zärtlich Samaras Kopf zwischen den Händen. »Samara, hörst du mich?«, fragte sie dann und wischte ihr Speichel von Lippen und Kinn.

Die junge Frau namens Muna mit dem fein geschnittenen Gesicht tätschelte Samaras Hand. »Sag uns, was wir für dich tun können, Habibti. Sag es uns doch, Liebes. Wir wollen dir helfen.«

Mayada stand reglos da, doch die Szene brach ihr das Herz. Die traurige Wahrheit war, dass alle Gefangenen in Baladiyat hin und wieder gefoltert wurden. Bei dem Gedanken daran, dass auch auf sie der Haken in der Decke, der Schlagstock für die Fußsohlen und die Elektroschocks warteten, begann sie zu zittern. Aber alldem konnte sie ohnehin nicht entkommen, und so wandte sie ihre Aufmerksamkeit wieder Samara und den anderen Schattenfrauen zu. Einzeln waren diese Frauen machtlos gegen die grausamen Männer, die in Baladiyat herrschten, doch zusammen bildeten sie eine starke, Trost spendende Gemeinschaft, und ihre Liebe und Fürsorge erwiesen sich immer wieder als so stark, dass sie sich gegenseitig von der schwarzen Tür des Todes zurückholen konnten.

Samara stöhnte leise und legte eine Hand auf Brust und Magengrube. »Der dicke Aufseher mit den schweren Stiefeln«, murmelte sie mühevoll, »er hat mich getreten. Ich spürte, wie etwas in mir nachgab.«

Dr. Sabah und Muna sahen einander ängstlich an. »Den kenne ich, er ist eine Bestie«, murmelte Muna.

Mayada hatte genügend Ahnung von Krankenpflege, um zu wissen, dass sich die Schmerzen von äußeren Verletzungen mithilfe von Massagen oder durch von Zigaretten verursachten Brandwunden mit kaltem Wasser lindern ließen, doch innere Verletzungen konnten sie nicht behandeln.

»Sollten wir die Aufseher rufen?«, fragte sie leise. »Die könnten sie doch ins Krankenhaus bringen.« Sie dachte an den sympathischen Dr. Hamid, den sie gleich am ersten Tag in Baladiyat kennengelernt hatte.

Sicherlich würde der freundliche Arzt Samara helfen, wenn er es durfte.

Dr. Sabah schloss die Augen und schüttelte den Kopf. »Noch nicht. Wir rufen sie nur, wenn wir glauben, dass jemand dem Tode nahe ist. Würden wir es wagen, sie nach jeder Folter zu rufen, dann würden sie uns alle schlagen.«

Mayada nickte. Bislang hatte sie bei keinem einzigen Aufseher auch nur einen Anflug von Mitleid oder gar Barmherzigkeit erkennen können. Dr. Sabah und Muna öffneten Samaras Kleidung, um nachzusehen, ob äußere Verletzungen erkennbar waren. Mayada beobachtete sie stumm.

Samara stöhnte, und Mayada starrte auf ihre helle Haut und die wirren Haare. Sie versuchte, in den dunklen, reglosen Augen zu lesen. In diesem Augenblick spürte sie die Schmerzen ihrer Freundin so deutlich, als sei sie selbst mit Zigaretten verbrannt, in den Bauch getreten und mit Elektroschocks gepeinigt worden. Während sie in Samaras gequältes Gesicht blickte, kamen ihr einige Zeilen eines längst vergessenen Gedichts des Engländers Thomas Gray wieder in den Sinn:

> »Jedem sein Leid; wir sind Menschen alle,
> Verdammt zu Weh und Schmerz,
> Tröster für des anderen Gram,
> Und nicht fühlend den eigenen.
> Weshalb sollten sie ihr Schicksal kennen,
> Da doch die Sorge nie zu spät kommt
> Und das Glück zu rasch nur verfliegt?«

Sie bemerkte, dass Dr. Sabah sie beobachtete. Plötzlich konnte sich Mayada an nichts mehr erinnern; sie fragte sich, was sie getan hatte und warum Dr. Sabah sie mit einem solch forschenden Blick ansah.

Muna lächelte über Mayadas erstaunte Miene. »Du hast ein Gedicht rezitiert«, erklärte sie Mayada, »aber einige Zeilen waren englisch und andere arabisch. Soweit ich es mitgekriegt habe, war es sehr schön. Wer hat es geschrieben?«

»Ich kann mich nicht erinnern, etwas gesagt zu haben«, gestand Mayada verwirrt. Vielleicht, dachte sie, nimmt mir die schlechte Luft in der Zelle allmählich den Verstand, und ich kann nicht mehr denken. Sie lächelte matt. »Ich glaube, die stickige Luft macht meinem Kopf zu schaffen. Anscheinend kriege ich manche Dinge einfach nicht mehr richtig mit.«

»Ich denke, du bist in der Zeit zurückgereist.« Muna zuckte resigniert die Achseln. »Du sagtest, das Glück verfliegt zu rasch. Glück ist ein Zustand, an den ich mich nicht mehr erinnern kann.«

Samara stöhnte auf. »Ich dachte, dieses Mal bringen sie mich um«, flüsterte sie heiser.

Mayada bat eine Frau, ein wenig Wasser zu bringen, und hielt den winzigen Becher an Samaras Lippen. »Trink«, sagte sie leise.

Samaras Hand zitterte, als sie den Becher berührte. »Danke, liebe Schwester«, hauchte sie.

Erleichtert, dass Samara nun endlich sprechen konnte, scharten sich die Schattenfrauen wieder um sie.

»Ich habe dich untersucht, so gut es ging«, sagte Dr. Sabah, »und nichts gefunden, was lebensbedrohlich wäre. Aber wir werden auf dich aufpassen.« Sie berührte Samaras Schulter. »Dieses Mal hast du uns wirklich erschreckt. Aber jetzt bleibst du erst mal ein paar Tage im Bett.«

»Wenn sie mich lassen«, flüsterte Samara. »Sie werden

immer wilder.« Dann wandte sie sich Mayada zu. »Ich habe das Gedicht gehört. Ich kenne auch eines«, sagte sie matt.

Mayada neigte sich zu ihr. »Du musst deine Kräfte schonen, Samara.«

»Wenn ich schon nicht laufen kann, dann möchte ich wenigstens sprechen.« Mit dem Anflug eines Lächelns schloss sie die Augen und flüsterte: »Im letzten Gefängnis war ein Gedicht in die Wand eingekratzt. Eine arme, leidende und namenlose Frau ist dort gestorben. Ich wollte, dass wenigstens ein kleiner Teil von ihr lebendig bleibt, deshalb habe ich mir ihr Gedicht eingeprägt. Ich sage es mir jeden Tag einmal vor.«

»Du musst dich jetzt ausruhen«, beschwichtigte sie Dr. Sabah.

»Nein. Bitte, lasst es mich jetzt aufsagen.«

Mayada blickte zu Dr. Sabah, und diese nickte. »Also gut, aber du solltest dich möglichst nicht anstrengen.«

Samaras Körper zuckte, und dann begann sie stockend, die Verse zu sprechen, die sie so sorgfältig auswendig gelernt hatte:

»Sie schleppten mich von zu Hause fort
Sie schlugen mich, wenn ich nach meinen Kindern rief
Sie warfen mich ins Gefängnis
Sie klagten mich wegen Verbrechen an, die ich nie beging
Sie verhörten mich und erhoben schwere Vorwürfe
Sie folterten mich mit ihren grausamen Händen
Sie drückten Zigaretten aus auf meinem Fleisch
Sie schnitten mir die Zunge heraus
Sie vergewaltigten mich
Sie schnitten mir die Brüste ab
Ich weinte allein, in Schmerz und Angst
Sie verurteilten mich zum Tod
Sie nagelten mich an die Wand
Ich bat um Gnade

Sie schossen mir zwischen die Augen
Sie warfen mich in ein flaches Grab
Sie begruben mich ohne ein Leichentuch
Nach meinem Tod stellten sie fest,
dass ich unschuldig war.«

Mayada stand mit den anderen Schattenfrauen da und dachte plötzlich, dass dies ein bedeutsamer Augenblick in ihrem Leben war und dass sie kein einziges Wort jemals vergessen würde, das von Samaras Lippen gekommen war. Jede Bewegung Samaras würde ein Teil ihrer selbst bleiben, solange sie lebte. Sie weinte still, und bald weinten auch alle anderen Schattenfrauen.

Nach einer Weile blickte Mayada auf und brach die wortlose Trauer. »Wir sind in unseren Tränen vereint«, sagte sie. Einige Schattenfrauen lachten wehmütig.

Samara berührte Mayadas Arm. »Du hast uns versprochen, uns noch mehr über Saddams Frau zu erzählen«, sagte sie.

»Ein anderes Mal«, erwiderte Mayada. Sie war nicht mehr in der Stimmung, um Geschichten zu erzählen, schon gar nicht solche über Saddams Frau.

»Das Warten, die Angst, die Stille dieses Ortes, all das ist so unerträglich. Mayada, deine Geschichten sind wie eine Schublade voll seltener und interessanter Fotos«, sagte Dr. Sabah mit einem Lächeln.

Auch Samara ließ nicht locker. »Dr. Sabah hat recht. Unser Leben hier ist so eintönig. Und meine Haut brennt. Wenn du uns deine Geschichten erzählst, werde ich abgelenkt, und es tut nicht mehr so weh.«

Mayada willigte ein, weil sie Samara keinen Wunsch abschlagen konnte. Die Schattenfrauen verteilten sich in der Zelle. Wafae ließ ihre selbst gemachten Gebetsperlen durch die Finger gleiten, und alle Augen richteten sich erwartungsvoll auf Mayada.

Mayada faltete eine Decke als Sitzkissen zusammen und nahm vor Samaras Schlafstelle Platz. Ihre Stimme klang verträumt, als sie zu erzählen begann.

»Meine Mutter hätte Saddams Frau nie kennengelernt, wenn meine Eltern 1968 geflohen wären. Alle waren überrascht, dass meine Eltern in Bagdad blieben, nachdem die Baath-Partei an die Macht gekommen war. Da unsere gesamte al-Askari- und al-Husri-Verwandtschaft noch gut in Erinnerung hatte, wie die Baathisten in der kurzen Zeit, die sie 1963 an der Regierung gewesen waren, die Intellektuellen verfolgt hatten, flohen sie alle, als diese Partei 1968 wieder an die Macht kam. Doch wegen der Krebserkrankung meines Vaters wollten wir in Bagdad bleiben. Nach seinem Tod 1974 drängten Verwandte meine Mutter, das Land zu verlassen, aber sie blieb. Ich glaube, der Tod meines Vaters war ein schwerer Schlag für sie, und sie wollte damals keine weitreichenden Entscheidungen treffen. Sie hatte eine leitende Position im Informationsministerium, sie liebte unser Zuhause, und sie hatte gute Freunde im Irak. Meine Schwester und ich gingen in Bagdad zur Schule. Meine Mutter hatte immer gehofft, dass sie im Irak in Frieden leben könnte, auch wenn die Baathisten die Intellektuellen mit Argwohn betrachteten. Sie hatte von mehr als einem Baath-Funktionär gehört, Saddam sei von Sati so angetan, dass dessen Tochter und Enkelinnen immer sicher sein würden, solange er in der Regierung Verantwortung trage. Also blieb sie und hoffte auf das Beste. Und sie schaffte es, ein gutes Leben zu führen, vor allem in den ersten Jahren.

Ich blieb bei ihr, bis ich alt genug für die höhere Schule war. Dann ging ich dem Wunsch meines Vaters gemäß in den Libanon, an die amerikanische Universität in Beirut. Deshalb war ich nicht in Bagdad, als meine Mutter Saddams erste Frau Sajida kennenlernte, die Mutter seiner fünf Kinder.

Später erfuhren wir, dass Saddam seiner Frau empfohlen hatte, sich mit meiner Mutter anzufreunden und sie in gesellschaftlichen Dingen um Rat zu fragen. Aus diesem Grund erhielt Mutter so viele Einladungen in den Palast. Aber meistens war sie zu beschäftigt, um hinzugehen.« Mayada lachte leise. »Gott sei Dank war das zu einer Zeit, als die Ablehnung einer solchen Einladung noch nicht mit Gefängnis und Folter bestraft wurde.« Sie sah sich in dem Raum um, in dem sie nun von den gesellschaftlichen Erfolgen ihrer Mutter erzählte, und ihre Stimme bebte, als sie fortfuhr: »Salwa al-Husri würde tot umfallen, wenn sie auch nur eine Ahnung von unserer kleinen Zelle hätte.

Aber kehren wir in die Vergangenheit zurück. Meine Mutter hatte mich gerade in Beirut besucht, als sie wieder einmal eine Einladung vom Palast erhielt. Sajida wollte sie mit den Gattinnen einiger Botschafter bekannt machen. Mutter sagte, sie habe an jenem Tag Zeit, und nahm die Einladung an.

Ich wollte wissen, was für ein Mensch Saddams Frau war, und bat Mutter, sich alles genau einzuprägen.« Mayada lächelte, ohne es zu merken. »Die beiden Frauen hätten nicht unterschiedlicher sein können. Ihr Zusammentreffen stand von Anfang an unter einem schlechten Stern.

Wie ihr wisst, hat meine Mutter ein Leben geführt, das für eine arabische Frau sehr ungewöhnlich war. Sie war Doktorin der politischen Wissenschaften und hatte sogar an der Universität in Oxford studiert. Ihre Großmutter war eine Sultana gewesen, eine Prinzessin der osmanischen Königsfamilie. Ihr Vater Sati war einer der berühmtesten Männer der arabischen Welt, ein Mensch, dem Wissen und Bildung über alles gingen. Jido Sati besaß Häuser in vielen arabischen Ländern, deshalb waren er und seine Angehörigen ständig auf Reisen. Schon als kleines Kind gewöhnte sich meine Mutter daran, mit Königen und Ministern zu plaudern. König Ghazi, der Sohn von König Faisal I., mochte sie so gern, dass er ein Foto von ihr auf dem Schreibtisch stehen hatte.

Saddams Frau Sajida war die Tochter eines Bauern namens Khairallah Tulfah. Sie wuchs im Haus ihres Vaters am Westufer des Tigris auf, in einem armen Viertel von Tikrit. Im Gegensatz zu meiner Mutter war sie ziemlich ungebildet, und sie wusste wenig über die Welt außerhalb Bagdads und Tikrits. Sie wurde früh mit Saddam Hussein verheiratet, dem Neffen ihres Vaters, und hatte schon bald fünf Kinder. Und als er die Macht ergriff, war sie auf ihre neue Stellung als Frau des irakischen Präsidenten überhaupt nicht vorbereitet.«

Mayada zog an ihrer Decke und bedeckte ihre bloßen Fußknöchel.

»Mutter erzählte mir später, dass sie Sajida Tulfah hasste, und es überraschte mich nicht, als sie hinzufügte, dass diese Abneigung auf Gegenseitigkeit beruhte.

Ich fragte sie, wie Sajida aussähe. Ich hatte zwar ein paar Bilder von ihr gesehen, aber ich glaube, es ist schwierig, anhand von offiziellen Fotografien das wirkliche Aussehen eines Menschen zu beurteilen. Mutter sagte, auf den ersten Blick habe sie ausgesehen wie ein Clown. Ihr Gesicht sei so dick mit weißem Make-up bedeckt gewesen, als habe ihr jemand Mehlbrei ins Gesicht geschmiert. Sajida hatte eine dunkle Haut, und eigentlich wäre sie attraktiv gewesen, aber sie wollte unbedingt ganz hellhäutig sein. Auch ihr dunkles Haar ließ sie immer wieder hellblond färben, bis es spröde wurde.

Am Anfang hatte Sajida ihr leidgetan, erzählte Mutter, aber nachdem sie mitbekommen hatte, wie sie mit ihren Dienern umsprang und sie beschimpfte, verflog ihre Sympathie rasch.

Nach dem Mittagessen erzählte Sajida ihr, sie wolle einige Stücke antikes Silber kaufen, und ihr Mann habe ihr gesagt, Salwa würde sich gut auskennen. Meine Mutter dachte, dass diese Frau Anleitung in gesellschaftlichen Dingen brauchte, und erklärte sich deshalb einverstanden, sie zu begleiten. Aber das bereute sie bald. Kaum waren die beiden Frauen allein, zog Sajida an Mutters Pelzmantel und wollte wissen, ob er echt sei. Dann befummelte sie Mutters Smaragdring und hatte auch hier die Unverschämtheit, an der Echtheit des Steins zu zweifeln. Mutter war sehr aufgebracht, denn sie hätte niemals einen falschen Pelz oder Modeschmuck getragen; deshalb suchte sie nach einem glaubhaften Grund, um den Einkaufsbummel zu beenden. Aber sie wusste, dass sie in der Falle saß. Also ging sie mit Sajida in ein Antiquitätengeschäft, obwohl sie sich wegen ihrer ungehobelten Begleiterin schämte. Sie wusste nicht recht, weshalb sie um ihre Begleitung gebeten worden war, denn diese dumme Frau wollte ihren Rat gar nicht hören; sie kaufte einfach wahllos alles, was geschmacklos, grell und kitschig war. Und am Schluss demütigte sie meine Mutter noch einmal, indem sie das Geschäft verließ, ohne zu bezahlen. Sie fertigte den Inhaber damit ab, dass jemand aus dem Palast vorbeikommen und das Finanzielle regeln werde.

Später erfuhr meine Mutter, dass alle Ladenbesitzer in Bagdad Sajidas Besuche fürchteten. Die meisten schlossen sogar, wenn sie rechtzeitig erfuhren, dass sie zu ihnen kommen wollte, und gaben vor, einen Unglücksfall in der Familie zu haben oder Ähnliches. Jeder wusste, dass Sajida trotz ihres Reichtums, der größtenteils unehrlich erworben worden war, nie den vollen Preis für etwas bezahlte. Manche Geschäftsleute waren nach ihrem Besuch ruiniert. Aber bei wem hätten sie sich beschweren sollen? Man hätte sie umgebracht, wenn sie auch nur angedeutet hätten, dass Saddams Frau eine gewöhnliche Diebin war.

Mutter erzählte weiter, dass Sajida auf dem Rückweg zum Palast über ein Problem zu sprechen begann, das sie mit einer Irakerin namens Sara habe, einer Frau aus einer alten aristokratischen, christlichen Familie. Sara war nach

Paris gezogen, und Sajida wohnte bei ihren Besuchen in Paris immer bei ihr. Sajida sagte, sie habe Sara um einen ›kleinen Gefallen‹ für ihre Schwester gebeten, die mit Saddams Halbbruder Barzan al-Tikriti verheiratet war. Sajidas Schwester wollte für sechs Tage nach Paris reisen und brauchte dort ein wenig Unterstützung, wie Sajida meinte. Sie wollte ihre Wimpern verlängern und den Umfang ihrer Hüften verringern lassen. Außerdem wollte sie De Beers aufsuchen, um dort zu einem guten Preis einige lupenreine Diamanten zu kaufen.

Sajida glaubte Sara nicht, als diese bezweifelte, dass man Wimpern verlängern könnte. Und Sara sagte ihr auch, nur durch chirurgische Eingriffe könne man den Umfang der Hüften um mehr als zehn Zentimeter verringern, was jedoch eine Erholungsphase von mindestens einer Woche erforderlich mache. Schließlich erklärte Sara Sajida, dass De Beers Diamanten schürfe und nicht an Einzelkunden verkaufe. Sajida glaubte, Sara wolle sie anlügen und ihr in Paris nicht zur Seite stehen. Sajida war überzeugt, wenn man in Frankreich lebte, bekam man alles, was man nur wollte. Man brauchte nur genug Geld. Und ihre Schwester könne schließlich auf den ganzen Reichtum des Irak zurückgreifen, erklärte Sajida meiner Mutter überflüssigerweise.

Sajida sagte meiner Mutter auch, sie werde Sara unter einem Vorwand in den Irak locken und sie dann ins Gefängnis werfen lassen.

Meine Mutter war sprachlos. Wie Sati war auch sie davon überzeugt, dass dumme Menschen gefährlich waren. Mutter erzählte, sie habe auf Sajidas Ausführungen hin nur gemurmelt, sie habe leider keine Ahnung von den Möglichkeiten der modernen Medizin und könne deshalb keine Auskunft geben. Ihre Antwort verärgerte Sajida offensichtlich, denn sie rückte im Wagen zur Seite und redete nicht mehr mit ihr.

Meine Mutter kannte Sara, rief sie sofort an und warnte

sie davor, in den Irak zu reisen«, berichtete Mayada den gespannt lauschenden Frauen.

Dr. Sabah murmelte: »Meine Güte, ich wusste gar nicht, dass Sajida eine so widerwärtige Frau ist.«

»Ja, das ist sie«, bestätigte Mayada. Weitere Erinnerungen an Sajida kamen ihr in den Sinn. »Sie ist auch eine gemeine Diebin«, erklärte sie. »Erinnert ihr euch, was 1983 geschah, als Saddam alle Familien im Irak dazu aufrief, Gold zu spenden, um den Krieg gegen den Iran zu finanzieren?«

Mayada sah, dass mehrere der Schattenfrauen nickten. Eine ältere Frau rief leise: »Ich hatte nichts, das aus Gold war. Mein Mann war an der Front, und mir fehlte das Geld, um ein Schmuckstück aus Gold zu kaufen, das ich hätte spenden können, und deshalb musste ich meinen Herd verkaufen. Danach bereitete ich unser Essen über einem Holzfeuer vor dem Haus zu.«

Diese Worte berührten Mayada schmerzlich. Sie wusste, dass die damalige Kampagne eine Irreführung gewesen war und der Großteil des gespendeten Goldes niemals dem angeblichen Zweck zugeführt worden war.

»Ich möchte euch eine wahre Geschichte über diese Kampagne erzählen. Sie handelt von der Frau eines Ministers, die eine enge Freundin unserer Familie war. Sie hieß Dr. Lamya und war verheiratet mit Dr. Sadun Hammadi. Er war 1991 für kurze Zeit Ministerpräsident, wurde aber bald entlassen, weil er zu ehrlich war für Saddams korrupte Regierung. Diese Frau war sehr großmütig. Sie besaß nur einen einzigen kostbaren Goldschmuck mit Saphiren, bestehend aus einer Halskette, Ohrringen, einem Armreif und einem Ring. Es war ein Hochzeitsgeschenk ihres Ehemannes, aber ihr Gemahl zwang sie, alles für die Streitkräfte zu spenden. Sie erzählte, sie habe eine Woche lang geweint, nachdem sie den Schmuck hatte weggeben müssen.

Nun, ungefähr ein Jahr später wurde Dr. Lamya zu einer

Veranstaltung eingeladen, bei der auch Sajida anwesend war. Sie traute ihren Augen nicht, als Sajida in den Raum kam und *ihren* Schmuck trug. Dieselben Schmuckstücke, die Dr. Lamya für die jungen irakischen Soldaten gespendet hatte, zierten nun Sajidas Hals und Handgelenk. Sie war so verblüfft, dass sie sich nicht bewegen konnte. Sie starrte Sajida nur ungläubig an. Das fiel Sajida auf. Es war ihr unangenehm, und sie schickte einen ihrer Leibwächter zu Dr. Lamya, der ihr in barschem Ton befahl, sie solle ihre Augen von ›der Dame‹ abwenden, wie sich Sajida immer nennen ließ.«

»Saubere Dame«, bemerkte Dr. Sabah bitter.

»Nun wusste sie, für wen sie ihr Opfer gebracht hatte. Dr. Lamya eilte nach Hause und beklagte sich bitter bei ihrem Ehemann. Dr. Hammadi wollte sie beruhigen und sagte, durch ihr Jammern und Schimpfen werde sie den Schmuck nicht zurückbekommen, aber sie könnten beide im Gefängnis landen. Dann meinte er noch, Sajida Tulfahs unersättliche Gier werde erst gestillt sein, wenn sie eines Tages sterbe.

Doch damit nicht genug. Sajidas Habgier ist so hemmungslos, dass sie die Anweisung erteilte, allen Schmuck, der im Golfkrieg in Kuwait geraubt worden war, in ihren Palast zu schaffen. Lastwagen voller Juwelen und Schmuckstücke fuhren direkt zu ihrer Residenz. Wenn die Mitglieder der kuwaitischen Herrscherfamilie also ihren wertvollen Schmuck suchen, könnten sie ihn in Sajidas Palast finden.

Eine komische Geschichte werde ich nie vergessen. Palastbedienstete erzählten, dass sich Sajida wegen dieser Schätze aus Kuwait mit ihrem zweiten Sohn Kusai in die Haare geriet. Kusai gefiel ein Diamantschmuck, und als er seiner Mutter erklärte, er wolle diese Juwelen seiner Frau schenken, warf Sajida ihn aus ihrem Palast. Sie wollte alles für sich allein haben.«

Mayada lächelte. »Einige Diener erzählten später, wie Sajida mit Schatullen voller Juwelen und Schmuck durch ihren

Palast stolzierte, sei die lächerlichste Szene gewesen, die sie jemals gesehen hätten. Dieses habgierige Weib versteckte überall im Palast Schmuckstücke und drohte den Dienern, ihnen die Zunge abschneiden zu lassen, wenn sie die Verstecke Sajidas Kindern verrieten.«

Iman gab ein knurrendes Geräusch von sich. »Einfach ekelhaft! Das Volk hungerte, und sie hat sich mit Diamanten und Perlen behängt!« Iman machte einen tiefen Knicks und imitierte eine feine Dame, die sich Luft zufächelte. Saddams Ehefrau Sajida hatte in diesem Augenblick eine Anhängerin verloren.

Leises Gelächter erhob sich in der Zelle.

In Mayada wurden viele Erinnerungen wieder wach. »Ihre Raffgier könnte ich ihr noch eher verzeihen als ihre Grausamkeit«, erklärte sie. »Es ist unglaublich, wie sie ihre Bediensteten behandelt.«

Die strenggläubige Roula sah Mayada an. »Das ist keine besondere Überraschung. Gier geht meistens mit Grausamkeit einher.«

Mayada pflichtete ihr bei. »Eine bestimmte Geschichte geht mir nicht aus dem Kopf. Sie handelt von einem bedauernswerten christlichen Mädchen namens Rosa. Sie war mit Halas Amme verwandt«, sagte Mayada. »Hala ist, wie ihr wisst, Sajidas und Saddams jüngste Tochter. Hala ist das einzige Kind der beiden, das nicht schon mit einem schlechten Charakter auf die Welt kam. Sie greift oft hinter dem Rücken ihrer Mutter ein und hilft armen Teufeln, die Sajidas Zorn auf sich gezogen haben. Hala kümmert sich wirklich um die Iraker, ganz anders als der Rest der Familie Hussein. Sie soll auch ihren Eltern Geld entwendet und es unter den Armen verteilt haben. Nun, die Amme dachte, Rosa wäre eine passende Gefährtin für Hala, weil sich Sajidas Tochter in ihrem Palast häufig einsam fühlte. Während Hala in der Schule war, erledigte Rosa verschiedene Haushaltsarbeiten im Palast. Eines Tages wurde ihr aufgetragen, in Sajidas Schlafgemächern Staub zu saugen. Während der Arbeit hörte sie ein metallisches Geräusch im Staubsauger, schaltete das Gerät aus und schaute im Beutel nach. Zu ihrer Überraschung entdeckte sie einen Diamantring zwischen dem Staub.

Rosa gab den Ring bei der obersten Haushälterin ab. Diese brachte ihn zu Sajida, die so froh darüber war, dass sie erklärte, sie werde Rosa den Ring zur Belohnung schenken. Dies werde eine gute Lektion für die übrigen Bediensteten sein, unter denen es, wie sie behauptete, von Dieben wimmele.

Rosa war überglücklich. Als sie nach der Arbeit nach Hause kam, gab sie den Ring ihren Eltern. Diese gingen zu einem Juwelier und verkauften ihn. Mit dem Geld, das sie dafür erhielten, kauften sie auf dem Markt Lebensmittel, bezahlten überfällige Rechnungen und erwarben einige schöne Kleidungsstücke sowie ein paar preisgünstige Möbel für das Haus. Das restliche Geld verwendeten sie für Reparaturen am Haus, das in einem ziemlich schlechten Zustand war.

Nun, einige Wochen später rief Sajida Rosa zu sich und fragte sie nach dem Ring. Sajida sagte, sie habe geglaubt, es sei ein Glasring gewesen, und habe ihn daher Rosa geschenkt, inzwischen aber habe sie herausgefunden, dass es sich um einen seltenen, blauweißen Diamanten gehandelt habe, und deshalb solle Rosa ihr den Ring sofort zurückgeben.

Rosa wäre beinahe ohnmächtig geworden. Sie stammelte und berichtete ihrer Herrin, dass in ihrer Familie niemand diesen Ring habe tragen können, bei welchen Gelegenheiten denn? Deshalb hätten sie ihn noch am selben Tag verkauft.

Sajida begann zu kreischen und zu fluchen und drohte, das Haus von Rosas Eltern abreißen zu lassen, wenn der Ring nicht am nächsten Tag zurückgegeben werden würde.

Rosa lief nach Hause und überbrachte ihren Eltern diese

schreckliche Nachricht. Sie gingen zum Juwelier und fragten nach dem Ring. Doch der Mann sagte, eine Dame habe den Ring noch am gleichen Tag gekauft. Sie habe bar bezahlt und weder Namen noch Anschrift hinterlassen.

Am nächsten Tag trat die arme Rosa Sajida gegenüber und gestand ihr, dass der Ring nicht wieder zu beschaffen war. Und ihre Familie, sagte sie, habe keine Möglichkeit, ihr das Schmuckstück auf andere Weise zu ersetzen.

Sajida sprang wutentbrannt auf, schlug das Mädchen ins Gesicht und trat sie mit den Füßen. Sajida hat vergessen, dass sie ebenfalls aus ärmlichen Verhältnissen stammt. Sie hat keine Vorstellung davon, in welcher Armut ihre Bediensteten leben. Daher glaubte sie nicht, dass Rosas Familie den Ring veräußert und dafür Lebensmittel und Kleidung gekauft hatte, und sie beschuldigte Rosa, sie wolle den Ring nur nicht herausgeben. Sajida rief ihre Leibwächter. Sie lief fluchend hin und her, zerrte an Rosas langen schwarzen Haaren, auf die das Mädchen besonders stolz war, und befahl den Männern, ihr den Kopf kahl zu scheren. Das arme Mädchen wurde von Entsetzen gepackt.

Als Rosa sich gegen die Leibwächter wehrte, befahl Sajida den Männern, sie auszupeitschen. Die Wächter taten wie befohlen und peitschten Rosas Rücken, bis die Haut aufplatzte. Sajidas Zorn hatte sich mittlerweile zu einem regelrechten Wutanfall gesteigert, und sie befahl einem Zimmermädchen, ein Bügeleisen zu bringen. Das elektrische Bügeleisen wurde eingesteckt, und die Männer mussten Rosas Hände auf dem Boden festhalten. Dann befahl Sajida einem Mann, mit dem glühenden Eisen über Rosas Hände zu fahren. Rosas Schreie erzürnten Sajida noch mehr, und sie befahl, das Bügeleisen fester auf Rosas Hände und Finger zu drücken. Schließlich waren die Hände des armen Mädchens mit entsetzlichen Brandwunden übersät. Sajida lachte und sagte zu Rosa, jetzt könne sie den Ring ja zurückgeben. Ihre Hände und ihre Finger seien nun so entstellt, dass sie sich bestimmt genieren würde, einen so schönen Ring zu tragen.

Dann wurde Rosa aus dem Palast geworfen. Mit verbrannten Händen, kahl geschorenem Kopf und blutendem Rücken lief sie durch die Straßen, bis sich ein Taxifahrer ihrer erbarmte und sie nach Hause brachte.«

Mayada traten Tränen in die Augen, und sie sah ihre Mitgefangenen an, eine nach der anderen. »Das, meine Kameradinnen, ist das wahre Gesicht der Frau, die sich als große Dame feiern lässt.«

Noch nie war es in der Zelle so still gewesen. Dass Männer zu allerlei Grausamkeiten imstande waren, das wussten Mayadas Mitgefangene, aber selten hatten sie von einer so grausamen Frau gehört.

Alle sahen zu Dr. Sabah, denn sie begann plötzlich zu husten und räusperte sich. Was diese Frau bewegte, zeigte sich immer zuerst in ihren dunklen Augen und dann auf ihren schmalen Lippen.

Dr. Sabah zog sich ihren Umhang über die Schultern und verknotete ihn vorne fest. Dann sagte sie: »Ich möchte euch etwas aus meinem Leben erzählen. Ich bin in ärmlichen Verhältnissen aufgewachsen. Aber anders als Sajida habe ich das nie vergessen. Mein Vater war ein einfacher Arbeiter in einer Zigarettenfabrik in einem Vorort von Bagdad. Meine Mutter war Hausfrau und konnte weder lesen noch schreiben. Beide haben ihr ganzes Leben geschuftet und sind früh gealtert. Ich wollte der schweren Plackerei entgehen, die meinen Eltern so zusetzte, und anstatt mit meinem Körper habe ich mit meinem Kopf gearbeitet. Jedes Jahr war ich in der Schule die Klassenbeste, und bald reifte in mir der Wunsch, Bauingenieurin zu werden. Wie viele Iraker wurde ich drangsaliert, bis ich schließlich der Baath-Partei beitrat, aber innerlich habe ich ihre Lehren nie akzeptiert. Ich habe einfach nur die Parolen von mir gegeben, die man von mir erwartete und die nötig waren, um nicht in Verdacht zu geraten, aber in erster Linie konzentrierte ich mich auf meine Arbeit.

Im Bauministerium habe ich mich stärker engagiert als die übrigen Mitarbeiter. Mein Vorgesetzter sagte mir, dass sogar Saddam auf meinen Fleiß und meine Begabung aufmerksam geworden sei. Im Jahr 1979 ordnete Saddam an, dass ich zur neuen Generaldirektorin der Abteilung für Allgemeine Bauprojekte ernannt werden solle. Ich dachte, meine Zukunft sei gesichert. In nur wenigen Jahren war ich in einer Branche, die üblicherweise Männern vorbehalten war, in eine Spitzenposition aufgestiegen.

Aber kurz nach meiner Beförderung begann mein Weg in die Katastrophe. Ich wurde zu einer Besprechung in die Parteizentrale bestellt. Dort erfuhr ich, dass einer unserer Mitarbeiter beschuldigt wurde, eine Verschwörung gegen Saddam angezettelt zu haben. Ich kannte den Mann gut. Er hatte gemeinsam mit mir die Hochschule besucht und war jetzt ein Arbeitskollege. Ich kannte auch seine Frau und hatte sein kleines Kind auf dem Arm gehalten. Ich wusste, dass er kein Verschwörer war. Doch als Generaldirektorin, sagte man mir, müsse ich an seiner Erschießung mitwirken.

Ich war wie erstarrt.« Dr. Sabah verzog den Mund und schaute in die Runde. »Ich weigerte mich, das Gewehr in die Hand zu nehmen, das sie mir hinhielten. Und was tat ich stattdessen? Ich erbrach mich. Überallhin. Ich erbrach mich auf meine Schuhe und auf die Schuhe des Parteifunktionärs, der mir mitgeteilt hatte, ich solle meinen Kollegen und Freund exekutieren. Er sagte: ›Töte ihn!‹ Ich übergab mich. Er schrie: ›Nimm dieses Gewehr!‹ Ich übergab mich abermals. Schließlich floh ich aus dem Gebäude und lief den ganzen weiten Weg nach Hause. Am nächsten Tag meldete ich mich krank und am übernächsten Tag auch. Am dritten Tag suchten mich zwei Männer auf, die dunkle Sonnenbrillen trugen. Sie waren höflich. Sie gaben mir die Hand und sagten, sie kämen vom Mukhabarat. Sie sagten, sie hätten

Verständnis dafür, dass ich mich dieser Anweisung widersetzt habe. Sie hätten auch Verständnis dafür, dass ich mich übergeben habe, anstatt einen Verbrecher zu exekutieren, der die Sicherheit des Irak bedrohte. Ich stand wie ein verschüchtertes Kaninchen vor ihnen. Ich konnte nicht sprechen. Ich konnte mich nicht bewegen. Aber ich bemerkte etwas sehr Komisches. Beide Männer hielten deutlich Abstand von mir. Vielleicht hatten sie Angst, ich würde mich wieder übergeben und ihre schönen schwarzen Schuhe ruinieren. Allmählich verloren sie die Geduld, und einer der beiden sagte, Saddam sei über mein Verhalten in der Parteizentrale informiert worden. Unser geliebter Führer habe ihnen aufgetragen, mir auszurichten, er könne durchaus verstehen, weshalb ich mich übergeben hatte. Es läge wohl daran, dass ich eine Frau sei. Dann sagten sie, der Urlaub sei jetzt vorbei, und sie würden mich zurück zur Arbeit begleiten. Ich dachte schon, sie würden mich ins Gefängnis bringen, aber die beiden Männer betonten, Saddam habe ihnen aufgetragen, mich nicht zu verhaften, sondern mir eine zweite Chance zu geben.

Auf dem Weg zu meinem Büro sah mich einer der Männer grinsend an und fragte: ›Wie geht es übrigens Ihrem jüngeren Bruder Ahmed? Ist er wohlauf?‹ Dann fügte er noch hinzu, er hoffe, Ahmed habe eine schöne Zukunft vor sich.

Da wusste ich sofort, dass meine ganze Familie in Gefahr war. Ich wäre so gern wieder in mein normales Leben zurückgekehrt, aber das konnte ich nicht. Ich wusste nicht, was ich tun sollte, um die Dinge wieder in Ordnung zu bringen, also arbeitete ich weiter. Doch die Freude am Leben war mir genommen. Ich wartete ständig darauf, dass man mir befahl, diese oder jene Person zu töten. Doch zum Glück blieb lange Zeit alles ruhig. Ich heiratete einen Mann, den ich liebte. Ich bekam zwei wunderbare Söhne und eine hübsche Tochter. Niemand verlangte mehr von mir, jemanden umzubringen. Doch 1992 stürzte die Welt wieder über mir zusammen. Damals war ein anderes Problem die Ursache. Da der Irak sehr unter den Wirtschaftssanktionen litt, berief Saddam wegen der Geldknappheit eine Konferenz ein. Er baute einen Palast nach dem anderen und verlangte von uns Direktoren, neue Möglichkeiten zu finden, um alle diese Ausgaben des Bauministeriums zu finanzieren. Saddam sagte, die zur Verfügung stehenden Mittel seien erschöpft. Die Regierung könne kein weiteres Geld mehr bereitstellen, um die Löhne der Staatsbediensteten, die Unterhaltskosten der Bauwerke oder neue Projekte zu bezahlen. Wir, die Direktoren, sollten einen Plan entwickeln, um Geld zu beschaffen und die Regierung zu unterstützen.

Nach dem Treffen durften mehrere von uns Saddam persönlich dafür danken, dass wir die Gelegenheit erhielten, dem Land zu helfen. Als ich auf ihn zuging, lächelte er zum ersten Mal an diesem Tag. Er fragte, ob ich in letzter Zeit wieder Anfälle von Übelkeit gehabt habe. Alle Umstehenden lachten, auch ich. Ich verneinte und bedankte mich für die Nachfrage.«

Dr. Sabah setzte ein grimmiges Gesicht auf. »Ich sagte mir: Sollen sie ruhig lachen! Ich war die einzige Anwesende, an deren Händen kein Blut klebte. Nun, ich verließ diese Konferenz sehr besorgt. Ich wusste, wenn es mir nicht gelingen sollte, neue Geldquellen zu erschließen, würde ich mehr verlieren als nur meine Arbeit. Ich hatte einen Ehemann und Kinder, die ich liebte. Ich hatte Brüder und Schwestern, für die ich mich verantwortlich fühlte. Und meine Geschwister hatten ebenfalls Kinder. Mehrere Tage lief ich wie in Trance umher und grübelte darüber nach, wie ich genügend Geld auftreiben konnte, um eine ganze Abteilung zu finanzieren.

Eines Tages kam mir auf einer Baustelle eine Idee. Als ich über den Platz blickte, sah ich eine Menge Holz, Zement, Schrauben und Nägel herumliegen. Daraufhin kehrte ich ins Büro zurück, rief meinen Stellvertreter Kanaan zu mir und legte ihm meinen Plan dar.

Und so sah der Plan aus: Die Abteilung, die ich leitete, war ausschließlich für die Abwicklung von Bauprojekten zuständig. Wir vergaben Aufträge an zahlreiche Firmen. Diese Auftragnehmer waren unabhängig und kamen aus dem privaten Sektor der Wirtschaft. Ein Unternehmen stellte die Maschinen bereit, eine andere Firma lieferte das Holz, eine weitere den Zement und so fort. Ich beschloss, künftig anders vorzugehen. Jeder Auftragnehmer, der an einem Projekt arbeitete, sollte verpflichtet werden, alle Materialien, die er nicht verbraucht hatte, an der Baustelle zurückzulassen. Für die einzelnen Firmen würde das kein großer Verlust sein, aber insgesamt würden die zurückgelassenen Güter einen beträchtlichen Wert darstellen. Aufgrund der Sanktionen waren viele Produkte inzwischen nur noch schwer erhältlich, daher wusste ich, dass ich den höchstmöglichen Verkaufspreis erzielen würde. Wir beabsichtigten, die Güter zu versteigern. Mit den Erlösen aus diesen Auktionen wollten wir die Gehälter zahlen und andere Ausgaben decken.

Je länger ich darüber nachdachte, desto überzeugter war ich, dass uns diese grandiose Idee retten würde.

Wir unterbreiteten unseren Plan Saddam persönlich. Er prüfte die Zahlen, die wir errechnet hatten, und wirkte beeindruckt. Dann gab er uns grünes Licht. Unsere Abteilung setzte den Plan konsequent um und konnte auf diese Weise mehrere Jahre lang die anfallenden Kosten decken.

Vor fünf Monaten besuchten mich wieder zwei Männer mit dunklen Sonnenbrillen. Sie kamen zu mir ins Büro. Ich fürchtete, sie würden mir wieder befehlen, jemanden zu erschießen. In meiner Angst bat ich darum, meinen Mann und meine Kinder anrufen zu dürfen, aber sie ließen es nicht zu. Sie sagten, es würde nur eine oder zwei Stunden dauern. Es gäbe einige Fragen, die ich aufklären solle. Nach diesem Verhör brachten sie mich direkt hierher ins Gefängnis. Sie verbanden mir die Augen, bevor ich aus dem Wagen stieg. Dann führten sie mich einige Stufen hinauf. Ich konnte nichts sehen, aber ich wusste, dass mir eine schreckliche Zeit bevorstand, als mir der Gestank von Urin in die Nase stieg. Sie nahmen mir die Augenbinde ab, und ich sah, dass ich einem Mann gegenüberstand. Unvermittelt schlug er mir ins Gesicht und bellte: ›Herzlich willkommen, du Diebin!‹

Beim Verhör teilten sie mir mit, ich sei verhaftet worden, weil ich meine Position dazu missbraucht hätte, privaten Unternehmen Baumaterialien und Maschinen zu ›entwenden‹. Mein ›Verbrechen‹ wurde als eine Verschwörung zur Schwächung der Wirtschaft des Landes bezeichnet. Und das, obwohl ich keinen einzigen Dinar für mich behalten hatte. Jeder Dinar, der bei einer Auktion erlöst wurde, wanderte auf die Konten des Ministeriums.«

Dr. Sabah legte die Stirn in Falten. »Meine Folterer haben angedeutet, ich könnte eine Gefängnisstrafe von fünfundzwanzig Jahren erhalten. Ich glaube nicht, dass mein Mann und meine Kinder wissen, wo ich bin, obwohl man mir sagte, man hätte ihnen mitgeteilt, ich sei eine Diebin.«

Dr. Sabah seufzte und sah zur Wand.

Mayada starrte die Frau sprachlos an. Sie spürte, dass ihr abermals Tränen in die Augen stiegen. Fünfundzwanzig Jahre! Dr. Sabah würde eine so lange Haft niemals überleben, denn sie war ja schon fünfzig Jahre alt. Mayada zog die zusammengefaltete Decke unter ihrem Kopf hervor und hielt sie sich vors Gesicht, wobei ihr einige Fasern des dicken Stoffes in den Mund gerieten. Sie hustete leise und unterdrückte ein Niesen. Dann schob sie die Decke wieder unter ihre Beine.

Sie wünschte sich, sie könnte Dr. Sabah irgendwie trösten, wusste aber nicht, wie sie es anfangen sollte. Sie begann zu reden, ohne eine Vorstellung davon zu haben, was sie eigentlich sagen wollte. »Eines Tages werden unsere Peiniger für ihre Taten büßen müssen, auch wenn wir es vielleicht nicht mehr erleben«, überlegte Mayada laut. »Saddam beschäftigt sich nur noch damit, seinen Ruhm zu sichern. Ihm geht es nur noch darum, seine Leistungen für die Geschichtsbücher darzustellen. Weil er sich selbst liebt, glaubt er, dass ihn auch andere lieben. Er wünscht sich nur noch eines, nämlich als großer Held in der Geschichte der Araber weiterzuleben. Aber das wird nicht geschehen.

Ich erinnere mich an einen Satz von Jido Sati. Er sagte, die Geschichte schläft nie. Wenn sich künftige Historiker mit Saddam Hussein beschäftigen, werden ganze Bücher über seine Torheiten und Verbrechen geschrieben werden. Aber nach Belegen für seine Leistungen werden die Historiker vergeblich in den Dokumenten suchen. Was könnten sie über ihn schreiben? Nur dass Saddam Hussein eine Menge Paläste bauen ließ. Eine wertlose Hinterlassenschaft aus Steinen.«

Mayada sah sich im Raum um. Hörten ihr die Frauen zu?

Sie war sich nicht sicher. Sie seufzte, stand auf, rollte die Decke zusammen und ging in eine Ecke der Zelle. Dort blieb sie ruhig stehen und musterte nacheinander die Gesichter der Schattenfrauen. Ihre winzige Zelle war eine Welt voller Sorgen, in der jede Frau um ihre Familie fürchtete und die Mütter daran verzweifelten, dass sie ihre Kinder nicht aufwachsen sahen.

Muna, die Frau mit dem anmutigen Gesicht, weinte leise.

Dr. Sabahs Mundwinkel waren nach unten gezogen. Ihre ganze Erscheinung schien durch die Last ihres Kummers zu Boden gedrückt zu werden.

Aliyas Gesicht war so rot, als würde es glühen.

Mayada ließ ihren Blick von einem Gesicht zum anderen schweifen und erkannte, dass sich das Leiden tief eingegraben hatte in die Herzen aller Schattenfrauen. Das war das Leben im Gefängnis, dachte sie: Tränen, Angst und Sorgen.

Sie schaute wieder zu Samara. Die hübsche Schiitin war

still, doch ihr verzweifelter Gesichtsausdruck sprach Bände. Fürchtete Samara, dass sie das Glück für immer verlassen hatte? Würde sie, Mayada, unfreiwillig Zeugin einer fürchterlichen Tragödie werden? Würde die schöne Samara zu Tode gefoltert werden? Musste Samara, wie der Autor des anonymen Gedichts, viel zu früh sterben?

Mayadas Gedanken wanderten zu jenen Menschen, die für all diese Qualen verantwortlich waren. Zweifellos war es in erster Linie Saddam Hussein, der den modernen Irak in eine Hölle auf Erden verwandelt hatte, doch es gab noch einen weiteren Mann, der für viele Tränen verantwortlich war, die im Irak vergossen wurden. Ein Mann, den sie niemals vergessen würde.

Mayada starrte an die Decke und dachte an einen der attraktivsten Männer, die sie jemals kennengelernt hatte. Sein wunderschönes Gesicht erschien vor ihren Augen. Er war so hinreißend, dass sich viele Frauen, wie es hieß, auf den ersten Blick in ihn verliebt hatten. Als Mayada ihm zum ersten Mal begegnete, hatte ihr Ehemann Salam bereits dafür gesorgt, dass die Liebe in ihrer Ehe erloschen war. Mayadas Herz war leer, und sie fühlte sich verletzlich. Doch zum Glück hatte der attraktive, beeindruckende Mann bald sein wahres Gesicht gezeigt, sodass sie nie auf den Gedanken gekommen war, um seine Zuneigung zu werben. Sie hatte schnell entdeckt, dass sich hinter diesem schönen Antlitz ein grausamer Charakter verbarg.

Er galt als einer der grausamsten Männer des Irak. Sein Name ist Ali Hassan al-Majid, besser bekannt als »Chemie-Ali«. Dieser Mann war unter anderem dafür verantwortlich, dass Tausende irakischer Kurden durch Giftgas starben.

6

»Chemie-Ali« und der Schleier

Mayada traf Ali Hassan al-Majid, einen Vetter ersten Grades von Saddam Hussein, im April 1984 zum ersten Mal. Damals wusste man kaum etwas über den Mann, der erst vor kurzem die Geheimpolizei des Landes übernommen hatte, nachdem Dr. Fadil zum Geheimdienstchef befördert worden war.

In diesem April blühte der Irak in den schönsten Farben. Sträucher und Bäume bogen sich unter der Last der bunten Blüten, und die Luft war von ihren betörenden Wohlgerüchen erfüllt. Die Frühlingstage waren warm und sonnig, die Nächte kühl und angenehm. Die Bagdader wussten genau, dass die kultivierte Gesellschaft, sobald der lange Sommer sich über ihre Stadt legte, vor der brütenden Hitze in die Häuser fliehen würde. Also wurde im Frühling in der irakischen Gesellschaft eine Gartenparty nach der anderen gefeiert.

Jede Woche war Salwas gepflegter Garten mehrmals Schauplatz beeindruckender Buffets. Bevor die Abendgäste kamen, trugen Salwas Bedienstete Sofas und Stühle aus dem Haus an Plätze unter riesigen Dattelpalmen. Sie luden die Gäste zum Verweilen ein. Kurz nach Sonnenuntergang kamen die ersten, wenn der aquamarinblaue Himmel sich mit erstem Rosa verfärbte.

Das sanfte Rauschen in den Bäumen und das Summen der Nachtinsekten erfüllte die Luft, während Salwa und Mayada einige überaus interessante Menschen in Bagdad bewirteten. Mayada kleidete sich damals immer nach der neuesten Mode und liebte es, in eleganten Kleidern aufzutreten, die ihre Mutter in Paris, Rom oder London gekauft hatte. Sie konnte nicht wissen, dass dies der letzte Sommer sein sollte, in dem sie zu den Berühmtheiten Bagdads gezählt wurde. Dunkelhäutige, irakische Schönheiten, das Haar mit bunten Blumen hochgesteckt, schlenderten durch Salwas Garten in hübsch gestylten Gewändern aus dem Ausland, die häufig bereits gegen die Grenzen des Anstands im Nahen Osten verstießen. Unterdessen rauchten elegant gekleidete Männer Zigarren, nippten an kleinen Schnapsgläsern und tauschten halblaut ihre Befürchtungen über den Krieg aus – im Vertrauen, dass ihre Ansichten im Heiligtum von Salwa al-Husris Garten nicht abgehört würden.

Trotz dieser angenehmen Stunden breitete sich eine zunehmende Düsternis im Irak aus. Der grausame Krieg gegen die iranischen Nachbarn tobte nunmehr vier lange Jahre und verwirrte die Iraker zunehmend, denn sie waren nur Kriege gewohnt, die nicht länger als einen Monat dauerten. Doch wie die Iraker sich selbst in Erinnerung riefen, hatten sie wenig Erfahrung im Kampf mit anderen Muslimen. Der Irak führte in der Regel Krieg gegen Israel, und jedes Kind wusste, dass Kriege gegen die Israelis nie lange dauerten.

Die Iraker hatten allen Grund zu glauben, dass der gegenwärtige Konflikt gegen den Iran ebenfalls kurz sein würde. Die Arabische Liga hatte ein »Komitee des guten Willens« aus arabischen Regierungsvertretern zusammengestellt und sie in den Iran zu Friedensverhandlungen geschickt. Die Iraker meinten, das Komitee werde schon bald mit einem Abkommen nach Bagdad zurückkehren.

Mayada hingegen hatte ihre Zweifel bezüglich dieser diplomatischen Mission, denn sie wusste mehr über die Meinung der Weltöffentlichkeit als die meisten Iraker. Ausländische Publikationen waren im Irak fast ausnahmslos verboten, aber Mayadas Mutter war vor kurzem von einer Auslandsreise zurückgekehrt und hatte ihre Koffer mit verbotener Literatur und den neuesten Nachrichtenmagazinen vollgestopft. An der irakischen Grenze wagte es niemand, die Taschen von Salwa al-Husri zu durchsuchen, einer engen Freundin Dr. Fadils. Als Salwa zu Hause auspackte, verteilte sie ausländische Zeitungen und Zeitschriften, von denen einige den gegenwärtigen Konflikt zwischen Iran und Irak analysierten. Mayada las sie alle und bat Freunde, ihr die Fremdsprachen zu übersetzen, die sie nicht kannte.

Unter den eingeschmuggelten Zeitschriften fand sich auch der angesehene *Spiegel* aus Deutschland. Eine Karikatur im *Spiegel* ließ Mayada über die furchteinflößende Aufgabe nachdenken, vor der das irakische Militär stand. Auf der Karikatur war Saddam in Uniform zu sehen, wie er Khomeini einen Tritt versetzt. Der Text lautete sinngemäß: »Okay, du hast deinen Stiefel in die Tür gekriegt. Aber wie kriegst du ihn wieder heraus?«

Beim Anblick des fanatischen Khomeini, der von Millionen Iranern, bereit, für ihren Führer zu sterben, unterstützt wurde, sank Mayada der Mut. Mit einer dreimal so großen Bevölkerung konnte sich der Iran drei Tote für jeden irakischen Toten leisten. Und der Iran wurde von einem Mann geführt, der genauso starrsinnig war wie Saddam Hussein. Die Zahlen gaben wenig Anlass zu Optimismus für den Irak.

Im Oktober 1980, im zweiten Kriegsmonat, saßen Mayada und einige Journalistenkollegen in der Redaktion von *Al-Jumhuriya* im dritten Stock, mit Blick über Bagdad. Ohne die europäischen Zeitschriften zu erwähnen, äußerte Mayada die Meinung, der gegenwärtige Konflikt könne sich als langwierige und schwierige Angelegenheit erweisen. Ihre Freunde machten sich über ihre Naivität lustig. Das Gelächter ihrer Kollegen brachte sie zum Verstummen. Mayada schob ihre Befürchtungen beiseite und beteiligte sich an dem Gespräch, in dem bereits eine zehntägige Frist bis zur Eroberung des Iran in Betracht gezogen wurde. Die versammelten Journalisten fingen sogar an, eine Siegesfeier zu planen. Eine Niederlage war so unvorstellbar, dass der Gedanke schlichtweg ausgeklammert wurde.

Aber dann kehrten die ersten irakischen Gefallenen von der Front zurück. In den Straßen Bagdads wehten plötzlich überall schwarze Trauerfahnen, jede geschmückt mit dem Namen eines Soldaten und dem Todesort, dazu ein Koranvers: »Märtyrer leben ewig«, und eine Losung Saddams: »Märtyrer sind edelmütiger als wir alle.« Jeden Tag wehten mehr schwarze Fahnen, und schon bald wurde allen klar, dass die irakische Armee einen hohen Blutzoll zahlte.

Am Anfang schenkte Saddam jeder Märtyrerfamilie ein Stück Land, 5000 irakische Dinar (15 000 Dollar) und einen nagelneuen Toyota. Ein eingängiges Kinderlied wurde so umgedichtet, dass es die damalige Stimmung wiedergab, mit der die Iraker ihre Verachtung für die erschreckenden Verluste zum Ausdruck brachten:

> »Jetzt kehrt mein Vater von der Front zurück
> In einem vernagelten Sarg.
> Meine Mutter wird einen anderen heiraten,
> Und ich fahre einen neuen Toyota.«

Mayada litt sehr unter den schrecklichen Luftangriffen und stand jedes Mal Todesängste um ihre einjährige Tochter Fay aus, doch zugleich blieb ihr der blutige Krieg seltsam fern. Im Gegensatz zu den meisten Irakern hatte sie keinen Bruder, Vater, Onkel oder Vetter, der an der Front kämpfte. Alle männlichen Verwandten Mayadas waren entweder tot oder im Exil. Und ihr Mann Salam war nicht unmittelbar in Gefahr, weil er auf einem Stützpunkt in der Nähe der Stadt stationiert war. Tatsächlich genoss Salam sogar das Privileg, dass er jeden zweiten Tag nach Hause fahren durfte.

Mayada hatte damals als Autorin bei der Zeitschrift *Alef Ba* in Bagdad Karriere gemacht. Ihre berufliche Stellung war ungewöhnlich, weil Medienkarrieren im Allgemeinen nur Mitgliedern der Baath-Partei offenstanden, aber kurz nach ihrer Machtübernahme hatten al-Bakr und Saddam deutlich gemacht, dass die Familien al-Askari und al-Husri gegenüber dem arabischen Nationalismus so loyal wären, dass sie nicht erst in die Baath-Partei eintreten müssten, um das zu beweisen. Mayada hatte die höhere Schule abgeschlossen und im Ausland an einer Universität studiert, ohne jemals Parteimitglied zu werden. Mayadas Schwester Abdiya genoss dieselbe Ausnahmeregelung, allerdings hatte ein ideologischer Schwätzer an der Universität einmal versucht, sie zum Eintritt in die Partei zu bewegen. Als Abdiya ruhig antwortete: »Ich werde Saddam ganz bestimmt wegen Ihrer Einladung fragen und mich dann wieder bei Ihnen melden«, wurde sie von dem Herrn nicht mehr belästigt.

Nachdem sich Dr. Fadil 1979 mit Mayadas Familie angefreundet hatte, fielen ihr noch andere Vorrechte zu, die Irakern außerhalb der Baath-Partei für gewöhnlich verwehrt blieben. Sie wurde zur Journalistin und Autorin für mehrere Publikationen ernannt. Sie wurde eingeladen, in den Journalisten- und in den Schriftstellerverband einzutreten. Acht Jahre lang arbeitete sie in der Arabischen Arbeitsorganisation mit. Im Gegensatz zu allen anderen Irakern in der Organisation – und dank ihrer Familiengeschichte und dem Wirken Dr. Fadils im Verborgenen – wurde sie niemals gedrängt, mit Geheimdienstleuten zusammenzuarbeiten. So war sie niemals gezwungen worden, Kollegen, Freunde oder gar Familienangehörige auszuspionieren. Sie kannte sogar einen Mann in der Arbeitsorganisation, der seine eigene Frau denunzierte, weil sie sich über Udai, Saddams ältesten Sohn, lustig gemacht hatte. Die unglückliche Frau saß jetzt eine lange Gefängnisstrafe ab. Und in dieser ganzen Zeit belästigte niemand Mayada mit der Aufforderung, doch endlich in die Baath-Partei einzutreten.

Trotz ihrer politischen Abschirmung sagte Mayada der gesunde Menschenverstand, dass sie sich besser nicht in die

Gefilde des politischen Journalismus wagte. Vielmehr beschloss sie, über ihre Liebe zum Irak zu schreiben, eine echte Liebe, und Erzählungen zu verfassen, die von Liebe und Romantik handelten. Solche Anstrengungen entsprachen ihren schriftstellerischen Ambitionen, und sie wusste nur zu gut, dass allzu eigenwillige Berichte häufig dem Autor Probleme bereiteten. Als Mutter musste sie zuerst an ihre persönliche Sicherheit denken.

An einem Donnerstag im April 1984 nahm Mayadas unbeschwerte Distanz zum politischen Journalismus jedoch ein Ende. Kamil al-Sharqi, ihr Chefredakteur bei *Alef Ba*, rief Mayada in sein geräumiges Büro und sagte zu ihr: »Wir leben in einer schweren Zeit, Mayada. Alle Iraker müssen Opfer bringen. Viele Reporter sind an der Front, und unsere Autoren müssen zusätzliche Aufgaben übernehmen.«

Mayada nickte zustimmend und fragte sich, worauf er hinauswollte.

»Sie sind dazu ausersehen worden, einen Beitrag über Saddam und die irakische Sicherheitspolitik während des Krieges mit dem Iran zu schreiben. Sie werden ein Interview mit Ali Hassan al-Majid bekommen. Befragen Sie ihn über Saddam und Sicherheit, und versuchen Sie, zusätzlich ein paar persönliche Details über den Mann selbst herauszufinden. Die irakische Öffentlichkeit will mehr über diesen mysteriösen Vetter unseres großen Präsidenten und Generals, Saddam Hussein, wissen.«

Mayada warf vor Überraschung über diese unerwartete Bitte den Kopf nach hinten. Auch wenn sie bereits mehrere Schriftstellerpreise von Saddam erhalten hatte, zählte sie nicht zu seinem engeren Kreis. Glaubte Kamil etwa, sie brauche nur im Palast anzurufen und den Präsidenten zu bitten, dass ihr sein Vetter ein Interview gewährte? Da irrte Kamil sich aber gewaltig.

Sie schwieg und versuchte, sich das wenige ins Gedächtnis zu rufen, das sie über Ali Hassan al-Majid gehört hatte.

Dr. Fadil war erst vor kurzem zum Geheimdienstchef befördert worden. Als er Mayada und ihrer Mutter von seiner Beförderung erzählte, hatte er beiläufig erwähnt, dass Saddams Vetter Ali Hassan al-Majid Dr. Fadils alten Posten als Chef der irakischen Geheimpolizei, besser bekannt als Amin al-Amma, übernehmen würde. In diesem Amt war Ali al-Majid ein außerordentlich mächtiger Mann. Ali zählte außerdem zu den wichtigsten Köpfen der Baath-Partei. Trotz seines neuen Ranges hatte Mayada jedoch von erfahrenen Reportern gehört, dass Saddams Vetter für die Medien wenig übrighabe und alle Bitten um Interviews ablehne, weil er die Öffentlichkeit scheute.

Mayada schürzte die Lippen und fragte Kamil: »Soviel ich weiß, gibt er keine Interviews. Warum sollte er bei mir eine Ausnahme machen?«

Kamil zuckte die Schulter und lächelte. »Sie werden schon einen Weg finden, da bin ich sicher.«

»Ich habe da meine Zweifel«, gestand Mayada.

Kamil erhob sich, kam hinter seinem Schreibtisch hervor und begleitete Mayada zur Tür. »Sie werden Ihr Interview bekommen. Konzentrieren Sie sich nur mit ganzer Kraft darauf!«

Auch wenn es Mayada gefiel, ernst genommen zu werden, verließ sie Kamils Büro mit einer dunklen Vorahnung. Sie betrat ein neues Terrain. Allerdings durfte sie einen solchen Auftrag nicht ablehnen, wenn sie aufsteigen wollte. Da Ali Hassan il-Majid die Presse hasste und niemals Interviews gab, wusste Mayada nicht recht, wo sie anfangen sollte. Darüber hinaus war Ali ein mächtiger Vetter Saddams und in dieser Kriegszeit ein viel beschäftigter Mann. Was konnte ihn schon dazu bringen, ausgerechnet ihr, einer Autorin, die viele für die Vertreterin eines weichen, femininen Journalismus ansahen, ein Interview zu gewähren?

Mayada rief den ganzen Nachmittag über einflussreiche Freunde an, die vielleicht Kontakt zu Ali Hassan al-Majid haben könnten. Nachdem sie von über zehn Freunden eine Absage erhalten hatte, von denen jeder Mayada versicherte, sie verschwende nur ihre Zeit, wenn sie einem Mann nachlaufe, der keine Interviews gebe, beschloss sie, nach Hause zu gehen. Vielleicht hatte ihre Mutter ja eine gute Idee.

Noch am selben Abend, nachdem Mayada Fay zu Bett gebracht hatte, saß sie mit ihrer Mutter zu Tisch. Nachdem der Koch das Abendessen serviert hatte und wieder in die Küche gegangen war, erklärte Mayada ihr kniffliges Problem.

Salwa hörte aufmerksam zu und wusste sofort Rat. »Mayada, bitte doch Dr. Fadil, sich für dich einzusetzen. Er rief vorhin an und sagte, dass er auf dem Heimweg kurz vorbeischauen wolle.« Da sie Mayadas skeptischen Blick bemerkte, versicherte sie ihrer Tochter: »Er wird dir helfen. Da bin ich mir ganz sicher.«

Mayada war nicht überzeugt. Sie hatte mehr als einmal gehört, wie Dr. Fadil über Ali Hassan al-Majid schimpfte und wenig Zweifel daran ließ, dass er diesen Mann grimmig hasste. Dr. Fadil blieb dabei, dass Ali al-Majid ein ungebildeter Klotz war, wie die meisten Verwandten Saddams. Auf seinem neuen Posten als Chef des gesamten Geheimdienstes stand Dr. Fadil in der Hierarchie zwar über Ali al-Majid, aber Saddams Vetter stand dem Herzen des mächtigen Präsidenten näher, was Ali bei einer politischen Auseinandersetzung einen Vorteil gegenüber Dr. Fadil verschaffte. Darüber war dieser sich gewiss im Klaren, und das würde auch seine Abneigung für al-Majid erklären. Weshalb sollte er also Kontakt zu einem Mann aufnehmen, den er hasste? Nur um ihr zu helfen?

Während Mayada auf Dr. Fadil wartete, nahm sie einen Kugelschreiber und Papier und schrieb alles auf, was sie über Ali Hassan al-Majid gehört hatte.

Nach den wenigen Aufnahmen, die sie gesehen hatte, war er ein attraktiver Mann, Ende dreißig oder Anfang vierzig. Er wurde in Tikrit geboren, der erste Sohn von Saddams

Onkel, dem Bruder von Saddams verstorbenem Vater. Auch Alis Familie gehörte dem sunnitischen al-Bejat-Clan an, einer Gruppe des al-bu-Nasir-Stammes, der in der Region Tikrit das Sagen hatte. Wie bei allen Irakern jener Zeit spielte die Stammeszugehörigkeit in seinem Leben zu Beginn eine große Rolle, und er knüpfte lebenslange Freundschaften mit Clanmitgliedern, auch mit Saddam.

Von Anfang an war Ali al-Majid ein glühender Anhänger der Baath-Partei, aber anders als Saddam hatte er immer niedere Ränge bekleidet. Vor der Revolution von 1968 war Ali Obergefreiter und erledigte als einfacher Motorradfahrer Kurierdienste. Als Saddam jedoch seine Macht festigte, da wuchs Vetter Alis Einfluss rasant.

Ali hatte bereits ein Gespür dafür bewiesen, wie man sich bei Mächtigen einschmeichelt, als er die Tochter Ahmed Hassan al-Bakrs heiratete, des irakischen Präsidenten seit der Revolution von 1968. Als Saddam dann 1979 Alis Schwiegervater al-Bakr beiseiteschob und selbst die Präsidentschaft übernahm, hielt Ali seinem Stamm und Vetter Saddam die Treue und nicht dem Vater seiner Frau. In der irakischen Stammesgesellschaft war Alis Entscheidung keineswegs ungewöhnlich. Wenn ein Mann gezwungen ist, sich zu entscheiden, wird er immer eher seinem Stamm die Treue halten als der Familie seiner Frau.

Nach Saddams Machtübernahme kletterte Ali rasch in der Hierarchie der Baath-Partei nach oben und zählte zu den Offizieren, denen Saddam am meisten vertraute. Er war ein Baath-Veteran und hohes Mitglied des Revolutionären Kommandorates. Im Zuge des iranisch-irakischen Krieges war Ali mittlerweile zu einem engen Militärberater Saddams geworden.

Als Dr. Fadil eintraf, brachte Mayadas Mutter sofort das Thema zur Sprache. Sie schenkte ihm einen Drink ein und schwärmte von seinem letzten Buch, dann sagte sie: »Mayada möchte Sie um einen besonderen Gefallen bitten.«

Mayada beobachtete seine Reaktion. Dr. Fadil wirkte nicht gerade erfreut. Seit er als Bewunderer Satis in ihr Leben getreten war, hatte Mayada ihn mehr als einmal darum gebeten, Nachbarn und Freunden zu helfen, die Schwierigkeiten mit dem Sicherheitsdienst hatten. In den meisten Fällen hatte er liebenswürdig geholfen. Aber seit zwei Jahren, nach der unglücklichen Bitte, Umm Sami bei der Suche nach ihren beiden Söhnen zu helfen, war Dr. Fadil allmählich Mayadas Bitten leid.

Er schwenkte seinen Drink in der Hand. »Natürlich«, sagte er zu Salwa und ihrer Tochter, »werde ich für dich tun, was ich kann, Mayada. Du bist eine stolze Tochter des Irak.«

Die Worte sprudelten nur so aus Mayada hervor. »Kamil hat mir einen schwierigen Auftrag erteilt. Ich soll Kontakt zu Ali Hassan al-Majid aufnehmen und ein Interview mit ihm machen. Kamil möchte in der Zeitschrift einen Artikel über die irakische Sicherheitspolitik veröffentlichen. Und über Saddam. Und schließlich, wenn ich schon dabei bin, soll ich den ›wahren‹ Mann hinter dem Offizier schildern. Bislang kann mir niemand weiterhelfen. Er lebt sehr zurückgezogen ...«

Dr. Fadil zuckte zusammen. »*Ali Hassan al-Majid?* Wieso sollte sich das irakische Volk um ihn scheren?« Er tat so, als würde er spucken. »Ich spucke auf ihn!«

Mayada zog sich alarmiert zurück. Sie blickte zu ihrer Mutter hinüber.

Salwa beobachtete Dr. Fadils Ausbruch mit einem halben Lächeln. Sie nippte an ihrem Kaffee und sagte dann: »Dr. Fadil, wir wollen Sie nicht belästigen, wenn Ihnen das nicht möglich ist. Wie es aussieht, kann ohnehin niemand diesen al-Majid dazu überreden, ein Interview zu geben. Ich bin sicher, er würde Sie abweisen wie alle anderen. Er ist viel zu mächtig geworden, um sich mit den Leuten abzugeben, die in seinen Augen unter ihm stehen.«

Bei Salwas Worten flackerte in Dr. Fadils Augen ein furchterregender Ausdruck auf. Einen Moment lang stand ihm der Mund offen, dann schob er seinen Stuhl zurück und sprang auf. Dabei verschüttete er seinen Drink. Sein Gesicht war flammend rot. »Glauben Sie wirklich, er würde es wagen, mich abzuweisen? Niemals!« Dr. Fadil schäumte Minuten lang vor Zorn, dann sah er Mayada an und sagte mit Bestimmtheit: »Du bekommst dein Interview. Sei unbesorgt.« Dann rannte er aus dem Zimmer und rief noch über die Schulter: »Ich werde dich morgen anrufen und dir den Termin und den Ort für das Interview nennen.«

Kaum war die Tür hinter ihm zugeknallt, da fing Mayadas Mutter zu lachen an und klatschte leise in die Hände.

»Daraus kannst du eine kleine Lehre ziehen, liebe Tochter. Kein arabischer Mann kann es ertragen, dass man einen anderen Mann für mächtiger hält. Der Mann wird alles tun, um das Gegenteil zu beweisen.«

Salwa lehnte sich vor und kniff Mayada liebevoll in die Wange. »Glaub mir. Du wirst dein Interview bekommen.« Sie strich ihr Kleid glatt und gähnte. »So. Ich bin müde. Ich glaube, ich ziehe mich heute Abend früh zurück und lese noch eine Weile. Neulich ist in einer Zeitschrift ein Artikel über deinen Jido Sati erschienen. Ich möchte wissen, ob der Autor die Fakten korrekt geschildert hat.«

Während Mayada ihrer Mutter nachsah, überkam sie eine Woge der Bewunderung. Ihre Mutter bekam *immer*, was sie wollte.

Am nächsten Morgen lag sie noch im Bett und fragte sich, was der Tag und die bevorstehende Aufgabe bringen würden, da klingelte das Telefon. Dr. Fadil war am Apparat.

Seine Stimme klang geschäftsmäßig, beinahe schroff. »Mayada, es wird Ali Hassan al-Majid eine Freude sein, dich zu empfangen. Begib dich in mein altes Bürogebäude. Dort hält er sich tagsüber auf. Sei am Montagmorgen Punkt 9.00 Uhr dort. Sag mir Bescheid, wie es gelaufen ist.«

Dr. Fadil legte auf, bevor Mayada Gelegenheit hatte, sich bei ihm zu bedanken.

Dr. Fadil hatte sich einmal mehr für sie eingesetzt. Mit neuer Energie sprang sie aus dem Bett. Sie konnte es nicht erwarten, Kamils Gesicht zu sehen, wenn sie ihm sagte, dass sie ein Interview mit dem kaum zu fassenden Ali al-Majid bekommen habe. Der Artikel würde ein Triumph für die Zeitschrift werden.

Kamil war zwar erfreut, als sie ihm die gute Nachricht mitteilte, aber er wirkte längst nicht so überrascht wie erwartet. Stattdessen bat er sie in sein Büro, um Fragen für das Interview vorzubereiten. Es war Anfang April, und Saddams Geburtstag war am 28. April. Kamil wollte zuerst einen Artikel über den Präsidenten, und wenn Ali al-Majid es für angebracht hielt, ein paar persönliche Kommentare über sich selbst abzugeben, dann sollten sie das Sahnehäubchen werden.

Am Ende sagte Kamil zu ihr. »Mayada, es ist schwer, dir für dieses Interview einen Rat zu geben. Niemand kennt diesen Mann. Das ist sein erstes Interview. Folge deiner Intuition, und sieh zu, wohin das Interview dich führt.«

Am nächsten Montag ging Mayada zu Dr. Fadils altem Dienstgebäude. Sie hatte Angst und wünschte sich einen Moment lang, dass sie zu einem Treffen mit Dr. Fadil hergekommen wäre und nicht mit seinem furchteinflößenden Nachfolger. Ihre Hände zitterten vor Nervosität, denn sie wusste nicht, was sie erwartete.

Sie wurde in Dr. Fadils Büro begleitet und bemerkte überrascht, dass Ali al-Majid an der Einrichtung nichts geändert hatte. Die Decke war immer noch genauso protzig wie in einer Diskothek, die Spieltische standen noch da, und Dr. Fadils alte Möbel standen noch am selben Platz. Sie warf einen Blick nach unten und sah, dass der braune Teppich immer noch den Fußboden bedeckte. Dann hob Mayada den Kopf und sah in den hinteren Teil des großen Raums.

Mayadas Urgroßmutter mütterlicherseits, Melek, eine Prinzessin und Cousine ersten Grades des osmanischen Sultans Abdul Hamid, fotografiert mit ihrer Diamanttiara. Sie besaß auch ein Medaillon mit Diamanten so groß wie Tauben. Mayada erbte sechs dieser Diamanten und musste sie während der Sanktionen verkaufen. Sie erbte auch die Urkunde mit ihrem Adelstitel (ein vom Sultan unterzeichnetes Dekret, das besagt, dass Melek mittlerweile erwachsen und eine Sultana war, und in dem sämtliche Ländereien aufgezählt werden, die ihr überschrieben wurden). Mayada besitzt das Dokument noch heute.

Mustafa al-Askari (Jafars Vater, Mayadas Urgroßvater) in Bagdad, Befehlshaber der 4. Osmanischen Armee.

Rechts:
1955: Eine fünf Tage alte Mayada in Beirut, Libanon; hier mit ihrer Mutter Salwa, ihrem Vater Nizar und Scottie.

Jafar al-Askari in seinem Derwischgewand, als er inkognito hinter den feindlichen Linien nach Kairo reiste, um Waren für seine Armee zu kaufen.

Jafa al-Askari in seiner Uniform.

1957: Mayada, knapp zwei Jahre alt, auf der Wippe mit ihrer Puppe in Bagdad.

1965: In Brummana, Libanon. Sati al-Husri, seine Tochter Salwa und seine beiden Enkelinnen Mayada und Abdiya.

1981: Mayada erhält ihren ersten Schriftstellerpreis von Saddam Hussein.

1983: Mayada erhält ihren dritten Schriftstellerpreis von Saddam Hussein.

1923: Sati al-Husri in seiner Bibliothek in Bagdad.

1923: Satis Frau Jamila, in seiner Bibliothek in Bagdad.

1953: Salwa al-Husri mit dem Onkel ihres Mannes, Nuri al-Said. Nuri war fast vierzig Jahre lang irakischer Regierungschef und wurde 1958 bei einem Staatsstreich gemeinsam mit der Königsfamilie ermordet. Die Aufnahme wurde im November 1953 im Hotel Dorchester in London gemacht, bei einem Ball unter dem Motto »Arabische Nächte«.

1993: Mayadas Kinder, Ali und Fay, mit ihrer Großmutter Salwa in Amman, Jordanien.

Ali Hassan al-Majid stand hinter seinem Schreibtisch. Er war groß, schlank und hatte breite Schultern. Die Augen waren tiefschwarz, groß und ausdrucksstark. Die Nase war schmal, passte aber gut zu seinem Gesicht. Er hatte einen weichen, hellen Teint. Ein sauber gepflegter Schnurrbart zierte seine Lippen, die zu einem Lächeln verzogen wurden, das erstaunlich weiße, gleichmäßige Zähne sehen ließ. Mit militärischer Haltung ging er um den Schreibtisch und auf Mayada zu. Er überragte sie, und der Blick in seinen Augen war ein wenig zu durchdringend. Er wies auf einen Stuhl vor seinem Schreibtisch. »Willkommen in meinem Büro. Bitte, nehmen Sie Platz, und machen Sie es sich bequem.«

Mayada erwachte aus ihrer Starre und setzte sich auf den Stuhl. Dann kramte sie in ihrer Tasche nach ihrem Kugelschreiber und Notizblock. Mit dem Rüstzeug eines Reporters in der Hand ging sie eilig, ohne nachzudenken, ihre Fragen durch. Sie notierte sich Alis Antworten, hakte nie nach und wollte nur dieses gefährliche Interview so schnell wie möglich hinter sich bringen.

Ali al-Majid sah Mayada belustigt an, während sie sich selbst zum Narren machte.

»Sie sind also die Enkelin des großen Sati al-Husri?«

Mayada blickte von ihrem Notizblock auf und bemerkte, dass er sie mit zusammengekniffenen Augen prüfte, während er sich den Handrücken rieb.

»Ja«, antwortete sie. »Sati al-Husri war der Vater meiner Mutter.«

»Bei Gott, Saddam sagt, Ihr Großvater sei einer der größten Araber. Er sagte, Sati al-Husri sei ein besonderer Mensch gewesen, ein Gelehrter mit Nerven aus Stahl. Hat er wirklich verhindert, dass die Briten alle unsere Schätze stahlen?«

Mayadas Anspannung löste sich ein wenig. »Nun ja, er hat sie nicht gerade mit dem Dolch in der Hand davon abgehalten. Jido Sati war ein brillanter Kopf, er hat sie überlistet.«

Ali al-Majid sah sie an und dachte über ihre Antwort nach.

»Erzählen Sie mir etwas über Sati«, drängte er.

Bei diesem Wortwechsel über Sati fühlte Mayada sich plötzlich so sicher, dass sie den mächtigen Mann neckte. »Ich bin hier, um Sie zu interviewen, nicht umgekehrt.«

»Dann erzählen Sie mir wenigstens *eine* Geschichte, wie ein Mann seine Feinde ohne physische Gewalt besiegt.«

Mayada unterdrückte ihr Lachen. Sie sah, dass Ali al-Majid die Muskeln anspannte wie ein Kraftprotz im Zirkus.

Er sah sie mit einem neckischen Lächeln an. »Na los. Ich befehle es Ihnen. Erzählen Sie mir eine Geschichte über Ihren Großvater, und ich werde Ihnen alles erzählen, was Sie über mich wissen wollen.«

Das Interview lief besser, als sie jemals gehofft hatte. Kamil würde begeistert sein.

Mayada klopfte mit ihrem Stift auf den Block. »Also gut, ich erzähle Ihnen eine Geschichte.« Sie lehnte sich in ihrem Stuhl zurück. »Als Kind war ich viele Stunden mit Jido Sati zusammen, und ich erinnere mich noch an den Tag, an dem er mir diese Geschichte erzählte. Deshalb weiß ich auch, dass jedes Wort wahr ist.

Als der moderne Staat Irak gegründet wurde, verließ König Faisal sich in vielen Dingen auf meinen Großvater. Er war verantwortlich für das Bildungswesen des Landes, er war der Dekan der juristischen Fakultät, und er war der Berater König Faisals für Altertümer, trotz der Tatsache, dass der britische Hochkommissar im Irak, Sir Percy Cox, die Engländerin Gertrude Bell zur Ehrendirektorin für Altertümer ernannt hatte. Nach Miss Bells Tod übernahm Sati jedoch die alleinige Verantwortung für unser archäologisches Erbe.

Wie Sie vermutlich wissen, war Gertrude Bell eine außergewöhnliche Frau. Sie war Schriftstellerin, Abenteurerin, eine enge Freundin Lawrence von Arabiens und sogar Beraterin von Königen. Sie war eine sehr gute Repräsentantin der britischen Regierung. Nur wenige konnten es mit ihrer starken Persönlichkeit aufnehmen, und ihre Regierung unterstützte in der Regel ihre kühnen Initiativen. Sie hatte sogar bei der Auswahl Faisals zum ersten König ihre Finger im Spiel.

Außerdem nahm Miss Bell ihr Ehrenamt sehr ernst. Knapp ein Jahr nach der Anerkennung des Irak als Nation kam sie in Satis Büro, wedelte mit einem Dokument und wollte von ihm, dass er die Zustimmung des Kabinetts zu einem neuen Gesetz einhole. Sie sagte, eine Gruppe von Wissenschaftlern würde bereits am Ort der antiken Stadt Ur graben. Sie wollte, dass dieses neue Gesetz verabschiedet wurde, ein Gesetz, das den Umgang mit den ausgegrabenen Schätzen neu regeln sollte.

Mein Großvater war der aufrechteste Mann aller Zeiten, und als er das Dokument nach Hause mitnahm, um den Entwurf zu prüfen, stellte er entsetzt fest, dass Miss Bell ein neues Gesetz auf der Grundlage des Vertrages vorschlug, der zwischen den alliierten Streitkräften in der Türkei geschlossen worden war. Nach diesem Gesetz wurden die Funde einer Ausgrabung Eigentum des Ausgräbers. Mit anderen Worten, es wäre ihr erlaubt gewesen, einen großen Teil der Schätze des Irak nach England zu bringen. Daraufhin studierte mein Großvater das alte osmanische Recht, das Recht, das immer in diesem Gebiet gegolten hatte, und entdeckte, dass alle ausgegrabenen Altertümer der Regierung gehörten: Die Archäologen durften nur Kopien oder Abdrucke machen. Ausländischen Expeditionen war es nicht gestattet, auch nur einen einzigen antiken Gegenstand aus dem Land auszuführen.

Am nächsten Tag wollte Gertrude Bell das unterzeichnete Dokument aus Jido Satis Büro abholen, aber sie bekam nicht die erwartete Antwort. Mein Großvater informierte sie über seine Nachforschungen und sagte ihr, er bedaure es, aber er könne das Parlament nicht auffordern, das von ihr vorgeschlagene Gesetz zu verabschieden, weil das Gesetz dem Irak schaden würde.«

Mayada gluckste. »Jido Sati sagte, er habe noch nie eine Frau so schnell so wütend werden sehen. Ihr Gesicht sei knallrot angelaufen, und sie habe so schnell und schwer geatmet, dass es klang, als würde sie ein Horn blasen. Er dachte, sie würde ihn vielleicht anschreien, aber er stand ganz ruhig da. Miss Bell fand am Ende zu ihrer britischen Haltung zurück und beruhigte sich; sie sprach ganz gelassen über andere Angelegenheiten. Jido Sati sagte, ihm war klar, dass sie überlegen würde, wie sie ihn umgehen könnte, und er behielt recht. Drei Tage später wurde ihm mitgeteilt, dass die Briten die Zuständigkeit für Grabungen an archäologischen Stätten dem Ministerium für Transport und Öffentliche Bauten übertragen hätten. Der Mann, der diesen Posten hatte, war ziemlich schwach und gab Miss Bells Forderungen nach.

Mein Großvater sagte, dass sie eine Zeit lang miteinander auskommen mussten und dass der Irak seiner Ansicht nach wegen Miss Bells Gesetz viele Altertümer verloren hätte, aber später brachte er ein neues Gesetz durch und rettete viele Altertümer für die Iraker. Gertrude Bell war, gelinde gesagt, sehr unzufrieden mit meinem Großvater.«

Ali al-Majid hörte gut gelaunt Mayadas Geschichte zu. »Machen Sie weiter, erzählen Sie mir mehr.«

»Kurz danach kam es zu einem weiteren Vorfall, ein noch interessanterer, bei dem es um die antike Goldene Harfe des Irak ging. Ein britischer Gesandter bat um eine Audienz bei König Faisal und teilte ihm mit, dass König George V. von England bald seinen Geburtstag feiern würde. Der Mann riet König Faisal dringend, dem britischen König die Goldene Harfe der Sumerer zu schenken.

Dieser Rat brachte König Faisal in eine unangenehme Zwangslage, weil die Briten offenbar sehr erpicht auf die Harfe waren, ein unersetzbares Unikat. Faisal machte gegenüber dem Gesandten ein paar Ausflüchte und vertröstete ihn: ›Später, später.‹ Dann rief der König Jido Sati und bat ihn um seine Meinung, wie sie eine solche Katastrophe verhindern könnten. Sati versicherte dem König, dass er die Angelegenheit regeln und die Verärgerung der Briten auf seine Kappe nehmen werde. Sati ging direkt zu den Briten und teilte ihnen mit, dass es dem König nicht möglich sei, die Goldene Harfe der Sumerer auszuhändigen, sosehr er König George auch ehren wolle, weil ein Gesetz einen solchen Transfer untersage. Sati sagte dem britischen Gesandten, er könne ihn zu einem Kaufhaus mit Antiquitäten führen, für die bereits in irakischen Museen Kopien ausgestellt würden, und Sati würde dem Mann mit Vergnügen helfen, eine vortreffliche Kopie für den Geburtstag des Königs auszuwählen.

Die Briten mussten gute Miene zu Satis Spiel machen, weil sie sich selbst rühmten, stets die Gesetze zu achten. Folglich mussten sie sich mit einer Kopie der Goldenen Harfe zufriedengeben.

König Faisal neckte Sati danach immer und sagte, die Harfe sei durch Satis starkes Herz gerettet worden. Der König blieb hartnäckig dabei, dass Sati der einzige Mann im ganzen Land sei, der dieses archäologische Erbe dem irakischen Volk bewahren konnte. Ohne Sati hätten künftig habgierige britische Finger die Saiten des Instruments zum Klingen gebracht.

Mein Großvater war seitdem bei den Briten verhasst. Sie ließen keine Ruhe, bis sie ihn aus dem Land vertrieben hatten. Einige Jahre später nahmen sie einen Aufstand zum Vorwand, um Sati auf die Liste unerwünschter Personen zu setzen.«

Ali al-Majid schien plötzlich genug zu haben von dem

Gerede über Altertümer. Sein Lächeln verschwand, und er forderte Mayada mit lauter Stimme auf: »Zeigen Sie mir den Ring.« Er starrte auf Mayadas Finger, an dem ein Saphir- und Diamantring funkelte, den sie vor kurzem von ihrer Mutter bekommen hatte.

Mayada fiel auf, dass Ali, wenn er laut sprach, eine näselnde Stimme hatte, die der Stimme Saddams ähnelte. Sie war von seiner Bitte so überrascht, dass sie den Ring vom Finger zog und ihm gab.

Mayada sah zu, wie er den Ring genau untersuchte. Er drehte ihn in der Hand um und sah sich die Steine von unten an.

»Bei Gott, sind diese Steine echt?«

Sie richtete sich auf. »Natürlich sind sie echt. Meine Mutter hat ihn bei Tiffany's gekauft. Zur Feier der Geburt meiner Tochter Fay.«

Ali deutete nun auf Mayadas Kleid. »Woher haben Sie Ihr Kleid?«

»Meine Mutter hat dieses Kleid in Paris gekauft.«

Der Mann verlor in Mayadas Augen mit jedem Wort, das er sagte, an Attraktivität.

Ali lächelte, dann neigte er den Kopf auf eine bezaubernde, knabenhafte Art zur Seite. »Bei Gott, färben Sie etwa Ihr Haar?«

Mayadas frühere Nervosität legte sich, als Ali al-Majid sie ganz unbefangen anstarrte. Er mochte ja einer der mächtigsten Männer des Landes sein, aber genau genommen war dieser Mann nur ein ungebildeter Dorfjunge. Er hatte keine Manieren und war außerstande, seine schamlose Neugier zu verbergen. Vielleicht *erlaubte* Saddam Hussein es Ali al-Majid gar nicht, Presseinterviews zu geben, dachte sie. Im Gegensatz zu dem Mann vor ihr hatte Saddam sich alle Mühe gegeben, sein Wissen über die Welt zu erweitern. Er hatte in Kairo Jura studiert, sich selbst beigebracht, gesittet zu essen und sich wie ein Gentleman zu kleiden – alles, um sich von seiner bäuerlichen Herkunft zu distanzieren. Bei Ali sah die Sache anders aus. Sie war überzeugt, es wäre Saddam peinlich gewesen, wenn die Bagdader Gesellschaft gewusst hätte, dass so ein Tölpel sein Vetter war.

Ali al-Majid lächelte breit, anscheinend war er froh darüber, dass er von seinem selbst auferlegten – oder von Saddam auferlegten – Schweigen befreit war. Er beantwortete jetzt alle Fragen auf Mayadas Liste und bestand darauf, dass sie sich seine Privatnummer notierte. Er drängte sie, ihn nach Saddams Geburtstagsfeier anzurufen, weil er ihr ein viel ausführlicheres Interview über seine Lebensgeschichte geben wollte. »Ich werde Ihnen alles über mein Leben erzählen«, versprach er mit einem nach Zuwendung heischenden Lächeln.

Nachdem Mayada Ali Hassan al-Majids Büro verlassen hatte, ging sie direkt in die Redaktion. Kamil empfing sie an der Tür und geleitete sie in sein Büro. Er war überrascht und hocherfreut, als sie ihm ihre Notizen vorlas. »Er hat sich Ihnen geöffnet«, umschrieb er das Ergebnis mit einem breiten Lächeln. »Ich habe gehofft, dass er das tun würde.«

Mayada teilte ihm zuletzt die beste Neuigkeit mit. »Er versprach mir ein ausführlicheres Interview. Er sagte, er werde mir alles über sein Privatleben erzählen.«

Kamil lachte mit ihr. »Das ist ein riesiger Erfolg. Niemand hat bislang diesen Mann dazu gebracht, etwas auf Band zu sprechen!« Dann traf er eilig Vorkehrungen, eine Story aus der nächsten Ausgabe der Zeitschrift herauszunehmen, damit Mayadas Artikel über Saddam eingefügt werden konnte. Eine Woche später kam Mayadas Story heraus. Der Artikel war in Bagdad das Stadtgespräch, weil Ali Hassan al-Majid sich hier zum ersten Mal zu Wort gemeldet hatte.

Ali Hassan al-Majid hielt auch sein Versprechen, Mayada Informationen über sein Leben zu geben, damit sie einen Artikel über ihn schreiben konnte. Als Mayada ihn nach

Saddams Geburtstagsfeier in seinem Büro anrief, wurde sie gnädig aufgefordert, noch einmal vorbeizukommen. Als sie eintrat, war sie wiederum von seiner stattlichen Erscheinung beeindruckt, auch wenn seine Schönheit sie nicht mehr bezauberte.

Ali al-Majid war offenbar hocherfreut, Mayada zu sehen, und erklärte, er habe für ihr Treffen alle Termine abgesagt. Er befahl jemandem, Tee und Gebäck zu bringen, und forderte sie sogleich auf, sich doch zu setzen. »Heute werde ich die ganze Zeit reden!«

Er wirkte aufgeregt wie ein Kind. Also setzte Mayada sich hin und hörte zu.

Ali klammerte sich an der Schreibtischkante fest und sah ungeduldig zu, wie Mayada ihren Block, Stift und Kassettenrekorder auspackte. Kaum war sie fertig, da sprudelte die Geschichte seines Lebens von seinen Lippen, den Lippen eines Mannes, der sich offensichtlich sehr lange danach gesehnt hatte, dass ihm jemand aufmerksam zuhörte.

Er kündigte laut an: »Dies ist das Leben von Ali Hassan al Majid al-Tikriti, des stolzen Sohnes von Hassan Majid al-Tikriti. Ich habe noch drei Brüder, Abid Hassan, Hashim Hassan und Suleiman Hassan.« Ein breites Lächeln flog über sein Gesicht.

Mayada war von diesem kindlichen Mann wie hypnotisiert und fühlte sich 100 Jahre älter als er, obwohl er Chef der irakischen Geheimpolizei war. Dann fuhr er fort:

»Dank unseres großen Führers Saddam – Allah beschütze und segne ihn – weiß jeder, dass ich in der armen, ländlichen Gegend von Tikrit geboren wurde. Ich musste als Kind die Schule verlassen, weil meine Brüder und ich abwechselnd die Schafe hüten mussten. Ich musste lange Strecken gehen, um Weideplätze zu suchen, aber ich passte auf Wölfe auf, und kein einziger fraß jemals auch nur ein Schaf, während ich Wache hielt. Kein einziger! Bei Gott, meine Brüder konnten sich in der Wachsamkeit nicht mit mir messen.

Aber die bösen Wölfe schlichen immer um die Herde, und ich warf Steine und rannte so mit ausgebreiteten Armen auf sie zu.«

Er machte diese längst vergessenen Bewegungen mit den Armen nach und nahm eine geduckte Haltung ein, die sehr furchterregend aussah, wie Mayada zugeben musste. Aber sie hatte keine Angst und lächelte. Er erwiderte ungezwungen ihr Lächeln.

»Bei Gott, diese Tage als Schafhirte haben aus mir einen wachsamen Soldaten gemacht, einen, der niemals das Auge von seinem Feind abwendet.

Wir waren so arm, dass ich, bis ich ein erwachsener Mann war, gar nicht wusste, dass es so was wie Kinos überhaupt gab. Also gewöhnte ich es mir nicht an, ins Kino zu gehen, und ich habe mir in meinem ganzen Leben nur einen Spielfilm angesehen, einen religiösen Film über den Propheten Josef.« Er zuckte die Achseln. »Er war nicht schlecht, aber ich hätte lieber einen Blick in die Zeitung oder in eine Illustrierte geworfen. Ich habe hohen Blutzucker, aus dem inzwischen Diabetes geworden ist, und ich muss mir jeden Tag Insulin spritzen.« Er überraschte Mayada, als er schnell zu einem Schränkchen an der Wand lief und eine dünne Nadel und ein kleines Medizinfläschchen aus einer Schublade zog. Dann rannte er zu ihr zurück und spritzte sich selbst in den Arm.

Er lachte, als sie zusammenzuckte, aber sie sagte ihm, ihre Reaktion sei eher Überraschung als Angst vor Nadeln. »Bevor mein Vater an Krebs starb, habe ich gelernt, ihm Spritzen zu geben, gegen die Schmerzen. Sobald die Schwester nachmittags aus dem Haus ging, war ich dafür zuständig, ihn zu spritzen. Ich wurde auch dazu ausgebildet, intravenös zu spritzen.«

Ali al-Majid wirkte ehrlich berührt von der Qual ihres Vaters und sah Mayada voller Mitgefühl an. Er sagte, das tue ihm leid, den Vater zu verlieren sei das Schlimmste, was einem jungen Mädchen passieren könne. Er liebe seine eigene Tochter mehr als sein eigenes Leben, sagte er Mayada, aber von ihr werde er später erzählen. Dann kehrte Ali zu dem Gesprächsthema Diabetes zurück.

»Es ist ein Jammer, dass ich Diabetes habe, weil ich Süßigkeiten über alles liebe. Manchmal esse ich einfach Unmengen Süßigkeiten und hoffe das Beste. Meine Lieblingsschleckerei ist ein Biskuitkuchen mit schichtweise Gelee, Eiercreme und Früchten. Und ich mag Schokolade.« Er ging um den Tisch und drückte einen Knopf unter der Platte. Als ein Bediensteter den Raum betrat, sagte Ali zu ihm: »Hol eine Schachtel von jeder Marke meiner Lieblingsschokoladen.«

Mayada protestierte, weil sie in ihrem ganzen Erwachsenenleben auf ihr Gewicht geachtet hatte und sich nicht vorstellen konnte, einfach so Schokolade zu essen. Aber Ali al-Majid war nicht der Mann, der auf andere hörte. Wenige Augenblicke später türmten sich Schachteln mit Mars-Riegeln, Kitkat und Smarties auf ihrem Schoß. Da es Ali offensichtlich freute, ihr ein kleines Geschenk zu machen, nahm Mayada die Schachteln an und dachte bei sich, sie würde die Süßigkeiten später im Büro den Kollegen anbieten.

»Ich möchte, dass Sie in vier Tagen zu einer Hochzeit kommen. Mein Bruder heiratet Dr. Fadil al-Barraks Schwägerin.«

»Ich habe davon gehört«, murmelte Mayada, immer noch überrascht, dass zwei Männer, die sich so hassten, ihre Einwilligung gegeben hatten, dass ihre Familien durch eine Ehe miteinander verbunden wurden. Um das Thema Dr. Fadil zu vermeiden, fragte Mayada: »Wie alt ist die Braut?«

»Sechzehn.«

»Das ist viel zu jung«, protestierte sie und dachte an ihre eigene Tochter, die schon in fünfzehn Jahren auch sechzehn werden würde. Mayada würde ihrem Liebling Fay niemals erlauben, eine Kindbraut zu werden. Der arabische Brauch, Mädchen jung zu verheiraten, ist grausam, dachte sie.

Ali al-Majid lachte. »Sechzehn ist das ideale Heiratsalter für ein Mädchen. Mein Bruder ist ein glücklicher Mann. Er kann sie genauso formen, wie er sie haben will.«

Mayada sagte nichts zu dieser Bemerkung, aber einmal mehr empfand sie Freude darüber, dass sie die Tochter gebildeter Menschen war und in einer Familie aufwachsen durfte, in der Frauen ebenso hoch geschätzt wurden wie Männer.

Ali al-Majid nahm einen kleinen roten Gummiball vom Schreibtisch und knetete ihn zwischen seinen Fingern, als er das Thema ansprach, das Mayada hatte vermeiden wollen. »Woher kennen Sie Dr. Fadil al-Barrak?«

»Im Jahr 1979 wandte er sich an meine Mutter und bat sie, ihm Satis Bücher und Unterlagen zu leihen«, erklärte Mayada. »Er schrieb ein Buch und wollte sie für seine Recherchen. Danach wurde er ein hochherziger Freund unserer Familie. Die Freundschaft kam natürlich über Sati zustande«, fügte sie rasch hinzu.

Ali schüttelte sich vor Ekel. Er warf den Ball gegen die Wand und sah zu, wie er durch das Zimmer hüpfte. »Ich mag Fadil nicht.«

»Warum? Ich könnte nichts Schlechtes über ihn sagen.«

Ihre Worte ernteten ein Stirnrunzeln bei Ali, der augenscheinlich unbedingt seine Abneigung erklären wollte.

»Als ich die Geheimpolizei übernahm, ging bei mir eine Beschwerde von einer Gruppe Zigeuner ein. Fadil hatte ihnen befohlen, ein Stück Land aufzugeben, auf dem sie lebten. Es lag in den Vororten von Bagdad. Ich bestellte den Chef der Zigeuner in mein Büro und entdeckte, dass er der Bruder von Hamdiya Salih war, einem bekannten Zigeunersänger.« Er sah Mayada an und lächelte. »Ich mag die Zigeuner. Sie sind doch auch Menschen. Jedenfalls hatten diese armen Leute keinen anderen Ort zum Leben. Also rief ich Fadil an und befahl ihm, einen hohen Offizier herzuschicken, damit er diesen Zigeuner zu Fadils neuem Büro beim Geheimdienst brachte.« Ali lachte laut. »Ich befahl Fadil, sich zu entschuldigen und das Land zurückzugeben. Ich glaube, er hatte inzwischen ein großes Haus darauf gebaut und musste es aufgeben.« Ali konnte nicht aufhören zu lachen, so sehr erfreute ihn diese Demütigung seines Widersachers.

Jetzt kannte Mayada den Grund, weshalb Dr. Fadil Ali Hassan al-Majid hasste. Dank Alis enger Familienbeziehung zu Saddam war Dr. Fadil gezwungen, Alis Befehlen zu gehorchen, obwohl er ein höheres Amt innehatte. Mayada war immer noch nicht wohl bei der Sache, und sie wollte Dr. Fadil in keiner Weise herabsetzen. Da fiel ihr eine Taktik ihrer Mutter ein, und sie schmeichelte dem Mann. »Das war sehr nett und großzügig von Ihnen.«

Er sah sie aufmerksam an. »So bin ich nun mal, wissen Sie. Ich bin der liebenswürdigste Mensch überhaupt. Der liebenswürdigste!«

Ali al-Majid rutschte wieder auf die Schreibtischplatte und ließ seine Füße baumeln. »Ich will Ihnen noch eine Geschichte erzählen. Eine Frau kam zu mir und sagte, ihr einziger Sohn sei hingerichtet worden, weil er ein islamischer Aktivist war. Sie hatte niemanden, an den sie sich wenden konnte. Ihr Mann war tot. Ihr Sohn war tot. Sie hatte keine Brüder. Die arme Frau war alt, fast blind. Also gab ich Befehl, ihr ein Haus und ein monatliches Einkommen von 100 Dinar im Monat zu geben. Nur weil ihr Sohn etwas Falsches getan hatte, hieß das nicht, dass wir sie auch bestrafen mussten.«

Er sah Mayada an und lächelte übers ganze Gesicht. »Was halten Sie davon?«

Mayada nickte und stimmte zu. »Ich bin froh, dass Sie ihr geholfen haben. Ich verabscheue Grausamkeit zutiefst.« Allerdings fragte sie sich, weshalb denn der Sohn der Frau zuerst ermordet werden musste. Ein allzu strenger Glaube brachte einem heutzutage im Irak mit Sicherheit die Todesstrafe ein, und dieser erschreckende Umstand machte sie traurig und wütend zugleich.

Ali spitzte die Lippen, bevor er fragte. »Schreiben Sie nur für die Zeitschrift?«

»Nein. Ich habe auch andere Projekte. Ich schreibe ein Buch mit Erzählungen.«

Er wurde ganz aufgeregt. »Bei Gott, ich habe zwei oder drei ideale Erzählungen für Ihr Buch.« Er redete hastig und fast ohne Pausen. »Hören Sie sich das an! Das ist eine Militärgeschichte. Vor einigen Wochen ist ein Soldat von seiner Einheit geflohen und hat sich in den Sümpfen von Umara versteckt. Um zu überleben, trank er das Wasser der Sümpfe und aß die Fische, die er fing. Eines Tages führten dann die Iraner eine große Offensive gegen die irakischen Einheiten in dieser Gegend, und dieser junge Soldat vergaß auf einmal, dass er ein Deserteur war. Also kämpfte er an der Seite einer anderen Einheit und war am Ende ein großer Held, der fünf Iraner gefangen nahm. Da fiel ihm wieder ein, dass er eigentlich ein Deserteur war und dass er bei der falschen Einheit kämpfte. Er gestand dem befehlshabenden Offizier seinen Status und wurde zum Tod verurteilt. Tja, er hatte Glück, dass ich von der Geschichte hörte, bevor das Urteil vollstreckt wurde. Ich nahm Verbindung zum Präsidenten auf und erzählte ihm von diesem Helden, der einmal einen schwachen Moment gehabt hatte. Saddam, der Führer, Allah möge ihn beschützen, wies mich an, das Leben des Soldaten zu retten und ihn in den Palast zu bringen. Das tat ich, und wissen Sie was? Der Soldat bekam den Wissam al-Shajaa (Tapferkeitsorden) von Saddam, dem Führer, Allah möge ihn beschützen, und sogar eine Prämie. Bringen Sie die Geschichte in Ihrem Buch.«

»Und hier habe ich noch eine.« Er sprang vom Schreibtisch und stampfte mit den Füßen auf.

Doch Ali erzählte die Geschichte nicht einfach, sondern veränderte seine Stimme, und es schien so, als wolle er der ganzen Welt eine Ballade über seine große Liebenswürdigkeit vorsingen. »Vor ein paar Wochen war ich auf dem Weg ins Büro, und mein Mawkib (Eskorte von Autos voller Leibwächter) wurde von einem schnellen Auto überholt. Als der Fahrer auf gleicher Höhe mit mir war und mich erkannte, bremste er sein Auto ab. Meine Leibwächter umstellten sein Auto und befahlen ihm, herauszukommen. Tja, bei Gott, der arme Mann sah so verängstigt aus, dass er nicht einmal gerade stehen konnte und auf der Fahrbahn zusammenbrach. Ich stieg aus und versuchte, ihn zu beruhigen. Endlich wies ich ihn an, mit mir zu fahren. Ich sah ihn zittern, als er in mein Auto stieg, aber ich redete ihm zu und brachte ihn in mein Büro, wo ich ihm Tee und Gebäck bringen ließ. Ich machte Witze, und endlich merkte er, dass ich ihn nicht ins Gefängnis stecken würde, weil er mein Auto überholt hatte.« Er sah sie irritiert an. »Ich begreife nicht, wieso die Menschen Angst vor mir haben. Ich schütze die Iraker vor unseren Feinden. Was ist daran so furchterregend?«

Sie hatte nicht den Mut zu sagen, dass es durchaus einen berechtigten Grund für die Ängste der Iraker geben könne, ein Blick auf die Methoden der Geheimpolizei genüge bereits. Deshalb nickte sie nur und sagte nichts, obwohl ihr die Geschichte von Umm Samis Söhnen ständig durch den Kopf ging. Sie wollte Ali al-Majid die tragische Geschichte erzählen, brachte aber nicht den nötigen Mut auf. Mayada blieb außerordentlich ruhig und dachte über die Situation nach. Sie kam zu dem Schluss, dass Ali sie an ein Mädchen aus ihrer Schulzeit erinnerte. Sie ging allen Klassenkameraden so lange auf die Nerven, bis sie anfingen, sie zu meiden. Mayada fragte sich, ob Alis Arzt ihm jemals geraten hatte, Beruhigungsmittel zu nehmen.

Seine Euphorie erreichte allmählich einen alarmierenden Höhepunkt. »Ich habe Ihnen erzählt, dass ich früher sehr arm war, aber heute bin ich reich, und das gefällt mir. Natürlich, Ihre Familie ist schon seit Generationen wohlhabend, deshalb haben Sie keine Vorstellung davon, wie es ist, hungrig und barfuß herumzulaufen oder nicht die Bücher zu haben, die man lesen möchte, oder nicht in die Designerkleider zu schlüpfen, die man gern tragen möchte. Sie sind unter einem glücklichen Stern geboren, bei Gott. Aber während ich in meiner Jugend gelitten habe, fahre ich jetzt in Autos, von denen ich früher nur träumen konnte. Und ich lebe in einem Haus, das wie ein Museum für mich ist. Saddam, der Führer, Allah möge ihn beschützen, besucht mich oft, und er hat ein Auge für Schönheit. Jedes Mal, wenn er mich besucht, befiehlt er mir: ›Ali, bau doch ein Aquarium an! Ali, ändere die Form deines Swimmingpools! Ali, reiß doch die Wand ein!‹ Das ist ein alter Witz zwischen mir und meinem älteren und geliebten Vetter, dass ich nie ein Haus erbauen werde, das er für vollkommen hält. Einmal hat er zu mir gesagt, ich hätte in die Schule gehen und Architekt werden sollen, damit ich seine Vorschläge auch zu seiner Zufriedenheit ausführen könnte.«

Ali al-Majid lächelte glücklich. »Unser Präsident möchte nur, dass ich all die schönen Dinge habe, die wir in Tikrit nie hatten. Er ist ein guter Vetter.«

Er räusperte sich. »Wo waren wir? Wo waren wir? Oh, meine Kinder. Mein ältester Sohn ist Omar. Ich habe einen zweiten Sohn namens Hassan. Dann wurde meine Frau zum dritten Mal schwanger. Ich hatte das Gefühl, dass ich eine Tochter bekommen würde. Ich war ganz aufgeregt und beschloss, einem Mädchen ein ganz besonderes Geschenk zu machen und ihm einen ganz eigenwilligen Namen zu geben. Also nannte ich sie Hibba, das heißt ›beschenkt‹. Ich glaubte nicht, dass ein anderer Iraker – oder irgendein Araber – jemals daran gedacht hätte, seiner Tochter einen so schönen Namen zu geben. Dann fuhr ich eines Tages mit meinem Gefolge durch die Stadt. Der Leibwächter neben mir entdeckte ein Eiscafé mit dem Namen Hibba. Ich war so überrascht, dass wir anhielten. Ich stieg aus und sah, dass dem

Besitzer die Nerven flatterten. Ich drängte ihn, sich doch zu beruhigen, ich wolle nur ein Eis essen. Als er mir das Eis servierte, fragte ich ihn, wie er auf den Namen Hibba gekommen sei. Er sagte mir, Hibba sei der Name seiner ältesten Tochter und dass er den Laden nach ihr benannt habe. Ich war regelrecht schockiert. Noch am selben Tag entdeckte ich, dass Hibba ein bekannter Name war und dass viele Töchter vieler stolzer Männer den Namen trugen.« Einfältig fügte er hinzu. »Und ich dachte, ich wäre als Erster auf diesen Namen gekommen.«

Ali schien zurückzudenken, offensichtlich suchte er nach weiteren Geschichten. Seine Gedanken kehrten erneut zu der Angst zurück, die er anderen einflößte. »Ich verstehe nicht, warum so viele Menschen Angst vor mir haben.« Er sah sie mit einem listigen Lächeln an. »Haben Sie Angst vor mir, Mayada?«

Zum ersten Mal hatte sie Angst. Sie flüsterte: »Sollte ich das?«

Ein belustigtes Flackern blitzte auf, ehe er sagte: »Niemals! Sie sind die Enkelin eines großen Mannes. Der ganze Irak schätzt Sie, genau wie Ihr Jido Sati Sie geschätzt hat.«

Als er sich ein Glas Wasser einschenkte, warf sie heimlich einen Blick auf ihre Uhr und sah, dass er drei Stunden lang ununterbrochen geredet hatte. Zum Glück klingelte das Telefon, und er nahm ab. Er flüsterte ein paar Worte in den Hörer, dann sagte er zu Mayada, dass er einen anderen Termin habe. Aber er bestand darauf, dass sie am nächsten Morgen wiederkam, er habe noch *viele, viele* interessante Geschichten, die unbedingt in ihre Artikel und Bücher aufgenommen werden müssten.

Mayada betrachtete die Angelegenheit mit gemischten Gefühlen. Einerseits konnte sie ihr Glück kaum fassen. Sie hatte nichts getan, um das Vertrauen dieses Mannes zu gewinnen, eines Mannes, der sich zuvor geweigert hatte, überhaupt mit der Presse zu sprechen. Aber ihr schüttete er sein

Herz aus und drängte sie, seine persönlichen Lebensgeschichten in ihrer Zeitschrift und in ihrem Buch zu veröffentlichen. Andererseits konnte dieser ungehobelte Mensch, der sich für etwas ganz Besonderes hielt, einen Autor viele Jahre lang mit Beschlag belegen.

Mayadas Mutter hatte die wahrscheinlichste Erklärung für das seltsame Verhalten Ali al-Majids. Sie vermutete, dass Saddam seinen Vetter Ali ermuntert hatte, sich Mayada zu öffnen. Sonst würde dieser Mann es nicht wagen, so freimütig Geschichten aus seinem Privatleben zu erzählen. Schon als Saddam als armer Student in Kairo gelebt hatte, war er von dem Ruf und den noblen Taten Sati al-Husris fasziniert gewesen. Saddam wusste, dass der große Mann auch die ärmsten Studenten niemals abwies, die mit Fragen zu ihm kamen, um ihr Wissen zu erweitern. Saddams Faszination für Sati hatte sich automatisch auf Satis Tochter und Enkelinnen übertragen.

Drei Tage lang hörte Mayada still zu, nickte höflich und notierte sich alles, was Ali al-Majid erzählte. Es kam vor, dass sie beim Schreiben aufsah und feststellte, dass Ali al-Majids Augen auf ihr Gesicht starrten. Sie sah ihn dann aufmerksam an, merkte aber schon bald, dass er eigentlich nicht sie sah, sondern sich selbst auf den Seiten eines Buches. Alis manisches Verhalten war kräftezehrend und deprimierend, und Mayada war erleichtert, als sie ihr ganzes Material Kamil vorlegen konnte. Aufgeregt versicherte er ihr, dass sie in der Tat genügend Material für mehrere Artikel und sogar ein Buch hätte.

Danach stand Mayadas Karriere nichts mehr im Wege. Es kursierte das Gerücht, sie könne selbst von den pressescheuesten Regierungsvertretern Interviews bekommen. Dieser Erfolg füllte die Leere ihrer lieblosen Ehe aus, und es gab Phasen, in denen Mayada sich ganz glücklich fühlte, als ob ihr noch alles Gute im Leben bevorstehe.

Einige Monate später rief der Leiter von Ali al-Majids

Büro, ein Mann namens Dr. Saad al-Aadamy, Mayada zu Hause an und teilte ihr mit: »Morgen findet eine demokratische Übung statt. Ali al-Majid möchte, dass Sie als Reporterin darüber berichten.«

Natürlich stimmte sie zu. Mayada glaubte, der Bericht würde ein Riesenerfolg für sie werden. Sofort rief sie Kamil an und teilte ihm die gute Neuigkeit mit. Morgen würde sie nicht in die Redaktion kommen, stattdessen gehe sie zu Ali al-Majids Behörde.

Als Mayada am selben Abend zu Bett ging, war sie ganz aufgeregt und meinte, sie werde beruflich einen wichtigen Schritt weiterkommen.

Bei einem solchen Ereignis war sie noch nie gewesen und erschien am nächsten Morgen schon um 8.45 Uhr in Dr. Fadils ehemaligem Hauptquartier.

Es war ein herrlicher Sommertag in Bagdad. Mayada trug ein brandneues, weißes Matrosenkleid mit blauen Bändern, das ihre Mutter in London für sie gekauft hatte. Sie hatte die Handgelenke und Ohren mit dem Duft »Fashion De Leonard« eingesprüht. Sie fühlte sich unbeschwert, als sitze sie auf der Spitze der Welt.

Der Gebäudekomplex der Geheimpolizei war riesig, aber Mayada wurde von einem Mitarbeiter Alis in den richtigen Saal geführt. Das Ereignis sollte in der Turnhalle des Hauptquartiers stattfinden. Dort gab es ein Hallenbad und eine große Bühne, auf der ein langer Tisch und viele Stühle standen. Zwei Mikrofone standen auf der Bühne, an jedem Ende eins. Gegenüber der Bühne waren fein säuberlich Stuhlreihen aufgestellt.

Mayada wurde in die erste Reihe geführt. Sie setzte sich. Sie war als Erste gekommen und saß deshalb da und sah zu, wie andere in den Raum strömten. Aus irgendeinem Grund summte sie den berühmten Hit der Mamas & Papas »Monday, Monday«.

Schon bald war die Halle voll, und die Menge verstummte, als Ali al-Majid eintrat, umringt von seinen Leibwächtern. Eine große Gruppe hoher Regierungsvertreter folgte ihm auf den Fersen.

Ali sah sich um und erblickte Mayada in der ersten Reihe. Er nickte und lächelte ihr zu, dann stellte er sich vor ein Mikrofon. Er hielt einen kurzen Vortrag und teilte dem Publikum mit, dass Angelegenheiten in den Sicherheitsdiensten künftig ganz anders geregelt würden. Große Veränderungen hätten stattgefunden, seit er das Amt von Dr. Fadil übernommen habe. Ali erklärte, es werde uneingeschränkte Demokratie herrschen, mit völliger Unterstützung seines Vetters, des Führers Saddam Hussein, Allah möge ihn beschützen.

Alle lächelten und klatschten eine Spur zu eilfertig.

Nach dem Applaus setzte Ali al-Majid seinen Vortrag fort und erklärte, er habe sich den wichtigsten Teil der Übung bis zuletzt aufgehoben. Zum ersten Mal wurde sein Gesicht traurig und streng. »Bevor ich dieses Amt übernahm, sind Übeltäter in diesem Land einfach verschwunden. Sie erhielten eine Gefängnisstrafe oder wurden sogar hingerichtet, aber ihre Familien wurden nicht in Kenntnis gesetzt, wo sie waren oder wie lange sie für ihr Verbrechen büßen mussten oder ob sie überhaupt noch am Leben waren. Das war falsch. Und bei Gott, es ist nun vorüber, das kann ich Ihnen versichern. Von heute an werden die Familien, wenn ein Verbrecher verhaftet, angeklagt und verurteilt wird, darüber informiert. Womöglich entschließt die Familie sich dazu, diese Verräter zu enterben, aber das bleibt ihnen selbstverständlich selbst überlassen.«

Mayada sah sich mit einem unguten Gefühl um. Viele im Publikum rutschten unruhig auf ihren Stühlen hin und her. Niemand wollte der freimütigen Rede Ali al-Majids so recht glauben. Offenbar scherte es ihn überhaupt nicht, dass die Kritisierung einer anderen Behörde Probleme schaffen könnte. Eine derartige Offenheit war im baathistischen Irak tabu, selbst für einen Verwandten Saddams und ganz bestimmt bei einer öffentlichen Veranstaltung. Mayada kam zu dem Schluss, dass demnächst etwas Wichtiges passieren würde. Sie legte deshalb den Stift weg, schaltete ihren Kassettenrekorder ein und hörte aufmerksam zu. Ihr Herz klopfte.

Ali al-Majid sagte: »Ich möchte, dass die Familie eines jeden Verbrechers genau weiß, was mit ihrem Angehörigen geschehen ist. Bei Gott, das ist nur recht und billig.« Dann wandte er sich zum hinteren Teil der Bühne um und rief einen Namen. Ein hochgewachsener Mann mit schütterem Haar und einem freundlichen Gesicht kam nach vorn. Er stellte sich vor das zweite Mikrofon und sagte: »Mein einziger Sohn wurde vor sechs Monaten verhaftet. Ich weiß nicht, wo er ist. Hier ist sein Name.« Er ging zu Ali al-Majid und reichte ihm einen Zettel. Ali studierte den Namen einen Augenblick lang, dann knüllte er das Papier in der Faust zusammen und raschelte mit zwei oder drei Blättern, die ein Assistent ihm gereicht hatte.

Er zog eine Audio-Kassette aus einer kleinen Schachtel und sagte: »Ja. Ihr Sohn wurde des Hochverrats angeklagt. Er ist hingerichtet worden. Der Ort seines Grabes ist unbekannt. Hier ist ein Band mit seinem Geständnis. Gehen Sie nach Hause, und hören Sie es an, damit Sie den Tod dieses Verräters nicht lange betrauern.«

Der arme Vater wich vor Erstaunen einen Schritt zurück. Einen Moment lang beherrschte er sich so weit, dass er nicht zusammenbrach, aber er berührte Ali an der Schulter und schrie: »Mein Sohn ist tot? Mein Sohn ist tot?« Zwei Assistenten rannten auf die Bühne und fingen den Mann auf, bevor er zu Boden stürzte. Während er weggeführt wurde, sah Mayada, wie seine Hände die Kassette umklammerten, als sei sie ebenso kostbar wie der Leichnam seines Sohnes.

Mayada konnte ihre Augen nicht von einem bestimmten Punkt abwenden: von Ali al-Majids Gesicht. Er lächelte ein absurdes Lächeln und rief im Brustton der Überzeugung: »Es ist gut, dass der Vater weiß, dass sein Sohn ein Verräter ist. Ja! Vielleicht hat er als Vater einen Fehler begangen. Jetzt kann er sich überlegen, wie er seine Töchter erzieht.«

Mayada senkte den Blick und starrte zu Boden.

Sie hörte zu, wie Ali al-Majid einen Namen nach dem anderen aufrief. Sie alle hatten an dieser demokratischen Übung in dem Glauben teilgenommen, dass sie einen längst verlorenen Verwandten mit nach Hause zu den lieben Angehörigen würden mitnehmen können. Sie hörte die Schritte eines jeden Einzelnen, der voller Hoffnung zur Bühne kam. Aber sie wusste, dass kein Einziger eine erfreuliche Nachricht erhalten würde. In ihrem Kopf hörte sie, wie eine Kette über die Bühne gezogen wurde, eine Kette aus Irakern, alle durch einen schrecklichen Kummer miteinander verbunden. Alle hörten dasselbe traurige Schicksal über einen Menschen, den sie geliebt hatten.

Mayada saß wie ein Stein, der ebenso unverrückbar war wie die Steine der Großen Pyramide, bis ihr jemand auf die Schulter klopfte und ihr eine Stimme ins Ohr flüsterte: »Passen Sie auf, sie gucken schon.« Mayada hob den Kopf, starrte blind nach vorn und tat so, als ob die schmerzlichen Szenen sie interessieren würden.

Sie hörte das ängstliche Getuschel der Angehörigen von Gefangenen, die inzwischen tot oder im Gefängnis waren, und konnte die Augen nicht von Ali al-Majid wenden. Sein energischer Gesichtsausdruck zeigte, dass er sich ungemein amüsierte. Gerade ließ er eine Tonbandaufzeichnung von der Folter eines jungen Mannes abspielen. Die Schreie des Gefolterten hallten in dem großen Saal wider. Die Mutter des toten Jungen hüpfte umher und schwenkte die Arme, als ob sie glaube, sie könne die Qual ihres Sohnes beenden. Ihre wilden Verrenkungen erregten beim Publikum Gelächter. Als sie ohnmächtig wurde und zu Boden stürzte, lachten Alis Leute nur umso lauter.

Mayada wusste, dass alle im Publikum das grausame Spektakel ebenso verabscheuten wie sie, aber sie fürchteten Ali al-Majid und meinten, sie müssten alle seine Maßnahmen unterstützen. Sonst könnten sie sich eines Tages auch ein Band mit den Schreien ihrer Liebsten anhören müssen.

Sie sah die lieblichen Gesichter zweier junger Frauen, die hörten, dass ihr Vater 20 Jahre Gefängnis wegen Schmuggels erhalten hatte. Sie plapperten Ali al-Majid vor, ihr Vater sei einst Lehrer gewesen, habe aber seine Stelle verloren. Seine Familie habe gehungert, und das sei der einzige Grund dafür gewesen, dass er die Reifen geschmuggelt habe.

Ohne auf ihren Kummer zu achten, sah Ali fröhlich ins Publikum und sagte: »Bei Gott, Schmuggel bleibt Schmuggel, ein schweres Verbrechen. Aber wir treten in ein neues Zeitalter ein, in dem diese Leute die Wahrheit über ihre Liebsten erfahren werden.«

Er warf Mayada einen kurzen Blick zu, lächelte und sagte: »Bei Gott, ich bin ein netter Mensch!« Das Publikum klatschte begeistert.

Mein Gott, hörte er denn niemals auf zu lächeln? Mayada war so erschüttert, sie zitterte am ganzen Körper. Sie befand sich in einem Zustand grenzenlosen Horrors darüber, dass dieser Mann sie persönlich kannte.

Mayada blickte in ihren Schoß und dachte, sie würde es nicht länger ertragen, wie auf einem weiteren Gesicht aus Hoffnung Entsetzen wurde. Um sich abzulenken, schnupperte sie an dem Parfüm am Handgelenk.

Als Mayada wieder aufsah, wurde sie ganz bleich. Ein großer, knochiger, in Lumpen gekleideter Mann stand auf der Bühne. Seine Haut sah wie verbranntes Toastbrot aus, seine Haare waren bis auf die Kopfhaut verschmort. Mit einem gähnend leeren Mund ohne einen einzigen Zahn und mit blutverklebten Fingern stand dieses Skelett neben Ali al-Majid.

Ali al-Majid sah den Mann voller Mitleid an und gab ihm

herzlich die Hand. Dann starrte er auf die Menge, seine großen schwarzen Augen leuchteten wie glühende Kohlen. Er rief den Namen einer Frau und erklärte, sie sei die Gattin der Elendsgestalt.

Mayadas Unruhe stieg von Minute zu Minute. Da taumelte eine kleine, magere Frau, nicht älter als dreißig, auf die Bühne und stellte sich vor das zweite Mikrofon. Sie trug eine schwarze Abaja nach iranischer Sitte und hielt sie unter ihrem Kinn. Sie stierte Ali al-Majid voller Angst und Misstrauen an.

Ihr von der Folter entstellter Mann sah sie fortwährend an, mit einem Blick voller Wut, vermischt mit Enttäuschung.

Ali sprach in einem hörbaren Flüstern zu dem Mann. »Du hättest dich schon längst von dieser Hure scheiden lassen sollen. Du hast doch gewusst, dass sie Iranerin ist. Du hättest ihr ein Bein brechen und nachsehen sollen, was sie statt Mark in den Knochen hat. Da hättest du nur Scheiße gesehen.«

Der Mann wandte sich an das Publikum, brachte die Worte nur mühsam hervor und redete mit einem unaussprechlichen Kummer in der zittrigen Stimme. »Seht ihr diese Hände?« Er hielt sie von seinem Leib ab. »Seht ihr, wie die Fingernägel von den Fingern abgerissen wurden? Zehn Tage lang, jeden Tag einer, bis alle Nägel ab waren. Und meine Zehen«, er versuchte, einen Fuß anzuheben, war aber zu schwach, um auf einem Bein zu stehen, und zeigte stattdessen nur darauf. »Ich habe keine Nägel mehr an meinen Füßen. Weitere zehn Tage lang einen Nagel jeden Tag. Dann wurde ich in eine kleine Kammer geführt und auf einen Stuhl gesetzt. Meine Hände wurden an den Stuhl gefesselt. Ein Mann mit einer kleinen Zange kam in die Kammer und zog mit einem Ruck einen Zahn. Er zog mir die Zähne, einen nach dem anderen, bis alle Zähne auf dem Boden lagen. Danach wurde ich gewaltsam gepackt und in einen riesigen Ofen gesteckt, groß genug für zwei Männer. Ich wurde in den Ofen gesteckt, und man sagte mir, dass ich zu Tode geröstet und dann an die Hunde verfüttert würde. Aber sie ließen mich nur so lange drin, bis meine Haut geröstet und meine Haare versengt waren.« Er klopfte mit seinen blutigen Händen auf den verbrannten Kopf. Er sah seine Frau traurig an und brachte kaum noch die Worte hervor. »Und all das, weil meine Frau wütend auf mich wurde und einen Brief an die Geheimpolizei geschrieben hat. Sie sagte ihnen, ich sei Mitglied einer islamischen Gruppe, die Mordanschläge auf Regierungsvertreter planen würde.«

Mayada saß ganz still, bestürzt über die Vorstellung einer so erbarmungslosen Rache. Ihr eigener Mann hatte sie immer wieder enttäuscht, aber sie würde sich niemals gegen ihn verschwören oder ihm schaden. Sie studierte das Gesicht der Frau. Eine glühende Wut stieg in Mayada auf. Wie konnte eine Frau dem Vater ihrer Kinder so etwas antun?

Der arme Mann brach in Tränen aus und ließ sich nicht beruhigen, obwohl Ali besänftigend auf ihn einredete. Er sagte zu ihm, dass er für die Folter wegen einer falschen Anklage reich entschädigt werde, dass er selbst die Dokumente bereits unterschrieben habe, die ihm eine beträchtliche Summe einbringen würden.

Dann brauste Ali auf, als er sich an die Frau wandte, die mittlerweile sichtlich zitterte. »Was hast du, Hure, deinem Mann angetan?«

Die Frau war viel zu eingeschüchtert, um etwas zu sagen, obwohl sie zwei- oder dreimal hintereinander den Mund auf- und zumachte.

Ali schilderte die näheren Umstände ihres Verbrechens. »Das hier«, er spuckte zur Betonung auf den Fußboden, »ist eine iranische Hure. Sie lebt in Kerbala.« Er wies auf den knochigen Mann. »Sie hatte drei Kinder mit ihrem Mann. Als er an die Front gerufen wurde, um seine patriotische Pflicht zu erfüllen, und unser heiliges Vaterland gegen die iranische Aggression verteidigte, da empfing diese Hure in ihrem Haus Männer. Selbst mit drei kleinen Kindern im Haus machte sie aus ihrem Heim ein Bordell.«

»Unser irakischer Held«, fuhr Ali fort, »kehrte von der Front zurück und erfuhr, was geschehen war. Er stellt die Hure zur Rede, aber natürlich ist sie auch noch eine Lügnerin und streitet alles ab. Als er wieder an die Front zurückkehrt, schreibt sie einen anonymen Brief und klagt ihn des Verrats an. Er wird verhaftet, verhört und bestraft. Dann stellen wir fest, dass sie eine iranische Hure ist, und wir bestellen sie her. Was müssen wir entdecken? Die ganze schmutzige Geschichte kommt ans Licht. Sie hat die ganze Zeit gelogen. Sie wollte den Tod ihres Mannes, damit sie weiter herumhuren kann.«

Ali runzelte bedrohlich die Stirn und sagte zu der Frau: »Hör zu, Hure. Noch heute wirst du im Niemandsland zwischen der irakischen und der iranischen Armee ausgesetzt. Deine Kinder werden mit dir ausgesetzt. Das Artilleriefeuer ist dort so heftig, dass ihr über kurz oder lang getötet werdet. Und das ist eine gute Tat für den Irak.«

Ali al-Majid brach plötzlich in ein Gelächter aus, wie ein Kind. Er brüllte: »Ich bin ein netter Mensch. Ich bin ein guter Mensch. Ich will Gerechtigkeit für diesen armen Mann.« Er gab immer noch sein meckerndes Lachen von sich und starrte mit flackernden Augen in das Publikum.

Mayada erschauerte. Die Zuschauer kicherten mit Ali, bevor sie anfingen zu klatschen. Der Applaus schwoll langsam zu einer lauten Beifallsbekundung an.

Mayada rang um Atem, während sie den armen Mann anstarrte, dessen verbrannte Beine am Ende nachgaben. Er war auf den Boden gesunken. Jetzt würde er seine Kinder verlieren. Sie wollte Ali al-Majid laut zurufen, diese Strafe sei grausam und ungerecht. Natürlich sollte die Frau eine Gefängnisstrafe bekommen, aber die Kinder waren unschuldig.

Doch Ali al-Majid sah hochzufrieden mit seinem Urteil

aus, und Mayada wusste, dass sie keine Möglichkeit hatte, seine Entscheidung zu beeinflussen. Sie packte die Lehnen ihres Stuhls, kämpfte gegen den unbändigen Wunsch an, aufzuspringen und einfach wegzurennen.

Zwei Männer rannten auf die Bühne und brachten die heftig gestikulierende Frau weg. Zwei Krankenschwestern kamen und führten den Gefolterten nach hinten.

Der Albtraum währte sechs Stunden und endete um 15.00 Uhr. Ali Hassan al-Majid dankte allen für ihr Kommen und fügte hinzu, dass er künftig jeden Monat demokratische Übungen veranstalten werde. »Bei Gott, ich bin ein fairer Mann, und in meiner Stellung als Chef der Geheimpolizei werde ich die Iraker über das Schicksal ihrer Liebsten informieren.«

Mayada zwang sich zu einem Lächeln, während sie sich einen Weg durch die Menge zum Ausgang bahnte. Gerade als sie die Tür erreichte, rannte ein Assistent von Ali auf sie zu und meldete ihr, dass sein Chef sie ersuche, noch zu bleiben, um über den Erfolg der demokratischen Übung zu sprechen.

Mayada hatte immer die Wahrheit geliebt, aber jetzt log sie dreist: »Danken Sie ihm dafür, dass er so nett war, mich einzuladen. Sagen Sie ihm, mein kleines Töchterchen braucht mich. Ich werde später mit ihm sprechen.«

Dann floh sie aus dem Saal, als ob jemand sie mit Gewalt wegzerren würde. Sie floh vor Ali Hassan al-Majid, einem Mann, von dem sie jetzt wusste, dass er psychisch gestört war: Im einen Augenblick befahl er den Tod eines einzigen Sohnes, und im nächsten gewährte er der Mutter desselben Sohnes eine lebenslange Pension. Mayada fuhr so schnell heim, wie sie nur konnte. Sie rannte ins Haus, zog sich hastig das Matrosenkleid über den Kopf und schlüpfte unter die Dusche. Selbst unter dem warmen Wasser liefen ihr noch eiskalte Schauer über den Rücken.

Als Mayada am nächsten Morgen in die Redaktion zurückkehrte, ging sie an Kamil vorbei und bat um ein Gespräch mit Suhail Sami Nadir, einem wundervoll liebenswürdigen Mann, der für die gesamte Zeitschrift zuständig war. Mayada und Suhail waren nicht befreundet, aber sie hatte immer gespürt, dass er sie mochte. Sie legte ihr Leben in seine Hände, indem sie ihm ihre Gefühle bei den Ereignissen des vorigen Tages anvertraute.

Mayada sagte zu Suhail: »Ich will diesen Menschen nicht noch einmal treffen. Niemals. Ich kann diesen Artikel nicht über ihn schreiben. Ich werde kündigen. Ich kann nicht länger als Reporterin im Irak arbeiten.«

Suhail sah Mayada genau an. Er stimmte sofort zu, als hätte er schon darüber nachgedacht. Er sagte: »Hören Sie mich an. Wenn Sie den Auftrag zurückgeben wollen, Mayada, so kann ich das verstehen. Aber tun Sie es nach und nach. Mir ist es einmal ähnlich ergangen. Ich habe mich geweigert, einen Beitrag zu schreiben. Und was ist mit mir passiert? Ich bin drei Jahre lang vom Mukhabarat eingesperrt worden. Der Artikel kann ohne Ihren Namen veröffentlicht werden. Dann können Sie sich Schritt für Schritt von politischen Beiträgen zurückziehen. Das ist das Beste.«

Mayada verstand auf einmal, wieso Suhail immer so still und in sich gekehrt wirkte. Jetzt fiel ihr ein, dass er mitunter humpelte und dass ein Arm seltsam abstand. Sein Körper barg viele Erinnerungen.

Monatelang erhielt Mayada häufig Anrufe von Ali Hassan al-Majids Büro. Ein Ereignis nach dem anderen wurde ihr mitgeteilt, über das sie nach Alis Wunsch berichten sollte. Aber als Mutter hatte sie mit ihrem kleinen Kind eine glaubwürdige Ausrede. Das Mädchen hatte die üblichen Kinderkrankheiten und Erkältungen, sie konnte es nicht allein lassen. Nach einiger Zeit hörten die Anrufe von al-Majids Büro auf. Sie hoffte, man habe sie vergessen.

Aber ihr Leben wurde an dem Tag der demokratischen Übung zerrissen. Es wurde in zwei Teile gespalten, die beide zu derselben Frau gehörten. An jenem Tag hörte sie zum ersten Mal einen inneren Ruf, ihr Leben zu ändern. Mayada, die einst so elegante Bagdaderin, immer in der neuesten Mode gekleidet, entwickelte sich allmählich zu einer gläubigen Muslimin. Sie fand Trost darin, den Schleier zu tragen. Der Schleier tröstete sie ungeachtet der wütenden Vorwürfe ihrer Mutter, dass sie sich in die Vergangenheit flüchte.

Nach der Geburt ihres zweiten Kindes ließ Mayada sich von ihrem Mann scheiden. Schon bald waren ihre Kinder, Fay und Ali, und die Seiten des Korans ihre einzigen Freuden. Ihr Leben hatte sich für immer verändert.

Ein Hämmern gegen die Zellentür im Gefängnis Baladiyat riss Mayada aus ihren Erinnerungen. Die Tür flog auf. Mayada sprang zur Seite, als zwei breitschultrige Aufseher in die Zelle stürzten.

»Raus! Raus! Alle miteinander!«

Dr. Sabah machte eine hastige Bewegung in Richtung Samara und stammelte: »Diese Frau kann nicht gehen. Sie ist verletzt.«

»Raus! Alle!«

Da sie wussten, dass sie nicht auf Gnade hoffen durften, reichten Dr. Sabah und Muna Samara die Hände und hielten sie zwischen sich, sodass Samara kaum den Boden mit den Füßen berührte. Die anderen Schattenfrauen stellten sich rasch an der Tür auf, und Mayada wurde in das Gedränge gestoßen.

Der Oberaufseher wartete vor der Zelle. Er war ein großer, kräftiger Mann mit einer breiten Brust. Er stierte sie mit seinem grimmigen Gesicht an und brüllte, so laut er konnte: »In einer Reihe aufstellen! Die Reihe gerade!«

Mayada zitterte vor Angst am ganzen Leib.

»Macht eine gerade Reihe!« Er sah sie an, eine nach der anderen. »So! Geht bis zum Ende des Korridors. Los!«

Die Schattenfrauen standen so eng, dass jede Frau die

Vorderfrau und die Hinterfrau berührte, ein Zug verängstigter Frauen.

Mayada stand hinter Roula, und Iman hinter Mayada.

»Vorwärts marsch!«

Sie gelangten schnell zum Ende des Korridors und wurden wie Schafe durch die enge Tür getrieben. Als sie den Raum betraten, lief ein allgemeiner Aufschrei durch die Reihe. Der seltsame Raum war eine Höhle. Die Wände waren ausgebeult und dunkel. Reihenweise standen Eimer auf dem Boden, bis an den Rand gefüllt mit Urin. Menschliche Exkremente stapelten sich zu Haufen.

Samara schrie auf: »Hier werden die Häftlinge hingerichtet!«

Ein furchtbares Angstgeschrei ertönte.

Jede Mutter rief die Namen ihrer Kinder. Die Schattenfrauen ohne Kinder riefen nach ihrer Mutter.

Noch mehr stämmige Aufseher stürmten durch die offene Tür, sie schlugen die Frauen mit Knüppeln und Holzstäben und trieben sie an die Wand.

Einige Schattenfrauen schrien: »Wir müssen sterben!«

Mayada bereitete sich selbst auf den Tod vor. Sie betete laut: »Gott, bitte vergib mir, was ich an Schlechtem getan habe in meinem Leben. Bitte behüte meine Kinder. Bitte bringe sie aus dem Irak, damit sie ein würdiges Leben führen können.«

Jammern und Wehklagen erfüllte den Raum.

Irgendwo in der Dunkelheit fing Samara an zu singen, mit leiser und schwacher Stimme. Sie sang die Melodie eines traurigen, irakischen Schlafliedes, jahrhundertealt, und dichtete die Worte passend zum Augenblick um:

»Ich habe meine Mutter verloren,
Als ich noch ein Kind war,
Aber ich weiß noch, wie sie mich hielt,
Mich in ihren Armen liebkoste.

Jetzt flehe ich dich an,
Gehe sanft über diesen Boden,
Vielleicht liegt sie hier begraben,
Gehe deshalb sanft über diesen Boden.«

Andere Stimmen fingen leise an zu summen, lernten mit der Zeit die neuen Worte. Während die Frauen sangen, stapften fünf weitere Aufseher in den Raum. Sie hatten Gewehre an der Seite.

Der Aufseher rief. »Gesicht zur Wand! Bereitet euch auf den Tod vor!«

Die Schattenfrauen rückten zu einem engen Kreis zusammen, weinten und klammerten sich aneinander. Zwei alte Frauen fielen in Ohnmacht.

Drei oder vier Aufseher rannten zu den Frauen und fingen an, sie an den Haaren zu zerren und mit den Fäusten ins Gesicht zu schlagen. Die Schmerzensschreie der Gepeinigten vermischten sich mit dem Kreischen der Frauen und dem Gelächter der Männer.

Mayada spürte, wie sie sich selbst abschottete. Es war Gottes Wille, dass dies ihre letzten Augenblicke auf Erden sein sollten. Sie schloss die Augen und bedeckte das Gesicht mit den Händen. Sie bereitete sich auf das Ende vor, sie fügte sich ins Unabwendbare.

Sie hörte den Aufseher heiser bittere und sarkastische Worte rufen: »Betet zu eurem Gott, wenn ihr wollt. Aber Er wird euch nicht hören. Ich bin heute euer Gott!«

Der Aufseher lachte ununterbrochen. »Ich bin euer Gott!«

Seine Männer lachten mit ihm.

Lautes Gelächter hallte von den Wänden.

Das Gelächter machte Mayada wahnsinnig. Sie hielt den Atem an und wartete darauf, dass die Kugeln sie trafen.

Dann hörte sie es mehrmals klicken.

Die Aufseher luden ihre Gewehre durch.

Sara schrie auf: »Mama! Mama!«

Ein Aufseher schlug sie ins Gesicht. Muna schluchzte und klammerte sich an Mayadas Hals. »Ich darf nicht sterben. Ich habe ein Baby, das seine Mutter braucht. Ich bin zu jung zum Sterben!«

In Mayadas Kopf drehte sich alles. Würde sie die Kugeln spüren, wenn sie sich in ihren Körper bohrten? Würde sie den Schmerz spüren? Würde sie ohnmächtig werden?

Die Männer lachten immer noch.

Die Schattenfrauen warteten auf den Tod.

Es fiel kein Schuss.

Die Schattenfrauen warteten immer noch.

Am Ende machte Mayada die Augen auf und drehte vorsichtig ihren Kopf, ohne ihren Körper zu bewegen.

Die Gewehre der Männer waren auf den Boden gerichtet.

Das Einzige, was in ihre Richtung zeigte, war eine Kamera.

Die anderen Frauen machten eine nach der anderen die Augen auf und sahen die Aufseher an.

»Umdrehen«, befahl der Mann mit der Kamera. »Gesicht nach vorn!«

Mayada erstarrte. Vielleicht war der Kameramann da, um ihre Exekution aufzunehmen. Sie wusste, dass die Regierung häufig Aufnahmen von Hinrichtungen machte. Würde ihre Hinrichtung womöglich im Fernsehen gezeigt werden? Sollten ihre Kinder auf diese Weise erfahren, dass sie tot war? Über eine Fernsehsendung?

Der Aufseher brüllte: »Ihr seid mir ein schöner Haufen, muss ich schon sagen.« Er spuckte vor Abscheu vor ihrer Angst und ihrem Schrecken auf den Boden. »Ich preise Allah, dass ich eine Frau und Schwestern und Töchter zu Hause habe, die nicht einmal wissen, wie man Gemüse auf dem Markt einkauft.« Damit meinte er, dass sie so fromm waren, dass sie nicht aus dem Haus gingen. »Und seht euch an, ihr seid ein Haufen schmutziger Huren. Ihr seid eine Schande für eure Familien. Und feige noch dazu.«

Er spuckte noch einmal aus. Der Aufseher teilte ihnen mit: »Ihr seid hier, weil wir Fotos von euch machen wollen.« Dann fing er so laut zu lachen an, dass er sich krümmte, und er klatschte sich auf die Schenkel.

Die anderen Aufseher lachten laut. Ein Aufseher spielte ihre Angst vor. Er kauerte sich in eine Ecke und äffte Sara nach: »Mama! Mama!«

Die Aufseher lachten noch lauter.

Mayada erkannte plötzlich, was passiert war. Den Aufsehern in Baladiyat war langweilig geworden, und einer hatte sich ein neues Spiel ausgedacht, wie man den Frauen Angst machen konnte.

Einige Frauen weinten immer noch. Mayada sah drei bewusstlos auf dem Boden liegen.

Mayada war taub. Sie konnte sich kaum bewegen, als ihr befohlen wurde, an einer bestimmten Stelle für ihr Gefängnisbild zu posieren.

Nach der Aufnahme taumelte sie in eine Ecke und kauerte sich auf den Boden. Sie sah zu, wie von den anderen Frauen Bilder gemacht wurden.

Nach einer Stunde wurden die Frauen in die Zellen zurückgeführt, aber niemand sprach ein Wort.

Mayada lag auf ihrer Pritsche, drehte sich mit dem Gesicht zur Wand und weinte. Zum ersten Mal fand sie in den Tränen Trost. Sie war heute Abend nicht gestorben. Vielleicht würde Gott ihr doch ein Wiedersehen mit ihren Kindern schenken.

7

Folter

Die vorgetäuschte Hinrichtung machte den Männern an jenem Abend nur noch mehr Appetit auf Grausamkeiten. Die Wände Baladiyats hallten die ganze Nacht hindurch wider von Schmerzensschreien.

Die Folterkammer lag nur wenige Türen von Zelle 52 entfernt, und Mayada hörte jedes einzelne Wimmern. Vor Jahren hatte sie Alexander Solschenizyns Roman *Archipel Gulag* gelesen. Er schreibt darin, es sei schmerzlicher, die Folter der Mithäftlinge zu *hören*, als selbst gefoltert zu werden. Jetzt verstand Mayada, was er damit gemeint hatte.

Die lange Nacht wollte kein Ende nehmen. Die Häftlinge hörten, wie Stiefel den Betonkorridor hinauf- und hinabpolterten. Sie hörten die Schläge. Sie hörten, dass auf die Worte der Aufseher rasch Schreie der Insassen folgten.

Bei jedem donnernden Stiefelschritt fürchteten die Schattenfrauen das Geräusch eines Schlüssels, der ihre Zellentür öffnen würde.

Gegen Morgengrauen vernahm Mayada den melodischen Ruf zum Gebet: »Gott ist groß! Ich bezeuge, dass es keinen Gott gibt außer Gott! Ich bezeuge, dass Mohammed der Prophet Gottes ist! Kommt zum Gebet! Kommt zum Heil! Gott ist groß! Es gibt keinen Gott außer Gott!«

Die Frauen begrüßten den Morgen. Der Ruf zum Morgengebet machte den Schattenfrauen ein wenig Hoffnung. Nach der Ruhe des Gebets herrschte in der stickigen Zelle ein lebhaftes Treiben: Zwanzig Frauen machten sich fertig für einen neuen Tag. Sie richteten ihre Kleider, flochten die langen Haare zu Knoten und gingen nacheinander auf die Toilette, bis sie sich endlich still hinsetzten und auf das

Frühstück warteten. Mayada setzte sich nach dem Morgengebet wieder auf die Pritsche und schwieg. Sie kreuzte die Arme und klopfte sich nervös auf die Oberarme, während sie den Frauen zusah, die mit ihr die Zelle teilten.

Samara war noch zu wund von den Schlägen, um sich zu bewegen. Als das Frühstück kam, übernahm deshalb Muna Samaras Rolle und verteilte das karge Essen. Mayada nahm die eine Scheibe Brot und eine kleine Tasse Wasser, die ihr angeboten wurden. In der kleinen Zelle konnten nicht alle Häftlinge bequem sitzen, deshalb trotteten einige Schattenfrauen lieber durch den winzigen Raum, während sie ihr Frühstück aus Linsen, schimmligem Brot und abgestandenem Wasser aßen.

Ein paar Stunden nach dem Frühstück dröhnte die Zellentür unter heftigen Faustschlägen. Aufseher trommelten gegen die Tür, während der Schlüssel umgedreht wurde. Die drei Männer stellten sich an der Schwelle auf und erregten ein ängstliches Zucken und Wimmern unter den zwanzig Frauen.

Der Aufseher bellte. »Jamila! Wir warten!«

Mayada wandte ihre Augen dem Häuflein Frauen zu, das an der Hinterwand der Zelle saß. Jamila war drei Monate vor Mayada nach Baladiyat gebracht worden, und nur Samara war bisher häufiger gefoltert worden als sie. In dem beengten Raum der kleinen Zelle war Jamila nicht zu übersehen; sie krümmte sich und verrenkte fortwährend die Arme auf eine Weise, die seltsam sinnlos schien.

Mayada sah Jamila auf dem Boden unter den anderen Frauen in der Zelle, die Angst stand ihr im Gesicht. Ihr Mund stand offen, sie sah halb zerkaute Linsen und Brotkrumen. Nach kurzem Zögern kaute die Frau weiter und schluckte.

»Jamila!« Der Aufseher schrie zum zweiten Mal. Seine dichten schwarzen Augenbrauen schoben sich zusammen, während sein Blick von einer Frau zur nächsten wanderte.

Mit einem lauten Seufzer sah Jamila den Aufseher an. Die 48-jährige Frau war Mutter mehrerer Töchter und eines Sohnes. Im vorigen Jahr waren ihr Mann und ihr Sohn wegen islamistischer Aktivitäten angeklagt worden. Als die Geheimpolizei mitten in der Nacht in ihr Haus eindrang, um sie zu verhaften, musste sie entdecken, dass ihr Mann und ihr Sohn in die Türkei geflohen waren. Die Polizei hatte Jamila als Geisel genommen und blieb dabei, dass sie den Platz ihrer Männer einnehmen würde, bis die beiden in den Irak zurückkehrten, wo sie hingerichtet werden würden. Seit Jamilas erstem Tag in der Gefangenschaft hatte sie fast ununterbrochen geweint. Sie erklärte, dass sie um ihre schönen Töchter weinte, die nun ohne einen Vater oder eine Mutter leben mussten. Doch der Gedanke an ihre Töchter hatte Jamilas Willen nicht gestärkt, die Frau war in eine tiefe Depression gesunken.

Wie alle Frauen beobachtete auch Mayada Jamila, während der Aufseher vor Wut schäumte. Erst gestern hatte Mayada gehört, dass Jamila Muna gebeten hatte, ihr dabei behilflich zu sein, Stofffetzen als eine Art Kissen auf ihrem Rücken zu befestigen, damit sie sich leichter bewegen konnte. Als Jamila den Pyjama auszog, um den Stoff umzulegen, sah Mayada, dass ihr Rücken von dunkelroten Narben entstellt war, durchzogen von frischen, noch verkrusteten Wunden. Mayada begriff nun, warum Jamila ständig ihre Arme verdrehte, sie einmal auf der einen Seite absenkte und dann wieder anhob. Sie erklärte, im einen Moment würden ihre Wunden klopfen und im nächsten brennen.

Langsam beugte Jamila sich vor und stellte ihren Teller Linsen auf den Boden. Sie legte ihr angebissenes Stück Brot auf die Linsen. Vorsichtig schob sie ihr Glas Wasser an die Wand. Dann stand sie auf.

Sie war mit demselben rosaroten Pyjama bekleidet, den sie seit ihrer Verhaftung trug. Nach drei Monaten war er völlig verdreckt und an mehreren Stellen zerrissen. Der

Gummizug war so lose, dass die Hose ständig rutschte. Jamila zog sie deshalb bis zur Brust hoch. Ihr Oberteil war weit offen, also nahm sie sich einen Augenblick Zeit, die oberen Knöpfe zuzumachen, und strich mit den Händen vorne den Stoff glatt.

So sittsam gekleidet, wie es unter den gegebenen Umständen möglich war, sah Jamila die Aufseher an. Sie hatte eine hohe Stirn, und ihre dunklen Augen waren tief in die Höhlen eingesunken. Sie machte einen kleinen Schritt vorwärts. Dann machte sie einen Schritt zurück. Sie starrte die drei Männer an, die sie ihrerseits anstarrten. Sie taumelte vorwärts, dann wieder zurück, als ob eine unsichtbare Schnur sie gegen ihren Willen vor und zurück ziehen würde.

Ein Aufseher verlor die Geduld. »Dafür wirst du büßen, bei Gott! Du wirst büßen!«, donnerte er.

Jamila ging mechanisch auf nackten Füßen zur Tür, so verängstigt, dass sie vergessen hatte, ihre Sandalen anzuziehen.

Die Schattenfrauen sahen traurig und stumm zu, wie zwei Aufseher Jamila am Arm packten und aus der Zelle zerrten.

Als die Tür zuknallte, hörten sie einen Aufseher fluchen.

Die arme Jamila stieß einen einzigen, lauten Schrei aus.

Auf Samaras Anweisungen hin bereiteten sich Muna, Dr. Sabah und Mayada auf Jamilas Rückkehr vor. Sie legten ein Polster aus Decken auf dem Boden aus. Sie sammelten zwei oder drei saubere kleine Tücher. Sie leerten die Reste in den Wassergläsern in eine kleine Schüssel und stellten sie beiseite. So gut es ging, waren sie darauf vorbereitet, die neuen Wunden der armen Jamila zu versorgen.

Samara ermahnte sie: »Sie blutet stark am Rücken. Ihr könnt eine Decke von mir nehmen, um die Blutung zu stoppen.«

In diesem Augenblick hörten sie Jamila aufschreien. Sie hörten sie um Gnade flehen.

Die Schattenfrauen wechselten stumme Blicke.

Jamila jammerte und schrie fast eine Stunde lang ununterbrochen.

Samara seufzte: »Ich habe noch nie so entsetzliche Schreie gehört.«

Dann, ohne Vorwarnung, brachen Jamilas Schreie plötzlich ab.

Die Schattenfrauen warteten unruhig auf ihre Rückkehr.

In den langen Monaten der Haft hatte Wafae geschickt die Zotteln, die von einer alten und zerschlissenen Decke baumelten, zu Gebetsperlen geflochten. Jetzt wurden diese abgenutzten Perlen von Hand zu Hand weitergegeben, während jede Schattenfrau inbrünstig darum betete, dass Jamila lebend wiederkehrte.

Nach stundenlangem Warten wurde Mayada unruhig. Sie betete. Sie rang die Hände. Sie betete noch einmal. Ihr Herz klopfte wild. Sie sah Samara fragend an.

Schließlich ergriff Samara das Wort und beantwortete Mayadas unausgesprochene Frage: »Ja, du hast recht. Da stimmt etwas nicht.«

Später öffnete ein Aufseher mit einer breiten Nase die Zellentür und fragte: »Hat Jamila irgendwelche persönlichen Habseligkeiten zurückgelassen?«

Alle starrten den hässlichen Aufseher an, aber keiner antwortete.

Er schrie: »Wo sind ihre Sachen?«

Muna stand auf und sammelte in der Zelle Jamilas kümmerliche Habseligkeiten ein.

Samara rief dem Aufseher von der Pritsche aus zu: »Wo ist Jamila?«

Alle starrten den Mann hoffnungsvoll an. Er starrte Samara an und antwortete nicht. Als Muna ihm Jamilas Sachen reichte, fiel eine zerschlissene Sandale auf den Fußboden. Der Aufseher beugte seinen fetten Körper nach vorn, hob die Sandale auf und nahm Muna die übrigen kargen Habseligkeiten Jamilas ab. Ohne ein Wort ging er hinaus.

Samaras Stimme zitterte, als sie murmelte: »Sie haben sie umgebracht. Ich wusste, dass es eines Tages so weit kommen würde.«

»Was meinst du, wie haben sie sie umgebracht?«, fragte Muna laut.

»Viele Häftlinge bekommen einen Herzschlag. Ich habe einige gekannt, bei denen das Herz unter den heftigen Schlägen ausgesetzt hat«, sagte Samara sanft.

Während die Schattenfrauen um Jamila trauerten, wurde die Tür zu Zelle 52 erneut geöffnet, und zwei Aufseher traten ein.

Der Größere blickte streng. Er hielt eine kurze Peitsche in der Hand.

Alle Schattenfrauen wandten sich ihm zu. Er brüllte: »Wo ist Mayada Nizar Jafar Mustafa al-Askari?«

Als Mayada hörte, wie der Aufseher ihren Namen rief, packte sie die Angst wie eine Zange. Ihre Augen waren auf das Gesicht des Mannes mit der Peitsche fixiert. Der Atem stockte ihr.

Der Mann klopfte mit der Peitsche auf seine Wade und wiederholte Mayadas Namen, in einem Tonfall, der den stolzen Namen wie eine Beleidigung klingen ließ. »Mayada Nizar Jafar Mustafa al-Askari?«

Samara schaltete schnell: »Wird sie entlassen?«

Ekel zeigte sich auf dem Gesicht des Aufsehers, und er spuckte auf den Boden: »Nein. Sie wird *nicht* entlassen.« Seine kratzige Stimme rief zum dritten Mal Mayadas vollen Namen.

Furcht umklammerte Mayadas Herz. Sie sah sich im Raum um und wäre am liebsten im Boden versunken. Ihr Körper zitterte leicht, als sie endlich antwortete: »Ich bin Mayada.«

Der Aufseher sah sie finster an, die buschigen Augenbrauen zusammengepresst: *»Du! Raus!«* Er wies mit der Peitsche auf die Tür.

Mayada versuchte, sich vom Boden zu erheben, aber ein Schwächegefühl, das sie nie zuvor erlebt hatte, durchströmte ihren Körper. Es entzog ihren Beinen, Hüften, Schultern und Armen alle Kraft. Da sie fürchtete, sie könne nicht aufstehen, und genau wusste, dass jeder Moment, den sie länger zögerte, die Aufseher nur noch wütender machen würde, drehte Mayada ihren Körper in einem verzweifelten Versuch, hochzukommen, zur Seite. Sie zwang den Körper, das zu tun, was der Verstand ihm untersagte, und spannte einen Muskel an der rechten Seite an. Sie stöhnte leise auf.

»Helft ihr«, befahl Samara den Schattenfrauen.

Muna und Dr. Sabah eilten gemeinsam herzu, um Mayada vom Boden hochzuziehen.

Im Stehen erzitterten Mayadas Kopf und Schultern nunmehr unter einem Schluchzen ohne Tränen. Muna klopfte Mayada auf die Schulter, und Dr. Sabah drückte ihr sanft die Hand.

Während Mayada durch die Zellentür taumelte, hörte sie Samara leise rufen: »Wir warten auf dich, Täubchen.«

Mayada folgte einem Aufseher in den Flur, der zweite ging dicht hinter ihr. Die Männer verbanden Mayada nicht die Augen, und das machte ihr ein wenig Hoffnung. Innerlich zitterte sie in der Hoffnung, dass sie vielleicht entlassen werden könnte. Vielleicht hatte Samara recht, vielleicht wurde sie ja entlassen. Der Aufseher hatte das zwar bestritten, aber wusste er denn wirklich etwas über ihren Fall? Mayada erfasste eine überströmende Freude, weil sie eventuell Fay und Ali wiedersehen würde. Vielleicht hatte Dr. Hadi Hamid, der junge Arzt, dem sie ihre Telefonnummer in den Staub geschrieben hatte, bei ihr zu Hause angerufen. Nach seiner Nachricht hätte Fay wahrscheinlich ihre Großmutter in Amman angerufen. Salwa al-Husri hätte bestimmt so lange jeden Beamten in Saddams Regierung angerufen, bis jemand Mayadas Entlassung aus dem Gefängnis angeordnet hätte. Mayada wusste aus eigener

Erfahrung, dass ihre Mutter die zäheste Frau im Nahen Osten war, vielleicht auf der ganzen Welt. Salwa al-Husri bekam *immer*, was sie wollte. Ja, mutmaßte Mayada, so wird es wohl gewesen sein.

Voller Zuversicht, dass ihre Entlassung am Ende ihres Marsches zwischen den beiden Aufsehern stehen würde, drehte Mayada sich zu dem jüngeren Mann um, der hinter ihr ging. Dieser junge Aufseher hatte noch kein Wort gesagt, und Mayada fragte ihn erwartungsvoll: »Werde ich entlassen?«

Kein Aufseher sagte ein Wort, allerdings blieb der ältere, der vor Mayada ging, stehen und drehte sich um. Er grinste breit und brach in schallendes Gelächter aus, aber ebenso abrupt hörte er wieder auf und runzelte die Stirn.

Mayada senkte rasch die Augen, um dem Blick des Aufsehers auszuweichen, und der Mann drehte sich wieder um. Sie folgte, zwang ihren Körper, sich zu bewegen, während sie versuchte, jede Hoffnung und jeden Schrecken zu verdrängen. Dabei endete ohnehin jede Hoffnung an einer Tür unweit der Zelle 52. Mayada hörte durch die Metalltür ein leises Ächzen und Stöhnen. Das war die Tür zur Folterkammer des Gefängnisses. Ein armer Mensch wurde dort gerade still gefoltert.

»Warte hier«, befahl der Aufseher und ging weg.

Von dem jungen Aufseher bewacht, stand Mayada lange in dem Flur. Das Warten erhöhte nur ihre Anspannung.

Mayada versuchte, nicht auf das Stöhnen zu hören, das aus der Folterkammer drang. Damit sie sich nicht im Kopf die Szene vorstellte, die sich hinter der Tür abspielte, studierte sie das Gesicht des jungen Aufsehers. Sie bemerkte einen hellen Teint und hellgraue Augen. Er hatte ein angenehmes Äußeres. Er war nicht älter als zwanzig. Eigentlich noch ein Kind, dachte Mayada.

Der junge Aufseher spürte ihren Blick, wandte sich ihr zu und zog die Brauen zusammen. Zum ersten Mal sah er

Mayada direkt an. Sie hielt seinem Blick stand, während er sie boshaft anschnauzte: »Was glotzt du so, du alte Hure?«

Mayada wandte die Augen ab und hätte ihn am liebsten gefragt, warum ein so junger Mensch so von Hass erfüllt war. Aber sie tat es nicht.

Die Tür zur Folterkammer flog auf. Das größte menschliche Wesen, das Mayada jemals gesehen hatte, füllte den Türrahmen ganz aus. Der Mann war so groß, dass er sich bücken musste, damit sein Kopf durch den Türrahmen passte. Wegen seiner breiten Brust musste er sich seitwärts drehen. Bei dem überraschenden Auftritt sprang sogar der junge Aufseher zur Seite und reagierte ebenso nervös wie Mayada. Sie sah, dass der Mann einen bewusstlosen Häftling auf den breiten Schultern trug. Die Tür krachte laut hinter ihm zu.

Mayada drehte sich um und starrte voller Entsetzen auf den leblosen Häftling. Sein Gesicht war blass und schlaff, der Kopf baumelte hin und her. Die Gliedmaßen waren unnatürlich verdreht. Ein großer Fleck färbte die Vorderseite seiner Hose. In seiner Angst und Pein hatte der Arme offenbar sein Wasser nicht mehr halten können.

Mayada wandte den Blick auf den riesigen Mann und studierte aufmerksam den Ausdruck seines Gesichts. Als er sie ansah, wusste Mayada ganz sicher, dass sie nicht zur Entlassung gerufen worden war. Ihr stand die Folter bevor.

Alles veränderte sich in einem einzigen Augenblick. Ohne Vorwarnung schleuderte der riesige Mann seinen leblosen Häftling auf den jungen Aufseher, der unter dem Aufprall des Körpers zurücktaumelte.

Mayada wandte sich instinktiv zur Flucht, aber der riesige Mann stürzte sich auf sie und packte ihren Arm mit solcher Kraft, dass er sie hochhob. Er zerrte sie hinter sich in die Folterkammer. Mayada schrie auf, aber sofort umklammerte der Riese ihre Kehle mit seiner Pranke.

In seinem Würgegriff hatte Mayada nur noch einen

Wunsch: am Leben zu bleiben. Fay und Ali brauchten sie. Sie kämpfte ihre Angst nieder und versuchte, ihren Verstand zu ordnen. Sie konzentrierte sich auf ihre Umgebung. Der Folterraum war nicht viel größer als Zelle 52. Männer, die sie nie zuvor gesehen hatte, standen in den finsteren Winkeln des Raums, und sofort stürmten sie auf sie ein. Mayada hatte in ihrem ganzen Leben noch nie solche Angst gehabt, nicht einmal am ersten Tag ihrer Verhaftung.

Der Riese warf sie auf den Boden, und ein Folterknecht empfing sie mit einem harten Tritt in den Unterleib. Sie schrie überrascht auf, und er lachte, als er spöttisch sagte: »Willkommen, Mayada Nizar Jafar Mustafa al-Askari.«

Mayada hätte gern den nötigen Mut aufgebracht, sich zu wehren, aber was konnte sie in dieser Lage tun?

Der Riese schleuderte sie auf einen alten Holzstuhl, der ganz zerkratzt war. Bevor sie protestieren konnte, sprangen zwei Männer vor und fesselten sie mit weißen Plastikbinden an den Stuhl.

Innerhalb von Sekunden konnte sie Arme und Beine nicht mehr bewegen. Sie kämpfte vergeblich gegen die Nylonfesseln an. Jetzt war sie wirklich hilflos.

Sie wurde von einem grellen Licht geblendet.

Obwohl sie vor Angst zitterte, konzentrierte sie sich auf das Gesicht, das sie drohend anstarrte. Ein hässlicher Mann mit einem geröteten, übergroßen Kopf auf einem kleinen Körper baute sich vor ihr auf.

»So, du bist also eine Anhängerin der Schiiten!« Er klagte sie an und schwang dabei seinen Gummiknüppel unmittelbar über Mayadas Kopf.

Eine andere Stimme hinter ihr denunzierte sie: »Sie hat sich mit ihnen verschworen.«

Noch eine Stimme ertönte: »So etwas kann unangenehme Folgen haben.«

Die Anklage verwirrte Mayada. Sie war von gemäßigten, sunnitischen Eltern erzogen worden, die Freundschaften und Geschäftsbeziehungen zu Menschen aller Religionen gepflegt hatten. Mayada hatte keinerlei Vorurteile gegen Iraker gehabt, ganz gleich ob sie Sunniten, Schiiten, Christen oder Juden waren. Ihre Angestellten waren Schiiten. In ihrer Firma hatte sie von allen Menschen oder Unternehmen Aufträge angenommen, solange sie nicht verbotene Schriften veröffentlichen wollten. Und seit dem ersten Tag, an dem sie ihre Firma eröffnet hatte, hatte sie kein Mensch jemals gebeten, etwas zu drucken, das gegen die Regierung gerichtet war.

Doch jetzt fiel Mayada plötzlich etwas ein. Vor einigen Monaten hatte sie einen Auftrag angenommen, einige einfache schiitische Gebetbücher zu drucken. Waren diese Gebetbücher vielleicht das Problem? War das Drucken von diesen Gebetbüchern illegal? Doch Mayada wusste sehr wohl, dass Saddams Regime alles verfolgte, was mit der schiitischen Bevölkerung im Irak zu tun hatte.

Mayada bemühte sich, die Panik, die sie ergriffen hatte, nicht zu zeigen, und protestierte vergeblich: »Ich habe nichts Unrechtes getan.«

Ihr Schrecken nahm noch zu, als sie eine Bewegung hinter sich bemerkte. Mayada spürte, dass sie umringt war.

»So geht es den Anhängern der Schiiten«, sagte der großköpfige Folterknecht. Er trat vor und schlug Mayada dreimal heftig ins Gesicht.

Sie schrie überrascht auf.

Der Folterknecht machte eine Geste, und ein unsichtbarer Mann verband ihr die Augen.

Trotz ihrer Angst sprach Mayada laut und deutlich, sodass alle es hören konnten: »Ich bin eine unschuldige Frau.«

Als Antwort hörte sie nur lautes Gelächter.

Sie wurde noch einmal geohrfeigt.

Sie wurde gegen das Schienbein getreten.

Der Knüppel landete auf ihren Fingern.

Sie kreischte auf.

Eine weitere Ohrfeige war die Antwort, gefolgt von: »Halt's Maul!«

Ihr Herz fing an, so laut zu schlagen, dass sie jeden Herzschlag deutlich hören konnte.

Mayada spürte, wie ihr die Sandale vom rechten Fuß gezogen wurde. Die große Zehe wurde in eine Klammer gezwängt. Eine grobe Hand riss ihre Kopfbedeckung zurück, und eine zweite Klammer wurde an ihrem rechten Ohrläppchen befestigt.

Trotz der schmerzhaften Klammern und der fehlenden Orientierung wegen der Augenbinde hörte sie, wie ein schweres Gerät über den Boden zu ihr herangezogen wurde. Was hatten sie vor?

Sie fing an zu beten. »Gott, lass mich leben, für Fay und Ali.«

Ein Mann drohte plötzlich: »Das ist der Lohn von Verrätern.«

Mayada hörte das Brummen einer Maschine. Sofort durchlief der erste Stromstoß ihren Körper, ihr Kopf schlug nach hinten, während der Strom ihren Nacken hinab, in ihre Achseln und ihr Bein hinauf in die Leistengegend raste. Es kam ihr so vor, als werde ihr ganzer Körper in Brand gesetzt. »Ahhhh …« Sie schnappte nach Luft und schrie, sie wurde geschüttelt von Krämpfen.

Immer wieder wurden Stromstöße durch ihren Körper gejagt. Mayada wurde von Zuckungen und so heftigen Krämpfen gepackt, dass ihr Kopf gegen die Stuhllehne schlug. Der Schmerz wurde unerträglich.

Sie schrie um Gnade. *»Bitte! Hört auf.«*

Sie hörte lautes Gelächter.

»Bitte! Nein!«

Der Strom wurde eine Weile abgeschaltet.

Sie war so schwach, dass sie nicht einmal sprechen konnte, aber sie hörte eine fragende Stimme: »Was weißt du über Schiiten, die sich gegen den Irak verschworen haben?«

Sie stöhnte und schüttelte den Kopf. Als sie zu sprechen versuchte, brachte sie nur ein unzusammenhängendes Plappern hervor. Ihre Zunge gehorchte ihr nicht mehr.

»Du hast die Wahl. Nenn uns Namen.«

Sie schüttelte wieder den Kopf.

Sie hörte das Geräusch von ein paar Schritten und dann wieder das Brummen der Maschine. Noch bevor der Strom sie traf, schrie sie laut auf.

Sie kreischte und schrie, während der Strom durch ihren ganzen Körper floss.

Mayadas Augenbinde trennte sie von der ganzen Welt, außer von dem Feuer, das in ihren Adern und Sehnen brannte.

Als sie schon glaubte, ihre Qual würde nie enden, hörte Mayada weit entfernt ein Kreischen, ein Schmerzgeheul, wie sie es noch nie gehört hatte. Bevor sie ohnmächtig wurde, murmelte sie noch ein inniges Stoßgebet für die leidende Kreatur, die diesen markerschütternden Schrei ausgestoßen hatte.

Eine Stunde später wurde Zelle 52 geöffnet, und Mayada wurde auf den Betonboden geworfen.

Sie war bewusstlos, und die Schattenfrauen konnten sie nicht in die Wirklichkeit zurückholen.

Mayada verbrachte die folgenden Stunden in einem trüben Zwielicht.

Es war ein sonniger Tag, und sie war in Beirut und aß ein Fruchteis. Sie blickte zum Balkon einer rosafarbenen Villa auf. Dort standen Jido Sati und ihr Vater, Seite an Seite, beide mit einem strahlenden Lächeln, und beide winkten ihr zu, sie solle doch kommen, in den Trost ihrer geöffneten Arme rennen. Mayada beeilte sich, sie schnell zu erreichen, aber so schnell sie auch rannte, sie konnte die wachsende Entfernung zwischen sich und den beiden nicht verkürzen. Während ihr Vater und Großvater immer weiter davontrieben, weinte Mayada vor Enttäuschung, dann fing sie vor

Angst an zu schreien, denn grausige Bilder stürzten auf sie ein: Zigaretten wurden in ihren Augen ausgedrückt. Sie wurde mit Handschellen gefesselt, und ein Holzbalken wurde durch ihre Ellenbogen und Knie geschoben. Sie wurde an einem Haken aufgehängt. Sie wurde in einen Reifen gesteckt und umhergerollt. Sie wurde auf einen Tisch gefesselt, und ihre nackten Füße wurden geschlagen. Zwei Gürtel wurden um ihre Arme geschlungen, und dann wurde sie an einem Deckenventilator aufgehängt, der sich drehte und drehte, in der Zeit zurückging und sie in ihre Kindheit zurückversetzte.

Wie die meisten Iraker der Oberschicht lebten Mayadas Eltern von September bis Mai in Bagdad, in den heißen Sommermonaten Juni, Juli und August hingegen reisten sie durch den Nahen Osten und Westeuropa.

Wenn sie nicht verreist waren, lebte Mayada mit Mutter und Vater und ihrem Kindermädchen in einem hübschen alten Haus am Ufer des Tigris. In einer Reihe wunderschöner Häuser wohnten Nizars Mutter und seine drei Brüder Tarik, Zaid und Qais. Eine kühle Brise wehte vom Fluss her durch die offenen Fenster des Hauses und in die friedlichen, schattigen Gärten, die sie umgaben. Ihre kleine Siedlung vermittelte ein Gefühl großer Sicherheit, die Kindermädchen erlaubten es sogar, dass Mayada und ihre Cousins glücklich von Garten zu Garten rannten, ohne dass ein Erwachsener auf sie aufpasste. Und ihr kleiner schwarzer Terrier Scotty folgte ihnen überall hin.

Ihre Kindheit war die unbeschwerteste Zeit ihres Lebens. Schwimmen war ihr Lieblingszeitvertreib, und Mayada war eine gute Schwimmerin. Abdiya konnte gut tauchen. Nach Tagen in der heißen Sonne am Meer schimmerten die Körper der Mädchen wie Bronze, ihr Vater nannte sie liebevoll »zwei kleine Fischchen«.

Salwa war keine Hausfrau im traditionellen Sinn, weil sie nie kochen oder putzen gelernt hatte, aber sie konnte ausgezeichnet die Bediensteten führen, damit ihr Haus immer in bester Ordnung war. Zur großen Freude ihrer Kinder gab Salwa die besten Partys in ganz Bagdad.

Sie organisierte für ihre Töchter immer eine zweite Geburtstagsparty, bevor die Ferien anfingen, damit die Schwestern mit ihren irakischen Freunden und Cousins feiern konnten, bevor die Familie abreiste. Diese Geburtstagspartys waren Stadtgespräch in Bagdad, weil Salwa sie Monate im Voraus bis ins Kleinste vorbereitete. Aus dem Libanon wurden Feuerwerkskörper geschickt, und Kuchendekor aus London bestellt. Die Mädchen durften sich in der Regel den Geschmack der Kuchenfüllung aussuchen, meist Schokolade, Orange, Vanille oder Zitrone, Salwa hingegen wählte das Motto. Einmal passte ein herzförmiger Kuchen zum Thema, ein anderes Mal ein Kuchen in der Form eines Zuges. Salwa bestellte sogar üppige Geschenkkörbe bei Harrods in London.

Sie wählte immer eine Menge Spiele aus. Jedes Mal wurde eine Schatzsuche veranstaltet, in der die Kinder nach versteckten Kuscheltieren suchten. Das Kind, das die meisten Tiere fand, bekam einen Preis, in der Regel ein schönes Spielzeug. Salwa bereitete das landesübliche Spiel »Piek-den-Esel« vor, bei dem die Kinder mit verbundenen Augen einem gemalten Esel den Schwanz anstecken mussten, oder sie hängte einen Beutel aus Pappmaschee auf, der mit Bonbons und Süßigkeiten gefüllt war. Den Kindern wurden die Augen verbunden. Dann bekamen sie einen Baseballschläger in die Hand und durften die Bonbons durch die Luft fliegen lassen.

Aber hinter dieser Fassade der Fröhlichkeit schwelten immer die harten Konflikte der irakischen Politik. Die Iraker konnten anscheinend nie lange in Frieden leben. Seit Jafars Tod vor vielen Jahren wurden unzählige Regierungen gewaltsam gestürzt, und Staatsstreiche kennzeichneten die ganze neuere Geschichte des Landes. Von diesen Unruhen waren alle Iraker unmittelbar betroffen. In ihrer Kindheit zog Mayada immer wieder um, weil ihre Eltern vor politischen Unruhen fliehen mussten und weil es das Beste für die Familie war, ins Exil zu gehen.

Nach dem Putsch von 1958, bei dem die ganze irakische Königsfamilie ermordet wurde, zog Mayadas Familie nach Beirut. 1961 wurde die Rückkehr der Familie in das immer noch unruhige Bagdad kurzerhand abgebrochen, und Nizar kehrte mit seiner Frau und den Töchtern wieder in die Sicherheit Beiruts zurück.

Auch wenn sie dem Irak nachtrauerten, war das Leben in Beirut schön – für eine gewisse Zeit. Die Familie lebte in einer geräumigen Wohnung an der Hamra-Straße über der Al-Madina-Apotheke, ganz in der Nähe eines französischen Patisseriegeschäftes namens Chantie. Der Schokoladenduft strömte durch das Gebäude und in ihre Wohnung, mit Mayada und Abdiyas Kindheitserinnerungen blieb deshalb immer ein angenehmer Duft verbunden.

Mayada war erst sechs Jahre alt, als ein wirklich ernstes Problem auftauchte. Ihre Mutter nahm eines Tages Mayada beiseite und übergab ihr einen wunderschönen Perlenring. Sie sagte zu Mayada, dass sie diesen Ring aufbewahren solle, bis ihre Mutter und ihr Vater von einer langen Reise zurückkehrten. Als die älteste Schwester sollte sie aufpassen, dass Abdiya nichts zustoße. Mayada bekam Angst. Sie starrte in die großen braunen Augen ihrer Mutter, erschreckt von dieser unerwarteten Wendung. Sie fragte sich, warum sie denn zurückgelassen wurde. Nicht einmal Großvater Sati konnte Mayada aufmuntern, als sie und Abdiya und ihre beiden Kindermädchen bei Sati blieben. Wegen der vielen Regenfälle konnten sie in diesem Jahr meist nicht draußen spielen, und Mayada drehte unzählige, endlose Stunden den Perlenring zwischen ihren Fingern, sah auf den Balkon hinaus und sehnte die Rückkehr ihrer Eltern herbei.

Erst Jahre später erfuhr sie, dass die Diagnose »Darmkrebs« bei ihrem 40-jährigen Vater ihre Eltern zu dieser langen Reise gezwungen hatte. Nizars größte Angst war, dass er seine kleinen Kinder ohne Vater zurücklassen müsste. Sie sollten nicht wie er ohne einen Vater aufwachsen, und auch sein Vater Jafar hatte früh seinen Vater Mustafa verloren. Nizar äußerte sogar Befürchtungen, dass der Fluch des frühen Todes auf den Männern der Familie al-Askari laste.

Obwohl sie alle sich in Beirut wohlfühlten, hatte ihre Sehnsucht nach dem Irak doch nie nachgelassen. In der Hoffnung, dass die Tage dramatischer Ereignisse vorüber wären, packten sie ihre Sachen und kehrten Ende 1962 nach Bagdad zurück. Innerhalb weniger Tage nahm die Familie das angenehme Leben in Bagdad wieder auf, und Nizar spürte, wie er zum ersten Mal seit 1958 neuen Mut schöpfte. Dann drehte der Wind des Schicksals erneut, und am 8. Februar 1963 brach die Katastrophe über sie herein: Die Baath-Partei übernahm die Macht im Irak. Die Familie verlor zwar keine Angehörigen, doch die Baathisten beschlagnahmten einen Teil von Nizars privatem Besitz. Nizar war kein Feigling und stellte die Anführer der Baath-Partei zur Rede. Er bestand darauf, dass sein Besitz nicht beschlagnahmt werden dürfe. Sie versicherten Nizar zwar, dass die Maßnahme nur vorübergehend sei, aber sie machten ihm keinerlei Zugeständnisse. Sie gaben Nizar zu verstehen, dass er kein Recht auf eigenen Besitz habe. Verständlicherweise fürchtete er, dass er auf die Ankündigung eines Vorgehens nach Recht und Gesetz nicht hoffen durfte. Umstellt von bewaffneten Männern fügte Nizar sich in das, was er ohnehin nicht ändern konnte, denn er wünschte sich nichts mehr, als für seine Töchter zu leben.

Im Haushalt Nizar al-Askaris verdrängte die Krankheit die Politik, denn der Darmkrebs war nicht besiegt. Nizar kämpfte um sein Leben, aber in Zimmer 52 im Hospital der Nonnen in Bagdad wurde ihm klar, dass seine Zeit auf Erden bald enden würde.

Nizars drei Mädchen, wie er sie nannte, standen, sooft es

ging, an seinem Bett. Sein Wille hielt ihn noch eine Weile am Leben, und Mayada und Abdiya kamen jeden Nachmittag nach der Schule zu Besuch. Als der Tod näher rückte, wurde es ihm erlaubt, nach Hause zurückzukehren. Mayada half den Schwestern bei den Spritzen und den Medikamenten. Aber Nizar kehrte schon bald in Zimmer 52 zurück, wo er eines Morgens starb. Er hatte zuvor der Schwester, die seine Spuckschale hielt, noch freundlich gedankt. Mayada und Abdiya waren in der Schule, als ihre Mutter ihnen die Nachricht vom Tod ihres Vaters schickte. Im Büro des Schulleiters war Mayada ganz geschockt. Der Schmerz war so heftig, dass sie meinte, ihr Vater sei ganz unerwartet gestorben.

In ihrem Delirium in der Zelle 52 in Baladiyat dachte Mayada an Fay und Ali. Sie wollte nicht, dass sie auch noch ihre Mutter verloren, nachdem sie schon ihren Vater verloren hatten. Sie rief ihre Namen: »Fay! Ali! Kommt zu mir.«

»Mayada! Mayada! Hörst du mich? Mach die Augen auf, Mayada.« Samara beugte sich über Mayadas Gesicht und tupfte es sanft mit einem feuchten Tuch ab. »Mayada, wach auf!«

Mayadas Zunge strich über die Lippen. Sie hatte einen merkwürdigen Geschmack im Mund wie von verbranntem Holz. Sie spürte, dass jemand ihren Kopf hob und ein Glas an ihre Lippen setzte. Sie trank ein paar Schlucke Wasser. Sie war ganz verwirrt. Wo waren ihre Kinder? Sie wusste nicht, wo sie war. Sie machte die Augen auf und sah viele Frauengesichter, die sich über sie beugten und sie freundlich ansahen.

»Mayada. Ich bin Samara. Du bist wieder bei uns, in Zelle 52.«

Noch ganz verwirrt murmelte Mayada: »Wer bist du?«

»Ich bin Samara.« Die Frauen, die sich über Mayada beugten, tuschelten untereinander mit kaum hörbarem Kichern.

Mayada machte zum zweiten Mal die Augen auf. »Samara?«

»Ja. Ich bin hier, Täubchen.«

Mayada stöhnte, als sie sich bewegte. Sie hatte am ganzen Körper Schmerzen. »Was ist passiert? Wo sind Fay und Ali?«

Samara wechselte einen besorgten Blick mit Dr. Sabah.

»Du bist am Leben. Das ist das Einzige, was zählt. Du bist am Leben.«

Mayada sah noch einmal auf. Viele besorgte Gesichter starrten sie an. Sie sah Dr. Sabah und Muna und Wafae und Aliya und Sara und viele andere. Aber es drehte ihr den Magen um, als ihr einfiel, dass sie ein Häftling in Baladiyat war.

»Wieso liege ich auf dem Boden?«

Samara flüsterte. »Du bist von uns weggeholt worden – für eine Weile. Aber jetzt bist du in Sicherheit.«

Dr. Sabah und Muna setzten sich neben Mayada. Wafae und Aliya und die anderen Frauen hockten sich in der Nähe auf den Boden.

Dr. Sabah fragte: »Was haben sie mit dir gemacht?«

»Ich weiß nicht«, antwortete Mayada ehrlich. »Mein Kopf tut weh. Meine Arme brennen.« Sie berührte vorsichtig das Bein. »Alles schmerzt. Ich kann mich nicht erinnern, was sie gemacht haben.«

Dr. Sabah untersuchte Mayada, sah sich ihr Gesicht, Arme und Beine genau an. »Seht euch das an«, rief sie den versammelten Frauen zu. »Das Fleisch an ihrem rechten Ohrläppchen ist eingedrückt, genau wie ihr rechter großer Zeh. Sie haben ihr Elektroschocks verpasst.«

»Ist das alles?«, fragte Samara Dr. Sabah. Aus Sorge sprach sie schneller als üblich.

»Ich kann nichts finden. Muna?«

Muna hob sanft Mayadas Füße an und untersuchte die Fußsohlen. »Ihre Füße wurden nicht geschlagen. Das ist gut.«

Samara berührte ihre Wange. »So schlimm es war, du bist nur leicht gefoltert worden.«

Mayada fing zu weinen an. »Jetzt fallen mir ein paar Dinge ein. Ich wurde in den Bauch getreten. Und ich wurde ins Gesicht geschlagen.«

»Ihre Wangen *sind* rot«, bestätigte Muna mit einem sanften Streicheln.

»Jemand hat mich getreten«, sagte sie schluchzend.

»Hast du den Geschmack von Holz oder Metall im Mund?«, fragte Aliya.

»Verbranntes Holz.«

»Das kommt von den Elektroschocks«, sagte Aliya mit Bestimmtheit.

»Hilf mir ihren Kopf anheben«, sagte Dr. Sabah zu Muna.

Ihre sanften Hände befeuchteten die Rückseite von Mayadas Nacken mit einem kalten Tuch. Dr. Sabah legte das Tuch anschließend auf Mayadas Stirn. »Das hilft gegen die Kopfschmerzen.«

Langsam erinnerte sich Mayada an den Albtraum der Elektrofolter. Sie zitterte schluchzend. »Ich halte diese Folter nicht aus. Ich werde in Baladiyat sterben.«

»Schhhhh.« Samara tätschelte ihre Hand. »Hör mich an. Ich weiß, wovon ich rede. Du wirst früher entlassen als die meisten. Du bist ein ganz besonderer Fall.«

Mayada glaubte ihr nicht und weinte lauter.

»Mayada, ich möchte, dass du darüber nachdenkst, was mit dir passiert ist. Deine Folterknechte waren vorsichtig. Keine einzige Schramme ist auf deinem Körper zu sehen. Sie haben dich weder auf die Füße noch auf den Rücken geschlagen. Sie können alles abstreiten, wenn du sie anklagen solltest. Ich bin mir ganz sicher: Sie haben Befehl erhalten, dich behutsam zu behandeln.«

Mayada war verzweifelt angesichts ihrer zerschlagenen Hoffnungen und wollte sich nicht trösten lassen. »Ich werde meine Kinder nie wieder sehen. Nein. Nie wieder. Meine Kinder werden ohne Mutter aufwachsen.«

Samaras Gesicht drückte eine endlose Geduld aus. »Mayada, du hast ein Universitätsexamen. Ich habe nur das Examen des Baladiyat. Ich kenne diesen Ort. Ich kenne diese Männer. Du wirst schon bald entlassen – sobald von oben der Befehl erteilt wird. Ich spüre es in allen Knochen.«

Mayada meinte sich nun deutlicher an die Folter zu erinnern. »Ich glaube, ich wurde an der Decke aufgehängt und habe mich an einem Ventilator gedreht. Dann haben sie mich in einen Reifen gesteckt und durch das Zimmer gerollt«, schluchzte sie.

Samara tröstete sie immer noch. »Nein, mein Täubchen. Diese hässlichen Dinge kamen nur in deinen Albträumen vor. Dein Körper hat keine Folterspuren, du hast nur einen Tritt, ein paar Schläge und Elektroschocks bekommen. Du warst in einem Delirium, als du zu uns gebracht wurdest. In dieses Delirium fallen die meisten, vor allem am Anfang.« Dann grinste sie und fügte hinzu. »Außerdem würden die meisten von uns nicht in einen Reifen passen.«

In einer anderen Lage hätte Mayada bestimmt gelacht. Sie war wirklich zu groß für einen Autoreifen. Sie hatte wohl tatsächlich nur Albträume gehabt.

Muna bestätigte. »Ich war an den Armen gefesselt, als ich zum ersten Mal zurückkam. Und ich habe mich an der Decke herumgedreht. Meine Arme waren fast ausgekugelt. Es hat Wochen gedauert, bis ich wieder einen Arm heben konnte.« Sie hob beide Arme Mayadas, um ihre Worte zu bekräftigen. »Siehst du, deine Arme sind unverletzt. Du wurdest nicht an der Decke aufgehängt.« Sie machte eine Pause und lächelte dann Mayada an. »Und wir danken alle Gott dafür.«

»Und ich wurde an einem Haken aufgehängt und geschlagen. Ich sehe an deinem Körper, dass dir das nicht angetan wurde«, bestätigte Dr. Sabah mit einer sanften Berührung von Mayadas Stirn.

Mayada blickte langsam von einer Schattenfrau zur anderen. Alle Gesichter waren vor Sorgen zerfurcht – Sorgen um sich selbst, um ihre Kinder, um das Leben außerhalb von Baladiyat, aber auch um Mayadas Wohl. Sie hatte noch nie so liebe Frauen kennengelernt. Und trotz der Tatsache, dass jede einzelne Frau in Zelle 52 brutaler behandelt worden war als Mayada, beneidete keine Einzige sie um ihr Glück.

»So, jetzt musst du ein paar Bissen Brot essen«, drängte Samara sie. »Dann nimm einen Löffel Zucker. Das Brot wird den Holzgeschmack aus deinem Mund vertreiben, und der Zucker wird das Schwächegefühl lindern, das immer noch in deinen Knochen steckt.«

Bevor Mayada antworten konnte, wurde die Zellentür geöffnet, und drei Aufseher traten in die Zelle. Ein großer, hagerer Mann mit einem buschigen Schnurrbart, den Mayada nie zuvor gesehen hatte, rief mit einer dünnen, näselnden Stimme: »Wir holen Safana.«

Muna sprang so schnell auf, dass ihr leuchtend braunes Haar hochschwang. Sie blickte alarmiert in den Hintergrund der Zelle.

Mayada konnte ihren Kopf nicht drehen und Safanas Gesicht suchen, aber sie wusste, dass Safana eine junge Kurdin Ende zwanzig war. Sie hatte einen dunklen, weichen Teint und dunkle Ringe unter den Augen. Safana war sehr klein und stämmig. Sie war mit Muna zusammen verhaftet worden, und die beiden Frauen weinten sich oft an der Schulter der anderen aus. Beide Frauen hatten in einer Bank gearbeitet, bevor sie verhaftet wurden. Mayada wusste wenig über Safana, hatte sich aber oft Gedanken über ihre Geschichte gemacht.

Safana stolperte aus dem Hintergrund zur Zellentür, die Faust im Mund und Tränen in den Augen.

Muna fragte ängstlich. »Und ich?«

Der hagere Aufseher starrte Muna an, seine Lippen kräuselten sich, und er entblößte gelbe Zähne. »Heute wird nur eine Gans gebraten«, näselte er, dann packte er Safana an ihrem kurzen Arm und zog sie aus der Zelle.

Munas wunderschöne Augen schwammen in Tränen. Als die Zellentür sich wiederum schloss, kauerte Muna sich auf ihre Pritsche und weinte bitter. »Safana ist nur eine Zeugin. Sie hat nichts getan. Nichts.«

Mayada sah Samara fragend an.

Samara richtete sich in Sitzhaltung auf. Mayada bemerkte, dass bei dieser Anstrengung Schweißtropfen auf Samaras Oberlippe traten. Sie hatte sich von der letzten Folter noch nicht ganz erholt.

»Sei vorsichtig, und strenge dich nicht zu sehr an«, sagte Mayada ernst. Bei diesem beschleunigten Foltertempo, dachte sie, würde Zelle 52 in Kürze nur noch verletzte Frauen beherbergen.

Samara wischte sich mit der Hand den Schweiß ab. »Arme Muna und arme Safana, sie waren nur Zeuginnen in einem Bankbetrug. Der Generaldirektor der Bank war ein Dieb.«

»Sie sind nicht einmal angeklagt?«, fragte Mayada.

»Nein. Ich will dir die ganze Geschichte erzählen. Dann wirst du alles verstehen.«

»Sprich bitte langsam«, bat Mayada sie. »Mein Kopf brummt immer noch von den Stromstößen.« Mayada hörte immer noch ein Klingeln in den Ohren.

»Das werde ich.« Samara blickte auf Mayadas Löffel auf dem Fußboden, der noch zur Hälfte mit Zucker gefüllt war. »Iss das. Dann wird dein Kopf klar.«

»Ich kann nicht.«

»Na schön.« Samara hob vorsichtig den Löffel auf und leckte den Zucker ab, bevor sie die tragische Geschichte begann.

»Unsere liebe Muna stammt aus einer armen Familie, die nach der Katastrophe von 1991 noch ärmer wurde. Das Haus ihres Vaters liegt in Al-Horiya al-Uola. Muna besuchte die staatliche Schule und die Universität und machte einen hervorragenden Abschluss. In der Schule lernte sie einen netten jungen Mann kennen, der allerdings aus einer genauso armen Familie kam wie sie selbst. Die beiden verliebten sich, aber ihr Vater war gegen die Verbindung. Er wollte etwas Besseres für seine Tochter. Aber Muna war verliebt und überzeugte ihren Vater, dass ein Pärchen mit zwei Universitätsabschlüssen das Leben bestimmt meistern würde. Also willigte der Vater endlich ein.

Muna heiratete und zog mit ihrem Mann in ein kleines Haus in der Nähe der Kharkh-Seite des Tigris, in eine Wohngegend namens Al-Rahmaniya. Sie war sehr dicht bebaut, ein Haus stand direkt neben dem nächsten. Aber Muna und ihr Mann waren sehr glücklich. Als im Irak die ersten Investmentbanken eröffnet wurden, fand Muna eine Stelle mit guten Aufstiegschancen.«

»Nun zu unserer kleinen, einfältigen Safana«, sagte Samara mit einem tiefen Seufzer, »Safana ist, wie du vielleicht schon vermutet hast, eine Kurdin persischer Herkunft. Sie hat nie geheiratet, und sie ist ein Einzelkind. Safana und ihre Mutter lebten in einer armen Gegend des Viertels Habibiya, nicht weit vom Hauptquartier der Geheimpolizei. Ihr Vater starb im Krieg gegen Kuwait, obwohl er kein Soldat war. Also versuchten Safana und ihre Mutter den kleinen Lebensmittelladen zu führen, den er ihnen vermacht hatte. Und stell dir vor, Safana war gleichzeitig auch Studentin. Sie ging also tagsüber an die Uni und führte den Laden abends vor dem Schlafengehen.

Aber als die Sanktionen verhängt wurden, konnten sie die Waren für das Sortiment ihres Ladens nicht mehr bezahlen, und die Regale standen leer. Safana war jedoch sehr intelligent, genau wie Muna. Sie hatte Wirtschaft und Handel an der Universität von Bagdad studiert. An eine Heirat dachte sie gar nicht, weil sie nichts anderes tat, als zur Schule zu gehen, zu studieren und im Laden zu arbeiten. Und ohne Vater oder Geschwister wusste sie, dass sie für ihre Mutter sorgen musste, die seit vielen Jahren kränklich war.

Safana hatte Glück und fand eine volle Stelle bei derselben Bank, in der Muna arbeitete. Die beiden Frauen kannten sich vorher nicht. Safana war froh, weil sie endlich genügend Geld verdiente, um Lebensmittel und Medikamente für ihre liebe Mutter zu kaufen, die inzwischen bettlägerig war. Sie brauchte Windeln wie ein kleines Baby. Jeden Morgen vor der Arbeit fütterte Safana ihre Mutter, wusch sie, wechselte ihre Einlage, legte eine Plastikfolie unter und stellte ihrer Mutter etwas zum Essen auf den Tisch neben dem Bett. Nach der Arbeit rannte Safana sofort nach Hause und kümmerte sich wieder um ihre Mutter.

Safana arbeitete so fleißig und gut an ihrer neuen Stelle, dass sie zur Abteilungsleiterin in der Bank befördert wurde. Das war ein sehr glücklicher Tag für sie.

Damals war Muna bereits schwanger. Sie und ihr Mann beschlossen, dass Muna den ganzen Erziehungsurlaub nehmen und so lange wie möglich bei dem Baby bleiben sollte. Sie gebar einen kleinen Jungen namens Salim. Eines Tages war Muna mit Salim zu Hause, als die Nachbarin bei ihr klingelte. Sie sagte zu Muna, hohe Vertreter der Bank seien am Telefon, und sie müsse unbedingt den Anruf entgegennehmen. Munas Mann war noch bei der Arbeit, also ging sie mit Salim auf dem Arm zum Telefon. Am Apparat war der Sicherheitsbeamte in der Bank. Er sagte zu Muna, sie müsse herkommen, es würden wichtige Dokumente fehlen. Muna sagte dem Mann, sie habe niemanden, bei dem sie ihr Baby lassen könne, aber er bestand auf seiner Forderung. Er sagte, sie solle ihr Baby eben mitbringen. Besorgt eilte Muna mit Salim zur Bank.

Als Muna ankam, saß Safana dort mit zwei anderen Männern, die sie noch nie gesehen hatte. Sie saßen alle im Büro des Sicherheitsbeamten. Er forderte Muna auf, Platz zu nehmen. Muna und Safana würden ins Hauptquartier der Geheimpolizei gebracht, sagte er. Muna spürte, dass etwas Schreckliches passiert war, und sie flehte den Mann an, ihr doch zu sagen, was passiert sei. Er verweigerte jede Auskunft. Sie fragte, ob sie ihr Baby zu ihren Eltern bringen dürfe. Der Mann wies ihre Bitte zurück und sagte, sie müsse das Baby mitnehmen. Sie flehte ihn an, das Telefon benutzen zu dürfen, doch der Mann blieb hart. Muna durfte nur dasitzen und weinen.

Safana waren die Hände auf den Rücken gebunden, aber sie erlaubten Muna, ohne Handschellen zu bleiben, damit sie den kleinen Salim halten konnte. Ohne ein Wort der Erklärung wurden die drei armen Menschenkinder hierher in unsere Zelle gebracht. Ich war hier, als sie ankamen, und beide Frauen waren noch verstörter als du, Mayada, am Tag deiner Ankunft. Eine Woche später fingen die Verhöre an. Da erfuhren Muna und Safana die Wahrheit. Beide wurden aufgefordert, alles zu sagen, was sie über ihren Generaldirektor wussten. Beide Frauen sagten bereitwillig aus, aber sie hatten im Grunde gar nichts zu sagen. Er sei ein netter Chef gewesen. Der Generaldirektor hatte sich selbst mehrere Schecks über hohe Beträge ausgestellt und seit mehreren Jahren die Bank systematisch betrogen.

Als Muna und Safana sagten, er sei ein guter Mensch, und nicht, er sei ein Dieb, wurden sie geschlagen. Natürlich hatte keine von ihnen eine Ahnung, dass er ein Dieb war, sonst hätten sie das gesagt.«

»O Gott, wo soll das enden?«, fragte Mayada.

Samara beugte sich ganz nah zu ihr und senkte die Stimme zu einem Flüstern. »Das ist noch nicht einmal das Schlimmste. Die Geschichte wird noch viel trauriger. Nach einer Woche Haft schrie Munas kleiner Salim die ganze Zeit. Muna war so klug gewesen und hatte einen Vorrat Milch zur Bank mitgenommen, aber der war bald aufgebraucht. Wir gaben dem kleinen Salim ein paar Tage lang Zuckerwasser, aber davon wurde er krank. Das arme Baby schrie Tag und Nacht. Schließlich kamen die Aufseher eines Morgens und befahlen Muna, ihnen das Baby zu geben. Natürlich gab sie es nicht kampflos her. Sie schlugen sie mit einem Elektroschocker, und sie wurde bewusstlos. Als sie zu Boden stürzte, schnappten die Aufseher sich den kleinen Salim und rannten aus der Tür. Wir haben das Baby seither nicht wiedergesehen.«

Mayada keuchte. »Glaubst du, sie haben das Baby umgebracht?«

Samara zuckte die Achseln und berührte Mayadas Arm, dann wies sie mit dem Kopf zu Muna, die immer noch leise weinte. »Ich bete, dass sie das Baby zu Munas Mann gebracht haben oder zu ihrer Mutter. Die Aufseher weigern sich, Muna Auskunft über den Verbleib ihres Sohnes zu geben.«

Mayada sah Samara in die Augen. »Und Safana? Sie weint auch die ganze Zeit.«

»Sie weiß nicht, wie es ihrer Mutter geht, deshalb weint sie die ganze Zeit. Als sie den Aufsehern sagte, jemand müsse nach ihrer Mutter sehen, wurde sie ins Gesicht geschlagen. Safana nimmt jetzt an, dass ihre arme Mutter in ihrem Bett vergessen wurde und verhungert ist.

Stell dir das vor: Zwei hilflose Geschöpfe in Windeln – ein altes, ein junges –, und kein Mensch kümmert sich um sie.«

Mayada war entsetzt. Sie schloss die Augen und fing an zu beten, weil sie nicht wusste, was sie sonst tun sollte.

Ein Schrei hallte durch die Zelle 52, als die Tür wiederum aufflog und der Name einer anderen Schattenfrau gerufen wurde: »Sara! Zeig dich!«

Mayada blickte auf, als Sara langsam vorüberging. Sara war eine der jüngsten Frauen, erst einundzwanzig, eine Pharmaziestudentin, die völlig grundlos im Gefängnis saß. Niemand wusste, was ihr vorgeworfen wurde. Jetzt begab sie sich aus der Sicherheit der Zelle 52 in die Hände eines Aufsehers, der nur darauf wartete, sie zur Folterkammer zu bringen. In ihren Augen spiegelte sich die nackte Angst. An der Tür drehte sie sich zu den Frauen um. »Samara, denk an das, was ich dir gesagt habe« sagte sie. »Wenn ich sterbe, dann muss jemand meine Mutter verständigen. Ich bin jetzt ihr einziges Kind.«

Samara versicherte ihr. »Du wirst nicht sterben, kleine Sara. Wir werden für dich beten.«

Der Aufseher fluchte, und Sara drehte sich um und ging hinaus. Die Tür schlug hinter ihr zu.

Samara erhob sich vom Fußboden und erteilte genaue Anweisungen. »Bald werden wir zwei Frauen hierhaben, die uns brauchen. Lasst uns Mayada zu ihrer Pritsche bringen und zwei Betten für Safana und Sara herrichten.«

Mit Dr. Sabah an ihrer Seite schritt Mayada schweigend zu ihrer Pritsche. Nachdem sie es sich bequem gemacht hatte, schloss sie die Augen. Sie zitterte, als hätte sie Fieber. Sie zwang sich, ihre Stärke wiederzugewinnen. Sie wollte stark genug sein und Samara bei Safana und Sara helfen, wenn sie zurückkehrten.

Wie sie so still dalag, dachte sie an ihr altes Leben zurück, an das Leben, von dem sie einst geglaubt hatte, es bestehe nur aus Arbeit und Sorgen, ein Leben, das sie an einem einzigen Tag hatte aufgeben müssen. Jetzt erschien ihr das alte Leben aus Arbeit und Sorgen so herrlich, dass der Gedanke, es aufzugeben, sie erschreckte.

Sie hörte, wie Samara mit leiser Stimme den anderen Frauen Anweisungen erteilte. Was würden sie in dieser Zelle nur ohne Samara tun? Sie war für alle wie eine Mutter.

Ihr fielen Samaras Worte ein, dass die Schattenfrauen überleben mussten, für ihre Kinder. Und sie wollte überleben – für Fay und Ali.

8

Dr. Fadil und Mayadas Familie

Mayada dachte an ihre beiden Kinder. Sie versuchte, sich vorzustellen, was sie gerade taten. Aßen sie? Schliefen sie? Wo lebten sie? Waren sie immer noch in Bagdad? Wenn ja, waren sie dann bei dem Vater ihres Vaters, dem einzigen Großvater, den sie je gekannt hatten? Oder waren sie vielleicht nach Jordanien geflohen und hatten unter den Fittichen ihrer Großmutter Salwa Schutz gesucht?

Dass sie nicht einmal wusste, wo ihre Kinder waren, machte Mayada traurig. Große Tränen traten ihr in die Augen, rannen die Wangen hinab und machten einen immer größer werdenden Fleck auf ihre Decke. Mayada zitterte vor Wut über ihre Hilflosigkeit, aber sie dachte daran, was Samara ihr bei ihrer Ankunft in Baladiyat geraten hatte: Baue einen mentalen Zaun um deine Kinder, und halte sie fest darin verschlossen, sonst wirst du mit dem Schmerz nicht fertig. Samara hatte natürlich recht. Mayada wusste, dass sie verrückt werden würde, wenn sie immer nur an Fay und Ali dachte. Sie zeichnete in ihrem Geist eine Linie, die sie von ihren Kindern trennte, und zwang sich, an etwas anderes zu denken. Ihr Geist warf ein zweites Bild auf die Zellenwand, das Gesicht eines Mannes, der im Irak einmal fast allmächtig gewesen war: Dr. Fadil al-Barrak. Dr. Fadil war äußerlich attraktiv, ein großer Mann mit dunklem Teint, braunen Haaren und schwarzen Augen. Er hatte eine angenehme Stimme und sprach normalerweise in einem singenden, fröhlichen Ton. Mayada wusste inzwischen, dass er zwei Persönlichkeiten hatte, aber sie hatte seine dunkle Seite fast nie erlebt.

Nur eines wusste sie sicher: Wenn Dr. Fadil noch am

Leben wäre, wäre ihre Welt in Ordnung, und sie wäre zu Hause bei ihren Kindern.

Mayadas Gedanken wanderten in das Jahr 1979 zurück, als sie Dr. Fadil zum ersten Mal getroffen hatte. Aber gerade als sie die Augen schloss, um sich in der Vergangenheit zu verlieren, kam eine der Schattenfrauen leise zu ihr herüber und legte ihre schmale, weiße Hand auf ihre Stirn.

Mayada rollte erschrocken herum.

»Ich bin es«, sagte Samara sanft und schaute Mayada aus ihren freundlichen grünen Augen aufmerksam an.

Mayadas Sehnsucht nach ihren Kindern war so groß, dass es sich anfühlte, als hätte ihr jemand das Herz aus der Brust gerissen. »Weißt du was, Samara, ich werde ganz bestimmt in dieser Zelle sterben«, sagte sie verzweifelt.

»Hör auf damit!«, sagte Samara.

Mayada begründete ihre Furcht: »Es hat den Anschein, dass wir al-Askaris schon immer von der Nummer 52 verfolgt wurden. Mein Vater starb in Zimmer 52 im Hospital bei den Nonnen, als er 52 Jahre alt war. Sein Vater, Jafar, wurde mit 52 umgebracht. Und nun sitze ich in Zelle 52 – sie wird mein Grab werden, ich weiß es.«

Mayada starrte zu Samara hinauf und sagte entschieden: »Mein Tod wird etwas mit der Nummer 52 zu tun haben. So ist es vorherbestimmt.«

»Sehne dich doch nicht nach dem Tod«, sagte Samara mit sanfter Stimme. »Ich bin überzeugt, dass du freigelassen wirst, und zwar bald. Lange bevor du 52 wirst.«

Mayada kam ein weiterer schlimmer Gedanke. »Ich werde bestraft«, sagte sie leise, aber bestimmt.

»Bestraft? Wofür?«, schnaubte Samara.

Erregt über ihre neue Erkenntnis stützte sich Mayada auf die Ellenbogen. Sie reckte den Hals und spähte an Samara vorbei, ob andere Frauen in Hörweite waren. Als sie keine entdeckte, flüsterte sie Samara zu: »Dr. Fadil al-Barrak war unser Beschützer, viele Jahre lang.« – »Na und?«

»Er war immerhin zehn Jahre lang der Herr über Orte wie Baladiyat.«

»Der Name kommt mir tatsächlich bekannt vor.«

»Natürlich hast du von ihm gehört, Samara. Dr. Fadil al-Barrak war so mächtig, dass er bei jedem Gefangenen die Freilassung anordnen konnte. Und genau das hat er für mich getan – mehr als einmal.«

Beide Frauen schwiegen lange.

Dann fuhr Mayada fort: »Verstehst du das denn nicht? Ohne dass wir es überhaupt gewusst haben, wurden meine Mutter und ich viele Jahre lang geschützt. Und jetzt werde ich für diesen Schutz bestraft.«

Samara schlug Mayadas Decke zurück, setzte sich auf den Rand ihrer Pritsche und musterte sie ernst. »Aha«, sagte sie. »Hast du ihm geholfen, Leute zu foltern, Mayada?«

»Nein! Natürlich nicht. Ich wusste nicht einmal, welche Aufgaben er hatte. Wenigstens am Anfang nicht.« Mayada machte eine Pause, dann fügte sie hinzu: »Weißt du, selbst heute noch fällt es mir schwer zu glauben, dass er fähig war zu foltern. Er hatte als Akademiker Karriere gemacht. Er war ein Gelehrter und redete die ganze Zeit über Bücher. Aber um die höchste Position im Sicherheitsdienst zu erreichen, hat er sich bestimmt an Folterungen und Morden beteiligen müssen. Saddam hätte ihn sonst nie ernannt.«

»Na und? Ich verstehe immer noch nicht, warum du dich für schuldig hältst«, sagte Samara.

Mayada schlug die Augen nieder. »Meine Mutter und ich hätten aus diesem Land fliehen und Saddams Regierung anklagen sollen, sobald mein Vater unter der Erde war.«

»Du steigerst dich da in etwas hinein, Mayada. Lass das! Spar deine Kraft!«

»Nein«, sagte Mayada leise, aber fest. »Ich werde bestraft, weil ich mit meiner Mutter hiergeblieben bin. Dass die al-Husris im Irak blieben, hat Saddams Regierung Glaubwürdigkeit verschafft – im Namen von Sati. Das ist mir jetzt klar.«

»Ach, komm, Mayada, du hast damals nicht gewusst, was du heute weißt. Oder bist du etwa eine Prophetin? Wie hättest du damals wissen sollen, wie es heute steht?«

Mayada überlegte, dann antwortete sie sehr bestimmt: »Ich habe einmal gehört, dass Dr. Fadil den Spitznamen Berija hatte, nach Stalins Folterknecht. Warum habe ich diesen Hinweis nicht zur Kenntnis genommen? Weißt du«, flüsterte sie fieberhaft, »dass Dr. Fadil Militärattaché in der Sowjetunion war, bevor er im Irak Chef der Geheimpolizei wurde? Er muss in der Sowjetunion raffinierte Foltermethoden gelernt haben.«

»Nein, das war mir nicht bekannt. Ich weiß nur wenig über den Mann.«

»Zweifellos war er bei vielen Leuten sehr gefürchtet.« Mayada tippte schnell mit dem Zeigefinger gegen ihre Wange und dachte nach. Dann sah sie Samara an. »Willst du über diesen Dr. Fadil etwas erfahren?«, fragte sie.

Samara ließ ihren Blick durch den Raum schweifen, lächelte schwach und deutete mit der Hand auf die kleine Zelle: »Klar, will ich. Habe ich hier vielleicht etwas Wichtigeres zu tun?« Sie setzte sich bequemer hin.

»Ich hatte schon von Dr. Fadil gehört, bevor ich ihn persönlich traf«, flüsterte Mayada. »Es war 1978, und ich war gerade aus Beirut zurückgekehrt. Im Libanon tobte der Bürgerkrieg, und die Kämpfe in Beirut waren so schlimm, dass mir von den ständigen Granatenexplosionen die Ohren klingelten. Also brach ich meine Ausbildung ab und kehrte nach Bagdad zurück. Ich konnte keinen passenden Job finden und beschloss, weiterzulernen. Ich wurde am Institut für Archiv- und Bibliothekswesen angenommen. Es war eine Abendschule, und der Unterricht begann jeden Tag um 17.00 Uhr. Eines Abends kam Fatin Fuad, eine sehr schüchterne, aber ausgesprochen hübsche Studentin auf mich zu und sagte: ›Der Verlobte meiner Schwester kennt deine Mutter, aber er hat ihre Telefonnummer verloren. Kannst du sie mir bitte geben?‹

Ich war ein bisschen misstrauisch und fragte sie, wer der Mann war. Sie sagte: ›Es ist Dr. Fadil al-Barrak al-Tikriti.‹

Der Name sagte mir nichts. Ich hatte mit der irakischen Regierung nichts zu tun und war jahrelang im Ausland gewesen. Aber diese Fatin war eine junge Frau mit einem netten Gesicht. Sie wirkte sehr vertrauenswürdig, und ich gab ihr unsere Nummer. Zu Hause nannte ich meiner Mutter den Namen. Sie wirkte überrascht, machte aber keine Andeutungen, was für ein mächtiger Mann al-Barrak war. Ich fragte nicht weiter nach, denn meine Mutter kannte alle wichtigen Leute im Irak.

Am nächsten Morgen weckte mich das Telefon aus dem Schlaf. Ich erkannte die Stimme des Anrufers nicht. Ich war noch im Halbschlaf und hatte das Gespräch mit Fatin vergessen. Der Mann am Telefon wollte meine Mutter sprechen. Ich antwortete abweisend, dass Salwa bei der Arbeit sei. Er fragte: ›Und mit wem spreche ich dann?‹ Ich antwortete: ›Mit ihrer Tochter.‹ Er fragte: ›Mit welcher Tochter?‹ Ich sagte: ›Mit der ältesten.‹ Er machte eine kurze Pause, dann lachte er laut und sagte: ›Wie bringe ich Sie dazu, mir Ihren Namen zu nennen?‹ Ich hatte den Eindruck, dass der Mann mit mir flirtete, also gab ich meinen Namen nicht preis, sondern bat ihn, später noch einmal anzurufen. Bevor er auflegte, bat er mich: ›Bitte, sagen Sie Ihrer Mutter, dass Fadil al-Barrak angerufen hat. Geben Sie ihr meine Privatnummer.‹ Ich habe diese Nummer nie vergessen.

Abends sah ich Fatin in der Schule und fragte sie nach dem Verlobten ihrer Schwester, von dem ich glaubte, dass er mich angebaggert hatte. Fatin sagte schnell: ›Nein, ich glaube nicht, dass das stimmt. Er spricht mit den meisten Leuten so. Aber er ist wirklich ein sehr ungewöhnlicher Mann.‹

Dann zog mich Fatin in eine Ecke des Schulkorridors und sagte: ›Ich muss dir eine erstaunliche Geschichte erzählen. Der Verlobte meiner Schwester sollte eigentlich *mein* Verlobter sein.‹

Sie merkte, dass ich ein wenig schockiert war, und sagte: ›Lass es mich erklären. Dr. al-Barrak ist ein prominenter Mann, und mein Vater, er ist Richter, akzeptierte sein Angebot, mich zu heiraten. Mein Vater ist altmodisch, ich hatte meinen Verlobten noch nie gesehen. Das sollte erst bei der offiziellen Verlobungsfeier geschehen. Dr. al-Barrak kam am vereinbarten Tag in unser Haus, wo ich in meinen besten Kleidern auf meine Verlobung wartete. Dann kam meine jüngere Schwester Jinan ins Zimmer. Du solltest meine Schwester mal sehen, Mayada. Sie ist wirklich die schönste Frau in Bagdad. Auf jeden Fall, mein Verlobter, Dr. al-Barrak, warf einen Blick auf meine Schwester und war so hingerissen von ihrer überwältigenden Schönheit, dass er sich zu meinem Vater herumdrehte und uns alle vor den Kopf stieß.

Ich will die da, sagte er. Mein Vater war so erstaunt, dass er kein Wort herausbekam. Ich war wie versteinert vor Scham, und Jinan rannte aus dem Zimmer. Na ja, ich hatte nicht die geringste Lust, einen Mann zu heiraten, der meine Schwester heiraten wollte, also sagte ich meinem Vater, dass ich auf diese Ehe keinen Wert mehr lege. Sollte al-Barrak doch Jinan heiraten, wenn er das wollte – und wenn sie wollte. In Anbetracht der Umstände zögerte meine Schwester, aber ich versicherte ihr, dass ihre Heirat unser gutes Verhältnis nicht beeinträchtigen und unserer Familie nicht schaden würde. Ich erinnerte sie daran, dass ich den Mann nur einmal gesehen hatte und mit der Verlobung keine Gefühle verband. Außerdem ist Dr. al-Barrak ein mächtiger Mann beim Geheimdienst, und mein Vater hatte Angst, ihn zu erzürnen. Und so kam es, dass meine Schwester bald meinen alten Verlobten heiratete.‹«

Samara schüttelte missbilligend den Kopf.

»Ich habe Fatins Gesicht sehr genau beobachtet, als sie mir die Geschichte erzählte«, fuhr Mayada fort, »und ich bin mir sicher, dass sie sich gedemütigt fühlte, auch wenn sie das Gegenteil behauptet hat. Fatin war auch sehr schön. Sie hatte grüne Augen und ein rundes, hübsches Gesicht. Ihre Haare waren lang und dicht und von einem wunderschönen Walnussbraun. Ich bezweifelte, dass ihre Schwester schöner gewesen sein könnte.« Mayada ließ ihren Blick kurz durch die Zelle schweifen und wandte sich dann wieder Samara zu. »Dann jedoch sah ich Jinan. Sie war wirklich die schönste Frau, die ich je gesehen habe! Ich verstand Dr. Fadils Reaktion. Fatins Schwester war sehr groß und mit einem unvergesslichen Gesicht gesegnet. Sie glich ein bisschen der jungen Brooke Shields, dem amerikanischen Model und Filmstar. Ihre Augen waren von einem tiefen Blaugrün und hatten die längsten Wimpern, die ich je gesehen habe. Ihre Schönheit war wirklich so überwältigend, dass alle anderen Frauen neben ihr verblassten, selbst ihre hübsche Schwester Fatin. Sie war so schön, dass Dr. Fadil bald aufhörte, sie auf Feiern mit Regierungsmitgliedern mitzunehmen. Barzan al-Tikriti, einer von Saddams Halbbrüdern, verlor fast den Verstand, als er Jinan das erste Mal sah, und Dr. Fadil fürchtete, dass Saddam ihn auf Betreiben seines Halbbruders zur Scheidung von seiner bildschönen jungen Frau zwingen könnte.«

Mayada machte eine Pause, und Samara fragte: »Woher kennt deine Familie Dr. Fadil?«

»Er nahm nur deshalb mit meiner Mutter Kontakt auf, um an die Bücher und privaten Aufzeichnungen von Sati heranzukommen, die meine Mutter bei uns im Haus aufbewahrte. Bei unserer ersten Begegnung war ich ganz verblüfft, als er einen mir sehr vertrauten Schlüssel aus der Tasche zog und ihn um den Finger kreisen ließ. Wir hatten einen sehr markanten Hausschlüssel, und ich fragte mich, wo um Himmels willen er ihn herhatte. Er sah, dass ich große Augen machte, und erklärte mir mit einem schelmischen Grinsen, meine Mutter habe ihm erlaubt, jederzeit zu kommen und Satis Papiere zu studieren. Mir gefiel das nicht besonders, aber ich konnte nichts machen. Dr. Fadil schickte ein paar Männer in unser Haus, die alle Papiere und Bücher Satis mit einer Chemikalie einsprühten, die sie vor Insektenfraß schützte. Danach kam er häufig in unser Haus. Ich gewöhnte mich langsam daran, dass ein Mann, mit dem wir nicht verwandt waren, allein in unsere Bibliothek ging, wann immer es ihm passte. Nur an die Pistole, die er immer auf dem Tisch in unserem Foyer ablegte, gewöhnte ich mich nie. Er hantierte mit seiner Waffe so lässig wie andere mit einem Glas Wasser.«

Mayada dachte einen Augenblick nach. »Wenn ich daran zurückdenke, Samara, glaube ich, dass Dr. Fadil in zwei Welten lebte. Er war ein Gelehrter mit einer großen Liebe zu Büchern, und er konnte stundenlang über die interessantesten Themen reden. Aber zugleich war er auch Herr über die irakischen Gefängnisse. Ich werde immer glauben, dass dieser finstere Teil seines Lebens ihn quälte, denn er hatte *immer* einen bedrückten Ausdruck im Gesicht. Ich erlebte ihn nur dann entspannt, wenn er eines seiner fünf Kinder in den Armen hielt oder wenn er in unserer Bibliothek eines seiner geliebten Bücher in die Hand nahm.«

Mayada bemerkte den verwunderten Ausdruck in Samaras Gesicht und fuhr fort: »Ich schrieb damals für die Kinderzeitschrift *Majalaty Wa Al-Mizmar (Mein Magazin und Al-Klarinette)*. Eines Nachmittags erhielt ich einen Anruf von Lutfi al-Khayat, einem bekannten Journalisten bei *Al-Jumhuriya*. Das Blatt war die meistgelesene Zeitung im Irak und doch kein Parteiorgan. Ich war jung und wollte gern beruflich weiterkommen, deshalb freute ich mich sehr, dass mich Lutfi sprechen wollte, auch wenn ich noch keine Ahnung hatte, weshalb. Er führte mich sofort in sein großes Büro, als ich bei der Zeitung ankam, und ich wurde fast ohnmächtig vor Aufregung. Einer meiner größten Träume wurde wahr: Ich wurde als Schriftstellerin ernst genommen. Lutfi sagte mir, er habe einige Geschichten gelesen, die ich für Kinder geschrieben hatte, und sich gefragt, ob ich für Erwachsene ähnlich gut schreiben könne. Ich war begeistert und wollte die Chance auf jeden Fall nutzen. Also gestand ich ihm, dass ich an einem Buch mit Short Storys für Erwachsene arbeitete. Er stellte mich ein. Ich bekam sogar eine wöchentliche Kolumne mit dem Titel ›Itlalat‹ (Überblick). Kurz nachdem ich die Stelle bekommen hatte, sagte man mir dann, dass mich Dr. Fadil al-Barrak zu einem Interview eingeladen habe. Sahib Hussain al-Samawi, der Chef der Zeitung, war ganz aufgeregt, weil Vertreter der irakischen Geheimdienste eigentlich niemals Interviews gaben. Ich dagegen war eine Zeit lang total deprimiert. Ich wusste nun, dass ich meinen Traumjob nicht dank meiner eigenen Verdienste bekommen hatte, sondern dass Dr. Fadil hinter meinem Karrieresprung steckte. Als ich nach Hause kam, rief ich bei ihm an und fragte ihn, ob es stimmte. Er lachte und sagte: ›Natürlich.‹ Er sagte, er wolle, dass ich eine hervorragende Schriftstellerin werde, und fragte: ›Gibt es dafür einen besseren Weg als schreiben?‹ Von da an arbeitete ich härter als alle anderen Mitarbeiter der Zeitung. Ich wollte beweisen, dass ich meiner Aufgabe gewachsen war. Und ich glaube, ich habe es bewiesen.

Danach gab es immer wieder ›kleine‹ Wunder in unserem Leben, bis zu dem Tag, an dem Dr. Fadil verhaftet wurde. Das Beste an unserer Bekanntschaft mit ihm war jedoch, dass sie mich in die Lage versetzte, anderen zu helfen und in einigen Fallen sogar ihr Leben zu retten.«

»Ich hab es ja gesagt«, sagte Samara mit erhobenem Zeigefinger, »du hast den Kontakt zu Dr. Fadil genutzt, um Gutes zu tun. Deshalb war diese Freundschaft etwas Positives, Mayada.«

Mayada schloss einen Moment die Augen, öffnete sie

kurz und schloss sie wieder: »Ich hoffe, du hast recht, Samara. Es quält mich, dass ich vielleicht anders hätte handeln sollen.«

»Ich würde es dir sagen, wenn das der Fall wäre«, entgegnete Samara mit funkelnden Augen. »Ich bin eine aufrichtige Frau. Erzähl mir von den Leuten, denen du helfen konntest.«

Mayada zögerte.

»Mach schon, Mayada. Ich warte«, drängte Samara mit einem kleinen Lächeln.

»Na gut. Es war irgendwann Ende 1979 oder Anfang 1980. Ich kannte Dr. Fadil bereits und wohnte noch bei meiner Mutter. Eines Morgens wollte ich gerade zur Arbeit gehen, da klingelte es an der Tür. Umm Aziz, unser Hausmädchen, machte auf. Sie kam die Treppe heraufgerannt und meldete, Jalela al-Haidari, Dr. Saib Shawkets Frau, stehe vor der Tür, und zwar im Nachthemd. Jalela al-Haidari war eine ausgesprochen vornehme Frau, eine echte Aristokratin, also wusste ich sofort, dass etwas Schreckliches passiert sein musste.

Ich ging hinunter, um sie zu begrüßen. Sie stand da wie eine Frau, die mitten in der Nacht aus dem Schlaf gerissen worden ist. Sie weinte. Ich zog sie ins Haus und versuchte, sie zu beruhigen. Das erwies sich als schwierig, weil sie im Haus hemmungslos zu weinen anfing. Schließlich brachte ich sie zum Sprechen. Zunächst dachte ich kurz, sie habe den Verstand verloren, weil sie von der Farm redete, die ihre Familie in Al Dora besaß. Sie erzählte ausführlich, dass auf dem riesigen Gelände 50-jährige Palmen stünden, unter denen prächtige Orangenhaine gepflanzt waren. Dann beschrieb sie plötzlich eine große Wasserpumpe. Sie sprach so begeistert von der Pumpe, dass ich einen verrückten Augenblick lang glaubte, sie wolle mir die Pumpe verkaufen. Wie sie sagte, war die Pumpe in England gekauft worden und so riesig, dass man mit ihr das halbe Land bewässern konnte.

Dann erzählte sie eine verrückte Geschichte über Khairallah Tulfah, den Bürgermeister von Bagdad. Er war Saddams Onkel, und der Diktator war in seiner Obhut aufgewachsen. Wie Jalela erzählte, war der Onkel immer wieder nach Al Dora gekommen und hatte ihren Mann gedrängt, ihm die Farm zu verkaufen. Der damals 83-jährige Dr. Shawket wollte seine Farm nicht verkaufen, außerdem wusste er, dass er von Khairallah kein Geld bekommen würde, wenn er dem Verkauf zustimmte. Jeder Iraker weiß, dass Saddams Verwandte unglaublich geizig sind. Sie sagen immer, sie wollten etwas kaufen, und dann nehmen sie es einfach, ohne jemals zu bezahlen. Dr. Shawket wusste, dass er seine Farm früher oder später ganz verlieren könnte, also bot er dem mächtigen Onkel von Saddam die Hälfte des Farmlands an. Khairallah nahm das Angebot an, wollte aber unbedingt die Hälfte mit der Wasserpumpe. Dr. Shawket hatte eine Menge Geld für die Pumpe bezahlt, und er wusste, dass seine Bäume ohne Wasser vertrocknen würden. Deshalb lehnte er es ab, Khairallah die Hälfte mit der Pumpe zu überlassen. Da änderte Khairallah seine Meinung noch einmal und bestand nun wieder darauf, die ganze Farm zu kaufen.

An dem Morgen, als Jalela im Nachthemd vor unserer Tür stand, waren Geheimdienstleute in ihr Haus gekommen und hatten ihren Mann verhaftet. Sie hatten ihn im Schlafanzug mitgenommen. Samara, dieser Mann war der beste Chirurg des Landes! Er hat die erste medizinische Hochschule im Irak gegründet und war sein erster Gesundheitsminister. Seine Verhaftung war für uns alle ein schrecklicher Schock.

Ich wusste nicht, was ich wegen dieser Katastrophe unternehmen sollte, und rief meine Mutter an, die schon bei der Arbeit war. Sie war sehr bestürzt und sagte, ich solle sofort Dr. Fadil anrufen. Sie fürchtete, dass der alte Dr. Shawket an einem Herzinfarkt sterben könnte, wenn er nicht schnell gerettet würde.

Ich rief also Dr. Fadil an und erzählte ihm die Geschichte. Er überlegte kurz, dann sagte er: ›Rufen Sie jetzt gleich unseren Vizepräsidenten an. Seine Hotline ist offen. Erzählen Sie ihm die ganze Geschichte.‹

Ich war verwundert, aber ich tat wie geheißen. Ich wählte Saddams Nummer, und er nahm ab, nachdem das Telefon ein paarmal geklingelt hatte. Ich stellte mich vor und sagte ihm, dass ich für die Frau von Dr. Saib Shawket sprach. Dann erzählte ich einen Teil der Geschichte, wie Dr. Shawket wegen seiner Farm verhaftet worden war. Saddam hörte schweigend zu. Er sagte eigentlich nur, ich solle Dr. Shawkets Frau versichern, dass alles zu ihrer Zufriedenheit geregelt werde. Ich solle ihr ausrichten, dass ihr Mann demnächst wieder nach Hause kommen werde und sich noch am selben Nachmittag um 16 Uhr im Präsidentenpalast melden solle.

Fünf Minuten später klingelte mein Telefon. Der Anrufer war Dr. Fadil. ›Sagen Sie Dr. Shawkets Frau, dass ihr Mann gerade aus dem Gefängnis entlassen wurde und in diesem Augenblick wieder nach Hause gebracht wird.‹ Er hängte auf, ohne sich zu verabschieden.

Später verstand ich, warum Dr. Fadil *mich* hatte anrufen lassen. Es wäre unangenehm für Saddam gewesen, von einem seiner Untergebenen zu hören, dass sein Onkel ein Dieb war. Dass ihn eine Person informierte, die für das Opfer sprach, war für ihn weniger peinlich.

Ich war bei Jalela, als der Doktor zurückkehrte. Er war natürlich immer noch im Schlafanzug. Und er hatte einen Schock. Ich kann mich noch an seine ersten Worte erinnern. Er sagte mit einem erstaunten Ausdruck im Gesicht: ›Das waren vielleicht unfreundliche Männer in dem Gefängnis. Es klingt unglaublich, aber sie haben mich geohrfeigt.‹ Da stand er, ganz gebeugt und zerbrechlich, und rieb sich entgeistert die geröteten Wangen.

Dann jedoch gewann er die Fassung wieder, zog sich

ordentlich an und ging zum Präsidentenpalast. Ich blieb den ganzen Tag bei seiner Frau, weil sie immer noch Todesängste ausstand.«

Obwohl die Geschichte schon viele Jahre her war, stieg nun in Mayada die alte Wut wieder auf. »Es waren zwei alte Leute – Leute, die dem Irak seit der Gründung des modernen Staates treu gedient hatten. Es war ein Skandal.«

»Was geschah im Palast?«, fragte Samara, lehnte sich vor und schob sich ein paar Locken ihrer von weißen Strähnen durchzogenen schwarzen Haare aus dem Gesicht.

»Dr. Shawket war über eine Stunde weg, aber als er zurückkam, erzählte er uns, was passiert war. Er war an der Tür von Barzan Ibraheem al-Hassan al-Tikriti empfangen worden, Saddams Halbbruder mütterlicherseits, dem Mann, der mit Sajidas Schwester verheiratet war. Barzan begrüßte Dr. Shawket sehr höflich und sagte ihm, Abu Udai (Vater des Udai, höfliche Form für ›Saddam‹; A.d.Ü.) sei ebenfalls im Raum. Dr. Shawket blickte sich suchend um, konnte aber keine weitere Person entdecken. Er sah Barzan fragend an, und dieser zeigte auf einen Tisch in der Mitte des Raums. ›Da ist er‹, sagte er. ›Saddam ist auf diesem Tisch.‹ Dr. Shawket war, wie du weißt, schon sehr alt, und er sah nicht mehr besonders gut. Also ging er zu dem Tisch hinüber. ›Ich sehe ihn immer noch nicht‹, sagte er verwirrt. Barzan lachte und hob ein Tonbandgerät hoch. ›Hier ist er‹, sagte er. Er meinte, dass jedes Wort aufgenommen wurde und Saddam sich später alles anhören würde.

Dr. Shawket berichtete uns, er sei nach dieser albernen Komödie ein wenig verwirrt gewesen, habe aber Barzan so vorsichtig wie möglich zu erklären versucht, was vorgefallen war. Er war behutsam in seiner Wortwahl, weil seine Geschichte ein schlechtes Licht auf Khairallah warf, den gemeinsamen Onkel von Barzan und Saddam. Obendrein waren Barzan und Saddam beide mit Töchtern Khairallahs verheiratet. Dr. Shawket wusste über diese Verwandtschaftsverhältnisse sehr gut Bescheid und befürchtete, dass er vielleicht wieder im Gefängnis landen würde, wenn er eine ihm unbekannte Grenze bei der Annäherung an die Wahrheit überschritt.

Schließlich sagte Barzan: ›Doktor, erzählen Sie Saddam und mir genau, was passiert ist, und verzichten Sie auf unnötige Rücksichten.‹ Er klopfte dem alten Mann auf die Schultern und versicherte ihm, dass er offen sprechen könne. Dann beleidigte er seinen eigenen Onkel (der auch Saddams Onkel war) und sagte: ›Glauben Sie mir, wenn nicht jemand Abu Udai angerufen und ihn über Ihre Lage informiert hätte, dann hätte unser Onkel und Schwiegervater Ihren gesamten Besitz beschlagnahmt, sogar das Jackett, das Sie auf dem Leib tragen.‹ Dr. Shawket war schockiert, und Barzan schockierte ihn noch mehr, als er sagte: ›Unser Onkel ist ein habgieriger alter Mann. Wir müssen gut auf ihn aufpassen.‹

Dr. Shawket fand es unglaublich, dass die Neffen Khairallahs so etwas zugaben, aber er war entzückt, es zu hören.

Und so blieb Dr. Shawkets kostbare Farm unangetastet. Später besuchte uns der Doktor mit seiner Frau. Das Ehepaar war unendlich dankbar, dass ich eingegriffen hatte. Dr. Shawket wollte mir sogar ein paar Hektar von seiner Farm schenken, aber ich lehnte natürlich ab. Ich sagte, sein glückliches Gesicht sei Belohnung genug für mich, schlug ihm aber immerhin vor, mit mir ein Interview für die Zeitschrift *Alef Ba* zu machen und darüber zu berichten, was er seit der Staatsgründung als Arzt für den Irak geleistet hatte. Er stimmte erfreut zu.

Das Interview wurde gedruckt, und Saddam Hussein las es. Einige Tage danach rief jemand von Saddams Stab bei Dr. Shawket an und sagte ihm, seine medizinische Arbeit sei so wichtig, dass Saddam ihn auszeichnen werde. Dr. Fadil rief uns hocherfreut an und schlug vor, dass wir uns die Sache im Fernsehen anschauen sollten. Er amüsierte sich köstlich und meinte, ich sei verantwortlich dafür, dass Dr. Shawket nun einen Orden bekomme, statt im Gefängnis zu sitzen.

Der Orden wurde Dr. Shawket auf einer im Fernsehen übertragenen Veranstaltung verliehen. Als die Sendung vorbei war, versetzte ich meine Mutter in helle Aufregung. Ich sprang vom Sofa auf und schlug auf unserem Perserteppich Purzelbäume. Ich blieb im Spagat sitzen und lachte zu meiner Mutter hinauf. Ich war überglücklich, dass ich bei diesem Happy End eine Rolle gespielt hatte., Meine Mutter ist manchmal übertrieben förmlich, und damals war sie so schockiert über mein Verhalten, dass sie schimpfte und sagte, ich solle mich wie eine erwachsene Frau benehmen. Ich aber musste noch wochenlang jedes Mal lächeln, wenn ich daran dachte, dass ich wahrscheinlich mit einem einzigen Telefonanruf Dr. Shawkets Leben gerettet hatte.«

»Siehst du, schon das erste Leben gerettet«, gratulierte Samara und streckte einen zarten weißen Finger in die Luft. »Ohne dich hätte der arme Mann das Tageslicht nie wieder gesehen.«

Allein die Erinnerung an jenen Tag half Mayada, die Verzweiflung über ihre Lage in Baladiyat zu überwinden. Sie verbarg ihr Gesicht in den Händen und lachte leise: »Du wirst es nicht glauben, aber Saddams Onkel war bis zuletzt scharf auf die Farm. Dr. Shawket starb 1986 eines natürlichen Todes, sechs Jahre nach seiner Verhaftung. Dieser erbärmliche Khairallah aber gierte immer noch nach dem Land, obwohl er alt und krank war und beide Beine durch Wundbrand verloren hatte. Er war schon todgeweiht, aber trotzdem konnte er sich die Farm und die Wasserpumpe nicht aus dem Kopf schlagen. Nach Dr. Shawkets Beerdigung fuhr Khairallah direkt zu der trauernden Witwe und wartete im Auto vor ihrem Haus. Als Jalela nachschaute, wer da parkte, rief er sie zu sich heran und sagte grob: ›Sind Sie jetzt bereit, das Land zu verkaufen?‹

Dr. Shawkets Witwe war sehr mutig. Obwohl sie wusste, was ihrem Mann sechs Jahre zuvor passiert war, schrie sie: ›Niemals!‹, und ging davon. Nach ein paar Schritten drehte sie sich um und starrte Khairallah hasserfüllt an. Der Onkel starrte giftig zurück. Dann befahl er seinem Chauffeur wegzufahren. Er war gewohnt, dass er bekam, was er wollte, aber diesmal unternahm er nichts mehr. Er hatte Angst, Saddam könnte wieder verständigt werden, wenn er die Sache mit der Farm weiterverfolgte. Das Land blieb im Besitz der Familie Shawket, wie es sich gehörte.«

»Er wusste, dass du Dr. Fadil anrufen könntest, deshalb war die Farm vor ihm sicher, da gehe ich jede Wette ein?«, sagte Samara.

Mayada war mit ihren Gedanken weit weg.

»Ich habe sogar einmal meinem Mann das Leben gerettet, ob du's glaubst oder nicht«, sagte sie.

Samara lachte leise, denn Mayada hatte ihr erzählt, wie Salam sich früher aufgeführt hatte.

»Dann bist du wirklich eine Heilige«, sagte sie.

»Das mit meinem Mann passierte später, im Jahr 1984. Ich war zwei Monate auf einer Dienstreise im Sudan gewesen. Als ich wieder am Flughafen in Bagdad eintraf, rief ich zu Hause an und erkundigte mich nach Fay, die erst ein Jahr alt war. Da erfuhr ich, dass mein Mann gerade von der Geheimpolizei der Armee abgeholt worden war.

Salam leistete seinen obligatorischen Dienst als Soldat im Iranisch-Irakischen Krieg. Eines Tages erhielt er den Befehl, einen Deserteur ins Armeehauptquartier zu bringen. Der Mann war so dumm gewesen, direkt nach Hause zu gehen, in einen Ort namens Qalat Sukar in Umara im Süden, deshalb wurde er schnell gefasst. Danach musste Salam ihn abholen und ins Armeehauptquartier fahren.

Salam ist zwar ein schlechter Ehemann, aber kein gewalttätiger Mensch. Also transportierte er den Deserteur, ohne ihn zu fesseln. Und als Salam an einer roten Ampel hielt, nutzte der Deserteur seine Chance, öffnete die Wagentür, sprang hinaus und verschwand in der Nacht. Wegen dieses Vorfalls drohte Salam nun eine lebenslange Gefängnisstrafe.

Ich wusste mir keinen anderen Rat, als Dr. Fadil anzurufen, und ich erzählte ihm die schreckliche Neuigkeit. Er bat mich, am Flughafen zu warten, und schickte mir einen Wagen und einen Fahrer. Inzwischen war es spät in der Nacht, trotzdem empfing er mich in seinem Büro. Als ich hereinstürzte, fragte er mich nach Salams Einheit bei der Armee. Er drückte einen Knopf auf einer Schalttafel, und schon war er mit Salams Kommandeur verbunden. Dr. Fadil fragte ihn nach dem Vorfall. Dann erkundigte er sich, wohin man Salam gebracht hatte. Er bekam die Auskunft, dass Salam bereits im Gefängnis war. Dr. Fadil befahl dem Kommandeur, alle Anklagen fallen zu lassen, Salam sofort auf freien Fuß zu setzen und ihn binnen einer Stunde sicher nach Hause zu bringen.

Ich erinnere mich an diese Nacht, als wäre sie erst gestern gewesen. Dr. Fadil sah mich mit einem liebenswürdigen Lächeln an. Er neigte den Kopf, kratzte sich an der Schläfe und sagte: ›Machen Sie sich keine Sorgen. Ihr lieber Mann wird bald wieder bei Ihnen sein.‹

Dann verwandelte er sich vor meinen Augen in ein gefühlloses Monster. Er rief den Kommandeur noch einmal an und bellte: ›Erzählen Sie mir was über diesen Deserteur.‹ Der Kommandeur sagte ihm, dass der Mann aus Qalat Sukar stammte. Dr. Fadil telefonierte sofort mit der Geheimpolizei in diesem Bezirk und befahl ihrem dortigen Kommandeur, zum Haus des Soldaten zu gehen und all seine Angehörigen festzunehmen, auch die Kinder. Die Familie sollte so lange in Haft bleiben, bis der Deserteur sich stellte.

Ich war erstaunt, dass ein Mann, der gerade noch etwas Gutes getan hatte, im nächsten Augenblick etwas so Böses tun konnte. Ich erinnere mich, dass ich ihn bat, nicht noch mehr unschuldige Menschen zu verhaften. Doch er erklärte mir mit einem harten Ausdruck im Gesicht, dass mich in dieser Angelegenheit nur Salam etwas angehe.

Deshalb war Salams Rückkehr von quälenden Gedanken überschattet: Ich musste immer an die unschuldige Familie des Deserteurs denken. Aber ich konnte nichts tun. Salam war tatsächlich binnen einer Stunde nach Hause zurückgekehrt; er war überglücklich. Später erfuhr er, dass sich auch der Deserteur noch in derselben Stunde gestellt hatte.«

»Dieser Dr. Fadil war wirklich ein seltsamer Mann«, sagte Samara ungewöhnlich ernst. »Wie konnte er bloß so schnell zwischen gut und böse wechseln?«

»Das ist genau das Rätsel, Samara«, sagte Mayada. »Mich hat er auch zweimal vor dem Gefängnis gerettet. Das erste Mal hatte ich dummerweise eine Fotografie von Khomeini in meinem Schlafzimmer hängen. Sie wurde entdeckt, und mir passierte nur wegen Dr. Fadil nichts. Das zweite Mal war 1985. Ich war verheiratet, Fay war zwei Jahre alt, und ich war mit Ali schwanger. Ich arbeitete bei der Arabischen Arbeitsorganisation und hatte in meiner Naivität keine Ahnung, dass in der Organisation so ziemlich jeder außer mir für den Mukhabarat, den Geheimdienst, arbeitete.

Alle Angestellten waren angewiesen, subversive Bemerkungen zu melden. Einer meiner Kollegen schrieb einen negativen Bericht über mich. Er meinte, ich hätte nicht genug Respekt vor dem Präsidenten und spräche zu frei mit allen Kollegen. Außerdem stand in dem Bericht, dass ich im Gespräch niemals Parolen der Baath-Partei zitiere.

Dies war der Grund, dass ich eines Tages von einem Anruf der Geheimpolizei überrascht wurde. Ein Mann namens Abu Jabbar war am Apparat und befahl mir, noch am selben Morgen in seinem Büro zu erscheinen. Ich hatte keine Ahnung, was der Mann wollte, aber mir schwante nichts

Gutes. Also rief ich Dr. Fadil an und erzählte ihm von der Vorladung. Ihm kam die Sache ebenfalls merkwürdig vor, aber er sagte, ich solle auf jeden Fall hingehen. Inzwischen werde er ein paar Erkundigungen einziehen. Er betonte, dass ich ihn sofort anrufen solle, wenn ich wieder in meiner Wohnung sei.

Ich ging zu der Vorladung, hatte aber keine Angst, weil ich wusste, dass Dr. Fadil seine schützende Hand über mich hielt. Ich wusste, dass er mir zu Hilfe eilen würde, wenn ich ihn nicht in den nächsten paar Stunden anrief.

Als ich Abu Jabbars Büro betrat, stand ich vor einem fetten, glatzköpfigen Mann. Er trug die dicksten Brillengläser, die ich je gesehen hatte, sie vergrößerten seine Augen enorm, und er sah aus wie ein Frosch. Ich spürte sofort, dass Dr. Fadil bereits angerufen hatte, denn Jabbar war nervöser als ich. Bevor der Anruf gekommen war, hatte er bestimmt vorgehabt, mich zu verhaften, aber jetzt wusste er, dass ich eine Gefahr für ihn war. Jabbar wusste nicht, was er tun sollte. Er wollte Dr. Fadil nicht erzürnen und musste nun eine fadenscheinige Ausrede erfinden, warum er eine hochschwangere Frau vorgeladen hatte. Er ging rastlos im Raum hin und her, murmelte unverständliches Zeug und schüttelte mehrfach den Kopf. Ich fragte ihn, was los sei, doch er sagte immer wieder nur: ›Ach nichts, gar nichts.‹ Schließlich meinte er, er habe mich nur zu einer Tasse Kaffee einladen wollen. Ich fühlte mich stark, weil ich Dr. Fadil in meinem Rücken wusste, und sagte: ›Ist Ihnen klar, dass ich vor Angst die ganze Nacht kein Auge zugetan habe und eine Fehlgeburt hätte erleiden können?‹

Abu Jabbar blieb stehen, starrte mich an und sagte: ›Das muss ein Scherz sein. Warum sollten Sie Angst haben? Habe ich Sie irgendwie beleidigt?‹

›Sagen Sie mir, warum Sie mich vorgeladen haben‹, forderte ich hartnäckig. Er stand so unter Druck, dass er laut wurde: ›Es tut mir leid, dass ich Sie vorgeladen habe. Vergessen Sie den Kaffee, gehen Sie jetzt nach Hause, und beruhigen Sie sich.‹

Ich rauschte davon. Zu Hause rief ich Dr. Fadil an. Er erzählte mir, dass ein Kollege über mein Verhalten bei der Arbeit berichtet und mich kritisiert hatte, weil ich nicht die Sprache der Baath-Partei sprach.

Rückblickend wäre es vielleicht klüger gewesen, wenn ich einige ihrer lächerlichen Phrasen wie ›pflanzen und essen‹ oder einen anderen der dummen Sprüche, die meine Kollegen so tiefsinnig fanden, über die Lippen gebracht hätte. Aber jeder solche Satz war meiner Ansicht nach eine Verschwendung von guter Atemluft.

Dr. Fadil erklärte mir, dass bei der Arabischen Arbeitsorganisation alle einander bespitzelten. Er sagte, ich solle meine lose Zunge hüten und mich ganz auf die Arbeit konzentrieren. Ich könne keinem meiner Kollegen trauen. Diese Einsichten vergällten mir meine Arbeit gründlich, aber ich wurde vorsichtiger. Allerdings weigerte ich mich nach wie vor, sozialistische Parolen hinauszuposaunen.

Ach, Samara, Dr. Fadil war einfach immer für uns da.«

»Gott wird die Entscheidung schwerfallen, ob Dr. Fadil in den Himmel kommt oder zur Hölle fährt«, sagte Samara kopfschüttelnd.

»Ja, da hast du recht. Er hat ein paar gute Taten mit einer Serie von Untaten kombiniert. Weißt du noch, wie die Deportationen wegen des Vermerks ›Tabaeya Iraniya‹ begannen? Im Jahr 1980?«

Samara musterte traurig ihre Hände, dann sah sie Mayada wieder ins Gesicht. »Ich hab ein bisschen was mitgekriegt. Es wurden Schiiten deportiert, nicht? Ich hörte davon, aber ich habe niemals erfahren, was passierte oder warum es passierte. Ich hatte Nachbarn, die deportiert wurden. Was war damals los?«

»Als Sunnitin osmanischer Abstammung war ich selbst nicht betroffen«, sagte Mayada, »wenigstens am Anfang nicht. Aber ich erfuhr bald, dass viele Iraker böse Probleme wegen der Bescheinigung ihrer Nationalität bekamen. Das Dokument wurde 1921 eingeführt, als der moderne Irak nach dem Zusammenbruch des Osmanischen Reichs gegründet wurde. Bei der ersten Volkszählung konnten die Iraker erklären, ob sie iranischen oder osmanischen Ursprungs waren. Wenn sie sich für iranisch erklärten, waren ihre Söhne vom Wehrdienst befreit. Viele Familien osmanischen Ursprungs gaben deswegen an, iranischen Ursprungs zu sein. Manchmal wurden sogar in ein und derselben Familie die Söhne für iranisch und die Töchter für osmanisch erklärt. Nach der Revolution im Iran jedoch mussten viele irakische Familien für ihre Entscheidung schwer büßen.

Als Khomeini aus dem Exil zurückkehrte und von den Iranern als Führer begrüßt wurde, beschloss Saddam, alle Iraker zu deportieren, in deren Bescheinigung der Nationalität der Vermerk ›Tabaeya Iraniya‹ stand. Saddam deportierte diese Menschen, obwohl sie hundertprozentige Iraker waren und manchmal schon ihr Ur-Ur-Ur-Großvater Iraker gewesen war.

Ich kenne Fälle, in denen Menschen ohne jede Vorankündigung aus ihrem Haus vertrieben wurden und überhaupt nichts mitnehmen durften. Diese bedauernswerten Leute mussten zu Fuß zur iranischen Grenze marschieren und wurden dort sich selbst überlassen. Wer über die Grenze zurückwollte, wurde erschossen. Ganze Familien wurden so behandelt. Es wurde keine Rücksicht genommen, wenn jemand alt, behindert, krank oder schwanger war. Mütter mit einem Säugling durften nicht einmal ein Fläschchen für das Baby mitnehmen.

Die Iraner unter Khomeini misstrauten den deportierten Irakern nicht weniger als Saddam. Sie befürchteten, dass Saddam eine Menge Spione in den Iran schleusen würde. Nach einiger Zeit jedoch gaben die Iraner nach und bauten ein paar Zeltstädte, in denen sie die mittellosen deportierten Iraker unterbrachten.

Das Seltsamste an der ganzen Sache war, dass kaum jemand registrierte, was sich da abspielte. Saddams Schergen vertrieben heimlich, still und leise eine Familie nach der anderen aus dem Irak. Die Deportation hatte langsam angefangen, aber dann nahm sie immer schlimmere Ausmaße an. 1981 hörte ich erstmals Gerüchte, dass etwas Schreckliches passierte. Und dann wurden erneut Menschen, die ich kannte, Opfer eines schlimmen Verbrechens.

Eines Tages erschien einer der Abteilungsleiter in meinem Büro bei der Arabischen Arbeitsorganisation. Er hatte einen Mann namens Jaweed im Schlepptau, der als Fahrer für die Organisation arbeitete. Jaweed war mit seinen Nerven am Ende. Er erzählte mir, er habe gerade einen Telefonanruf von zu Hause bekommen. Seine Familie habe ihm mitgeteilt, dass gerade ein Lastwagen voller Soldaten durch sein Stadtviertel fahre. Sie überprüften alle Ausweise und verlangten, dass alle Menschen iranischen Ursprungs sofort ihre Häuser räumten. Er selbst wurde aufgefordert, zu seiner Familie nach Hause zu gehen. Sie wurde deportiert. Wohin? Jaweed wusste es nicht.

Wir gingen mit Jaweed zum Generaldirektor der Organisation, aber er sagte, er könne nichts tun. Trotzdem tat Jaweed ihm leid, und er wies die Personalabteilung an, ihm einen Jahreslohn auszuzahlen. Aber der Buchhalter war nicht da, und so ging schließlich der Chef der Personalabteilung bei allen Mitarbeitern herum und bat sie, ihre Taschen für Jaweed zu leeren. Er verließ unsere Büros mit einem Jahresgehalt in der Tasche. Wir haben ihn nie wieder gesehen.

Keine einzige Zeitung berichtete über die Deportationen. Niemand außerhalb des Irak schien überhaupt davon zu wissen.

Dann begann der Krieg, und Saddam wurde es noch wichtiger, alle zu deportieren, die Verbindungen zum Iran hatten. Er betrachtete jeden Iraker mit dem Vermerk ›Tabaeya Iraniya‹ als feindlichen Spion.

Im Dezember 1982 traf die Verfolgung schließlich auch Mitglieder der Familie meines Mannes.

Salam hat drei Brüder und fünf Schwestern. Einmal besuchte ich nach einer Geschäftsreise seine Eltern und traf die ganze Familie bei einem verzweifelten Familienrat an. Salams Schwester Nibal war mit ihren zwei kleinen Söhnen, dem dreijährigen Wissam und dem Säugling Bassam, nach Hause gekommen. Die drei sahen ganz verloren aus, wie Flüchtlinge. Ich fragte, was los sei, da brach Nibal in Tränen aus. Sie erzählte mir, dass ihr Mann Dr. Karim al-Saadi verhaftet worden war.

Dr. Karim war 15 oder 16 Jahre älter als Nibal, doch sie hatte ihn allen anderen Brautwerbern vorgezogen, weil er hochgebildet war und in den USA einen Doktortitel in anorganischer Chemie erworben hatte. Nibal hatte ihrer Familie erklärt, dass ein gebildeter Mann, der mit der Lebensweise im Westen vertraut war, seine Frau bestimmt besser behandeln würde als ein ungebildeter Iraker, der das Land nie verlassen hatte, und ihre Familie hatte der Ehe zugestimmt.

Die Karims wohnten in dem Universitätsviertel Hai Al-Jamia, und an diesem Morgen hatten drei Männer in aller Frühe an der Haustür geklingelt. Sie sagten, sie würden Dr. Karim in Haft nehmen, weil auf seiner Nationalitätenbescheinigung ›Tabaeya Iraniya‹ stehe.

Dr. Karim war genauso wenig iranischer Abstammung wie Saddam Hussein selbst, aber seine Eltern waren jung gestorben, und er hatte vier jüngere Geschwister versorgen müssen. Also hatte er ›Tabaeya Iraniya‹ eingetragen, damit er nicht zum Militär musste. Vor der Revolution im Iran und dem Krieg gegen dieses Land hatten sich die Iraker nichts dabei gedacht, wenn dieser Vermerk in ihre Papiere eingetragen wurde.

Dieser Dr. Karim war der fleißigste Iraker, den ich jemals

kennengelernt habe. Er hatte sein ganzes Leben gearbeitet, nachts studiert und tagsüber Geld verdient, und er hatte so gute Noten, dass er ein Stipendium für Amerika bekam. Dort arbeitete er genauso hart und machte einen Magisterabschluss und erwarb den Doktortitel. Nach seiner Rückkehr in den Irak unterstützte er seine Familie und sorgte dafür, dass seine Geschwister gute Ausbildungen bekamen. Er hatte erstaunlich viel erreicht: Zwei Schwestern hatten Medizin studiert; ein Bruder war Zahnarzt und ein anderer Bauingenieur geworden.

Dr. Karim hatte wegen der Ausbildung seiner Geschwister lange auf Ehe und Familie verzichtet. Und nun, da er endlich verheiratet war, musste er dafür bezahlen, dass er sich vor dem Militärdienst gedrückt hatte.

Nibal berichtete, die Männer, die Dr. Karim verhaftet hätten, seien unnötig brutal gewesen: Sie hatten ihren Mann gezwungen, das Haus im Schlafanzug zu verlassen. Dann befahlen sie auch Nibal und ihren zwei Kindern, das Haus zu räumen. Sie durfte nicht einen einzigen Gegenstand mitnehmen. Sogar den Hausschlüssel nahmen sie ihr ab. Sie hatte einen Schock, als sie mit den zwei Kleinkindern im Arm auf der Straße stand und zusehen musste, wie die Männer ihr Haus abschlossen und die Haustür mit rotem Wachs versiegelten.

Sie hatte schreckliche Angst, dass sie mit ihren Kindern auch verhaftet würde. Doch die Männer sagten nur, sie könne sich bei jedem Gericht von Dr. Karim scheiden lassen, weil er ein Iraner sei.

Dr. Karim widersprach und erklärte, er habe nach dem Tod seiner Eltern lediglich die Papiere geändert, um seine jüngeren Geschwister unterstützen zu können.

Doch den Männern war völlig gleichgültig, was er sagte. Das Letzte, was Nibal von ihm sah, war sein Gesicht hinter dem Autofenster, als er weggefahren wurde. Seine Frau und die Jungen standen wie Flüchtlinge am Straßenrand.

Mir war klar, dass ich etwas unternehmen musste, aber ich war mir nicht sicher, ob ich in dieser Situation wirklich helfen konnte. Mir fiel Dr. Fadil ein, und ich dachte, es könne nichts schaden, ihn anzurufen. Er hatte mich gebeten, ihm ein paar Bücher aus der irakischen Botschaft in Khartum mitzubringen. Und ich hatte ihm außerdem als kleines Geschenk ein paar Ebenholzstatuen gekauft. So hatte ich einen guten Grund, ihn aufzusuchen, um ihm Nibals Lage zu schildern.

Ich rief ihn am folgenden Tag an und teilte ihm mit, dass ich ein paar Mitbringsel für ihn hätte. Er sagte, er werde nach der Arbeit bei uns vorbeikommen.

Gleich nach seiner Ankunft gab ich ihm die Bücher und Geschenke und sagte, ich hätte eine wichtige Angelegenheit mit ihm zu besprechen. Dann erzählte ich ihm die ganze Geschichte: Dass Dr. Karim weder Iraner noch iranischen Ursprungs war. Und dass er nur deshalb in eine schreckliche Lage geraten war, weil er viele Jahre zuvor seine Papiere geändert hatte, um für seine jüngeren Brüder und Schwestern sorgen zu können.

Dr. Fadil blieb ungerührt. Er schüttelte nur den Kopf und murmelte: ›Wirklich dumm. Das hätte er nicht tun sollen.‹

Als er mein unglückliches Gesicht sah, fügte er hinzu: ›Außerdem ist er inzwischen deportiert, und ich kann nichts mehr machen.‹

Aber ich sagte ihm, dass ich eine gute Nachricht hätte. Es war noch nicht zu spät. Nibal hatte erfahren, dass ihr Mann wegen seines Ansehens als Wissenschaftler noch nicht deportiert worden war. Er saß noch immer in Haft.

Dr. Fadil sah überhaupt nicht erfreut aus, als er hörte, dass die Sache noch nicht entschieden war. Er machte eine Pause, dann versprach er, sich über den Fall zu informieren.

Ich rief ihn am folgenden Tag an, und er sagte, er sei zu beschäftigt. Den Tag darauf rief ich wieder an, und er gab mir dieselbe Antwort.

Ich rief ihn jeden Tag an, neun Tage lang. In dieser Zeit wurde Nibal fast verrückt vor Angst. Sie durfte nicht in ihr Haus zurückkehren. Ihre Kinder schrien die ganze Zeit. Inzwischen hatte die Geheimpolizei auch Dr. Karims jüngere Brüder verhaftet. Auch sie sollten deportiert werden, obwohl sie ihren Papieren nach osmanischer Abstammung waren. Dann wurde den Ehemännern von Dr. Karims Schwestern gesagt, sie müssten sich scheiden lassen.

Nibal war Lehrerin an einer weiterführenden Schule. Ihr Direktor erhielt die Nachricht, dass er sie entlassen müsse, wenn sie sich nicht von ihrem Mann scheiden lasse.

Das Leben der gesamten Familie wurde *völlig grundlos* zerstört.

Dr. Fadil wich mir aus. Er kam über eine Woche nicht mehr in unser Haus. Aber ich war hartnäckig. Als ich ihn das zehnte Mal anrief, war seiner Stimme deutlich anzuhören, dass er wegen meiner Aufdringlichkeit verstimmt war. Aber ich sagte, ich riefe nicht wegen Dr. Karim an, da wurde sein Ton freundlicher, und wir plauderten ein paar Minuten. Am Ende des Gesprächs fragte ich ihn: ›Dr. Fadil, wenn ich künftig mal einen Jungen habe, darf er dann an eine irakische Militärakademie?‹ – ›Natürlich, Mayada‹, antwortete Dr. Fadil mit seiner sanften Stimme. ›Warum fragst du das?‹ Ich sagte, ich machte mir Sorgen, dass es den Zukunftsaussichten des Jungen schaden könnte, wenn sein Onkel deportiert würde.

Dr. Fadil sagte lange nichts. Schließlich holte er tief Luft und sagte: ›Ich rufe Sie später zurück.‹

Ich hatte damit gerechnet, dass er sich erst ein paar Tage später wieder melden würde, aber er rief noch vor dem Mittagessen an. Er sprach sehr schnell und sagte: ›Dr. Karim wird binnen einer Stunde freigelassen. Sagen Sie seiner Frau, sie soll ihre Hausschlüssel bei der Geheimpolizei am Empfang abholen.‹

Ich wollte ihm danken, aber er sagte: ›Kommen Sie mir

gegenüber nie mehr auf dieses Thema zu sprechen, Mayada.‹ Dann hängte er auf. Er war wütend auf mich, aber er hatte das Problem gelöst.

Dr. Karim kam wirklich aus dem Gefängnis frei. Ich habe noch nie einen Mann gesehen, der so schnell gealtert war, Samara. Er hatte über 20 Kilogramm Gewicht verloren, seine Haare waren schlohweiß geworden, und er weigerte sich, über seine Haft zu sprechen, weil er von der bloßen Erinnerung Angstzustände bekam.

Dr. Fadil rettete ein paar Menschen aus der Familie meines Mannes, aber Tausende von Irakern sind damals gestorben«, sagte Mayada wütend. »Ohne jeden Grund.«

»Hat Dr. Fadil dich oder deine Mutter jemals gebeten, Leute auszuspionieren?«, fragte Samara neugierig.

»Nein. Mich jedenfalls nicht. Niemals. Ich war irrsinnig mutig damals.« Mayada lächelte. »In meiner Jugend wollte ich gegen jede Ungerechtigkeit kämpfen, weißt du. Immer wenn ich eine tragische Geschichte hörte, rief ich Dr. Fadil an und piesackte ihn so lange, bis er half. Er war sich bewusst, dass ich seine Freundschaft nutzte, um anderen zu helfen, aber niemals bereit gewesen wäre, andere auszuspionieren oder ihnen zu schaden – deshalb war er immer ein bisschen auf der Hut bei mir. Er passte auf, dass er mir nichts wirklich Wichtiges verriet. Aber mit meiner Mutter war das anders.

Wie du weißt, durften die Iraker keine Freundschaften mehr mit ausländischen Diplomaten pflegen, seit Saddam an der Macht war. Aber bei meiner Mutter wurde eine Ausnahme gemacht. Sie war vermutlich die einzige Ausnahme im ganzen Irak. Es war ein sehr ungewöhnliches Arrangement.

Meine Mutter war so kosmopolitisch, dass sie den ausländischen Diplomaten ein sehr positives Bild vom Irak vermittelte. Sie sprach fließend Englisch, Französisch, Italienisch und Türkisch. Und sie war eine so hervorragende

Gastgeberin, dass sie fünfzig Personen bewirten konnte, wenn sie nur eine Stunde vor dem Eintreffen der Gäste informiert wurde. Saddam und Dr. Fadil bewunderten diese Eigenschaften meiner Mutter und ermutigten sie, ihren ausländischen Freunden ein positives Bild vom Irak zu vermitteln.

Doch Dr. Fadil wurde immer überzeugter von der Loyalität meiner Mutter, und eines Tages machte er einen Fehler: Er bat sie, über andere zu berichten. Sie lehnte rundweg ab und sagte, sie sei nie eine Denunziantin gewesen und werde auch nie eine werden. Einmal bat Dr. Fadil sie, eine Wanze in unserer Wohnung zu verstecken, um die ausländischen Diplomaten bei ihren Besuchen abhören zu können, aber meine Mutter reagierte so zornig auf den Vorschlag, dass er das Thema schnell wieder fallen ließ. Meine Mutter war mit Leib und Seele für den *Irak,* aber nicht für seine *Regierung.* Trotzdem fühlte sich Saddams Regierung geschmeichelt, dass Satis Tochter freiwillig unter der Herrschaft der Baath-Partei im Irak lebte. Man wollte sie nicht verärgern, damit der Name al-Husri dem Land erhalten blieb. Dieses Arrangement auf Gegenseitigkeit hatte mehrere positive Auswirkungen. Da Saddam und Dr. Fadil meiner Mutter trauten, konnte sie einmal sogar das Leben einer Engländerin retten.«

Samara krümmte den Rücken, lehnte sich nach vorn und flüsterte aufgeregt: »Eine Britin? Wie das?«

»Na ja, die Geschichte machte internationale Schlagzeilen. Ein Mann wurde hingerichtet, und eine Frau wurde zu einer langen Gefängnisstrafe verurteilt.«

Samara schüttelte den Kopf. »Ich weiß nicht, wovon du sprichst.«

»Du erinnerst dich doch bestimmt an den Fall Bazoft im Jahr 1989? Der britische Journalist Farzad Bazoft, der für die britische Zeitschrift *Observer* arbeitete? Er wurde wegen Spionage für Israel verurteilt, weil er an einem Artikel über eine Explosion in einer Waffenfabrik arbeitete. Er wurde angeklagt, verurteilt und gehängt. Aber viele Leute haben vergessen, dass auch eine unschuldige Frau in die Geschichte verwickelt war.«

Samaras Gesicht hellte sich auf. »Ja, jetzt fällt es mir wieder ein. Es war ein großer Skandal. Kam in allen Zeitungen.«

»Genau. Als die Sache passierte, hatte die irakische Regierung kaum Zweifel an Bazofts Schuld, aber bei der Frau, die ihn zu der Waffenfabrik gefahren hatte, war sie sich nicht so sicher. Sie war eine britische Krankenschwester und hieß Daphne Parish. In jener Zeit war meine Mutter gut mit der Frau des britischen Botschafters Terence Clark befreundet, und bei den Gesprächen mit ihr wurde meiner Mutter klar, dass Daphne Parish völlig unschuldig war. Die Krankenschwester kannte sich im Irak gut aus und hatte Bazoft einfach angeboten, ihn zu fahren. Mutter wusste, dass Saddam schrecklich wütend über den Vorfall war und der Mann wahrscheinlich gehängt werden würde. Sie machte sich Sorgen, dass Saddam auch die Frau hängen lassen könnte. Also rief sie Dr. Fadil an. Sie erzählte ihm zum ersten Mal von ihren persönlichen Gesprächen mit Liz Clark und bat ihn inständig, die Krankenschwester zu retten. Dr. Fadil glaubte ihr, und nach einer Vielzahl von Besprechungen, in denen die Gespräche zwischen meiner Mutter und Liz Clark eine große Rolle spielten, beschloss die Regierung, Daphne Parish nur mit Gefängnis und nicht mit dem Tod zu bestrafen. Diese Entscheidung ließ Saddam und seinen Richtern die Möglichkeit, die Krankenschwester zu einem späteren Zeitpunkt zu begnadigen.

So kam es, dass Daphne Parish nur 15 Jahre Gefängnis erhielt, während Bazoft für schuldig befunden und im März 1990 hingerichtet wurde. Bei der folgenden Untersuchung stellte sich tatsächlich heraus, dass Miss Parish unschuldig war, genau wie meine Mutter gesagt hatte. Im Juli 1990 wurde das Urteil auf sechs Monate reduziert, und sie durfte das Land verlassen.

Mutter war schockiert, als Saddam ihr ein wunderschönes zweistöckiges Haus schenkte, weil sie seine Regierung auf ihre Gespräche mit der Frau des britischen Botschafters aufmerksam gemacht hatte. Es stand in der vornehmen Wohngegend Al-Sullaikh, von der man einen herrlichen Blick auf den Tigris hat. Als meine Mutter den Irak für immer verließ, übergab sie mir die Papiere, die sie als Besitzerin des Hauses auswiesen, und ich bot es zum Verkauf an. Bevor der Makler es verkaufte, fragte er mich, ob ich die früheren Besitzer des Hauses kennen würde. Ich kannte sie nicht. Er erzählte, das Haus habe einer Familie von ›Tabaeya Iraniyas‹ gehört. Die ganze Familie sei mitten in der Nacht abgeholt worden, und alle seien in der Haft umgekommen, noch bevor sie deportiert werden konnten.

Ich rannte nach Hause, rief meine Mutter in England an und erklärte ihr, so gut ich konnte, was mit den früheren Besitzern des Hauses geschehen war. Meine Mutter ist nicht besonders religiös, aber sie hat strenge moralische Grundsätze. Sie sagte, dass sie von einem solchen Geschenk nicht profitieren wolle und sich nun fühle, als halte sie eine glühende Kohle in der Hand. Sie bat mich, nach Angehörigen der Familie zu suchen. Ich versuchte es, aber ich fand keinen einzigen.

Nach ein paar Wochen sagte ich meiner Mutter, dass ich keine Angehörigen hatte ausfindig machen können. Da wies sie mich an, das Haus zu verkaufen und den Erlös für die Armen zu spenden. Eine solche Gabe werde die Seelen der rechtmäßigen Besitzer ehren, denen man ihr Haus und ihr Leben genommen habe. Ich tat wie geheißen und verteilte das Geld aus dem Verkauf des Hauses an die ärmsten Menschen, die ich kannte.«

»Das ist eine schöne Geschichte«, sagte Samara leise, ergriff Mayadas Hand und drückte sie fest.

»Wir sind keine Familie, die sich was auch immer auf solche Weise aneignet«, sagte Mayada.

»Erzähl mir noch einmal von Dr. Fadil«, sagte Samara. »Ich glaube, ich habe gehört, dass Saddam ihn töten ließ.«

»Ja, das stimmt. Und das war der Anfang von allem Unglück, zumindest für mich. 1989 wurde alles anders. Meine Mutter zog nach England. Dr. Fadil wurde vom Geheimdienst in den Palast versetzt, wo er ein Berater Saddams wurde. Ich weiß noch, wie ich ihn das letzte Mal sah: Er kam in unser Haus, um sich von meiner Mutter zu verabschieden, und er sprach über seine neue Aufgabe im Palast. Er sagte zu meiner Mutter, er fühle sich, als sei er schon pensioniert, seine Arbeit habe keinen rechten Sinn.« Mayada spähte an Samaras Schulter vorbei. »Da ich weiß, was ich weiß, hätte ich gerne gewusst, was er an seinem alten Job so vermisste.«

»Wir werden niemals alles über seine Taten erfahren, Mayada«, sagte Samara. »Aber es reicht zu wissen, dass er auch manches Gute tat. Und jetzt zurück zu deiner Geschichte: Dr. Fadil verabschiedete sich also von deiner Mutter.«

»Ja, und sie war so glücklich, dass sie den Irak verlassen konnte. Das überraschte mich, aber Saddams Regierung warf inzwischen einen großen Schatten auf unser aller Leben.« Mutter freute sich darauf, in London oder Beirut, ihren Lieblingsstädten, zu leben. Ich selbst hoffte einfach, dass alles gut werden würde. Ich war endlich von Salam geschieden. Der Krieg gegen den Iran war zu Ende. Die Iraker konnten wieder frei reisen, also würde ich meine Mutter in England besuchen können, wann immer ich wollte. Dr. Fadil hatte immer noch eine machtvolle Position im Palast. Das dachte ich jedenfalls.«

Mayada rückte ein wenig näher an Samara heran und wählte ihre Worte sorgfältig.

»Dann, eines Tages, verschwand Dr. Fadil einfach. Ich rief

bei ihm zu Hause an. Es war belegt. Ich rief immer wieder an. Tagelang bekam ich nur das Belegtzeichen. Dann rief ich seine Schwägerin Fatin an. Keine Antwort. In Bagdad verbreitete sich das Gerücht, Dr. Fadil sei verhaftet worden. Seine ganze Familie war verschwunden, selbst seine wunderschöne Frau Jinan und ihre fünf Kinder. Es war, als wäre er mit seiner ganzen Familie auf den Mond verfrachtet worden.« Mayada machte eine Pause. »Über ein Jahr habe ich nicht das Geringste von ihnen gehört. Doch im Lauf der folgenden Jahre setzte ich langsam das Puzzle über Dr. Fadil al-Barraks Verschwinden zusammen.

Im Juni 1991, als der erste Golfkrieg vorüber war, kaufte meine Mutter ein Haus in Amman. Sie lud mich und meine Kinder zu einem Besuch ein, und wir nahmen die Buslinie für Geschäftsleute, die sehr viel besser ist als die normalen Buslinien.

Der Bus war voller Menschen, aber mir fiel eine Frau besonders auf: eine ältere Dame in schwarzen Kleidern, die eine große Würde ausstrahlte. Ihre Haut war schneeweiß im Vergleich zu ihrer schwarzen Kleidung. Und sie schien mir ein ganz besonderer Mensch zu sein.

Doch ich sprach sie nicht an. Nachdem wir die Grenze passiert hatten, schliefen Fay und Ali ein, und ich dachte über unser Leben nach und überlegte, was wir als Nächstes tun sollten. Der Busfahrer ließ eine Kassette mit einem sehr alten irakischen Lied laufen, einer traurigen Melodie über eine Mutter, die ihren Sohn verloren hat. Da bedeckte die alte Dame ihr Gesicht mit ihrem Schal und begann leise zu weinen. Sie wirkte so schmerzerfüllt, dass auch mir bei dem Anblick die Tränen kamen.

Ich wollte ihr irgendwie helfen, also bot ich ihr eine Tasse Wasser an. Sie trank ein bisschen, aber ihre Tränen flossen weiter. Schließlich bat sie den Fahrer, den Kassettenrekorder abzustellen. Ich vermutete, dass sie einen Sohn verloren hatte, und fragte sie, was mit ihr los sei.

Wir waren nicht mehr im Irak, also fühlte sie sich sicher und schüttete mir ihr Herz aus. Sie sagte, sie habe einen wundervollen Sohn namens Sabah gehabt, der seine alte Mutter hoch verehrt habe. Er sei zwei Jahre in Al-Hakimiya inhaftiert gewesen, einem überaus gefürchteten Gefängnis. Vor zwei Wochen hätten die Behörden sie informiert, dass ihr Sohn endlich entlassen werde und sie ihn abholen und mit nach Hause nehmen könne. Sie befahlen ihr, eine Musikkapelle mitzubringen, damit ihr Sohn seine Heimkehr feiern könne. Die Frau war außer sich vor Freude. Sie engagierte eine Band und wartete wie geheißen vor dem Gefängnis, um ihren Sohn mit nach Hause zu nehmen.

Stell dir vor, wie entsetzt sie war, als ihr Sohn nicht lebendig durch das Gefängnistor trat, sondern in einem Sarg herausgebracht wurde. Nach diesem Erlebnis wollte die Frau nicht mehr im Irak leben, und sie beschloss, für einige Zeit nach Amman zu ziehen.

Gleich darauf sprach sie den vollständigen Namen ihres Sohnes aus: Sabah al-Ani. Ich war sprachlos vor Verblüffung. Al-Ani war Dr. Fadils bester Freund gewesen. ›Wissen Sie etwas über Dr. Fadils Schicksal?‹, stieß ich, ohne nachzudenken, hervor.

Umm Sabah (die Mutter von Sabah) wurde sofort kalt und distanziert.

›Und wer sind *Sie*?‹, fragte sie mich.

Ich sagte ihr, meine Mutter Salwa al-Husri sei mit Dr. Fadil gut befreundet gewesen, und meine Familie habe nach seinem Verschwinden verzweifelt nach ihm gesucht. ›Wir wussten damals nicht, dass auch ihr Sohn verhaftet worden ist‹, fügte ich hinzu.

Nach diesen Worten brach die alte Frau erneut in Tränen aus. Sie erzählte mir, Dr. Fadil sei zusammen mit ihrem Sohn getötet worden.

Nach meiner Ankunft in Amman suchte ich sofort meine Mutter auf und erzählte ihr die Geschichte. Sie sagte, sie habe den früheren ägyptischen Botschafter im Irak getroffen, und er habe ihr weitere Einzelheiten erzählt. Er hatte offenbar glaubwürdige Informationen, dass Dr. Fadil fälschlich der Spionage, des Hochverrats und vieler anderer schwerer Verbrechen beschuldigt worden war. Ein hochgestellter Mann in Saddams Umgebung hatte ihn aus dem Weg räumen wollen. Er hatte seine Verbindungen spielen lassen und in Dr. Fadils Namen ein Schweizer Bankkonto eröffnet. Dann hatte er Saddam erzählt, dass Dr. Fadil als Spion für die Deutschen arbeite und diese ihm eine große Geldsumme gezahlt hätten. Meiner Mutter und mir war klar, dass dies alles erfunden war, denn wir wussten, dass Fadil al-Barrak den Irak mehr liebte als sein eigenes Leben. Saddam jedoch war so paranoid, dass Dr. Fadil rettungslos verloren war, als der Diktator von dem Schweizer Bankkonto erfuhr.

Damals wussten wir sehr wenig über Dr. Fadils Festnahme und die Umstände seiner Haft. Details erfuhren wir erst später.

Nach meiner Rückkehr nach Bagdad fand ich ein weiteres Stück des Puzzles: Hinter unserem Haus in Bagdad befindet sich eine Kunstgalerie. Eines Tages klingelte es, und der Besitzer der Kunstgalerie stand vor meiner Tür. Er fragte mich, ob ich ihm die beiden riesigen Bäume in unserem Garten verkaufen wollte. Ich sagte Nein, weil meine Mutter die Bäume sehr mochte. Dann fragte er, ob er in den Garten kommen und sich die Bäume anschauen dürfe. Ali, damals noch ein kleines Kind, sagte mir, er kenne den Mann, weil sein bester Freund direkt neben der Kunstgalerie wohne. Also bat ich den Galeristen zu einer Tasse Kaffee herein.

Wir saßen im Garten, schauten die Bäume an und plauderten miteinander. Er berichtete, er habe Jura studiert und sei Mitglied des Mukhabarat geworden. Da fragte ich hastig, ob er wisse, was aus Dr. Fadil geworden sei. Der Mann hoffte wohl, dass ich ihm die Bäume doch noch verkaufen würde. Deshalb war er sehr entgegenkommend und vertraute mir an, dass Dr. Fadil wirklich schwerer Verbrechen, wie zum Beispiel der Spionage, beschuldigt worden war. Er sagte mir, Dr. Fadil sei über ein Jahr in Al-Hakimiya inhaftiert gewesen, genau wie Sabah al-Anis Mutter mir auf der Busfahrt erzählt hatte.

Ich war wirklich traurig, Samara, als der Mann mir erzählte, der liebste Zeitvertreib der jungen Aufseher in der Haftanstalt sei es gewesen, Dr. Fadil zu quälen, ihn zu treten, an den Haaren zu reißen oder an den Ohren zu ziehen. Er sagte, einige der Männer hätten es zu ihrem täglichen Ritual gemacht, Dr. Fadil ins Gesicht zu spucken.

Mich ergriff eine große Traurigkeit, als ich das hörte. Ich saß in meinem Garten und dachte an den Menschen Dr. Fadil, an den Mann, der immer ein Lächeln auf den Lippen gehabt und so gern von der Größe des Irak gesprochen hatte. Ich erinnerte mich an Dr. Fadil als Vater, der seine kleine Tochter in seinen Armen anstrahlte, während sie ihn in die Finger biss. Ich hatte ihn vor allem als einen liebenswerten Menschen in Erinnerung, als einen Mann, der seine Frau und seine Kinder liebte und der mir immer geholfen hatte, wenn ich versuchte, ein Unrecht wiedergutzumachen. Und doch hörte ich später, dass Dr. Fadil sich gebrüstet habe, Tausende von Schiiten getötet zu haben, die der Hizb Al-Dawa Al Islamiya (Islamische Sammlungspartei) angehört hätten.

1993 fand ich ein weiteres Teil des Puzzles über Dr. Fadils Schicksal:

Ein gewisser Usama al-Tikriti kam in mein Büro in Bagdad und erkundigte sich nach meiner Mutter. Ich wusste, dass sie nicht vorhatte, in den Irak zurückzukehren, aber das sagte ich ihm nicht. Er sagte, sie werde gebraucht, um an der Hochschule für Nationale Sicherheit zu unterrichten. Ich versicherte ihm, dass ich seine Bitte an meine Mutter weiterleiten würde. Dann plauderten wir ein wenig und kamen auf Dr. Fadil zu sprechen, da der Mann einer von Dr.

Fadils Beratern gewesen war. Er bedauerte sehr, was geschehen war. Wie er mir erzählte, wurde Dr. Fadil nach seiner Verhaftung so lange gefoltert, bis er jedes noch so absurde Verbrechen gegen Saddam gestand. Die Geständnisse wurden auf Band aufgenommen. Später legten die Folterknechte Dr. Fadil eine Hundeleine an, setzten ihn auf die Ladefläche eines Lieferwagens und fuhren ihn zu seinem Stamm in Tikrit. Dort wurde sein Geständnis vor dem Ältestenrat verlesen, und die Ältesten verkündeten einstimmig, sie würden ihn auf der Stelle töten, wenn die Regierung dies verlange. Doch Saddam war mit seinem früheren Geheimdienstchef noch nicht fertig. Dr. Fadil wurde zurück ins Gefängnis gebracht und weiter gefoltert.

Erst im Sommer 1994 oder 1995 erhielt ich die letzten Informationen über Dr. Fadils Ende, als ich meine Mutter wieder in Amman besuchte. Sie hatte zahlreiche Freunde zum Mittagessen eingeladen, und ich hatte mich bereit erklärt, all meine besonderen Leckerbissen zu kochen. Ich hatte eine Reihe von Salaten vorbereitet, dazu gekochtes Gemüse mit einer Füllung aus Reis und Fleisch sowie Braten, Teigwaren, Auberginen mit einer Tomaten-Hackfleisch-Soße, Käse und Biryani (scharf gewürzten Reis mit Huhn und Nüssen). Als Nachtisch machte ich eine Schwarzwälder Kirschtorte und Mahalabi (Milchpudding). Außerdem servierte ich frisches Obst und Tee.

Alle aßen nach Herzenslust und ließen es sich gut gehen. Nur ein Mann fiel mir auf, weil er schweigsam und zurückgezogen wirkte und ein unglaublich trauriges Gesicht hatte. Er hieß Dr. Mohammed. Nachdem die Gäste ihren Tee getrunken hatten, gingen fast alle in den Fernsehraum und sahen sich die Nachrichten an. Nur Dr. Mohammed blieb zurück und half mir Geschirr abräumen.

Es war ein glühend heißer Tag, aber Dr. Mohammed trug trotzdem ein langärmeliges Hemd. Als er den Arm ausstreckte, um einen Stapel Teller vom Tisch zu nehmen, schob sich der Ärmel zurück, und ich sah eine tiefe, rote Narbe an seinem Handgelenk.

Meine Neugier war geweckt, und ich fragte den Mann nach seinem medizinischen Spezialgebiet. Er sei Chirurg, sagte er. Wir fassten allmählich Vertrauen zueinander, und schließlich erzählte er mir seine Geschichte.

Dr. Mohammeds Vater war ein hochrangiger Offizier im Irakisch-Iranischen Krieg. Er war ein gerechter Mann und sehr beliebt bei seinen Soldaten. Aber gerade wegen seiner großen Beliebtheit bei den Soldaten war er vielen Generälen verhasst. Er wurde beschuldigt, zu weich gegenüber seinen Soldaten zu sein, zu zögerlich bei den Angriffen auf die Iraner. Und er wurde außerdem beschuldigt, an einer Verschwörung gegen Saddam beteiligt zu sein, eine frei erfundene Beschuldigung, die immer vorgebracht wurde, wenn die Leute in Saddams Umgebung jemanden loswerden wollten. Trotzdem ließ Saddam Dr. Mohammeds Vater verhaften.

Da Dr. Mohammeds Vater in Haft war, verwanzte der Mukhabarat heimlich sein Haus, eine Maßnahme, die auch den Rest der Familie ins Unglück stürzen sollte.

Es war 1988, der Krieg gegen den Iran tobte noch, und Dr. Mohammed und seine Frau sahen sich im Fernsehen einen Bericht über Saddam und seine Familie an. Saddam hatte seine Frau Sajida und seine jüngste Tochter Hala in seinem Palast in Tikrit besucht, als eine iranische Scud-Rakete in dem Palast einschlug. Der Palast war schwer beschädigt, aber die Familie kam mit dem Leben davon. Saddam war offensichtlich sehr aufgewühlt. Er küsste seine Frau auf die Wange, und, wie du weißt, küsst ein Araber seine Frau niemals in der Öffentlichkeit, ganz gleich, was passiert.

Der junge Arzt sah seine Mutter an, als die Szene im Fernsehen kam, und sagte beiläufig: ›Er sollte sich eigentlich nicht so gehen lassen und seine Frau in der Öffentlichkeit küssen.‹

Zwei Tage später stand der Mukhabarat vor der Tür. Der Arzt und seine Mutter wurden verhaftet und ins Al-Hakimiya-Gefängnis gebracht. Der Arzt wurde mit seiner Mutter in eine kleine Zelle gesteckt. Dann holten die Gefängnisaufseher ihn jeden Tag zur Folter. Er sagte mir, die Folter sei unerträglich gewesen. Er musste im Wasser stehen, während sie ihn mit Stromstößen traktierten. Sie rissen ihm die Fingernägel aus und verabreichten ihm Stromstöße ins rohe Fleisch. Dies geschah jeden Tag. Dr. Mohammed erzählte mir, dass es während seiner jahrelangen Haft keinen Tag ohne Folter gegeben hatte. Wenn die tägliche Tortur vorbei war, wurde er mehr tot als lebendig wieder zu seiner Mutter in die Zelle geworfen. Ihr Wehklagen brachte ihn wieder zu sich und hielt ihn am Leben – für sie.

Dr. Mohammed und seine Mutter waren diesen Grausamkeiten mehrere Jahre lang ausgesetzt.

Wie er mir sagte, war eine der schlimmsten Qualen das *Warten* auf die Folter. Die Aufseher in Al-Hakimiya hatten eine besonders grausame Gewohnheit: Sie versammelten jeden Morgen alle Gefangenen, die sie an diesem Tag foltern wollten, und fesselten sie mit Handschellen an ein langes Metallrohr, das sich wie ein Geländer den Gefängniskorridor entlangzog. Jeder Gefangene konnte nur den Rücken des vor ihm stehenden Gefangenen sehen. Manchmal mussten die Häftlinge acht bis zehn Stunden warten, bis sie mit der Folter an die Reihe kamen.

Eines Tages drehte Dr. Mohammed durch und wurde hysterisch. Er war schon über acht Stunden an das Rohr gefesselt und hatte die ganze Zeit kein Wasser bekommen. Er schrie, er sei Arzt und der Sohn eines Armeekommandeurs, und niemand habe das Recht, Menschen so zu behandeln. Ein Folterknecht namens Abu Faisal versetzte Dr. Mohammed zahlreiche Fußtritte und schrie: ›Ein Stück Scheiße bist du, weiter nichts.‹ Dann rannte der Aufseher nach vorn und holte einen anderen Gefangenen aus der Reihe. Er schleppte ihn zu dem jungen Arzt und kreischte: ›Meinst du, du bist zu gut für die Folter? Weißt du, wer das ist?‹ Der Aufseher riss den gesenkten Kopf des Gefangenen an den Haaren nach oben. Das Gesicht des Gefangenen war von Schlägen so geschwollen, dass er kaum mehr aus den Augen blicken konnte. Der junge Arzt wurde fast bewusstlos, als er Dr. Fadil al-Barrak erkannte, von dem er wusste, dass er eine der höchsten Positionen in der Regierung innegehabt hatte.

Von da an wusste er, dass kein Iraker mehr sicher war. Nachdem er Dr. Fadils Gesicht gesehen hatte, verlor er jede Hoffnung. Er sagte, er habe keinen weiteren Tag in dem Gefängnis ertragen können und Selbstmord begehen wollen. Als er nach der Folter wieder in seine Zelle geworfen wurde, wartete er, bis seine Mutter schlief. Dann begann er sein rechtes Handgelenk aufzubeißen, um sich die Pulsader zu öffnen. So war die Narbe entstanden, die ich gesehen hatte.

Dr. Mohammed hatte wirklich sterben wollen. Als ihn die Aufseher am folgenden Tag zur Folter abholen wollten, war er fast tot. Sie brachten ihn in das Gefängniskrankenhaus und retteten ihn. Kurz darauf fand sein Prozess statt, und er erhielt eine Gefängnisstrafe von 20 Jahren, weil er verächtlich über Saddam gesprochen hatte. Seine Mutter erhielt dieselbe Strafe, weil sie *gehört* hatte, was ihr Sohn über Saddam gesagt hatte. Zum Glück wurde sie wenig später begnadigt.

Dr. Mohammeds Vater war inzwischen hingerichtet worden. Einer seiner Freunde, General al-Dulaimi, besuchte Dr. Mohammeds Mutter und sprach ihr sein Beileid aus. Als er erfuhr, dass ihr Sohn noch im Gefängnis saß, erzählte er ihr von einem bestimmten Gefängnisaufseher, der über eine bekannte Zigeunertänzerin namens Dollarat (Dollars) Bestechungsgelder annahm. Der Kontakt wurde sofort hergestellt, und der Gefängnisaufseher verhalf Dr. Mohammed für 5000 Dollar zur Flucht.

Dr. Mohammed wurde in einem Leichensack aus dem Gefängnis geschmuggelt. Er überquerte mithilfe von Schmugglern die syrische Grenze und traf sich dort mit ein paar irakischen Offizieren, die desertiert waren. Sie brachten ihn nach Amman.

So kam es, dass ich von Dr. Mohammed die dritte Bestätigung für Dr. Fadils Verhaftung, Gefangenschaft und Folter erhielt. Ich weiß nicht, wann genau Dr. Fadil hingerichtet wurde, nur dass er eines schrecklichen Todes starb. Eine letzte Demütigung kam nach seinem Tod: Seine wunderschöne Frau Jinan wurde gezwungen, Saddams Halbbruder Barzan zu heiraten. Barzan war mit der Schwester von Saddams Frau Sajida verheiratet gewesen. Aber als sie 1998 an Krebs starb, zögerte er nicht lange und nahm die schöne Jinan zur Frau.«

Samara öffnete den Mund, um etwas zu sagen, aber in diesem Moment flog die Zellentür auf. Mayada hörte einen dumpfen Aufprall und spähte an Samaras Schulter vorbei.

Sara lag zusammengekrümmt mit dem Gesicht nach unten auf dem Boden. Obwohl sie beide erst kurz zuvor gefoltert worden waren, standen Samara und Mayada sofort auf und scharten sich mit den anderen Schattenfrauen um Sara.

Iman drehte Sara vorsichtig auf den Rücken. Aus Saras Mund quoll Rauch.

Mayada schreckte zurück und schnappte nach Luft. »Was ist das für ein Rauch?«

»Haben sie sie innerlich verbrannt?«, schrie Muna.

Samara schüttelte den Kopf. »Ich glaube, diesmal haben sie das arme Kind getötet.«

»Was sollen wir tun?«, fragte Dr. Sabah Samara.

Samara untersuchte Saras Körper. Ihr Kleid war vorne aufgerissen. »Schaut euch das an! Sie haben die Elektroden an vielen verschiedenen Stellen angelegt.«

Mayada musterte Saras Körper. Die typischen Brandwunden waren an ihren Ohren und Lippen, an den Brustwarzen, an den Handgelenken und an den Knöcheln. Mayada dachte daran, wie schrecklich die Krämpfe und Schmerzen gewesen waren, als man ihr nur durch eine Zehe und ein Ohr Stromstöße gejagt hatte. Sie hatte Zweifel, dass Sara die Schmerzen dieses Verhörs überleben würde.

Samara gab kurze und klare Anweisungen. »Sie raucht innerlich. Wir müssen sie abkühlen. Bringen wir sie zur Dusche.«

Nach Samaras genauen Anweisungen hoben Dr. Sabah, Muna und Aliya die junge Frau vom Boden auf und brachten sie zu dem einzelnen Duschkopf hinüber, der neben der Toilette angebracht war.

»Nehmt nur kaltes Wasser«, sagte Samara.

Die Frauen hielten Sara aufrecht und besprühten ihr Gesicht und ihren Körper mit dem kalten Wasser. Aus Schamgefühl hatten sie ihr das Kleid nicht ausgezogen, aber es war vorne weit aufgerissen.

Unter der Dusche erwachte Sara aus der Bewusstlosigkeit. Sie öffnete die Augen und musterte die Gesichter um sich herum, bis ihr dämmerte, wo sie war und was geschehen war. Als sie wieder ganz bei sich war, brach sie in ein herzzerreißendes Schluchzen aus und schrie jämmerlich nach ihrem Vater und ihrer Mutter: »*Youma! (Mama) Yabba! (Vater) Kommt und seht, was eurer Tochter passiert ist! Youma! Yabba!*« Sie schlug sich mit der rechten Hand auf Gesicht und Körper. »*Youma! Yabba! Helft eurer armen Tochter! Rettet eure arme Tochter!*« Sie schluchzte so sehr, dass sie sich zusammenkrümmte. »*Youma, Youma, hilf mir! Hilf mir!*«

Mayada wusste sich nicht anders zu helfen, als Verse aus der Fatiha (Öffnung) des Korans zu rezitieren, tröstliche Verse, von denen sie hoffte, dass sie die junge Frau beruhigen würden: »Im Namen Allahs, des Gnädigen, des Barmherzigen. Aller Preis gehört Allah, dem Herrn der Welten, dem Gnädigen, dem Barmherzigen. Dem Meister des Gerichtstages. Dir allein dienen wir, und zu dir allein flehen wir um Hilfe. Führe uns auf den geraden Weg, den Weg derer, denen du Gnade erwiesen hast, die nicht dein Missfallen erregt haben und die nicht irregegangen sind.«

Sara weinte immer noch und rief weiter nach ihrer Mutter und ihrem Vater, obwohl dieser seit vielen Jahren tot war.

Alle Schattenfrauen weinten mit Sara, der jungen, unschuldigen, unverheirateten Frau, die ihre Eltern nicht schützen konnten. Das gemeinsame Schluchzen schwoll zu einem gewaltigen Wehklagen an, das selbst das härteste Herz erweicht hätte.

Samara fand als Erste die Fassung wieder und befahl den anderen Schattenfrauen, Sara ins Bett zu bringen. Die junge Frau wurde sanft mit einer weichen, leichten Decke zugedeckt. Die Schattenfrauen wechselten sich in der Aufgabe ab, ihr Gesicht und Stirn mit einem feuchten Tuch abzutupfen.

»Das ist wirklich die traurigste Geschichte der Welt«, sagte Samara zu Mayada.

Sara hatte nur wenig gesprochen, seit Mayada in die Zeile gebracht worden war, und Mayada wusste wenig über ihr Leben oder den Grund für ihre Verhaftung. »Warum ist diese junge Frau hier?«, fragte sie leise.

»Sara kommt aus einer bürgerlichen Familie«, antwortete Samara. »Ihr Vater starb, als sie erst acht Jahre alt war, aber ihre Mutter hatte einen guten Beruf als Agraringenieurin. Sie widmete Sara und ihren jüngeren Brüdern Hadi und Adel ihr ganzes Leben. Sie weigerte sich, wieder zu heiraten, und blieb mit ihren drei Kindern allein.«

Auch Mayadas Familie hatte nach ihrer Scheidung und dem Wegzug ihrer Mutter nur noch aus ihr selbst und ihren Kindern bestanden. Sie und Fay und Ali hatten einander oft im Scherz die drei Musketiere genannt. Deshalb verstand sie genau, wie nahe die Kinder ihrer Mutter gestanden hatten.

Samara erzählte ihr mehr über Sara: »Ihre Mutter hat sich

völlig aufgeopfert für ihre Kinder. Sie hatte große Pläne für sie. Sie besaß ein Stück Land, das sie von ihrem Mann geerbt hatte, und sie versprach ihren Kindern, es zu verkaufen, wenn sie mit ihrer Ausbildung fertig wären. Dann wollte sie allen helfen, sich eine Existenz aufzubauen.

Aber letztes Jahr kam die Katastrophe. Sara studierte im letzten Jahr Pharmazie und träumte davon, eine eigene Apotheke aufzumachen. Ihre beiden Brüder hatten mit dem Medizinstudium begonnen. Eines Tages kam Hadi ohne seinen Bruder von der medizinischen Fakultät nach Hause und berichtete unter Tränen, dass Adel von Geheimpolizisten abgeholt worden sei. Hadi hatte gesehen, wie die Beamten seinen Bruder mitnahmen, und war ihnen nachgeeilt und hatte sie zur Rede gestellt. Einer der Geheimpolizisten sagte, sie würden Adel zu einem Verhör mitnehmen, aber er werde in ein paar Stunden wieder zurückkehren. Adel hatte einen vertrauensseligen Charakter. Er war wahnsinnig gutgläubig und sagte zu Hadi, er solle sich keine Sorgen machen, wahrscheinlich sei er bis zum Abendessen wieder daheim. Hadi jedoch sah die Welt kritischer und glaubte den Männern kein Wort. Er machte einen großen Aufruhr in der Eingangshalle der Universität und schrie, so laut er konnte, dass die Beamten seinen Bruder nicht mitnehmen dürften. Da packte ihn einer der Geheimdienstleute so fest am Handgelenk, dass es fast brach, und zischte: ›Kümm're dich um deinen eignen Dreck, du Sohn einer Hure, sonst machen wir dich gleich hier fertig.‹

Die folgenden Tage waren ein Albtraum. Seine Mutter und seine Geschwister suchten in allen Gefängnissen nach Adel, aber sie fanden ihn nicht.

In der folgenden Woche klingelte es eines Nachts zu später Stunde. Es war schon nach Mitternacht, und alle waren im Bett. Hadi rannte zur Tür in der Hoffnung, dass sein Bruder endlich zurückkehren würde. Aber es waren dieselben drei Geheimpolizisten, die ihn verhaftet hatten.

Sie schoben Hadi zur Seite, stampften ins Haus und befahlen Sara und ihrer Mutter, in der Küche zu bleiben. Dann zwangen sie Hadi, sie in sein Zimmer zu führen. Sara und ihre Mutter hörten lautes Krachen und Bersten. Sie liefen hinaus, um nachzusehen, und sahen gerade noch, wie Geheimpolizisten hastig aus dem Haus rannten.

Sara und ihre Mutter hasteten in Hadis Zimmer. Alle Möbel waren zertrümmert, als ob jemand etwas Bestimmtes gesucht hätte. Hadi lag auf dem Boden zwischen Bett und Wand. Er war ermordet worden.

Natürlich waren Sara und ihre Mutter außer sich vor Schmerz. Sie hatten in einer Woche ihre Geschwister und ihre Söhne verloren.

Nach der traditionellen siebentägigen Trauerzeit hatte Sara Angst, das Haus zu verlassen und wieder an die Uni zu gehen. Aber ihre Mutter bestand darauf. Sara hatte Albträume, dass die Mörder ihrer Brüder auch sie holen könnten.

Weil ihre Mutter nicht nachgab, ging sie wieder an die Universität, und ihr Albtraum wurde wahr. Es dauerte keine Woche, bis die Geheimdienstbeamten sie abholten. Sara durfte nicht einmal bei ihrer Mutter anrufen, als sie verhaftet und nach Baladiyat gebracht wurde. Seitdem ist sie hier und wird jeden Tag gefoltert. Bei den Verhören hat sie erfahren, dass ein anonymer Denunziant Adel beschuldigt hat, an einer Verschwörung gegen Saddam beteiligt zu sein. Die Geheimpolizisten glauben, Sara könnte die Namen anderer Verschwörer wissen. Aber es hat natürlich nie eine Verschwörung gegeben. Ihre Brüder hatten mit ihrem Medizinstudium so viel zu tun, dass sie keine Zeit für solche Dinge hatten.«

Sara hörte offensichtlich, was Samara erzählte, denn ihr Schluchzen wurde wieder heftiger. »Youma! Yabba! Bitte helft eurer Tochter«, schrie sie. »Ich halte es nicht mehr aus! Ich halte es nicht mehr aus!«

Dann wurde sie von Muna unterbrochen. Sie kam auf eine weitere Schattenfrau zu sprechen, deren Schicksal Mayada noch nicht kannte. »Samara, ich mache mir Sorgen um Safana. Sie ist schon viel zu lange weg.«

»Zelle 52 scheint heute eine Drehtür zu haben«, sagte Samara und sah Mayada sehr besorgt an.

Saras Schluchzen erfüllte den Raum. Die Schattenfrauen scharten sich um sie, zwei hielten ihre Hände, andere weinten leise mit ihr.

Mayada saß da und starrte an die Decke. Sie betete, dass alles nur ein Traum war und sie in Wirklichkeit daheim in ihrem Bett lag und Fay und Ali wohlbehütet im Nachbarzimmer schliefen.

9

Die Lockrufe des Qabaj

Die Schattenfrauen sahen ängstlich auf, als eine Stunde später die Zellentür aufflog und eine unsichtbare Hand Safana zu ihnen hineinstieß. Sie stand zwar noch auf ihren eigenen Füßen, aber sie war nicht mehr dieselbe Safana, die an diesem Tag die Zelle verlassen hatte. Sie stolperte zwei Schritte vorwärts, dann hielt sie sich an der Wand fest, um nicht umzufallen. Ihr Kopftuch saß schief, und ihre Abaja klaffte weit auseinander. Ihr jugendliches Gesicht war durch die Folter gealtert, ihre zuvor so festen Wangen hingen fleckig und gerötet herab. Sie hatte den Rücken schrecklich gekrümmt, als hätten ihr die Folterer im Verhör das Rückgrat verdreht. Sie spähte mit blutunterlaufenen Augen wild in der Zelle umher.

Safanas Beine zitterten und bogen sich, als wären sie aus Gummi, und Muna rannte mit ausgestreckten Armen auf sie zu. Sie packte sie an den Schultern und schrie: »Safana, bist du in Ordnung?«

Safana starrte sie verwirrt an, dann verzerrte sich ihr Gesicht, und ihrem Mund entrang sich ein tiefes Stöhnen. Sie zitterte, schließlich gaben ihre Beine nach. Muna schlang die Arme um Safana, um sie zu stützen, und rief: »Ich brauche Hilfe!«

Dr. Sabah eilte zu ihr, und die beiden Schattenfrauen zogen Safana langsam zu der Liegestatt, die sie für sie vorbereitet hatten.

Samara schaute mit einem besorgten Stirnrunzeln zu. »Seht euch ihren Rücken an«, sagte sie dann mit einem leichten Kopfschütteln. »Ihr Kleid und ihre Abaja sind ganz blutgetränkt.« Sie deutete mit einer Kopfbewegung auf das Bodenbett. »Legt sie auf den Bauch.«

Die drei Frauen setzten Safana langsam ab. Als sie auf dem Boden saß, zog ihr Samara vorsichtig das blutgetränkte Kleid von den Schultern und legte es ihr um die Hüfte.

Mayada war von großem Mitleid erfüllt und wollte helfen, aber als Samara sah, dass sie ihre Decke zurückschob und sich vorlehnte, um aufzustehen, sagte sie scharf: »Du bleibst, wo du bist, Mayada.«

Mayada tat wie geheißen, stützte sich aber auf die Ellenbogen und musterte Safanas Rücken. Vom Hals bis zu den Pobacken war er nur noch blutiges Fleisch.

Safana war brutal ausgepeitscht worden.

Samara versorgte eifrig ihre Wunden. Zuerst tupfte sie die Verletzungen vorsichtig mit einem trockenen Tuch ab, dann reinigte sie die aufgeplatzten Striemen sanft mit einem nassen Tuch, das sie immer wieder in einem kleinen Eimer Wasser auswusch.

Safana verzog das Gesicht vor Schmerz und stöhnte: »Ooooooh ... Ooooooh.«

Samara sah blass und müde aus, aber sie flüsterte Safana immer tröstende Worte ins Ohr, wenn sie die Wundreinigung kurz unterbrach.

Mayada lag auf ihrer Pritsche und ließ die Augen langsam durch die kleine Zelle schweifen. Alle Frauen hatten sich um Safana versammelt, und Mayada sah, dass sie alle tränennasse Wangen hatten.

Muna, Safanas Freundin aus der Bank, weinte leise vor sich hin und hielt eine Hand Safanas fest umschlossen.

Rasha saß etwas abseits im Schneidersitz auf dem Boden und schaukelte mit dem Oberkörper vor und zurück.

Dr. Sabah sah zu, wie die Frauen Safana versorgten. Die tiefen Falten um ihre Augen und ihren Mund ließen deutlich erkennen, dass sie fünfzig war.

Mayada schaute zu Sara hinüber; Sara spürte ihren Blick und riss die Augen auf. Die beiden Schattenfrauen wechselten einen langen, traurigen Blick. Für Mayada war Sara das

Kind unter den Schattenfrauen. Wenn sie nur eine Gefangene hätte freilassen dürfen, hätte sie Sara gewählt, denn sie war nur ein paar Jahre älter als Fay, Mayadas geliebte Tochter.

Sara hatte alle Tränen vergossen, die ihr geschundener Körper produzieren konnte, aber nichts konnte ihre physischen Qualen lindern. Sie hatte die anderen über den Rauch reden hören, der ihr aus dem Mund gequollen war, und sie hatte lange über diesen Rauch nachgedacht. Nun sagte sie stockend und mit belegter Stimme: »Sie haben den Stromgenerator so eingestellt, dass er nicht schnelle, kurze Stromstöße abgab, sondern sie stellten eine niedrige Voltzahl ein und jagten lange Zeit schwachen Strom durch meinen Körper. Nach einer Weile konnte ich meine Augenlider nicht mehr schließen. Meine Augäpfel waren so angeschwollen, dass ich spürte, wie sie gegen die Augenhöhlen drückten.« Sie schluchzte auf. »Ich dachte, sie würden mir aus dem Kopf springen. Sie haben mich innerlich gebraten. Deshalb kam Rauch aus meinem Mund.«

Samara blickte auf und sagte: »Jemand muss Sara mehr Wasser einflößen. Sara, du musst Wasser trinken, so viel du kannst. Das ist das Einzige, was dein Inneres heilen kann – kühles Wasser. Und denk nicht mehr an den Rauch.«

Iman schob die dicken Brillengläser auf ihrer Nase zurück. Sie bückte sich, füllte ein Glas Wasser und schlurfte damit zu Sara. Sie kniff besorgt die dünnen Augenbrauen zusammen und brachte Sara dazu, das ganze Glas auszutrinken. Dann blieb sie an Saras Seite und tätschelte ihr mit der einen Hand liebevoll den Rücken; in der anderen hielt sie das leere Glas.

Iman, eine verheiratete Frau, war mit ihren 54 Jahren eine der älteren Schattenfrauen. Sie war ziemlich beleibt und hatte eine sehr weiße Haut. In Baladiyat war sie gelandet, weil sie versucht hatte, etwas für ihre Gemeinde zu erreichen. Obwohl sie nie Mitglied der Baath-Partei gewesen war, wurde sie in den Volksvertretungsrat ihres Bezirks gewählt. Sie hatte sich der neuen Aufgabe mit Begeisterung gewidmet und eifrig versucht, die Lebensumstände in ihrer Gemeinde zu verbessern. Doch sie war ungebildet und naiv. Sie wusste nicht, dass man in Saddams Irak in große Schwierigkeiten geraten konnte, wenn man sich beschwerte, dass der Müll nicht abgeholt wurde. Man hatte sie verhaftet, weil sie »kleinliche« Kritik an der Regierung geübt hatte.

Wafae, die Schattenfrau, die wegen ihrer Haarfarbe, einer Mischung aus dem Rot reifer Tomaten und dem Gold reifen Weizens, den Spitznamen »Tomate« hatte, lief zwischen Samara und der Toilette hin und her. Dort leerte sie den kleinen Eimer, wenn sich das Wasser von Safanas Blut rot gefärbt hatte, und füllte ihn wieder mit frischem Wasser. Wafae war von der Geheimpolizei abgeholt worden, weil ihr Bruder nach Syrien geflohen war.

Anwar war eine große Frau mit kräftigen Schultern, sehr attraktiv, mit blonden Haaren, nussbraunen Augen, einer feinen Nase und schmalen Lippen. Sie spitzte den Mund, als sie sich zu Samara hinüberbeugte und ihr vorschlug, wie die Blutungen an Safanas Rücken am besten zu stillen seien. Mayada wusste nicht viel über Anwars Geschichte, denn sie war eine ernste, schweigsame Frau, die fast nie über ihre eigenen Probleme sprach. Mayada wusste nur, dass sie einen geisteswissenschaftlichen Universitätsabschluss hatte und Gesellschaftswissenschaften unterrichtete. Außerdem erinnerte sie sich, dass Anwars Schwester behindert war und die beiden Frauen gemeinsam für ihre beiden Familien gesorgt hatten.

Anwar war die einzige Frau in Zelle 52, die tatsächlich ein Verbrechen begangen hatte. Sie hatte in ihrem Beruf regelmäßig in den Jemen reisen müssen, um an einer jemenitischen Schule zu unterrichten. Wie sie berichtete, hatte sie sich die Gebühren für einen Pass nicht leisten können und den Pass ihrer behinderten Schwester benutzt, die ihr sehr ähnlich sah. Eine Verwandte, die sich bei der lokalen Geheimpolizei einschmeicheln wollte, hatte Anwar denunziert. Man hatte ihr gesagt, sie habe eine lange Gefängnisstrafe zu erwarten. Nun war ihre größte Sorge, dass ihre behinderte Schwester beide Familien allein versorgen musste.

Zwei weitere Insassinnen von Zelle 52 – Hayat und Asia – standen Hand in Hand nebeneinander. Sie waren sieben Monate zuvor zusammen verhaftet worden, weil zwei Kisten mit Bodenfliesen fehlten. Man hatte sie in ihrem Büro bei der staatlichen Baufirma Al-Qaqae festgenommen, die die meisten von Saddams vielen Palästen baute. Hayat und Asia wurden für das Verschwinden der beiden Kisten mit Fliesen verantwortlich gemacht. Hayat hatte mit ihrer Unterschrift bestätigt, dass die Kisten aus dem Lager geholt worden waren, und Asia hatte die Quittung unterschrieben, als die Kisten auf den Lieferwagen geladen wurden.

Hayat war eine unverheiratete Frau von 32 Jahren und hatte bei ihrem Bruder und seinen fünf Kindern gelebt. Ihr Gesicht war schmal und knochig, und sie hatte einen ausgemergelten Körper. Sie kam nie zur Ruhe, sondern ging ständig in der Zelle auf und ab und weinte. Mit ihren ängstlichen Augen, die ständig die Ecken der Zelle absuchten, erinnerte sie Mayada an eine in die Falle gegangene Maus. Hayat gestand einmal, dass sie Angst vor ihrer Freilassung hatte. Sie behauptete, ihr Bruder werde so wütend über ihre Verhaftung und über die Schande sein, die sie über die Familie gebracht habe, dass er sie schlagen werde.

Asia dagegen war glücklich verheiratet gewesen und hatte drei kleine Söhne. Die 42-jährige Frau hatte schreckliche Angst um ihre Kinder. Sie weinte Tag und Nacht und sagte, sie habe immer die Gesichter ihrer drei Jungen vor Augen. Die vielen Tränen hatten violette Ringe unter ihren Augen hinterlassen.

Mayada wurde von der Sehnsucht nach ihren eigenen Kindern überwältigt und rang verzweifelt die Hände. Sie fragte sich, ob sie Fay oder Ali je wiedersehen oder ob die arme Jamila unter der Folter sterben würde. Mayada hatte keine Angst vor einem Tod aus Altersschwäche, aber sie war entsetzt, dass sie der Tod schon heute oder morgen ereilen konnte. Sie *durfte* einfach nicht sterben, bevor ihre Kinder erwachsen waren. Sie waren noch jung, und sie brauchten ihre Mutter.

Sie sehnte sich nach der Berührung ihrer Kinder, sehnte sich nach dem frischen Geruch ihrer Haare und wollte die weiche Haut ihrer Gesichter streicheln. Sie wischte sich mit einem Finger eine Träne von der Wange und drehte sich zur Wand. Doch sie konnte nicht einschlafen. Es war immer hell in Zelle 52, und es war nie still.

Mayada war erst seit einer knappen Woche in Baladiyat, aber diese Woche kam ihr wie ein ganzes Leben vor. Im Vergleich zu ihrem früheren Leben zogen sich die Tage und Nächte in der Zelle endlos hin. Früher hatte der Tag nicht genug Stunden gehabt für die Erledigung all ihrer Aufgaben. Nun aber hatte sie nicht genug Leben, um die vielen Stunden zu füllen. Die Zeit wurde Mayadas Feindin, und Tag und Nacht waren kaum noch zu unterscheiden.

Jede 24-Stunden-Periode war gleich. In den Nachtstunden wurden die Schattenfrauen entweder gefoltert oder mussten mit anhören, wie andere gefoltert wurden. In der Morgendämmerung standen sie auf, beteten das erste Gebet des Tages und benutzten nacheinander die Toilette und die kleine Dusche. Dann gab es ein Frühstück, das aus faden Linsen und schimmligem Brot bestand. Wenn die Frauen Glück hatten und keine von ihnen zur Folter hinausgerufen wurde, verbrachten sie den Morgen im Gebet oder weinten vor Sehnsucht nach den Lieben, die ihnen am teuersten waren. Nach dem Mittagsgebet erhielten die Frauen einen unappetitlichen Brei aus schmutzigem Reis. Gelegentlich bekamen sie ein warmes Brot, das nach Schimmel roch, weil es absichtlich mit verdorbenem Mehl gebacken war. Der

Nachmittag verlief gleich wie der Morgen: mit Reden und Beten, mit Warten auf die Folter oder mit der Pflege der Gefolterten. Nach dem Abendgebet gab es eine letzte Mahlzeit: wieder Linsen und Brot. Dann lag die gefürchtete Nacht vor ihnen, in denen das Gefängnis von Schreien widerhallte.

Von allen Schattenfrauen war nur Samara immer beschäftigt. Sie hatte ihre täglichen Aufgaben nach einem festen Plan strukturiert. Wenn sie nicht durch die Folter handlungsunfähig war, wusch sie sich, ordnete ihre Habseligkeiten oder versorgte eine Frau, die ihre Zuwendung brauchte. Samara nahm es mit ihrer persönlichen Sauberkeit so genau, dass sie jeden Tag ihre einzige Garnitur Kleidung und ihre Abaja wusch. Die anderen Schattenfrauen ignorierten die Flecken von Erbrochenem auf ihren Kleidern oder die Essensreste, die zwischen ihren Zähnen steckten, Samara jedoch erschien eine solche Verwahrlosung unerträglich. Sie zog jeden Morgen vor dem Duschen all ihre Kleider aus und schrubbte jedes Teil von Hand. Nach dem Duschen zog sie die nassen Kleider wieder an und drehte mit flatternder Abaja schnelle Runden in der kleinen Zelle, bis ihre Kleidung, wie sie den lachenden Schattenfrauen versicherte, wie von einem frischen Wind getrocknet war.

Mayada verbrachte ihre Tage traurig und teilnahmslos. Sie verlor sich in der Sehnsucht nach ihren Kindern, studierte die Gesichter der anderen Frauen oder starrte in fiebriger Erwartung auf die Tür. Während andere Schattenfrauen zu Verhör und Folter gerufen wurden, hatte es den Anschein, als hätten die Folterer des Baladiyat Mayada al-Askari vergessen. Ihr Fall schien nicht mehr bearbeitet zu werden.

Die Angst, dass in der Außenwelt niemand wusste, wo sie war, und sie in Baladiyat sterben würde, raubte Mayada allmählich die Willenskraft. Sie spürte, wie sie in einer tiefen Depression versank. Sie war gezwungen, den Tod als ein neues, ungewolltes Thema in ihrem Leben zu akzeptieren.

Mit der Zeit tat sie es Asia und Hayat gleich, verschränkte die Arme vor der Brust und ging, Tag und Nacht weinend, in der Zelle umher.

Samara, die von Natur aus liebevoll und freundlich war und für jedes Problem eine Lösung finden wollte, versuchte Mayada aus ihrer elenden Traurigkeit zu reißen. »Hör zu«, sagte sie zu ihr. »*Keine* ist wochenlang in Baladiyat, ohne dass sie gefoltert wird, das musst du mir glauben. Unsere Aufseher haben entdeckt, dass du Gift für sie bist. Eines Tages wirst du freigelassen.« Sie schnalzte mit den Fingern. »Einfach so.«

Mayada musterte Samara von der Seite, und sie sah auf ihrem zuversichtlichen Gesicht eine solche Zuneigung, dass sie um Verzeihung heischend lächelte, bevor sie wieder in Tränen ausbrach.

Samara umarmte sie und sagte: »Du darfst deine Energie in diesem Überlebenskampf nicht verschwenden. Du musst deine Gefühle beherrschen.«

Aber Mayada war zu entmutigt, um entschieden zu denken oder zu handeln.

Doch an einem Donnerstagmorgen wurde plötzlich alles anders.

Mayada lag still auf ihrer Pritsche und starrte an die Decke. Ihre Augen wanderten zu dem kleinen vergitterten Fenster oben in der hinteren Wand. Sie wartete, bis die Sonne aufging und ein paar helle Strahlen in Zelle 52 sandte.

Dann dachte Mayada, sie höre die hohen Lockrufe eines *Qabaj* (mit dem Rebhuhn verwandter Vogel; A.d.Ü.). Eine alte irakische Legende besagt, dass man bald an einen anderen Ort reisen wird, wenn man die Rufe eines Qabaj hört.

Mayadas Herz setzte einen Schlag aus. Sie setzte sich auf. Unsicher, ob sie noch in ihren Träumen oder schon in der finsteren Realität von Baladiyat weilte, ließ sie ihren Blick durch die Zelle schweifen, weil sie wissen wollte, ob auch andere Frauen die hochwillkommenen Rufe des Vogels gehört hatten. Mayada saß inzwischen seit fast einem Monat in der schrecklichen Zelle, und es war das erste Mal, dass sie einen Vogel hörte.

Der Qabaj lockte abermals. Eine leichte Brise trug die Rufe des Vogels durch das offene Fenster herein wie eine außergewöhnliche, direkt von Gott gesandte Botschaft. Die fröhlichen Rufe erfüllten den Raum und weckten bei allen Frauen Hoffnung. Sie setzten sich eine nach der anderen auf und blickten einander mit neuem Optimismus an. Alle beteten, dass die Botschaft des Qabaj für sie bestimmt sein möge.

Samara begann ein Duett mit dem Vogel: Sie sang ein altes irakisches Lied, das einen ähnlichen Rhythmus hatte wie die Lockrufe, und der Qabaj antwortete. »Hört euch diesen hartnäckigen Qabaj an«, rief Samara und sprang von ihrer Pritsche. »Er sitzt direkt vor dem Fenster. Eine von uns wird Baladiyat bald verlassen.« Ihre grünen Augen funkelten, und sie drehte sich einmal um sich selbst. Als sie zum Stehen kam, hatte sie den rechten Arm ausgestreckt und zeigte auf Mayada. »Und es wird unsere Mayada sein.«

Mayada war schon seit Tagen zu deprimiert für ein Gespräch gewesen und ließ sich auch jetzt nicht von Samaras Fröhlichkeit anstecken. Aber sie liebte diese wunderbare Schiitin und wollte sie auf keinen Fall verletzen. Sie lächelte schwach. »Danke, Samara, dass du mir Hoffnung machen willst«, sagte sie. »Du bist sehr lieb. Aber sie haben mich vergessen. Ich werde hier sterben. So ist es vorherbestimmt. Ich weiß, dass es mein Schicksal ist, hier zu sterben, seit ich in die Zelle Nr. 52 geworfen wurde. Diese Zelle wird mein Grab werden.«

Samara maß Mayada mit einem liebevollen, aber festen Blick. »Ich habe dieses Gefühl schon seit Tagen, und jetzt wird es durch den Qabaj bestätigt. Du wirst heimkehren, Mayada, und zwar bald. Du musst damit beginnen, unsere

Telefonnummern, unsere Adressen und die Namen unserer Angehörigen auswendig zu lernen. Jetzt gleich. Heute. Wenn eine von uns freigelassen wird, ist das unsre einzige Chance, und du wirst diejenige sein. Wenn du draußen bist, kannst du uns allen helfen.«

Mayada fühlte sich schrecklich elend und zog ihr Kopftuch über die Augen, um sich vor dem grellen Deckenlicht zu schützen. Sie war zu deprimiert, um Samaras glücklicher Prophezeiung zu glauben. Sie war überzeugt, dass sie Zelle 52 nie wieder verlassen würde.

Doch der Qabaj lockte unverzagt weiter, ohne dass seine feine Stimme auch nur einmal versagt hätte.

Nach dem Morgengebet kam Samara auf Mayada zu und sagte energisch: »Ich sage es dir noch einmal, Mayada. Ich habe das sichere Gefühl, dass du Baladiyat verlassen wirst, und zwar bald.« Samara wusste immer, was zu tun war, und nun sagte sie: »Jetzt musst du so tun, als ob du ein Papagei wärst. Du musst viele Namen und Nummern auswendig lernen. Wiederhole diese Nummer für mich: 882-6410.«

Mayada hörte schweigend zu. Die Rufe des Vogels weckten tatsächlich Hoffnung. Zum ersten Mal fragte sie sich, ob Samara vielleicht doch recht habe könnte und ihre Entlassung unmittelbar bevorstünde. Also wiederholte sie gehorsam die Nummer: »882-6410.«

»Und das sind deine Instruktionen«, sagte Samara. »Du rufst 882-6410 an und sagst: ›Samara verrottet im Kerker der Amin Al-Amma. Sie braucht deine Hilfe. Verkaufe alles, was du hast, und besteche einen Aufseher. Eine andere Möglichkeit gibt es nicht.‹« Samaras Augen blitzten, denn sie hatte sich alles bereits genau überlegt. »Meine Familie wird prüfen wollen, ob du wirklich von mir kommst, also gebe ich dir ein geheimes Codewort mit. Es lautet: Wie geht es Salmas Mann?«

»882-6410. Samara ist bei der Amin al-Amma. Sie braucht deine Hilfe. Verkaufe alles, was du hast, und besteche einen Aufseher. Eine andere Möglichkeit gibt es nicht. Das Codewort lautet: Wie geht es Salmas Mann?« Mayada wiederholte die Botschaft wie ein gut dressierter Papagei.

»Samara, dieser Vogel lockt immer noch«, rief Asia.

Mayada und Samara hielten inne und lauschten den hohen Rufen. Das ungewöhnliche Ereignis währte inzwischen schon fast eine Stunde.

In diesem Augenblick öffnete sich die Zellentür, und ein Aufseher sagte mit ungewohnt menschlicher Stimme: »Mayada, mach dich bereit. Du kommst jetzt vor den Richter.«

Samara quietschte vor Entzücken und sprang auf: »Wie heißt der Richter? Wird Mayada freigelassen?«

»Kümm're dich um deinen eignen Dreck!«

Mayada rannte zum Becken und wusch sich das Gesicht.

Samara ging ihr nach und murmelte glücklich: »Wenn ein Richter hierhergekommen ist und dich sehen will, dann wirst du freigelassen.«

Mayada hatte das Gefühl, dass gleich ein Wunder geschehen würde.

In den paar Minuten, die sie für ihre Toilette brauchte, kamen eine hoffnungsvolle Schattenfrau nach der anderen an ihr vorbei und flüsterte ihr Telefonnummern, Adressen und Namen zu.

»Falls du gleich freikommst und nicht mehr in die Zelle zurückkehrst«, sagte Dr. Sabah, hob Mayadas Rock und schrieb mit einem Kugelschreiber mühsam eine Telefonnummer auf den Unterrock.

»Mayada. Komm jetzt!«, schrie der Aufseher.

Mayada eilte zur Tür. Ihre Ohren klingelten vor Adressen und Nummern und Namen.

Als sie aus der Zelle trat, sah sie, dass ein weiterer Aufseher draußen wartete. Er war groß und gedrungen und hässlich, hatte eine gelbe Gesichtsfarbe, und als er den Mund aufmachte, sah Mayada, dass seine großen Zähne genauso gelb waren wie sein Gesicht.

Der hässliche Beamte schickte den anderen Aufseher fort und sagte zu Mayada: »Wie geht es Ihnen, Umm Ali (Mutter von Ali)?«

»Habe ich Sie schon einmal gesehen?«, fragte Mayada.

Der Beamte beantwortete ihre Frage nicht, sondern flüsterte hastig: »Ich heiße Mamoun. Ich habe ein besonderes Interesse an Ihrem Fall. Gestern habe ich Ali und Fay gesehen. Morgen kommt ihr Vater Salam aus Hilla zurück, um sie zu besuchen. Mayada, Sie kommen vor einen Richter, der Ihre Familie kennt. Er hat die Anweisung, Ihr Verfahren einzustellen. Sie werden vermutlich in ein paar Tagen aus Baladiyat entlassen. Nach Ihrer Entlassung sollten Sie Ihr Heim nicht verlassen, bis ich komme und Ali besuche.« (In der arabischen Welt ist es ein Zeichen von Respekt, wenn ein Gast den Mann im Haus besucht. Obwohl Ali noch ein Teenager war, galt er als der Mann in Mayadas Hausstand.)

Mayada richtete ihren Schal und strich die Vorderseite ihrer Kleidung glatt. Sie hatte die wichtigste Begegnung ihres Lebens vor sich, aber ihre Kleider waren verschmutzt, und sie roch nach Schweiß und Zelle. Sie spürte einen Stich von Neid auf Samaras penible Reinlichkeit. Was für einen Eindruck würde sie mit ihren schmutzigen Kleidern und ihrem ungewaschenen Körper auf den Richter machen?

Mayada und ihr unangenehmer Begleiter gingen ein kurzes Stück den Gefängniskorridor hinunter, dann bogen sie links ab und standen vor einer Tür aus Mahagoni ohne Türschild.

Mamoun hob die Hand und sagte: »Warten Sie hier.« Er klopfte, trat ein und zog die Tür hinter sich zu. Gleich darauf öffnete sich die Tür wieder. Mamoun kam heraus und sagte: »Gehen Sie hinein.«

Mayada betrat das Zimmer. Hinter einem hölzernen Schreibtisch saß ein vornehmer Mann. Er kam Mayada irgendwie bekannt vor.

»Ich bin Richter Muayad al-Jaddir«, sagte er.

Mayada wusste sofort, dass der Mann ein Neffe von Adib al-Jaddir war, der Mitte der Sechzigerjahre irakischer Informationsminister gewesen war.

»Wie geht es Ihrer Mutter Salwa?«, fragte der Richter höflich.

Ein flüchtiges Lächeln erschien auf Mayadas Gesicht. »Bevor ich hierhergebracht wurde, ging es ihr gut«, sagte sie. »Wie es ihr jetzt geht, weiß ich nicht. Aber vielen Dank, dass Sie gefragt haben.«

»Mein Onkel war ein sehr guter Freund Ihrer Mutter und Ihres Vaters, Mayada. Er betrachtete sich als spiritueller Sohn Ihres Großvaters Sati al-Husri.«

Mayada nickte leicht. Mit jeder Minute wuchs ihre Zuversicht, dass dieser Mann ihr helfen würde.

Richter Jaddir legte sich diverse Papiere zurecht, nahm einen Füller und begann sie zu unterschreiben. Dann blickte er auf und sagte: »Das war ein Fehler, Mayada. Ich will, dass Sie Ihr Leben weiterführen und diese Erfahrung vergessen. Tilgen Sie diese Tage aus Ihrem Gedächtnis.«

Die Schmerzen, die sie in dem vergangenen Monat hatte erleiden müssen, lagen wie ein Schatten auf ihrem Körper, aber sie biss die Zähne zusammen und sagte nicht, dass sie Baladiyat und die unzähligen unschuldigen Iraker *niemals* vergessen würde, die hinter Kerkermauern schmachteten. »Wissen Sie, warum ich verhaftet wurde?«, fragte sie.

»Ja, das weiß ich. Ein Mitarbeiter von Ihnen hat Flugblätter gegen die Regierung gedruckt. Aber Ihre Freilassung beweist, dass in diesem guten Land die Gerechtigkeit siegt. Am besten, Sie vergessen das Ganze.«

»Werde ich heute entlassen?«

»Ihre Entlassung wird sehr bald erfolgen. Jetzt gehen Sie erst mal zurück. Trösten Sie sich damit, dass Sie entlassen werden.« Dann legte er den Füller aus der Hand und sagte herzlich: »Sie wissen, dass ich 1980 bei Ihnen zu Gast war, mit Abu Ali.« (Er meinte Dr. Fadil al-Barrak, dessen ältester Sohn Ali hieß.)

Mayada nickte wieder, sie konnte sich dunkel an den Besuch erinnern. Außerdem war ihr nicht entgangen, dass der Richter Dr. Fadil als »Abu Ali« bezeichnet hatte, weil Saddam ihn für einen Spion gehalten hatte. Kein klar denkender Mensch hätte sich im Irak mit freundschaftlichen Beziehungen zu einem Mann gebrüstet, der des Hochverrats angeklagt und hingerichtet worden war.

»Sie können jetzt gehen, Mayada«, sagte der Richter. »Das nächste Mal, wenn Sie Ihre Mutter sehen, überbringen Sie Ihr bitte meine besten Wünsche.«

»Vielen Dank«, sagte Mayada. »Auf Wiedersehen.« Und sie ging durch die Holztür hinaus.

Draußen stand Mamoun. »Warten Sie hier«, sagte er. Der große Mann ging noch einmal in das Zimmer und kehrte sofort mit Mayadas Akte zurück. Er beugte sich dicht zu ihr hinunter. Obwohl er jetzt höflich war, hatte Mayada immer noch Angst vor seinem Gesicht. »Ihre Papiere müssen fertig gemacht werden«, sagte er. »Ein anderer Aufseher liefert sie wieder in Zelle 52 ab. Ich hole Sie, wenn Sie nach Hause dürfen.«

Mayada wollte unbedingt wissen, wann sie ihre Kinder wiedersehen würde. »Wann holen Sie mich?«, wagte sie zu fragen.

Mamouns Gesicht zuckte vor Ärger. Er richtete sich auf, dass er wie ein Turm über ihr aufragte. Dann bellte er mit herausgedrückter Brust: »*Wie ich gesagt habe: Wenn Ihre Papiere fertig sind. Heute oder morgen oder übermorgen. Gehen Sie zurück in Ihre Zelle, und warten Sie.*« Er schnalzte mit den Fingern, um den Aufseher herbeizurufen, der sie zur Zelle begleitete.

Auf dem Rückweg zu Zelle 52 konnte Mayada immer noch nicht fassen, was an diesem Tag geschehen war.

Zuerst der Qabaj und jetzt der Richter. Diesmal hielt sie

gut Schritt mit dem schnellen Gang des Aufsehers. Sie brannte darauf, Samara und den anderen Schattenfrauen die Neuigkeit mitzuteilen.

In dem Moment, als Mayada die Zelle wieder betrat, hörte der Qabaj auf zu rufen. Alle Frauen warfen einen scheuen Blick auf das Fenster, verwirrt über die ungewöhnlich langen Rufe des Vogels und sein plötzliches Verstummen.

Roula, die im Gefängnis saß, weil sie bei der Arbeit den Koran gelesen und zu viel gebetet hatte, sagte: »Diesen Qabaj hat Gott uns geschickt, um uns an seine Macht zu erinnern.«

Mehrere Frauen nickten zustimmend.

Samara ging mit einem breiten Lächeln und offenen Armen auf Mayada zu. »Wir platzen vor Neugier«, sagte sie. »Erzähl uns, was passiert ist.«

»Samara hat recht gehabt«, verkündete Mayada. »Dieser Qabaj war ein Bote Gottes. Ich werde freigelassen.«

Samara wirbelte wie eine ausgebildete Ballerina auf den Zehenspitzen herum.

Ein kleiner Tumult brach los, als die Schattenfrauen einander umarmten und in Tränen ausbrachen. Imans Brille wurde von ihrer Nase gestoßen, und sie suchte einen Moment verzweifelt danach, bis die Brille unzerbrochen wiedergefunden wurde. »Ihr wisst doch, ich wäre blind ohne sie«, sagte Iman, als sie die dicke Brille wieder aufsetzte.

Selbst Safana und Sara, die beide noch schwach von der Folter waren, richteten sich auf ihren Pritschen auf und gratulierten Mayada.

Sara flüsterte: »Rufst du meine Mutter an?«

»Ja, Sara, ich rufe deine Mutter an«, sagte Mayada lächelnd.

Samara war von einer solchen Freude erfüllt, dass sie nicht aufhören konnte herumzuspringen. »Sie wird all eure Mütter anrufen.« Sie packte Mayada am Arm. »Los, erzähl endlich. Haben sie gesagt, wann du rauskommst?«

»Der Richter hat es nicht gesagt. Er hat die Papiere unterschrieben, während ich bei ihm war, aber ein Aufseher hat mir gesagt, dass meine Papiere fertig gemacht werden müssten.«

»Wunderbar«, sagte Samara mit singender Stimme. »Dann wird es höchstens noch zehn Tage dauern.«

Mayada runzelte die Stirn. »Zehn Tage? Ich dachte, ich käme schon heute oder morgen frei. Noch zehn Tage, das halte ich nicht aus.«

Samara nahm Mayadas Gesicht in ihre schmalen Hände. »Nur noch zehn Tage, Mayada.« Sie deutete mit einer Kopfbewegung auf die anderen Schattenfrauen. »Jede von uns würde ein Fingerglied geben«, sagte sie mit einem herzlichen Lächeln, »oder vielleicht sogar zwei, wenn sie wüsste, dass sie nur noch zehn Tage hier bleiben muss.«

»Es ist, als ob du alle Reichtümer des Irak bekommen hättest«, sagte Sara mit einem kleinen, glücklichen Lächeln.

Keine einzige Frau schien neidisch auf Mayadas Glück zu sein. Keine war wütend, weil sie freikam und die anderen dableiben mussten.

Mayada schämte sich, dass sie sich gegenüber diesen selbstlosen Frauen so unsensibel verhalten hatte. Und es schnürte ihr den Hals zu, als sie die Augen über ihre Gesichter wandern ließ. Obwohl sie sich schrecklich danach sehnte, durch das Gefängnistor zu gehen und Fay und Ali wiederzusehen, brach es ihr fast das Herz, dass sie diese tapferen Frauen zurücklassen musste.

Mayada hatte das Gefühl, Samara könne Gedanken lesen, denn sie sagte: »Du musst dich nicht schuldig fühlen, Mayada. Wir sind froh, dass du freikommst, aber wir werden die Erinnerung an dich in unseren Herzen bewahren. Und du *kannst* uns wirklich helfen, hier rauszukommen, Mayada.«

Alle Schattenfrauen außer Sara und Safana scharten sich um Mayada.

Muna sprach aus, was alle dachten: »Vergiss uns nicht, wenn du wieder draußen bist, Mayada. Du musst bei Allah schwören, dass du eines Tages der Welt berichten wirst, was in dieser Zelle passiert ist.«

Mayada umarmte Muna und sagte: »Ich schwöre bei Allah, dass eines Tages die Welt die Geschichte von jeder Einzelnen von euch erfahren wird, Muna.«

Samara ließ ihren Blick von Muna zu Mayada wandern und sagte, wie immer mit der Stimme der Vernunft: »Es ist gut, wenn die Welt Bescheid weiß, aber zunächst einmal ist es das Wichtigste, dass Mayada unsere Familien anruft. Nun, da wir wissen, dass Mayada freikommt, müssen wir ernsthaft mit dem Auswendiglernen beginnen, und zwar *jetzt gleich*«, sagte sie ernst. Sie sah Mayada mit einem hoffnungsvollen Lächeln an: »Du bist unsere einzige Chance, Mayada.«

Da Mayada sehnlichst wünschte, dass sie früher freigelassen würde, als Samara vermutete, beschloss sie, mit dem Auswendiglernen der Telefonnummern alsbald zu beginnen. »Ja, Samara«, sagte sie, »du hast recht. Fangen wir gleich heute Abend damit an.«

»Das Wichtigste ist, dass du unsere Familien anrufst und ihnen genau sagst, wo wir gefangen gehalten werden. Das ist der erste Schritt zu unserer Freilassung. Und dann musst du ihnen sagen, dass sie uns nur durch Bestechung herausholen können. Sie müssen Land verkaufen oder Autos, wenn es nötig ist. Fast alle Aufseher hier sind bestechlich. Aber mach es kurz, wenn du anrufst, Mayada«, fuhr Samara fort. »Wie du weißt, werden alle Telefone im Irak abgehört. Also sage, was du zu sagen hast, und leg auf. Warte nicht auf Fragen und beantworte keine. Und nenne auf gar keinen Fall deinen Namen! Wenn du in Versuchung kommst, unsere Lieben zu trösten, dann denk immer daran, dass dein Mitleid sie ins Gefängnis bringen kann.«

Samara dachte einfach an alles: »Du wirst heute so viele

Adressen und Telefonnummern auswendig lernen, wie du kannst. Den Rest lernst du morgen. Danach werde ich dich jeden Tag prüfen, den du noch hier bist. Wir wollen, dass du dir *alle* Nummern merkst.«

Es wurde ein ungewöhnlicher Abend. Mayada zog sich in die hinterste Ecke des Raumes zurück, damit kein Aufseher das seltsame Gemurmel in Zelle 52 hörte.

Als Erste stellte sich Aliya hinter Samara auf. Ihr schönes Gesicht leuchtete hoffnungsfroh. Sie war durch ihre Verhaftung von ihrer kleinen Tochter Suzan getrennt worden und hatte sie seit einem Jahr nicht mehr gesehen. Mit der Aussicht auf Mayadas Freilassung war in ihr das glückliche Bild von einem Wiedersehen mit ihrer Tochter aufgestiegen.

Rasha war die Nächste. Sie gab ihre Informationen mit einem aggressiven Flüstern an Mayada weiter und blickte wie immer finster drein, obwohl der Vorgang eigentlich zur Hoffnung Anlass bot.

Mayada war fest entschlossen, sich jede Nummer und jedes Wort zu merken, das die beiden Frauen ihr mitteilten. Sie wusste, dass Aliya und Rasha inzwischen seit fast drei Jahren im Gefängnis saßen und kein Ende ihrer Gefangenschaft in Sicht war.

Dr. Sabah sah ernst, aber freundlich auf Mayadas Unterrock nach, ob ihre Telefonnummer noch lesbar war. Dann brachte sie die unnötige Bitte vor, Mayada möge den Unterrock nicht waschen, bevor sie ihre Familie verständigt habe.

Iman drehte ihre Brille in ihren Händen, während sie Mayada langsam und deutlich ihre Informationen vorsprach.

Wafae spielte mit der Perlenschnur, die sie wegen ihrer beruhigenden Wirkung selbst angefertigt hatte, als sie ihre Informationen für Mayada so oft wiederholte, bis Samara sie bat aufzuhören und ihr versicherte, dass sie Mayada später abfragen würde.

Eman war die Nächste. Sie war erst 28, eine hübsche Frau,

die ein wenig Elizabeth Taylor glich: weiße Haut, rabenschwarzes Haar und saphirblaue Augen. Aber sie war so klein, dass sie wie ein pubertierendes Mädchen wirkte. Sie gab Mayada nicht nur ihre Kontaktinformationen, sondern erzählte ihr auch noch einmal, warum sie ins Gefängnis gekommen war: »Ich habe nicht einmal *daran gedacht,* ein irakisches Gesetz zu brechen, aber diese Folterknechte behaupten, ich hätte Saddam Hussein kritisiert.« Mayada wusste, dass Kritik an Saddam ein Verbrechen war, das Eman die Zunge kosten konnte, und sie betete im Stillen, dass sie bald den Kontakt zu Emans Familie herstellen könnte, um die junge Frau zu retten.

May war eine dunkelhäutige Frau von 35 Jahren mit kurzen braunen Haaren, schönen, schräg geschnittenen Augen und feinen Gesichtszügen. Ihr Verbrechen bestand angeblich darin, »für die Kommunisten« zu sein, aber May konnte sich nicht erinnern, je einem Kommunisten begegnet zu sein. Sie saß am längsten bei Mayada, aus Sorge, sie könnte die Telefonnummer 521-8429 vergessen.

Es war schon nach Mitternacht, als Mayada sich nicht mehr konzentrieren konnte. »Morgen«, vertröstete Samara die noch wartenden Schattenfrauen. »Ihr könnt Mayada eure Telefonnummern morgen geben.«

Trotz der freudigen Ereignisse des Tages fühlte sich Mayada überraschend schlecht, als sie ins Bett ging. Sie wurde von der traurigen Erkenntnis geplagt, dass es in Saddams Gefängnissen keine Garantien gibt. Konnte die Entscheidung, sie freizulassen, revidiert werden? Mayada nahm sich vor, nicht mehr an ihre Freilassung zu denken, bis sie Baladiyat tatsächlich verlassen hatte.

Am folgenden Morgen erwachte sie mit tränennassen Wangen. Sie hatte einen Albtraum gehabt, in dem ein Mann sie mit gezogenem Dolch von ihren Kindern fernhielt.

An diesem Morgen gab es noch eine weitere Überraschung. Kaum waren die Gebete zu Ende, wurde die Zellentür aufgestoßen, und ein Aufseher schrie: »Mayada! Raus!«

Mayada war so erschrocken, dass sie sich nicht bewegen konnte.

»Mayada! Du wirst entlassen!«, schrie der Mann noch einmal.

Samara dachte sofort daran, dass Mayada noch nicht die Telefonnummern von allen Schattenfrauen hatte, und suchte fieberhaft nach einer Ausrede, um ihr noch ein paar Augenblicke Zeit zu verschaffen. »Sie hat uns gesagt, dass sie noch auf die Toilette muss«, sagte sie. »Geben Sie ihr noch ein paar Minuten.«

Der Aufseher warf einen angewiderten Blick auf die Frauen. Er schrie: »Fünf Minuten, das muss reichen!« Dann knallte er die Tür zu.

Hektisch zog Samara Mayada so weit wie möglich von der Tür weg. Sie sagte: »Wiederhole die Nummern, die du auswendig gelernt hast, schnell! Ich hole die anderen Frauen.« Samara wirkte nun richtig panisch. »Hoffentlich lässt uns dein al-Askari-Verstand nicht im Stich«, sagte sie.

Mayada war mit den Geschichten der meisten Frauen so vertraut, dass sie ihr die Namen ihrer Wohnorte und Stadtviertel nicht zu sagen brauchten. Sie bat sie, sich ganz auf die wichtigsten Kontaktpersonen und Telefonnummern zu beschränken. Während Samara die restlichen Frauen in einer Reihe antreten ließ, fiel Mayada Sara ein, die immer noch nicht gehen konnte. Sie eilte an ihr Bett und rüttelte sie an der Schulter. »Sara, sag mir, wie ich Kontakt zu deiner Mutter aufnehmen kann, schnell!«

Sara hob langsam den Kopf. »Oh ja, Mayada. Bitte sag meiner Mutter, dass ich hier bin. Sag ihr, dass sie mich retten soll. Ihre Telefonnummer ist 422-9182. Sag ihr, dass sie den Hausschlüssel unter einem gelben Blumentopf neben dem Kaktus versteckt. Dann weiß sie, dass ich dich geschickt habe.«

Sara war so schwach, dass ihr Kopf auf ihrem Hals hin und her schwankte.

»Deine Mutter wird jemanden bestechen, ganz sicher«, sagte Mayada tröstend. »Sie wird dich hier rausholen, Sara.«

Auf Saras hübschem Gesicht erschien ein Lächeln. »Ja, meine Mutter schafft das. Sie wird das Land verkaufen, damit sie für meine Freilassung zahlen kann. Das macht sie ganz bestimmt, wenn sie nur weiß, wo ich bin.«

Sara ließ sich wieder auf ihr Lager fallen. »Sag ihr, dass ich auf sie warte. Ich warte.«

Inzwischen hatte Samara mit den restlichen Schattenfrauen eine kurze Schlange gebildet.

»Mayada! Komm her!«

Mayada ging schnell zu Samara hinüber.

Roula war die Erste. Sie beugte sich vor und fasste Mayada im Nacken. Die ledige 25-Jährige, die einen ziemlich einfältigen Eindruck machte, wurde beschuldigt, eine islamistische Aktivistin zu sein. Sie brachte hastig ihre Informationen vor und erzählte Mayada noch einmal, dass ihre Arbeitskollegen sie denunziert hatten, weil sie den Koran las und in ihrem Büro zu den vorgeschriebenen Zeiten betete.

Mayada versprach Roula, zu tun, was sie konnte.

Amani war eine 32-jährige verheiratete Frau mit dunklem Teint, rosigen Wangen und hellbraunen Haaren. Wie Rasha war sie in Haft gekommen, weil sie ihren Pass verloren hatte.

Anwar war die Nächste. Sie dankte Mayada überschwänglich.

Hayat und Asia standen nebeneinander, ihre Augen glänzten vor Hoffnung.

Mayada versuchte all die Telefonnummern in Minutenschnelle auswendig zu lernen. Deprimiert erkannte sie, dass sie sich wahrscheinlich nicht alle Nummern würde merken können, und sagte zu Samara: »Hol mir diesen Kuli von

Aliya. Ich schreibe die restlichen Nummern auf meinen Unterrock.«

Samara kam sofort mit dem Kugelschreiber zurück, aber er war fast leer und schrieb kaum noch.

Wieder wurde die Tür aufgestoßen.

Auf dem Gang stand ein anderer Aufseher – nicht der, der Mayada begleiten sollte – und schnaubte mit einem boshaften Grinsen: »Samara, dein Typ wird verlangt.« Samara wurde zur Folter abgeholt. Alle Schattenfrauen waren entsetzt über diese Wendung der Ereignisse, und ein tiefes Stöhnen ging durch die Zelle.

Nun erschien auch der Aufseher wieder, der Mayada abholen sollte, und rief über die Schulter seines Kollegen: »Mayada! Komm jetzt! Du wirst entlassen!«

Mayada verbrachte ihre letzten Augenblicke mit den Schattenfrauen, die sich in der Zelle in einer Reihe aufgestellt hatten. Samaras wunderschönes Gesicht war ernst, als ihre grünen Augen Mayadas Augen trafen. Die beiden Frauen sahen einander mit tiefer Zuneigung an. Samara streckte die Arme aus und zog Mayada an sich. Sie küssten einander auf beide Wangen, und Mayada flüsterte in der Umarmung: »Samara, du bist der selbstloseste Mensch, den ich je kennengelernt habe. Danke für alles. Ich werde dich nie vergessen. Und ich helfe dir, wenn ich draußen bin. Ganz bestimmt!«

Samaras Augen füllten sich mit Tränen: »Ich werde dich vermissen, Mayada, dich und deine wundervollen Geschichten.«

»Samara«, brüllte der Aufseher ungeduldig, marschierte zum hinteren Ende der Zelle und riss Samara aus Mayadas Armen.

Samaras Füße berührten nicht mehr den Boden, so brutal wurde sie weggeschleppt.

Mayada folgte ihr schnell. Auf dem Weg nach draußen berührte sie alle Schattenfrauen, an denen sie vorbeikam.

Sie weinte vor Schmerz, weil ihre Freilassung bedeutete, dass sie von diesen fantastischen Schattenfrauen getrennt wurde und sie nun in völlig verschiedenen Welten leben würden.

Das Letzte, was sie hörte, bevor die Zellentür ins Schloss fiel, war Muna, die mit ihrer tiefen Stimme rief: »Mayada, bitte, vergiss uns nicht.«

Mayada unterdrückte ein Schluchzen. Niemals würde sie diese Frauen vergessen.

Auf dem Gang stand der gleiche Aufseher, der sie schon am Tag zuvor zum Richter begleitet hatte. »Ich bin es wieder, Mamoun«, sagte er. »Wir holen Ihre Sachen, und ich bringe Sie zur Pforte.«

Mayadas Ohren hörten Mamoun, aber ihre Augen folgten Samara, die nur ein paar Schritte vor ihr war.

Sie registrierte halb bewusst, dass eine schwarz-weiße Strähne unter Samaras Schal hervorlugte. Und ihr Herz wurde schwer bei dem Gedanken, das sie jetzt so verschiedene Wege gingen.

Samara spürte Mayadas Blick und drehte sich ein letztes Mal um. Ihre lebhaften Augen drückten all ihre Gefühle aus, als sie Mayadas Blick erwiderte. Ihr Mund formte stumm ein paar Worte, aber Mayada verstand sie nicht.

Am Ende des Ganges wurde Samara in den Folterraum gestoßen.

Und Mayada hatte keine Chance, ihr zu helfen.

Der große Aufseher starrte Mayada an, dann sagte er schnell: »Salam wartet. Wir treffen uns mit ihm. Er fährt Sie nach Hause.«

Mamoun brachte Mayada schnell in denselben Raum, in den sie an ihrem ersten Tag in Baladiyat, fast einen Monat zuvor, gebracht worden war. Nichts hatte sich verändert. Derselbe grauhaarige Mann saß hinter demselben runden Schreibtisch. Er suchte in einem Schrank herum und reichte Mayada ihre Tasche. Dann deutete er auf ein Formular und grunzte: »Unterzeichnen Sie hier.« Als sie die Unterschrift geleistet hatte, warf Mayada einen Blick in ihre Tasche und sah, dass alles da war: der Ring, ihre Uhr, die Brieftasche, das Heft, in dem sie Termine notiert hatte, das Adressbuch, der Personalausweis, ihre Schlüssel und sogar der Zettel, den ihr Fay geschrieben hatte.

Mayada legte die Uhr und den Ring an. Der Ring saß lose auf ihrem Finger, so viel Gewicht hatte sie verloren. Sie ließ ihn wieder in die Tasche gleiten.

»Folgen Sie mir«, sagte Mamoun, und Mayada ging wieder denselben Weg, den sie am Tag ihrer Verhaftung gegangen war. Ihr erschien alles surreal, als sie schweigend hinter Mamoun herging.

Schließlich kamen sie zur Eingangshalle des Gefängnisses. Der Raum war mit Hunderten von Männern gefüllt. Alle hockten auf dem Boden und hatten die Hände auf dem Rücken gefesselt. Auch wenn die Männer gerade erst eingeliefert und noch keiner gefoltert worden war, waren doch alle Gesichter vom Schrecken der Verhaftung gezeichnet. Während Mayada und der Aufseher sich vorsichtig durch die Gefangenen schlängelten, flüsterte sie in seinen Rücken: »Warum sind die hier?«

Er drehte ein wenig den Kopf und sagte mit leiser Stimme: »Das erzähle ich Ihnen später im Auto.«

Mayada wusste inzwischen, wann sie den Mund halten musste. Sie folgte Mamoun durch das Tor von Baladiyat und stieg schnell die breite Treppe vor dem Gefängnisgebäude hinunter. Unten blieb sie stehen und sah mit leuchtenden Augen zum Himmel empor. Das Sonnenlicht blendete sie. Es war wunderschön. Auf Mayadas Gesicht erschien ein Lächeln, das aus tiefstem Herzen kam. Sie war tatsächlich frei. Sie breitete die Arme aus und hieß die warme Augustsonne auf ihrem Gesicht und ihren geöffneten Händen willkommen. Irgendwo zwitscherten Vögel, und sie suchte den Himmel nach ihnen ab.

»Los jetzt«, kommandierte Mamoun unwirsch. Mayada lief, so schnell sie konnte. Das Beste kam noch. Sie kehrte heim, zu Fay und Ali.

»Mein Auto steht auf dem Parkplatz«, sagte Mamoun. »Beeilen wir uns.«

Ihr Aufbruch wurde womöglich beobachtet. Sie konnte wieder verhaftet werden, wenn ihr Verhältnis zu Mamoun zu freundschaftlich wirkte; deshalb senkte Mayada den Kopf und ging schnell hinter ihm her. »Wir sind da«, verkündete Mamoun, als sie bei einem weißen Toyota Corolla, Baujahr 1990, ankamen.

»Hinten rein«, sagte er und ruckte befehlend mit dem Kopf.

Mayadas Herz klopfte laut, als das Haupttor des Gefängnisgeländes wieder vor der Windschutzscheibe des Autos erschien. Diesmal fuhr sie in die richtige Richtung: *hinaus* aus Baladiyat. Sie starrte auf die Bilder von Saddam, die das Tor flankierten. Sie hätte dem bösen Diktator ins Gesicht spucken mögen. Aber sie tat es natürlich nicht.

Mamoun hielt am Ausgang und zeigte dem Wachposten diverse Papiere, dann durften sie das schwarze Tor von Baladiyat passieren.

Sobald sie die Straße entlangrollten, begann Mayada zu lachen, ein wildes, hemmungsloses Gelächter.

Mamoun drehte sich herum und starrte sie an. »Salam hat mir schon gesagt, dass sie eine fröhliche Frau sind«, meinte er.

Mayada wollte den Mann nicht verärgern. Sie unterdrückte mit Mühe ihren lauten Jubel und lachte nur noch still und mit weit zurückgeworfenem Kopf in sich hinein. Plötzlich jedoch überfiel sie die Erinnerung an die Scharen von neuen Gefangenen in Baladiyat, und sie setzte sich abrupt auf.

»Was war mit diesen Männern? Hat es einen Putschversuch gegeben?«

»Nein. Im Bezirk Kadumiya hat jemand Flugblätter gegen die Regierung verteilt. Alle Männer, die in diesem Gebiet auf der Straße waren, wurden heute Morgen verhaftet.«

Mayada wusste, dass Kadumiya ein schiitisches Viertel in Bagdad war.

»Warum hat die Geheimpolizei diese Männer verhaftet? Bestimmt haben doch nur ein paar Männer Flugblätter verteilt. Die meisten sind doch unschuldig, einfach nur Passanten, Männer, die eine kleine Aufgabe zu erledigen hatten. Warum tut unsere Regierung so etwas?«

»Fragen Sie mich das nicht!«, sagte Mamoun schroff. »Ich bin der Knecht meines Herrn und tue, was man mir sagt.« Er drehte den Kopf nach hinten. »Hören Sie, Schwester, alle Iraker sind im Gefängnis. Sie wechseln sich ab mit einsperren und eingesperrt werden. Sogar ich bin schon zweimal verhaftet und gefoltert worden.«

Mayada nickte zustimmend. Kein Iraker war sicher. Sie wollte das Land so bald wie möglich verlassen.

»Passen Sie gut auf«, sagte Mamoun nach kurzem Schweigen. »Ihr Mann wartet in Bagdad al-Jadida auf sie.« Bagdad al-Jadida bedeutete »Neu-Bagdad« und war, wie Mayada wusste, ein Stadtviertel, das 30 Minuten von Baladiyat entfernt lag.

Schnell korrigierte sie Mamouns Fehler: »Ich bin geschieden«, sagte sie, »Salam ist mein Ex-Mann. Aber ich wohne neben dem Haus seines Vaters, und wir haben zwei Kinder miteinander, also sprechen wir noch miteinander.«

»Er wird nicht mehr lange Ihr Ex-Mann sein«, sagte Mamoun mit einem Grinsen.

Mayada war über diese Bemerkung verblüfft, aber Mamoun ließ ihr keine Zeit zu fragen. »Hören Sie mir genau zu«, sagte er. »Sie dürfen den Irak nicht verlassen. Ich komme in einem oder zwei Tagen bei Ihnen vorbei und erkläre Ihnen, was Sie zu tun haben. Denken Sie daran, Sie dürfen nicht weg. Sie sind nur vorläufig entlassen. Wenn Sie nicht wieder in Baladiyat landen wollen, müssen Sie tun, was ich sage.«

Mayada wusste sofort, dass Mamoun ihr mit Erpressung drohte. Sie hatte von Samara viele Geschichten über die routinemäßige Erpressung früherer Gefangener gehört. Viele Aufseher wurden reich, indem sie entlassene Gefangene mit der Drohung erneuter Verhaftung erpressten.

Sie verbannte diese neue Sorge für einen Augenblick aus ihrem Kopf und sagte sich, dass sie sich dem Problem später widmen würde. Sie wollte sich die Freude über ihre Freilassung nicht durch die vagen Drohungen eines Aufsehers verderben lassen. Außerdem würde sie, gleichgültig, was andere sagten, so schnell wie möglich den Irak mit ihren Kindern verlassen. Ihre Mutter würde ihr dabei helfen.

Mamoun schwieg jetzt und konzentrierte sich aufs Fahren. Mayada hätte gern über seine Schulter gegriffen und gehupt und zum Fenster hinausgeschrien, dass sie frei war. Aber sie tat es nicht.

Stattdessen saß sie hinten im Auto und starrte aus dem Fenster. Sie summte vor sich hin, so leise, dass Mamoun sie nicht hören konnte. Dann beugte sie sich weit vor, damit sie den Himmel sehen konnte. Ein paar kleine, flauschige Wölkchen waren zu sehen.

Sie wäre so gern aus dem Auto gesprungen und hätte die reine Luft geatmet, aber sie konnte es nicht, wenigstens jetzt noch nicht. Stattdessen streckte sie den Rücken und studierte Schaufenster und Passanten. Voller Vergnügen blickte sie mal links, mal rechts aus dem Wagen. Bagdad war wie neu erschaffen, als ob sie es noch nie gesehen hätte. Vor einem Supermarkt schoben viele Menschen ihre Einkaufswagen erwartungsvoll zum Eingang. Mayada sah eine Großmutter mit grauen Haaren. Die Frau sah zufrieden aus. Sie hatte ihren kleinen Enkelsohn an der Hand, der mit der ganzen

Lust des jungen Lebens neben ihr dahinwackelte. Drei oder vier junge Männer spähten sehnsuchtsvoll in ein Schaufenster mit Sportartikeln. In der Nähe gingen zwei Männer nebeneinander her, lachend, gestikulierend und plaudernd.

Vier große Ampeln steuerten den Verkehr zwischen Baladiyat und al-Jadida. Die Hauptstraße war von zahlreichen Läden und Supermärkten gesäumt, und die Seitenstraßen führten zu stillen Vorstadthäusern. Sie würden noch zehn bis fünfzehn Minuten brauchen, bis sie in Bagdad al-Jadida waren.

Mayada sah eine ganze Schar von Frauen die Straße entlanggehen, offenbar eine Großfamilie. Sie spürte, wie sich ihr Herz zusammenkrampfte. Diese glücklichen Menschen, die herumschlenderten und redeten und ein erfülltes Leben lebten, wussten nicht, dass just in diesem Augenblick nur wenige Kilometer entfernt eine wunderschöne Schiitin namens Samara brutal gefoltert wurde.

Mayada saß still auf ihrem Sitz und rekapitulierte die Telefonnummern und Codewörter der Schattenfrauen.

Kurz darauf waren sie in Bagdad al-Jadida. Mayada hatte Salam schnell erspäht. Er saß in seinem weißen Oldsmobile vor einem Blumenladen, der Al-Khadrae hieß: das Grün. Salam trug eine schwarze Sonnenbrille und saß geduckt in seinem Auto. Mayada lachte hysterisch. Es sah aus wie ein Zivilfahnder.

Sie sprang aus Mamouns Auto, und Salam sprang aus seinem.

»Wie geht's den Kindern?«, schrie sie.

Salam beantwortete ihre Frage nicht, sondern schrie sie an: »Du dumme Kuh! Wie bist du bloß da hineingeraten? Los, steig ein, auf den Rücksitz!«

Mamoun winkte Salam kurz zu und raste davon.

Mayada war so glücklich, frei zu sein, dass nicht einmal Salam ihr die Laune verderben konnte. Wieder war sie ihren Kindern einen Schritt näher.

Salam startete den Wagen und sagte: »Wir müssen wieder heiraten, und zwar bald.«

Mayada riss überrascht die Augen auf. »Was soll das heißen, Salam?«

»Mayada, du bist nur vorläufig entlassen. Man wird dich wieder verhaften. Ich muss dich und Fay und Ali ins Ausland bringen, nach Jordanien. Du kannst nicht allein reisen.«

Mayada erkannte, dass er recht hatte. Sie hatte keinen *mahram*, mit dem sie Bagdad verlassen konnte. Und wenn sie aus dem Irak fliehen wollte, und das wollte sie, dann brauchte sie die Heiratsurkunde. Sie gab schnell auf.

»Na gut, wenn das der einzige Weg ist, die Kinder aus dem Irak zu bringen. Aber wir lassen uns sofort wieder scheiden, wenn wir in Amman sind.«

Salam antwortete nicht.

»Salam? Nur wenn du einer sofortigen Scheidung zustimmst, sobald wir in Amman sind. Sonst finde ich einen anderen Mann, der mich nur deshalb heiratet, damit ich den Irak verlassen kann.«

»Okay«, sagte er. »Ich mache es. Aber wir müssen uns beeilen. Weil du so dumm warst, dass du ins Gefängnis gekommen bist, haben wir bestimmt schon die Geheimpolizei auf dem Hals.«

Mayada starrte wütend auf seinen Hinterkopf. Sie war froh, dass sie nicht mehr mit diesem Mann verheiratet war. Und sie wollte keinen Augenblick länger seine Frau bleiben, als unbedingt nötig war, um ihre Kinder in ein sicheres Land zu bringen.

»Salam. Du hast meine Frage nicht beantwortet. Wie geht es Fay und Ali?«

»Gut«, sagte er in gereiztem Ton.

Als sie sich dem Haus am Wazihiya-Platz näherten, beugte sie sich vor und spähte angestrengt durch die Windschutzscheibe. Ihre Kinder standen nicht draußen und warteten auf ihre Rückkehr, nur ein kleiner, dünner Junge lehnte traurig an der Garage ihres ehemaligen Schwiegervaters. Er musste wohl einer von Alis vielen Freunden sein.

Als das Auto hielt, sprang Mayada hinaus, ohne sich von Salam zu verabschieden, und rannte den Gehweg entlang. Salam fuhr davon und schrie aus dem Fenster: »Morgen heiraten wir!«

Der dünne Junge blickte auf und rannte auf Mayada zu. War es möglich, dass dieses Kind ihr Ali war?

»Mama! Mama!«

»Ali!« Mayadas Lippen zitterten, als sie den Namen aussprach.

Ali warf sich in ihre Arme und rief weinend vor Freude: »Mama! Mama! Du bist wieder da!«

Mayada erstickte fast an ihren Tränen: »Ali! Lass mich dein Gesicht sehen! Ich muss dein Gesicht ansehen!«

Der rundliche kleine Junge mit dem glatten Kindergesicht war verschwunden. Stattdessen hatte sie es mit einem ernsten jungen Mann zu tun, der dunkle Ringe unter den Augen hatte.

»Mama, ich habe gefürchtet, ich würde dich nie wiedersehen!«

Mayada nahm Ali in die Arme. Ihr Kind war klein und zerbrechlich. Sie schluchzte, als sie erkannte, wie ihre Kinder ohne sie gelitten hatten.

Ali umarmte sie fest, dann sagte er: »Ich habe dein Nachthemd mitgenommen und es unter mein Kopfkissen gesteckt. Jede Nacht habe ich zu Gott gebetet: Gib mir meine Mama zurück. Gib mir meine Mama zurück. Das ist alles, was ich für den Rest meines Lebens haben will. Nur meine Mama.«

»Deine Mama ist wieder da, Ali. Und ich werde dich nie wieder verlassen.« Mayada blickte sich suchend um: »Wo ist Fay? Wo ist deine Schwester?«

»Unser Vater hat sie zu Onkel Mohammed gebracht, da wohnt sie jetzt.«

»Was?« Mayada merkte, dass sie wütend wurde. Fay hätte bei ihrem Großvater väterlicherseits bleiben sollen, nahe bei ihrem eigenen Heim.

Mayada setzte Ali ab und sagte: »Komm, wir gehen zu deinem Großvater Mohy. Er wird Fay zurückholen.« Mohy al-Haimos war ihr Ex-Schwiegervater, und Mayada und Ali betraten sein Haus, ohne anzuklopfen. Alis Großvater stand in seinem weißen *dish dasha* (irakisches Männergewand) im Wohnzimmer. Als er Mayada sah, erschien ein strahlendes Lächeln auf seinem Gesicht. Er rief: »Hella, Hella, Hella (willkommen zu Hause).« Dann küsste er Mayada auf beide Wangen. Mayadas Ex-Schwiegermutter Jamila hörte die Stimmen und kam aus der Küche. »Ja, träume ich denn? Oder ist das tatsächlich Mayada, die zu uns zurückgekehrt ist.« Sie sah Mayada ins Gesicht und lächelte glücklich.

»Ruf Mohammed an, und sag ihm, er soll Fay nach Hause bringen. Ihre Mutter ist wieder da«, sagte Mohy zu Jamila.

»Setz dich doch hin, solange wir auf das Kind warten, Mayada, und erzähl uns alles, was du erlebt hast.«

Weil Ali an ihrem Arm hing, ließ Mayada die schrecklichsten Einzelheiten weg, als sie dem alten Ehepaar das Baladiyat schilderte.

»Und? Willst du im Irak bleiben?«, fragte Mohy, als sie ihre Geschichte beendet hatte.

»Nein, es ist zu gefährlich für uns.« Mayada machte eine Pause. »Onkel Mohy, bitte verstehe mich! Meine Kinder und ich können nicht mehr in einem Land voller Folterkeller leben.«

Mohy nickte zustimmend. Er war einmal fälschlich angeklagt und verhaftet worden und hatte ein Jahr unter Hausarrest gestanden. Er hasste Saddam Hussein und jeden, der mit seiner Regierung etwas zu tun hatte. »Ich werde euch helfen, wo immer ich kann«, versprach er.

Seit ihrer Hochzeit hatte Mayada ihren klugen Schwiegervater geliebt. Er war ein richtiger Gentleman.

Genau in diesem Augenblick hörte Mayada ein Auto kommen und rannte zur Tür. Sie sah Fay in dem Auto, das von Salams Bruder Mohammed gefahren wurde. Fay war so aufgeregt, dass sie aus dem Wagen sprang, bevor er wirklich stand.

Mayada trat aus dem Haus. »Fay!«

Fay rannte auf sie zu. »Mama! Mama!«

»Fay!«

Als Fay ihre Mutter sah, schrie sie so laut, dass die Nachbarn aus ihren Häusern kamen, um zu sehen, was auf der Straße los war.

»Ich gehe mit den Kindern heim«, rief Mayada ihren früheren Schwiegereltern zu. »Wir sehen uns bald.«

Mit ihrer Tochter am rechten und ihrem Sohn am linken Arm ging Mayada schnell zu ihrem Haus hinüber. »Nichts wie rein«, sagte sie. »Wir wollen kein Aufsehen erregen.«

Als sie über die Schwelle traten, sagte Fay: »Wir müssen ein Gebet sprechen. Wir müssen Allah danken, dass du wieder da bist, Mama.«

Mayada legte ihre Tasche ab, und die drei wuschen sich Gesicht und Hände, dann stellten sie sich in einer Reihe mit dem Gesicht nach Mekka auf. Sie knieten nieder und berührten mit den Stirnen den Boden und dankten Gott, dass Mayada aus Baladiyat zurückgekehrt war.

Und Mayadas Welt war wieder in Ordnung

10

»Liebe Samara …«

9. April 2003,
am Tag der Befreiung des Irak:

Mayada al-Askari
Amman, Jordanien

Liebe Samara,
ein herrlicher Tag ist angebrochen.

Gestern blieb meine 20-jährige Tochter Fay die ganze Nacht auf und schaute fern, weil sie sehen wollte, wie der Irak befreit wurde. Heute Morgen weckte sie mich 15 Minuten vor 6.00 Uhr und flüsterte: »Mama, steh auf. Ich glaube, es ist vorbei.«

Ich wusste sofort, was sie mir sagen wollte. Nach 35 Jahren einer grausamen und mitunter irrwitzigen Diktatur – vom 17. Juli 1968 bis heute – wurde der eiserne Griff, in dem Saddam Hussein mein geliebtes Land hielt, endlich gebrochen.

Ich sprang aus dem Bett und rannte ins Wohnzimmer, um die wundervolle Nachricht mit eigenen Ohren zu hören. Als der Nachrichtensprecher sagte, die Baathisten im Irak seien auf der Flucht, und viele hätten sich praktisch in Luft aufgelöst, lachte ich mit einer hemmungslosen Freude wie seit Jahren nicht mehr. Fay warf vor Freude den Kopf in den Nacken und stimmte ein *halhoula,* ein Triumphgeheul, an. Ich stimmte sofort mit ein. Wir veranstalteten einen solchen Lärm, dass Ali aus dem Bett sprang, um nachzusehen, was los war. Als er auch hörte, dass der Irak befreit war, zog er sein T-Shirt aus, ließ es über seinem Kopf kreisen und tanzte einen wilden Freiheitstanz.

Unsere Herzen barsten fast vor Glück. Nachdem wir genug gejubelt hatten, wuschen wir uns und bereiteten uns für das Gebet vor. Wir wandten uns gemeinsam gen Mekka und dankten Gott, dass er dem langen Albtraum in unserem Land ein Ende bereitet hatte.

Nach dem Gebet erzählte ich Fay und Ali ein wenig über die Zeit, als ich bemerkt hatte, dass der Albtraum begann. Ich war damals erst dreizehn. Eine Woche zuvor hatte die Revolution der Baath-Partei stattgefunden. Mein Vater war noch am Leben, und wir wohnten noch in Bagdad. Einer der besten Freunde meines Vaters, Haqi al-Berezenchi, ein irakischer Kurde, der damals irakischer Botschafter in Indien war, war bei uns zu Gast. Es war eine warme Julinacht, und wir aßen in unserem Garten mit Blick auf den Tigris zu Abend. Wegen der Revolution im Irak war Politik das einzige Thema. Mein Vater hatte große Angst um den Irak und die Iraker, aber Haqi wollte ihn beruhigen. »Keine Sorge, Nizar«, sagte er, »das ist doch nur eine Wolfshochzeit. Diese Revolution wird so schnell zu Ende sein wie die kurze Kopulation dieser Tiere.«

Bei allem Respekt vor Haqi, aber die Wolfshochzeit führte zu einer langen, stürmischen 35-jährigen Ehe, in der ein Untier den ganzen Irak an der Gurgel hatte.

Samara, ich bin so glücklich, dass ich mich dafür schäme. Ich weiß, dass viele Iraker in dieser Schlacht für die Freiheit Schreckliches erlitten und Angehörige verloren haben. Wir sind auf grausamste Weise daran erinnert worden, dass die Freiheit ihren Preis hat.

Samara, kein Tag vergeht, ohne dass ich Dein wunderschönes Gesicht vor mir sehe und die Gesichter der anderen Schattenfrauen in Zelle 52. Immer, wenn ich morgens von meiner Wohnung zu meiner Arbeitsstelle in Amman gehe, verlangsame ich meine Schritte bei den Straßenhändlern und mustere die Gesichter aller Frauen. Ich frage mich, ob Du entkommen bist, ob Du es nach Amman geschafft und dort Deinen einstmals blühenden Zigarettenhandel wieder aufgenommen hast. Ein paarmal machte mein Herz einen Sprung, und ich wollte eine Frau umarmen, die weiße Strähnen in den schwarzen Haaren hatte wie Du. Immer glaubte ich für einen Augenblick, dass Du lebendig aus Baladiyat entkommen seist. Aber ich wurde jedes Mal enttäuscht.

Wo bist Du? Feierst Du die Befreiung des Irak mit Deiner Familie? Oder hast Du den Preis der Freiheit zahlen müssen, über die ich mich so freue? Haben Dich Saddams Folterknechte in Baladiyat ermordet, lange bevor dieser Krieg geführt wurde? Hast Du niemals erfahren, dass der Irak bald befreit werden würde? Und wo sind die anderen Schattenfrauen? Welche haben überlebt? Welche sind gestorben? Diese Fragen verfolgen mich täglich.

Wie Du vielleicht erraten hast, lebe ich mit Fay und Ali in Jordanien. Ich schreibe diesen Brief auf meinem großen Balkon in Amman. Ich sitze sehr gern hier, denn ich kann nach Osten blicken, in Richtung Irak. Wir wohnen an der Jabbal Annan, wenn Dir das etwas sagt. Links kann ich die Konturen der Straße sehen, die in den Irak führt. Rechts sehe ich die Straße nach Jerusalem. Wir sind von vielen schönen Gebäuden und Villen umgeben – prächtigen Steinhäusern mit steilen, roten Dächern, es ist eine Welt mit viel Sonnenschein, vielen Bäumen und wunderschönen Wohnungen. Nach Einbruch der Dunkelheit füllt sich der Himmel über Amman mit unzähligen funkelnden Sternen, und darunter glitzern die Lichter von Amman.

Du würdest bestimmt gern mit mir auf diesem Balkon sitzen. Er ist das reine Paradies im Vergleich zu Baladiyat.

Wir haben ihn mit vier weißen Stühlen, einem runden Tisch und einer Bank möbliert. Er ist von herrlichen Blütenpflanzen in Rot, Weiß, Rosa und Gelb umstanden, die uns mit ihrem Duft beglücken. Einige Pflanzen hängen vom Rand des Balkons herab und locken prächtige Schmetterlinge und fleißige Honigbienen an. Die Kinder und ich essen oft auf dem Balkon. Wir schauen zum Himmel über dem Irak hinüber und sprechen über längst vergangene Tage in unserem Heimatland, als wir noch am Ufer des Tigris in der Sonne saßen, durch grüne Gärten flanierten und ein schönes Leben führten.

Manchmal tragen wir sogar den Fernseher auf den Balkon und sehen uns einen Videofilm an. Bei warmem Wetter schläft Ali, der inzwischen 17 Jahre alt ist, manchmal auf dem Balkon.

Nun weißt Du schon, dass mein größter Albtraum nicht Wirklichkeit geworden ist. Meine Kinder wurden nicht verhaftet. Und man fügte ihnen keinen körperlichen Schaden zu. Dafür danke ich Gott in jedem Gebet.

Wie üblich war es meine Mutter, die mir half. Sie sorgte dafür, dass ich aus Baladiyat entlassen wurde.

Wie Du weißt, kannte sie praktisch alle wichtigen Leute im Irak. Und zum Glück hatte sie immer noch die private Telefonnummer des Mannes, der Saddams Präsidentenbüro leitete. Der General Dr. Abid Mahmud al-Tikriti ist der Mann, der alle Anrufe prüft, die für Saddam bestimmt sind. (Wer ihn gut kennt, nennt ihn Dr. Abid Hmoud.)

Meine Mutter hatte den Mann viele Jahre zuvor kennengelernt, als er sie zur Feier seiner Doktorprüfung einlud. Damals sagte er, sie solle ihn anrufen, wenn er ihr einmal einen Gefallen tun solle, und zwar jeden Gefallen! Das tat sie dann auch, und Dr. Abid hielt sein Versprechen.

Er stellte Nachforschungen an und konnte meiner Mutter bald mitteilen, warum ich verhaftet worden war. Anscheinend hatte jemand in Bagdad regierungsfeindliche Flugblätter verteilt, aber die Geheimpolizei hatte keine Ahnung, wo sie herkamen. Also verhaftete sie einfach die Besitzer von zehn Druckereien in dem Stadtteil. Es spielte keine Rolle, ob die Verhafteten schuldig oder unschuldig waren. Wahrscheinlich waren sie sogar alle unschuldig, aber nur ich kam wieder frei.

Dr. Abid sagte meiner Mutter, er habe mit Saddam gesprochen, und dieser habe ihm erlaubt, die Papiere für meine vorläufige Entlassung ausfertigen zu lassen. Er habe jedoch von meiner Mutter die Zusicherung verlangt, dass ich nicht aus dem Irak fliehen würde. Wären die Flugblätter auf den Festplatten meiner Computer entdeckt worden, dann wäre ich wieder zum Verhör nach Baladiyat gebracht worden, bis sie den wirklichen Schuldigen gefunden hätten. Saddam betrachtete die Angelegenheit als Gefahr für die nationale Sicherheit, auch wenn er nicht glaubte, dass ich mit den Verbrechen etwas zu tun hatte.

Ich habe nicht ein einziges Mal erlebt, dass meine Mutter gelogen hat. Aber als sie vor diese tödliche Wahl gestellt wurde, tat sie es, ohne mit der Wimper zu zucken. Sie versprach Saddam über Dr. Abid, was er hören wollte. Sie sagte, in meinen Adern fließe das Blut meines Vaters, und ich würde nie ein Verbrechen begehen. Und sie versprach, mich zu verstoßen, falls ich den Irak vor Abschluss der Ermittlungen verlassen sollte.

Leider erfuhr man in Baladiyat erst einen Tag *nach* meiner Folterung, dass meine Entlassungspapiere aus Saddams Präsidentenpalast nach Baladiyat unterwegs waren. Sonst wäre mir diese schreckliche Erfahrung erspart geblieben. Nachdem der Entlassungsbefehl erteilt war, wurde ich einfach ignoriert, bis die Papiere durch den Apparat gewandert waren. Du hattest also vollkommen recht, Samara, wenn die Beamten in Baladiyat nicht gewusst hätten, dass meine Entlassung bevorstand, wäre ich täglich gefoltert worden.

Als das Gerücht über meine baldige Entlassung in Baladiyat umlief, wurde der Erpresser aktiv. Mamoun sah meine Entlassungspapiere. Er fuhr zu mir nach Hause und erklärte meinen Kindern, er könne meine Freilassung erreichen, wenn sie ihm 5000 Dollar zahlten. Sie waren ganz außer sich und baten ihren Großvater um Hilfe. Mohy gab ihnen das Geld, und sie bezahlten den Erpresser.

Außerdem erhielten meine Kinder auch finanzielle Unterstützung von unseren Nachbarn, die von meinem Unglück gehört hatten. Wie Fay mir erzählte, schlichen sich die Leute nachts ans Haus und schoben Umschläge mit Geld unter der äußeren Glastür hindurch.

Mamoun sagte mir auf der Heimfahrt, dass ich mein Haus nicht verlassen dürfe, bis er alles geregelt habe. Ich hatte keine Ahnung, dass damit wochenlange Einschüchterung und Erpressung begannen. Er kam täglich zu mir und verlangte Geld für dies und jenes. Er sagte, ich würde bald wieder verhaftet, wenn ich »den Apparat nicht weiterhin schmieren« würde. Als er vom Vater meiner Kinder erfuhr, dass ich das Land verlassen wollte, drohte er mir, dass mein Name auf eine »schwarze Liste« von ehemaligen Häftlingen gesetzt würde, die das Land verlassen wollten. Diese Namen werden an alle Regierungsstellen und direkt an die Grenzpolizei weitergeleitet.

Um die finanziellen Forderungen des Erpressers zu erfüllen und ihn von einer Denunziation abzuhalten, musste ich die Bilder an meinen Wänden verkaufen und mir Geld von allen meinen Bekannten leihen. Obendrein behielt Mamoun dann in letzter Minute auch noch Fay zurück und wollte weitere 50 000 Dollar Lösegeld kassieren. Auf diese böse Geschichte komme ich später noch zu sprechen.

Es freut mich, Dir sagen zu können, dass sich wenigstens ein anständiger Mensch unter dem Personal des Baladiyat befand: Dieser junge Arzt, Dr. Hadi Hamid, rief tatsächlich die Nummer an, die ich in den Staub auf der schwarzen Plastikabdeckung des Untersuchungstisches geschrieben hatte.

Außer dem Wunsch, meine Kinder zu schützen, hielten mich nur zwei wichtige Pflichten noch in Bagdad, als ich meine Flucht ins Ausland plante: Ich musste mit den Familien der Schattenfrauen Kontakt aufnehmen, und ich wollte das Grab meines Vaters ein letztes Mal besuchen.

Den ersten Tag nach meiner Entlassung aus Baladiyat verbrachte ich damit, meine Kinder zu beruhigen. Am zweiten Tag nahm ich mit den Verwandten der Schattenfrauen Kontakt auf.

Am dritten Tag nahm ich Abschied von meinem Vater.

Samara, ich habe Deine Warnung beherzigt, dass bei fast allen ehemaligen Häftlingen die Telefone abgehört werden. Deshalb suchte ich den einzigen Ort in Bagdad auf, der über einen öffentlichen Fernsprecher verfügt: den alten Alwiya-Club in Bagdad. Der Club liegt neben dem Sheraton und dem Meridian Hotel am Al-Firdous-Platz und wurde schon 1924 von den Briten gegründet. Damals durfte noch kaum ein Iraker den Club auch nur betreten. Natürlich gehörten Jafar, Nuri und Sati zu den seltenen Ausnahmen. Da Mitglieder meiner Familie schon früh zu den prominenten Mitgliedern des Clubs gehörten, war ich öfter dort.

Das Telefon im Alwiya ist kein Münzfernsprecher mehr, sondern wird von einem von der Regierung bezahlten Telefonisten bedient. Er hört alle Gespräche mit, aber meine Kinder und ich entwickelten einen Plan, um ihn auszutricksen. (Als ich den Kindern von den Schattenfrauen erzählte, die immer noch in Zelle 52 saßen, wollten sie mir unbedingt helfen. Ich erlaubte es ihnen, obwohl es gefährlich war. Wenn ich etwas in Baladiyat gelernt habe, dann, dass jeder Iraker mit allen Mitteln gegen Saddams Tyrannei kämpfen sollte.)

Einige Tage vor meiner Verhaftung hatte ich im Alwiya-Club ein Fest zu Fays sechzehntem Geburtstag veranstaltet. Damals hatten Fay und Ali mit ein paar Angestellten, darunter dem Türsteher und dem Bademeister am Pool, Freundschaft geschlossen. Ich wusste, dass ich ein Ablenkungsmanöver inszenieren musste, um die Anrufe zu machen. Also buk ich einen wunderschönen Kuchen und sagte Fay und Ali, sie sollten dem Telefonisten, der bei den Gesprächen zuhört, den Kuchen bringen. Die Kinder scharten das ganze

Personal des Clubs um sich, und als ich lautes Reden und Lachen hörte, schlich ich mich schnell zum Telefon.

Ich rief als Erste Saras Mutter an. Sie nahm sofort ab. »Sara ist im Amin al-Amma (dem Hauptsicherheitstrakt)«, sagte ich. »Verkaufen Sie Land, bestechen Sie einen Aufseher, und holen Sie Ihre Tochter da raus. *Jetzt sofort.* Sie braucht Ihre Hilfe.«

Saras Mutter schrie überrascht auf und sagte: »Geht es meiner Tochter gut?«

»Sie müssen sie da rausholen«, sagte ich energisch. »Sie muss da raus, und zwar bald.« Dann erinnerte ich mich an Deine Ermahnung, die Gespräche so kurz wie möglich zu halten. Also sagte ich nur noch einen Satz, bevor ich auflegte: »Sara sagt, der Schlüssel ist unter dem gelben Blumentopf neben dem Kaktus.«

Ich hätte gern ein längeres Gespräch mit Saras Mutter geführt, um ihr begreiflich zu machen, dass sie rasch handeln musste, bevor Sara an den Folgen der Folter starb. Doch ich zwang mich aufzulegen.

Ich ging die ganze Liste durch und rief alle Nummern an, die ich mir hatte merken können. Wie Du weißt, kam meine Freilassung so plötzlich, dass ich die Telefonnummern von Asia, Hayat und Anwar nicht auswendig lernen konnte. Bei einigen Anrufen waren Kinder am Telefon, die nicht verstanden, was ich wollte, und keinen Erwachsenen ans Telefon holen wollten. Und manchmal nahmen völlig verängstigte Erwachsene ab, die sofort auflegten, wenn sie merkten, dass eine aus dem Gefängnis Entlassene sie verbotenerweise anrief. Es tut mir leid, sagen zu müssen, dass ich nur fünf Familien wirklich informieren konnte.

Außerdem, Samara, musste ich zu meinem großen Entsetzen feststellen, dass Dein Anschluss gesperrt war. Ich habe niemanden erreicht. Das ist einer der Gründe, warum ich mir solche Sorgen um Dich mache.

Am dritten Tag nach meiner Entlassung aus Baladiyat besuchte ich das Grab meines Vaters. Es ist auf dem Friedhof Bab Al-Muaadam, ganz in der Nähe von dem Haus am Tigris, in dem ich als Kind wohnte. In all den Jahren hatte ich das Grab kaum besucht. Der Ort macht mich immer sehr traurig. Selbst heute noch kann ich es kaum fassen, dass mein Vater tot ist und in einem Grab unter der Erde liegt.

Trotz meiner Sorgen hatte ich das starke Bedürfnis, meinem lieben Vater Lebewohl zu sagen, denn ich wusste, dass ich nie mehr in den Irak zurückkehren konnte, solange Saddam regierte, und das konnte mein ganzes Leben dauern. Mein Vater hatte neben dem Grab seiner Mutter Fakhriya al-Said seine letzte Ruhe gefunden. Seine Grabstätte ist ein beschaulicher Ort und wird von einer großen Palme beschattet. Der Grabstein ist schlicht, genau wie er es gewünscht hat. Die Inschrift auf dem weißen Marmor lautet:

Hier ruht Nizar Jafar al-Askari,
geboren 1922 und gestorben am 2. März 1974.
Möge Allah seine Seele ins Paradies aufnehmen.
(Al-Fatiha für seine Seele)

Ich war schon lange nicht mehr am Grab meines Vaters gewesen, und nun machte ich dort eine Entdeckung, die mich tief berührte:

1955, in dem Jahr, als ich geboren wurde, bestellte meine Mutter einen afrikanischen Jasminstrauch für den Garten unseres Hauses am Tigris. Er war ein sehr schöner Strauch mit weißen Blüten, die einen roten Fleck im Zentrum hatten. Seine Blätter waren dick und grün.

Dieser afrikanische Jasmin war eine unglaublich vitale Pflanze, er wuchs und wuchs und wuchs. Schon bevor Saddam unser Haus am Tigris beschlagnahmte, war der Strauch so riesig, dass die Leute ihn für einen Baum hielten.

Als ich ein Kind war, beschwerte sich unser Gärtner und sagte, er habe noch nie einen so schnell wachsenden Strauch gesehen. Der alte Mann schwor, dass der afrikanische Jasmin eine magische Pflanze sei und irgendwann den gesamten Innenhof überwuchern und das Haus bedecken werde. Und tatsächlich habe ich vor mehreren Jahren gehört, dass der Strauch sich im ganzen Stadtviertel von Garten zu Garten ausgebreitet hat und zu einer lebenden Legende geworden ist.

Und nun hat der Jasmin sogar das Grab meines Vaters erreicht. Ist das nicht unglaublich? Wie durch Zauberei rankt sich der Strauch, den mein Vater so oft bewunderte und streichelte und von dem er oft eine Blüte für eines seiner »Mädchen« pflückte, nun sanft um sein Grab.

Die Botschaft des Qabaj, der afrikanische Jasmin ... Samara, allmählich glaube ich an Wunder.

Nachdem ich mich von meinem Vater verabschiedet und Gebete für seine Seele gesprochen hatte, kehrte ich nach Hause zurück und machte mich ernsthaft an die Planung meiner Flucht.

Ach, Samara, es war so viel Bitteres mit meiner Flucht verbunden: Ich war gezwungen, Salam wieder zu heiraten, weil ich den Irak ohne Heiratsurkunde nicht verlassen durfte. Es war so traumatisch, ihn wieder zu heiraten, dass ich es bis heute vermeide, daran zu denken. Aber ich tat, was ich tun musste, um meine Kinder und mich selbst zu retten.

Nach der Trauung mit Salam musste ich die Ausreise teuer erkaufen. Mamoun ließ sich für jede Kleinigkeit bezahlen. Weil er meinte, ich könne die riesige Summe von 50 000 Dollar auftreiben, forderte er, dass ich Fay zurückließ. Ich war der Verzweiflung nahe. Wenn ich mit Fay im Irak blieb, würde ich vielleicht wieder verhaftet und nach Baladiyat gebracht werden. Aber Fay hatte schreckliche Angst, dass ich wieder verhaftet werden könnte. Deshalb bestand sie darauf, dass ich floh und sie bei der Familie ihres Vaters zurückließ, bis ich ihre Flucht von Amman aus arrangieren konnte.

Ich steckte in einem schrecklichen Dilemma, ganz ähnlich wie dieser anständige Arzt in Baladiyat. Mein Kopf befahl mir zu fliehen, aber mein Herz gebot mir zu bleiben. Es war ein schrecklicher Kampf, und ich wusste nicht, was ich tun sollte. Und dann passierte wieder ein kleines Wunder: Du, Samara, bist mir nachts im Traum und erschienen und hast gesagt: »Flieh, Mayada. Nimm deinen Sohn Ali mit, und verhandle aus einer stärkeren Position über Fay. In Baladiyat kannst du für beide Kinder nichts tun.« Während deine Gestalt langsam verschwand, hörte ich noch einmal deine Stimme: »Flieh, Mayada, flieh.«

Es war schrecklich, Fay zurückzulassen, aber ich hatte das Gefühl, dass der Traum ein Fingerzeig Gottes war. Ich begriff, dass du mich vor einer erneuten Haft in Baladiyat warnen wolltest, weil ich dieses zweite Mal vielleicht nicht überlebt hätte. Ich weiß, du bist die vernünftigste Frau der Welt, und so folgte ich deinem Rat, obwohl ich ihn nur im Traum bekommen hatte. Ich wusste, dass ich Berge versetzen konnte, sobald ich den Irak verlassen hatte.

Oh, Samara, es war der traurigste Tag in meinem Leben, als ich auf dem Busbahnhof in Al-Nahda stand und auf den Bus nach Amman wartete. Der Wartesaal war überfüllt mit Fahrgästen und Straßenhändlern, und die Wände waren mit hässlichen Bildern von Saddam gepflastert. Ich sah ein Dutzend Schilder, auf denen die Iraker ermahnt wurden, sich morgens das Gesicht zu waschen oder abends die Zähne zu putzen. Diese infantilen Parolen machten mich so wütend, dass ich am liebsten jemanden geohrfeigt hätte, am liebsten die Baathisten, die diese Schilder aufgehängt hatten. Überall standen Familien zwischen verstreuten Gepäckstücken. An dem vielen Gepäck war leicht zu erkennen, dass die meisten Menschen den Irak für immer verlassen wollten. Und wer hätte sie dafür tadeln können?

Stell dir unseren Schrecken vor, als die Tür des Bahnhofs aufgerissen wurde und Udai Saddam mit seinem Gefolge hereinkam. Obwohl Udai an einem Stock daherhumpelte, hielt er einen riesigen asiatischen Tiger an einer Leine. Alle in der Halle liefen panisch davon, um von dem gefährlichen Tier wegzukommen. Der Tiger knurrte und zeigte seine riesigen Fänge. Ich hatte wirklich Angst, dass der Psychopath Udai das Tier auf die Menge loslassen würde. Ich hatte von mehreren Menschen gehört, die von Udais Tiger angegriffen wurden, als sie in einem Restaurant speisten. Einer sagte, er habe seine Haut nur retten können, indem er dem Tiger sein teures Lammsteak in den Rachen geworfen habe.

Ich stand mit offenem Mund bei meinem Gepäck und wollte mir einfach nicht vorstellen, dass ich auf dem Busbahnhof Al-Nahda von einem Tiger zerfleischt würde, nachdem ich so viel durchgemacht hatte. Zu meiner Überraschung behielt Udai das Tier an der Leine, und so bekamen nur zwei erwachsene Männer, die sich schützend vor ihre Familie stellten, einen Prankenhieb ab.

Udai humpelte durch den Busbahnhof, spuckte die Leute an und beschimpfte sie. Er nannte sie alle Verräter, weil sie den Irak verlassen wollten. Zum Glück standen Ali und ich weit hinten, und der Verrückte kam nicht nahe an uns heran. Ich hatte jedoch schreckliche Angst, dass Fay etwas passieren würde. Sie und ihr Vater waren von uns getrennt worden, als die Menge panisch vor dem Tiger floh. Doch es passierte ihr nichts.

Udai spuckte, bis er sich ausgetobt hatte, dann ging er. Alle stiegen in ihre Busse und dankten Gott, dass sie wieder einmal einen Tag in dem Zoo überlebt hatten, zu dem der Irak geworden war.

Schließlich stiegen auch Ali und ich in unseren Bus. Ich blickte mit tränenblinden Augen aus dem Fenster und winkte meiner weinenden Tochter. Der arme Ali war damals erst zwölf und weinte, weil er sich von keinem einzigen Freund hatte verabschieden dürfen. Leider musste Salam mit uns reisen, was die Reise nach Amman noch qualvoller machte.

Sowohl Ali als auch ich waren so traurig, verwirrt und auch erleichtert, dass wir kaum ein Wort miteinander oder mit Salam sprachen. Ich starrte stundenlang durch das Fenster auf die vorbeigleitende Wüste, in Trance versetzt durch den Sand, der im Mondlicht glitzerte wie ein Perlenmeer. Ich dachte, das Land bleibt das gleiche, gleichgültig, was mit den Menschen passiert, die in dem Land leben. Als wir uns der irakischen Grenze näherten, bekam ich dieselben Schmerzen in der Brust wie bei meiner ersten Nacht in Baladiyat. Ich wusste, dass Mamoun durchaus in der Lage war, mich zu betrügen. Vielleicht hatte er die Behörden informiert, dass eine gewisse Mayada al-Askari versuchte, das Land illegal zu verlassen. Wenn ja, Samara, dann würden Ali und ich in dasselbe Gefängnis in Ramadi geworfen, in dem Du warst, bevor sie Dich nach Baladiyat verlegten. Ich kann nicht beschreiben, welche Furcht mir die Kehle zuschnürte, als der Grenzwächter fragte: »Warum verlassen Sie den Irak?«

»Meine Mutter in Amman ist krank, und ich will sie versorgen«, log ich. Salam stand grinsend daneben und sagte nichts, um meine Geschichte zu bestätigen. Der Zöllner starrte mich an, als sei ich eine Mörderin, aber er drückte einen Stempel in meinen Pass, und wir durften passieren.

Als wir in Jordanien waren, fiel mir eine Riesenlast von der Seele. Ich war aus dem Irak entkommen. Jetzt konnte ich meine ganze Kraft dafür einsetzen, das Geld für Fays Flucht aufzutreiben.

Leider muss ich berichten, dass Salam nach Bagdad zurückkehrte, ohne sich wie versprochen von mir scheiden zu lassen.

Aber in Amman erwartete mich noch Schlimmeres, Samara.

Nachdem ich im Gefängnis geschmachtet und wegen unserer Flucht aus dem Irak all die Ängste ausgestanden hatte, war es herrlich, meine Mutter wiederzusehen. Sie ist die willensstärkste Frau der Welt, aber ich hatte noch immer viele Probleme zu lösen. Die Tatsache, dass ich Enkelin von Sati al-Husri und Jafar al-Askari war, hatte in Jordanien keine Bedeutung, und aufgrund meiner geschrumpften Geldmittel waren meine Möglichkeiten beschränkt. Meine Mutter hatte im Lauf der Jahre einen Gutteil ihres Geldes für mich und meine Kinder ausgegeben, und ich wusste, dass sie für ihr Alter vorsorgen musste. Deshalb wäre es mir unerträglich gewesen, sie um Geld zu bitten. Wieder einmal stand ich vor einem schrecklichen Dilemma, denn ich musste die Ausbildung meines Sohnes bezahlen und gleichzeitig das Lösegeld für Fay auftreiben. Ich erfuhr, dass Mamoun sie immer noch erpresste und drohte, sie werde Schwierigkeiten bekommen, wenn die Behörden von meiner Flucht erführen.

Zum Glück jedoch war mein Leben schon immer von Tragödien *und* Wundern gekennzeichnet. Ich wollte schon aufgeben, da hörte etwa ein Jahr nach meiner Flucht aus dem Irak eine gute Freundin von meinem Problem und gab mir 25 000 Dollar als Lösegeld für Fay. Mamoun erklärte sich sofort mit der Summe einverstanden, und meine Tochter reiste endlich zu mir nach Amman.

Dann erlebte ich eine weitere Tragödie. Kurz nachdem Fay in Amman angekommen war, wurde bei meiner Mutter Brustkrebs diagnostiziert. Sie war damals 77, sah aber aus wie 40 und hatte den Terminkalender einer jungen Frau. Ihre Krankheit war ein großer Schock für sie und für mich. Leider breitete sich der Krebs schnell aus, und ich pflegte meine Mutter ein schreckliches Jahr lang. Sie musste schwer leiden, aber ich war bei ihr, als sie starb, und dafür bin ich dankbar.

Da meine Schwester heute in Tunesien lebt, ist unsere Familie nach dem Tod meiner Mutter auf drei Personen geschrumpft.

Aber obwohl wir immer kämpfen mussten, waren wir

doch froh, dass wir zusammen und in Freiheit waren. Wenig konnte unser Glück für längere Zeit trüben.

Und dann passierte etwas Ungewöhnliches an der politischen Front: Wieder war von einer Befreiung des Irak die Rede. Als der amerikanische Präsident George W. Bush und der britische Premierminister Tony Blair zuerst davon sprachen, dachten wir, es sei dasselbe leere Geschwätz, das wir schon so oft gehört hatten.

Jetzt aber, nach einem Krieg, der nur ein paar Wochen gedauert hat, sind meine irakischen Landsleute frei.

Mir kommen die Tränen, wenn ich mir das Bild der Zelle 52 ins Gedächtnis rufe. Aber ich warte noch auf ein weiteres Wunder: Das Wunder, dass Du überlebt hast und die anderen Frauen auch. Ich verspreche Dir, dass ich nach Dir und den anderen Schattenfrauen suchen werde, sobald ich meine Kinder hier allein lassen und sicher in den Irak reisen kann. Wenn Du noch am Leben bist, werden wir eines Tages glücklich vereint sein und auch die anderen Schattenfrauen wiedersehen, die ich kennen und lieben gelernt habe.

Ich freue mich sehr auf diesen Tag.

Deine dich liebende Freundin
Mayada

Mayada stand auf und trat an den Rand des Balkons, nachdem sie den Brief an Samara vollendet hatte. Sie stützte die Ellbogen auf das Geländer und blickte gedankenverloren nach Osten. In den Irak. Sie konnte endlich wieder nach Hause, das erste Mal seit vier Jahren. Nach der finstersten aller Nächte war über dem Land eine triumphale Sonne aufgegangen. Sie fühlte sich frei und war von einem beinahe unermesslichen Glücksgefühl erfüllt.

Und hinter den Wirren des Krieges und des gerade erst errungenen Sieges konnte Mayada die Gegenwart von Sati al-Husri und Jafar al-Askari spüren. Die beiden großen Männer hatten dem Irak vor langer Zeit in einer anderen entscheidenden Periode des Umbruchs gedient. Mayada hoffte, dass nun andere, ähnlich edelmütige Männer auf den Plan treten würden, Männer, die den Irak wirklich liebten und den Aufgaben dieser schweren Zeit gewachsen waren, Männer, die für eine bessere Zukunft des Irak arbeiteten.

Es war erst das zweite Mal, dass in der Geschichte der Nation eine neue, leere Seite aufgeschlagen wurde, und auf diese Seite sollte nun die Zukunft des Irak geschrieben werden.

Mayada blickte nach Osten und betete: »Möge Allah die Hand führen, die diese leere Seite beschreibt.«

Auszug aus einer Rede des Ehrenwerten Winston Churchill, Mitglied des Parlaments, im Unterhaus am 14. Juni 1921

Die arabische Armee ist zum Teil schon unter der Leitung Jafar Paschas, des gegenwärtigen Verteidigungsministers von Mesopotamien, aufgestellt worden. Ich bin mir nicht sicher, ob der Ausschuss die romantische Karriere dieses Mannes kennt. Ich habe überhaupt keine Zweifel, dass mein ehrenwerter und heldenhafter Freund, der Angehörige der Wrekin Division (Sir C. Townsend) gut vertraut ist mit ihr.

Pascha begann seine Kriegführung gegen uns bei den Dardanellen und verdiente sich das deutsche Eiserne Kreuz. Dann wechselte er in die Westliche Wüste, wo er die Armee der Senussi gegen uns befehligte.

Er schlug, glaube ich, drei Schlachten, in zwei von ihnen war er siegreich, aber die dritte lief aus seiner Sicht ungünstig, er wurde verwundet und von der Reiterei aus Dorsetshire verfolgt und schließlich auf offenem Feld gefangen genommen. Er wurde als Gefangener nach Kairo gebracht und in die Zitadelle gesteckt. Er wagte einen Fluchtversuch, aber weil er ein wenig füllig war, riss das Seil, mit dem er sich von der Wand der Zitadelle abseilte. Er fiel in einen Graben und brach sich ein Bein.

Während er sich im Krankenhaus von seinen Verletzungen erholte, las er in der Zeitung, dass König Hussein, der Scherif von Mekka, den Türken den Krieg erklärt hatte, und er erkannte sogleich, dass er bislang auf der falschen Seite gestanden hatte. Er wurde deshalb bei den arabischen Führern in Mekka vorstellig, und nach einigem Zögern wurde ihm ein Kommando in ihrer Armee übertragen.

Sehr schnell stieg er in eine hohe Vertrauensposition auf

und zeichnete sich in den Kämpfen aus, die in den folgenden zwei Jahren stattfanden. Am Ende wurde er von Lord Allenby in die Gemeinschaft des Ordens von St. Michael und St. George aufgenommen, auf einem von britischen Soldaten umstellten Platz, die fast ausschließlich aus jener Reiterei aus Dorsetshire bestand, die ihn gefangen genommen hatte.

Das ist die Persönlichkeit des mesopotamischen Kriegsministers, und er ist natürlich ein ergebener Anhänger des Scherifs von Mekka.

The Times (London)

NACHRUF

JAFAR PASCHA

Irakischer Soldat und Diplomat

General Jafar Pascha al-Askari, der irakische Verteidigungsminister, der letzten Donnerstag nach dem Staatsstreich erschossen wurde, hatte eine außergewöhnliche Karriere im Krieg gemacht, zuerst gegen die Briten und dann mit ihnen. Er war zweimal irakischer Gesandter in London und fünfmal Verteidigungsminister im irakischen Kabinett. Er war ein gewiefter, ehrenhafter und tüchtiger Soldat, ein guter Organisator, ein gewissenhafter Diplomat und ein überaus fröhlicher und unterhaltsamer Gefährte, der in diesem Land viele Freunde hatte.

Der Pascha stammte aus Bagdad. Er wurde 1880 geboren und besuchte die türkische Militärakademie in Konstantinopel. Im Krieg, in dem er sich ein deutsches Eisernes Kreuz verdiente, wurde er von [Kriegsminister] Damad Enver Pascha für die schwierige Aufgabe ausgewählt, die Senussi in Libyen zu organisieren (die damals noch nicht der italienischen Herrschaft unterworfen waren – die Italiener hatten die Provinz in dem Krieg von 1912 den Türken abgenommen) und so Ägypten von der Westlichen Wüste aus zu bedrohen. Er wurde in einem gewagten Manöver mit einem deutschen Unterseeboot an der libyschen Küste an Land gesetzt, und es gelang ihm, die Senussi zu überreden, seine Autorität anzuerkennen und seinen Befehlen zu gehorchen. Von da an führte er eine Zeit lang erfolgreich einen Wüstenkrieg gegen die Briten, bis er am 26. Feburar 1916 bei den Kämpfen bei Agagia von der Reiterei aus Dorsetshire besiegt und gefangen genommen wurde.

Als Kriegsgefangener wurde er in die Zitadelle von Kairo gebracht. An einem Abend knotete er aus Decken ein Seil zusammen und wäre um ein Haar entkommen, aber eine Decke zerriss unter Paschas großem Gewicht, und bei dem Sturz wurden seine Knöchel so schwer verletzt, dass er nicht fliehen konnte. Er hatte jedoch ein ausgezeichnetes Verhältnis zu seinen Häschern und bestand darauf, die zerrissene Decke zu bezahlen. Sobald seine Verletzung verheilt war, wurde er auf Ehrenwort freigelassen, und als er von dem Ausbruch der arabischen Revolte gegen die Türken hörte, schloss er sich der Armee von König Hussein im Hedschas an und kämpfte mit Emir Faisal und Lawrence von Arabien unter den regulären Soldaten des Hedschas in dem Feldzug bis zum Fall von Damaskus.

Vor dem Ende des Feldzugs war der Pascha von General Allenby in seinem Hauptquartier bei Bir Salem in Palästina inmitten eines Karrees ausgezeichnet worden, das seine Fänger, die Reiterei von Dorset, gebildet hatte. Über ihre Auswahl zur Ehrengarde bei diesem Anlass hatte Jafar sich sehr gefreut. Im Übrigen bewies er einen feinen Sinn für Humor und bestand darauf, bei der Zeremonie sein Eisernes Kreuz zu tragen.

Nach der Einnahme Aleppos wurde er zum Gouverneur ernannt, und als Emir Faisal König des Irak wurde, diente er als Verteidigungsminister in zwei Kabinetten, die von dem Naqib von Bagdad von August 1921 bis November 1922 geleitet wurden. Der Pascha wurde danach zum ersten irakischen Gesandten beim Hof von St. James ernannt und nahm in dieser Funktion an der Friedenskonferenz von Lausanne teil, wo seine beeindruckende und joviale Persönlichkeit großen Eindruck auf die Diplomaten und anderen Teilnehmer machte.

Im November 1923 rief König Faisal ihn als Premierminister nach Bagdad zurück, bis zum August 1924, als er wieder in die Gesandtschaft in London zurückkehrte. Vom November 1926 bis Januar 1928 wurde er erneut Premierminister und Außenminister. Bei seiner Rückkehr nach London im März desselben Jahres, um seine diplomatische Laufbahn fortzusetzen, wäre er beinahe von wahabitischen Aufrührern gefangen genommen worden, als sein Flugzeug bei Ramadi einen Zwischenstopp machte. In London studierte Pascha das britische Recht und wurde am 15. Januar 1930 von der Anwaltsvereinigung Gray's Inn zugelassen. Im folgenden Monat war er mit Lord Allenby Gast bei einem Kameradschaftstreffen der Reiterei von Dorset, vor der er hohe Achtung hatte, und im März 1930 wurde er erneut als Verteidigungsminister in den Irak zurückgerufen. Bis Oktober 1932 diente er in den beiden Kabinetten General Nuri Pascha al-Saids, dessen Schwester Jafar geheiratet hatte. Einmal mehr wurde Jafar Gesandter in London, wo er sich sehr gern aufhielt. Er blieb dort von November 1932 bis Dezember 1934, dann wurde er wieder in den Senat berufen und kehrte in den Irak zurück. Im März 1935 trat er als Verteidigungsminister in das eben gestürzte Kabinett ein, es war seine fünfte Amtszeit in diesem Ressort.

Irakische Staatsoberhäupter seit der Gründung des Irak 1921

(Zur Verfügung gestellt von Dale Hajost)

König Faisal I. (1921–1933)
Starb an Herzversagen

König Ghazi (1933–1939)
Starb bei einem Autounfall

König Faisal II. (1939–1958)
Ermordet

Karim Kassem (1958–1963)
Ermordet

Abd as-Salim Aref (1963–1966)
Starb bei einem Hubschrauberunfall

Abd ar-Rahman Aref (1966–1968)
Im Jahr 2003 noch am Leben

Ahmed Hassan al-Bakr (1968–1979)
Starb 1982 eines natürlichen Todes

Saddam Hussein (1979–2003)
Schicksal zum Zeitpunkt der Veröffentlichung unbekannt

Zeittafel

April 1920: Konferenz von San Remo der Alliierten beschließt britische und französische Mandatsherrschaft über den Nahen Osten.

23. August 1921: Faisal wird zum König des Irak gekrönt. Mayadas Großvater, väterlicherseits, Jafar Pascha al-Askari, wird Verteidigungsminister; Mayadas Großvater mütterlicherseits, Sati al-Husri wird Berater König Faisals in Bildungsangelegenheiten; der Onkel von Mayadas Vater, Nuri Pascha al-Said, wird Generalstabschef.

1927: Briten stoßen bei Kirkuk im Irak auf Erdöl.

16. November 1930: Britisch-irakisches Bündnisabkommen wird unter Nuri Pascha al-Said ratifiziert.

Oktober 1932: Irak wird formell die Unabhängigkeit verliehen, Mandat wird beendet.

8. September 1933: König Faisal I. stirbt, sein Sohn Ghazi wird zum König gekrönt.

Oktober 1936: Mayadas Großvater, Jafar Pascha al-Askari, wird beim ersten Militärputsch im Irak ermordet.

11. August 1937: General Bakir Sidqi wird in Mossul ermordet.

Dezember 1938: Nuri Pascha al-Said wird irakischer Premierminister.

April 1939: König Ghazi I. stirbt bei einem Autounfall, sein vierjähriger Sohn Faisal II. folgt ihm nach, Prinz Abd al-Ilah wird zum Regenten ernannt.

1. April 1941: Nuri al-Said und der sechsjährige König müssen nach einem Militärputsch das Land verlassen.

Juni 1941: Zivile Ordnung in Bagdad bricht zusammen, es kommt zu einem Pogrom gegen irakische Juden.

14. Juli 1958: Militärputsch im Irak, angeführt von Karim Kassem. König Faisal II., Angehörige der Königsfamilie und Premierminister Nuri al-Said werden ermordet.

7. Oktober 1959: Erster Putsch der Baath-Partei scheitert, Saddam Hussein flieht nach Ägypten.

19. Juni 1961: Kuwait erklärt seine Unabhängigkeit von Großbritannien.

8. Februar 1963: Baath-Partei putscht erfolgreich.

18. November 1963: Baath-Partei wird bei Gegenputsch entmachtet.

17. Juli 1968: Nach mehreren Staatsstreichen im Irak bringt Ahmed Hassan al-Bakr die Baathisten wieder an die Macht. Saddam Hussein ist als Bakrs Stellvertreter die Nummer zwei im Land, auch wenn er eigentlich die Macht ausübt.

16. Juli 1979: Saddam Hussein löst Ahmed Hassan al-Bakr als Präsident des Irak ab. Es kommt zu einer Säuberung der Baath-Partei, und viele Mitglieder werden ermordet. (Bakr stirbt 1982.)

1. April 1980: Die pro-iranische al-Dawa-Partei verübt einen Mordanschlag auf Tarik Aziz, den stellvertretenden Regierungschef des Irak. Irak gibt Iran die Schuld für den Anschlag, Saddam Hussein vertreibt im Iran geborene Schiiten aus dem Irak.

September 1980: Irak und Iran beginnen einen Krieg.

7. Juni 1981: Israel bombardiert das irakische Atomkraftwerk Osirak in der Nähe von Bagdad.

21. Mai 1987: USS *Stark* wird im Persischen Golf angegriffen, 37 Menschen kommen ums Leben. Die Vereinigten Staaten beschuldigen den Iran, obwohl die *Stark* von zwei irakischen Raketen getroffen wurde.

1987: Saddam Hussein setzt chemische Waffen gegen kurdische Dörfer ein.

Februar 1988: Iran und Irak nehmen den »Städtekrieg« wieder auf und greifen die Zivilbevölkerung des Gegners an.

16. März 1988: Irak setzt erneut chemische Waffen gegen Kurden ein, Tausende kommen ums Leben.

3. Juli 1988: Ein iranisches Linienflugzeug wird von der USS *Vincennes* abgeschossen, 290 Zivilisten kommen um.

20. August 1988: Förmlicher Waffenstillstand im Iranisch-Irakischen Krieg.

September 1989: Farzad Bazoft, ein britischer Journalist, wird der Spionage angeklagt und in Bagdad gehängt.

2. August 1990: Irak marschiert in Kuwait ein. UN-Resolution 660 fordert Saddam Hussein auf, seine Truppen aus Kuwait abzuziehen.

8. August 1990: Irak annektiert Kuwait als 19. Provinz.

17. Januar 1991: Operation *Desert Storm* beginnt.

28. Februar 1991: Waffenstillstand

3. April 1991: Resolution 687 des UN-Sicherheitsrats legt Friedensbedingungen fest. Sämtliche irakischen Soldaten sind aus Kuwait abgezogen. Wirtschaftssanktionen und Abrüstung des Irak werden eingeleitet.

12. Dezember 1996: Udai, Saddam Husseins ältester Sohn, wird bei einem Mordanschlag schwer verletzt.

1. November 1998: Sämtliche UNSCOM-Inspektoren werden aus dem Irak abgezogen.

30. Januar 2002: Präsident George W. Bush nennt Irak in seiner Ansprache zur Lage der Nation einen Bestandteil der »Achse des Bösen«.

12. September 2002: Bush fordert Maßnahmen gegen den Irak. Der Irak kündigt an, das Land werde die »bedingungslose Rückkehr« der internationalen Waffeninspektoren akzeptieren.

10. Oktober 2002: Kongress verabschiedet eine gemeinsame Resolution, die den Einsatz von Gewalt gegen den Irak autorisiert.

16. Oktober 2002: Irak wiederholt sein Angebot an die UN-Waffeninspektoren. Saddam Hussein wird für weitere sieben Jahre zum Präsident gewählt.

28. Januar 2003: Präsident Bush sagt, Saddam Hussein würde nicht abrüsten.

5. Februar 2003: Außenminister Colin Powell versucht, mit Satellitenfotos bei einer Rede vor dem UN-Sicherheitsrat die internationale Gemeinschaft zu überzeugen.

5. März 2003: Frankreich, Deutschland und Russland geben eine gemeinsame Erklärung ab, in der es heißt, dass sie keine UN-Resolution zulassen würden, die eine Militäraktion gegen den Irak autorisieren würde.

7. März 2003: Die USA, Großbritannien, Spanien und Portugal treffen sich auf den Azoren und setzen der Diplomatie eine Tagesfrist. Die Staatschefs warnen, der Krieg könne jeden Augenblick beginnen.

17. März 2003: Die USA und Großbritannien ziehen ihren Entwurf für eine Resolution des Sicherheitsrates zurück. Waffeninspektoren werden angewiesen, den Irak zu verlassen. Präsident Bush stellt Saddam Hussein ein Ultimatum. Der irakische Präsident soll innerhalb von 48 Stunden das Land verlassen.

20. März 2003: Koalitionstruppen starten einen »Gelegenheitsangriff« gegen ausgewählte Ziele im Irak.

21. März 2003: Bodentruppen der Koalition marschieren im Irak ein.

25. März 2003: Koalitionstruppen, überwiegend Briten, nehmen Kämpfe mit irakischen Milizen in Basra auf, der zweitgrößten Stadt des Irak.

2. April 2003: US-Truppen erreichen Vororte von Bagdad.

3. April 2003: US-Truppen übernehmen Kontrolle über den internationalen Flughafen im Süden von Bagdad.

9. April 2003: Bagdad fällt, erste Statuen von Saddam Hussein werden gestürzt.

13. April 2003: Tikrit, die Heimatstadt Saddam Husseins, wird von US-Truppen eingenommen.

15. April 2003: Koalitionspartner erklären den Krieg für beendet.

Fakten zum Irak und seinen Nachbarstaaten

Fakten zum Irak:

Staat:	Zur Zeit der Veröffentlichung des Buches bereitet sich der Irak auf eine demokratische Regierungsform vor.
Einwohner:	24 000 000
Hauptstadt:	Bagdad
Bev. der Hauptstadt:	5 000 000
Fläche:	438 317 km²
Sprachen:	Arabisch, Armenisch, Assyrisch, Kurdisch und andere
Religion:	95 % Muslime (Schiiten 60 %, Sunniten 35 %), Christen 5 %
Lebenserwartung:	58 Jahre
Analphabetenrate:	40 %
Wirtschaft:	Erdöl, Weizen, Reis, Gemüse, Datteln, Baumwolle, Rinder, Schafe

Fakten zu benachbarten Ländern:
Islamische Republik Iran

Staat:	Islamische Präsidialrepublik
Einwohner:	65 000 000
Hauptstadt:	Teheran
Bev. der Hauptstadt:	7 000 000
Fläche:	1 648 000 km²
Sprachen:	Persisch, Turksprachen, Kurdisch, Arabisch und andere

Religion:	99 % Muslime (Schiiten 90 %, Sunniten 9 %), Christen 1 %
Lebenserwartung:	69 Jahre
Analphabetenrate:	28 %
Wirtschaft:	Erdöl, Textilien, Zement, Getreide, Zuckerrüben, Obst, Nüsse, Milchprodukte, Wolle, Kaviar, Baumwolle

Haschemitisches Königreich Jordanien

Staat:	Parlamentarische Monarchie
Einwohner:	5 300 000
Hauptstadt:	Amman
Bev. der Hauptstadt:	1 182 000
Fläche:	89 342 km²
Sprachen:	Arabisch, Englisch
Religion:	96 % Muslime (überwiegend Sunniten), Christen 4 %
Lebenserwartung:	70 Jahre
Analphabetenrate:	13,5 %
Wirtschaft:	Phosphatabbau, Erdölraffinierung, Zement, Leichtindustrie, Tourismus, Weizen, Gerste, Tomaten, Melonen, Oliven, Schafe, Ziegen, Geflügel

Staat Kuwait

Staat:	Parlamentarisches Emirat
Einwohner:	2 300 000
Hauptstadt:	Kuwait-Stadt
Bev. der Hauptstadt:	850 000

Fläche:	17 818 km²
Sprachen:	Arabisch, Englisch
Religion:	85 % Muslime (Sunniten 60 %, Schiiten 25 %), andere 15 %, darunter Christen und Hindu
Lebenserwartung:	77 Jahre
Analphabetenrate:	21,5 %
Wirtschaft:	Erdöl, Lebensmittelverarbeitung, Fisch

Königreich Saudi-Arabien

Staat:	Monarchie
Einwohner:	24 000 000
Hauptstadt:	Riad
Bev. der Hauptstadt:	4 700 000
Fläche:	2 240 000 km²
Sprache:	Arabisch
Religion:	100 % Muslime (Sunniten 94 %, Schiiten 6 %)
Lebenserwartung:	72 Jahre
Analphabetenrate:	22 %
Wirtschaft:	Erdöl, Rohölförderung, Zement, Bauindustrie, Kunstdünger, Kunststoffe, Weizen, Gerste, Datteln, Schafe, Hühner, Eier, Milch

Syrische Arabische Republik

Staat:	Diktatur
Einwohner:	17 500 000
Hauptstadt:	Damaskus
Bev. der Hauptstadt:	2 200 000

Fläche:	185 180 km²
Sprachen:	Arabisch, Armenisch, Aramäisch, Französisch, Kurdisch
Religion:	89 % Muslime (überwiegend Sunniten, Drusen, Alawiten 12 %), Christen 10 %
Lebenserwartung:	70 Jahre
Analphabetenrate:	29 %
Wirtschaft:	Erdöl, Textilien, Getränke, Tabak, Bergbau, Baumwolle, Linsen, Kichererbsen, Oliven, Schafe, Geflügel

Türkei

Staat:	Demokratie
Einwohner:	67 500 000
Hauptstadt:	Ankara
Bev. der Hauptstadt:	3 200 000
Fläche:	779 452 km²
Sprachen:	Türkisch, Kurdisch, Arabisch, Griechisch, Armenisch
Religion:	97 % Muslime (überwiegend Sunniten), Christen 1 %
Lebenserwartung:	69 Jahre
Analphabetenrate:	15 %
Wirtschaft:	Textilien, Bergbau, Stahl, Öl, Holz, Papier, Tabak, Oliven, Vieh

Glossar

In der alphabetischen Ordnung wurde der Artikel »al-« nicht berücksichtigt; »al-Saud« ist deshalb unter »Saud« eingeordnet.

American University in Beirut: Von Dr. Daniel Bliss von der amerikanischen protestantischen Mission in Beirut gegründete Universität. Mit einer Studentenschaft, die aus dem ganzen Nahen und Mittleren Osten stammte, hat die Universität zur Herausbildung einer Schicht arabischer Intellektueller beigetragen.

Amman: Hauptstadt Jordaniens mit 1 182 000 Einwohnern.

Araber: Eine Sprachgruppe von fast 260 Millionen Menschen, deren Herkunft nach Ansicht vieler Experten in der Region Hedschas in Saudi-Arabien liegt. Abgesehen von den Kurden, zählen alle Iraker zu den Arabern.

Arabische Liga: Irak, Ägypten, Jordanien, Saudi-Arabien, Libanon, Syrien und Jemen bildeten die Arabische Liga als Bollwerk gegen eine sowjetische Expansion in den Nahen Osten.

Arabischer Nationalismus: Als Widerstand gegen jede Fremdherrschaft definiert, zuerst gegen die Osmanen, dann gegen Großbritannien und Frankreich. Sati al-Husri, Mayada al-Askaris Großvater mütterlicherseits, galt als einer der bekanntesten arabischen Nationalisten.

Arabische Sprache: Arabisch gehört mit seinen Verwandten Hebräisch und Aramäisch zur semitischen Sprachfamilie. Arabisch wird von links nach rechts geschrieben und ist seit dem 4. Jahrhundert eine Schriftsprache.

Arabische Union: Irak und Jordanien bildeten im Jahr 1958 die Union als Gegengewicht zu der von Nasser dominierten Vereinigten Arabischen Republik aus Syrien und Ägypten, die im selben Jahr gegründet worden war.

Arabisch-Sozialistische Baath-Partei: Die Partei wurde 1950 im Untergrund gegründet, wuchs nach und nach und stürzte 1963 die irakische Regierung. Nur sieben Monate später wurde die Baath-Partei abgesetzt, kehrte aber 1968 wieder an die Macht zurück und herrschte bis 2003.

Armenier: Die Armenier sind ein altes indoeuropäisches Volk, das aus der Gegend im Osten der heutigen Türkei stammt. Im Nahen Osten leben heute Armenier vor allem im Iran und Libanon.

Assyrer: Invasoren, die in Mesopotamien von 1200 bis 612 v. Chr. ein Reich gründeten.

Azhar-Universität: Im Jahr 977 gegründete islamische Universität in der Al-Azhar-Moschee in Kairo. Sie ist weltweit die älteste Einrichtung ihrer Art und das führende Zentrum für die höhere islamische Theologie. Einige Vorfahren Mayadas gingen auf die Azhar-Universität.

Aziz, Tarik: Irakischer Politiker, Katholik aus Mossul. Mitglied der Baath-Partei, diente Saddam Hussein als Außenminister und stellvertretender Regierungschef. Er wurde 2003 von den Koalitionstruppen verhaftet.

Baath (Wiedergeburt): Die Arabisch-Sozialistische Baath-Partei wurde am 7. April 1947 von Michel Aflak und Salah ad-Din al-Bitar gegründet, zwei syrischen Studenten. Zu den Grundsätzen der Baath-Partei zählen Sozialismus, politische Freiheit und panarabische Einheit. In Syrien regiert immer noch eine Baath-Partei. Die irakische Baath-Partei wurde 2003 entmachtet, als die Koalitionstruppen Saddam Husseins Regime stürzten.

Babylon: Eine der ältesten Städte der Welt und im Altertum die Metropole des Zweistromlandes. Die Stadt lag am Euphrat, der seither seinen Lauf geändert hat.

Bagdad: Hauptstadt des Irak mit einer Bevölkerung von fünf Millionen. Die Stadt liegt am Tigris. Bagdad galt einst als das Herz des Arabischen Reiches und wurde im Goldenen Zeitalter der Stadt von 638 bis 1100 an Größe und Pracht nur von Konstantinopel übertroffen. Damals blühte Bagdad als Zentrum der Wissenschaft, der Philosophie und des Handels.

al-Bakr, Hassan (1914–1982): Baathistischer Präsident des Irak 1968–1979 und Vetter Saddam Husseins.

Basra: Zweitgrößte Stadt im Irak, in der Nähe des Schatt el-Arab im Südirak, dem Kerngebiet der Schiiten.

Beirut: Hauptstadt des Libanon. Die Geschichte des wichtigsten libanesischen Hafens reicht bis in die Zeit der Phönizier zurück.

Euphrat: Einer der beiden Hauptflüsse im Irak, im Osten der Türkei und in Nordsyrien.

Al-Faw (Fao): Halbinsel an der irakischen Küste im Persischen Golf. Im Iranisch-Irakischen Krieg und im Zweiten Golfkrieg kam es an den vor der Küste liegenden Ölterminals zu heftigen Kämpfen.

Hammurabi-Kodex: Eine Gesetzessammlung, die im alten Mesopotamien (dem heutigen Irak) zusammengestellt wurde und die dem Staat die Aufgabe zuschrieb, anstelle des Einzelnen für Gerechtigkeit zu sorgen und Missetaten zu bestrafen.

Haschemiten: Die haschemitischen Könige kamen aus einer angesehenen saudischen Familie, die von Prophet Mohammed abstammte und früher in Teilen Saudi-Arabiens herrschte. Nach der militärischen Niederlage gegen Abdal Asis Ibn Saud, den Vater des heutigen Herrschers von Saudi-Arabien, setzten die Briten Angehörige der Familie als Könige im Irak, in Transjordanien und Syrien ein. König Faisal I. wurde auf den irakischen Thron gesetzt. (Der amtierende jordanische König, Abdullah, ist ein Haschemit.)

Hedschas: Die westliche Region Saudi-Arabiens ist die Wiege des Islam. Der Hedschas war ab 1517 eine Provinz des Osmanischen Reiches, aber nach dem Ersten Weltkrieg wurde die Region unter König Ali al-Hussein ein unabhängiges Königreich. König Hussein war der Vater von Emir Faisal, dem späteren König des Irak. Abdul Asis Ibn Abd ar-Rahman Saud eroberte 1926 den Hedschas und rief sich zum König aus. Damit vereinigte er die Regionen Hedschas und Nedschd zum Königreich Saudi-Arabien.

al-Husri, Sati (1879–1969): Mayada al-Askaris Großvater mütterlicherseits. Sati al-Askari war einer der ersten arabischen Nationalisten. Sati glaubte, der arabische Nationalismus sei für die Araber der einzige Weg aus dem Kolonialismus und Imperialismus. Er war Lehrer, Schriftsteller und Regierungsminister. Sati war persönlich mit König Faisal I. befreundet und diente ihm in vielen Funktionen. Über Sati al-Husri wurden Hunderte Bücher und Artikel geschrieben. In allen arabischen Ländern finden sich heute Straßen, Schulen oder Theater, die nach diesem großen Mann benannt sind.

Hussein, Saddam (1937–2006): Sohn eines landlosen Bauern, der noch vor Saddams Geburt starb. Er wuchs bei seinem Onkel auf und kam über die Baath-Partei an die Macht. 1979 wurde er Präsident des Irak. Saddam errichtete nicht nur eine Terrorherrschaft über alle Iraker, sondern griff auch seine Nachbarn Iran und Kuwait an und löste damit Kriege in der Region aus. Saddam Husseins Regime wurde 2003 von Koalitionstruppen gestürzt.

Irak, Republik: Im Jahr 1923 gründete eine von der britischen und französischen Regierung geführte Kommission den heutigen Irak. Das Land bestand aus den ehemals osmanischen Provinzen Bagdad, Basra und Mossul.

Islam: Vom Propheten Mohammed gegründete Religion. Im Islam steht die Unterwerfung unter den Willen des einzigen Gottes stark im Vordergrund.

Jafar Pascha al-Askari (1885–1936): Großvater Mayada al-Askaris väterlicherseits. Jafar al-Askari stammte aus einer angesehenen Bagdader Familie. Im Ersten Weltkrieg diente er mit Prinz Faisal und Lawrence von Arabien in den regulären Truppen des Königreichs Hedschas. Nach dem Krieg diente er König Faisal I. und König Ghazi I. in verschiedenen Regierungsämtern, unter anderem als Gesandter in Großbritannien, Verteidigungsminister und Premierminister des Irak. Er wurde 1936 in Diensten von König Ghazi ermordet.

Khomeini, Ayatollah Ruhollah (1900–1989): Religiöser Führer der Schiiten, der 1979 beim Sturz des Schahs im Iran eine maßgebliche Rolle spielte. Khomeini herrschte bis zu seinem Tod 1989 im Iran.

König Faisal I. (1885–1933): Der dritte Sohn des ersten Königs von Hedschas (heute Saudi-Arabien), König Hussein bin Ali. Faisal wurde in Taif geboren, besuchte die Schule in Konstantinopel und kämpfte an der Seite Lawrence von Arabiens für Großbritannien gegen das Osmanische Reich. Er wurde zunächst König von Syrien und dann König des Irak. Er war ein enger Freund der Familie al-Askari.

König Faisal II. (1935–1958): Einziger Sohn König Ghazis I. Er war erst vier Jahre alt, als sein Vater bei einem Autounfall ums Leben kam. Der junge König wurde bei der Revolution am Morgen des 14. Juli 1958 ermordet.

König Ghazi I. (1912–1939): Der einzige Sohn König Faisals I. wurde im Hedschas geboren und in der Obhut seines Großvaters, König Hussein, gelassen, während sein Vater im Ersten Weltkrieg kämpfte. König Ghazi starb unter mysteriösen Umständen, als er am 3. April 1939 mit seinem Auto gegen einen Laternenpfahl fuhr. König Ghazi war ein enger Freund von Mayadas Mutter, Salwa al-Askari.

Koran: Heiliges Buch des Islam. Die alles überragende Autorität der muslimischen Gemeinschaft, der Koran ist die ultimative Quelle des Islam. Er enthält die göttlichen Offenbarungen, die der Prophet Mohammed in den letzten zwanzig Jahren seines Lebens empfing.

Kurden: Die Kurden sind ein eigenständiges Volk. Sie bewohnen Gebiete in der Türkei, im Iran, Irak und in Syrien. Saddam Hussein ging massiv militärisch gegen die Kurden im Irak vor und setzte 1988 sogar Giftgas gegen kurdische Dörfer ein.

Kuwait: Kleines Emirat an der südlichen Grenze des Irak, das am 19. Juli 1961 unabhängig wurde. Im Jahr 1990 marschierten irakische Truppen in Kuwait ein und besetzten das Land, bis die Koalitionstruppen sie im Golfkrieg von 1991 wieder vertrieben. Seither sind die Beziehungen zwischen dem Irak und Kuwait gespannt.

Lawrence von Arabien (1888–1935): Thomas Edward Lawrence wuchs in Oxford, England, auf, schloss das Jesuitenkolleg ab und spezialisierte sich auf mittelalterlichen Festungsbau. Von 1911 bis 1913 arbeitete er als Archäologe in Mesopotamien. Nach dem Ausbruch des Ersten Weltkriegs wurde er dem militärischen Nachrichtendienst in Kairo zugeteilt. Es entwickelte sich eine enge Beziehung zu Prinz Faisal (dem späteren König Faisal I. von Syrien und dem Irak). Im Ersten Weltkrieg organisierte Lawrence die Araber und kämpfte an ihrer Seite gegen die osmanischen Armeen, wo er ein guter Freund von Mayadas Großvater Jafar und ihrem Großonkel Nuri wurde. Er war im Krieg mehrere Male nur knapp dem Tod entronnen, doch er starb bei einem Motorradunfall in England. Lawrence' Buch »Die sieben Säulen der Weisheit« behandelt seine Feldzüge; es gilt als bedeutendes Werk der Militärgeschichte.

Mesopotamien: Die griechische Bezeichnung bedeutet »das Land zwischen den Flüssen« und umfasst das Gebiet zwischen Euphrat und Tigris. Frühe Hochkulturen entstanden in diesem Gebiet, heute liegt es im Irak.

Mutter aller Schlachten: Saddam Husseins Name für den Bodenkrieg während der Operation Desert Storm. Nach der Niederlage deutete Saddam den Bodenkrieg zum Sieg um.

Moschee: Islamisches Bauwerk der Gottesanbetung

Mossul: Iraks drittgrößte Stadt mit einer Bevölkerung von circa 1,4 Millionen Einwohnern. Mossul blickt auf eine lange Geschichte zurück und war im Altertum eine bedeutende Stadt.

Mukhabarat: Weit verbreiteter Begriff in arabischen Ländern für die Geheimpolizei oder den Sicherheitsapparat. Unter Saddam Husseins Herrschaft gab es im Irak fünf Sicherheitsbehörden, die alle gemeinhin als Mukhabarat bezeichnet wurden.

Nasser, Gamal Abdel (1918–1970): Erster unabhängiger arabischer Staatschef von Ägypten, diente von 1956 bis 1970 als Präsident; er starb an einem Herzschlag. In den Fünfzigerjahren stritt Nasser mit irakischen Staatschefs um die Führung der gesamten arabischen Welt. Nasser war ein großer Bewunderer von Sati al-Husri, Mayadas Großvater mütterlicherseits.

Operation Desert Shield: Feldzug von arabisch-westlichen Koalitionstruppen in Saudi-Arabien 1990 und 1991 mit dem Ziel, Saddam Husseins Armee aus Kuwait zu vertreiben.

Operation Desert Storm: Arabisch-westliche Koalitionstruppen begannen am 16. Januar 1991 mit der Bombardierung des Irak. Eine Bodeninvasion folgte am 23. Februar 1991. Der Bodenkrieg dauerte nur 100 Stunden und endete mit einem militärischen Sieg der Koalition über den Irak.

Osmanisches Reich: Von den Türken errichtetes Reich, das seinen Ursprung 1301 in Anatolien hatte, 1453 Konstantinopel (heute Istanbul) und bis 1517 die arabischen Länder eroberte. Es hatte 400 Jahre Bestand. Das Osmanische Reich schloss sich im Ersten Weltkrieg den Mittelmächten an, nach dem Sieg der Alliierten wurde das Reich offiziell 1918 aufgelöst. Die heutige Türkei wurde aus den Überresten des Osmanischen Reiches gebildet.

Pahlewi, Mohammed Resa Schah (1919–1980): Der in Teheran geborene Mohammed Resa folgte im September 1941 seinem Vater auf den Thron, der zugunsten seines Sohnes abdankte. Ein glühender Feind des schiitischen Geistlichen Khomeini, der in den Iran zurückkehrte und die Macht übernahm, nachdem der Schah am 16. Januar 1979 das Land verlassen hatte.

Panarabismus: Eine internationale arabische Bewegung, die sich für arabische Interessen einsetzte und die Schaffung eines einzigen arabischen Staates zum Ziel hatte.

Republikanische Garde: Irakische Elitesoldaten, die Saddam Hussein persönlich die Treue geschworen hatten. Sie wurden aus der Glaubensrichtung der Sunniten rekrutiert, der herrschenden Gruppe im Irak.

al-Saud: Herrscherdynastie Saudi-Arabiens

Schiiten: Islamische Glaubensrichtung, die mit den Sunniten unter anderem über die Nachfolge des Propheten Mohammed uneins ist.

Sunniten: Zahlenmäßig größte islamische Glaubensrichtung

Vertrag von Portsmouth: 1948 unterzeichnetes Abkommen, das die Beziehung zwischen Großbritannien und dem Irak regelte. Der Vertrag begünstigte Großbritannien, schränkte die Souveränität des Irak ein und löste Unruhen im Land aus.

Weltbild Buchverlag –Originalausgaben–
Genehmigte Taschenbuch-Lizenzausgabe 2008 für die
Verlagsgruppe Weltbild GmbH,
Steinerne Furt, 86167 Augsburg
4. Auflage 2008

Projektleitung: Almut Seikel
Übersetzung: Helmut Dierlamm, Hans Freundl,
Norbert Juraschitz und Heinz Tophinke
Umschlaggestaltung: zeichenpool, München
Umschlagabbildung: © Ekaterina Monakhova
Satz: Uhl und Massopust GmbH, Aalen
Gesetzt aus der Sabon 10,5/12,5 Punkt
Druck und Bindung: CPI Moravia Books s.r.o., Pohorelice

Gedruckt auf chlorfrei gebleichtem Papier

Printed in the EU

ISBN 978-3-89897-832-3